中华人民共和国海船船员培训大纲熟悉训练资源

船舶电气与自动化

（二/三管轮）

大连海事大学交通运输教材研究所 组织编写

轮机专业

大连海事大学出版社

ⓒ 中国海事服务中心　2020

图书在版编目(CIP)数据

船舶电气与自动化：二/三管轮 / 中国海事服务中心编. — 大连：大连海事大学出版社，2020.11
中华人民共和国海船船员培训大纲熟悉训练资源
ISBN 978-7-5632-4073-9

Ⅰ. ①船… Ⅱ. ①中… Ⅲ. ①船用电气设备—技术培训—教材②船舶—自动化系统—技术培训—教材　Ⅳ. ①U665②U664.8

中国版本图书馆 CIP 数据核字(2020)第 230146 号

大连海事大学出版社出版

地址：大连市凌海路1号　邮编：116026　电话：0411-84728394　传真：0411-84727996
http://press.dlmu.edu.cn　E-mail：dmupress@dlmu.edu.cn

大连金华光彩色印刷有限公司印装	大连海事大学出版社发行
2020年11月第1版	2020年11月第1次印刷
幅面尺寸：184 mm×260 mm	印张：23.25
字数：578千	印数：1~3000册

出版人：余锡荣

责任编辑：刘长影	责任校对：董玉洁
封面设计：解瑶瑶	版式设计：解瑶瑶

ISBN 978-7-5632-4073-9　　定价：70.00元

前　言

为有效履行《1978年海员培训、发证和值班标准国际公约》，进一步规范海船船员的培训、发证工作，提高培训质量，提升海员业务素质，交通运输部颁布了《中华人民共和国海船船员适任考试和发证规则》（"20规则"）并发布《中华人民共和国海事局关于印发〈中华人民共和国海船船员适任考试和发证规则实施办法〉的通知》。通知指出"'20规则'第二十九条规定的适任考试按照《海船船员培训大纲》确定的适任标准和内容实施"。

为更加有效地配合海船船员（操作级）适任考试培训，帮助考生顺利通过海船船员适任考试，在深入解读《海船船员培训大纲》的基础上，研究部海事局公布的大纲训练资源，针对操作级适任考试特点，编写了本套操作级"中华人民共和国海船船员培训大纲熟悉训练资源"（以下简称"训练资源"）。

本套操作级"训练资源"分为"驾驶专业""轮机专业""电子电气专业"三个专业。其中，驾驶专业包括：《航海学》（二/三副）、《船舶操纵与避碰》（二/三副）、《船舶结构与货运》（二/三副）、《航海英语》（二/三副）、《船舶管理》（二/三副）；轮机专业包括：《主推进动力装置》（二/三管轮）、《船舶辅机》（二/三管轮）、《船舶电气与自动化》（二/三管轮）、《船舶管理》（二/三管轮）、《轮机英语》（二/三管轮）；电子电气专业包括：《船舶电气》（电子电气员）、《船舶机舱自动化》（电子电气员）、《船舶管理》（电子电气员）、《信息技术与通信导航系统》（电子电气员）、《电子电气员英语》（电子电气员）。

本套操作级"训练资源"具有针对性强、实用性强的特点，是海船船员参加适任考试、培训必不可少的资源。

本套操作级"训练资源"的出版，得到了中国海事服务中心的大力支持。同时，感谢各海事管理机构、航海院校、海员培训机构、航运企业等单位的关心和帮助，特致谢意。

大连海事大学交通运输教材研究所
2020年11月

目 录

第一章 船舶主辅机控制系统 1
　第一节　主辅机械设备 1
　第二节　安全操作与应急程序 15
　参考答案 20
　答案解析 21

第二章 电气、电子和控制系统 33
　第一节　电气工程 33
　第二节　电子技术 122
　第三节　控制工程 165
　参考答案 230
　答案解析 234

第三章 电气电子设备的维护与修理 290
　第一节　电工安全知识 290
　第二节　维护保养与修理 295
　第三节　电气设备的保护与故障诊断 313
　第四节　电工仪表的结构及操作 324
　第五节　电气设备功能、性能测试及配置 326
　第六节　电路图 344
　参考答案 361
　答案解析 363

第一章

船舶主辅机控制系统

第一节 主辅机械设备

1. 喷嘴挡板机构在挡板全开时,背压室的压力为_____。
   A.绝对压力0
   B.接近1个大气压(0 MPa)
   C.0.1 MPa
   D.0.02 MPa

2. 喷嘴挡板机构在挡板全关状态时,背压室的压力为_____。
   A.0 MPa
   B.0.02 MPa
   C.0.1 MPa
   D.接近气源压力

3. 波纹管属于_____。
   A.弹性支承元件,用于提高弹性敏感元件的刚度
   B.弹性支承元件,用于调整系统的零点
   C.弹性敏感元件,用于产生与输入的压力信号成比例的位移
   D.弹性敏感元件,用于对输入的气压信号进行延时

4. 片簧属于_____。
   A.弹性支承元件,用于调整弹性敏感元件的初始位置
   B.弹性支承元件,用于调整仪表的量程
   C.弹性敏感元件,用于产生与轴向推力成比例的位移
   D.弹性敏感元件,用于对作用力信号产生延时

5. 在弹性元件中,弹簧管属于_____。
   A.弹性支承元件,用于调整仪表的零点
   B.弹性支承元件,用于产生与输入压力成比例的位移
   C.弹性敏感元件,用于调整仪表的量程
   D.弹性敏感元件,用于产生与输入压力成比例的位移

6. 安装使用波纹管时,为了得到满意的线性关系,常采用_____的办法。
   A.串联弹簧
   B.预压缩
   C.预拉伸
   D.热处理

7. 在气动仪表中,变节流阀的作用是_____。
   A.提高仪表工作的稳定性
   B.整定调节器的比例带

C.调整仪表的零点　　　　　　　　D.调整仪表的量程

8.在喷嘴挡板机构中,若喷嘴严重脏堵,其背压室压力 p_0 应该是_____。

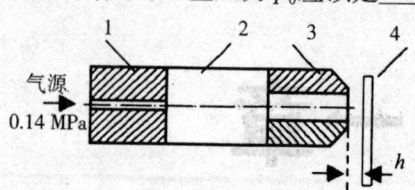

喷嘴挡板机构示意图
1—恒节流孔;2—背压室;3—喷嘴;4—挡板

A.$p_0 \approx 0$　　　　　　　　　B.$p_0 = 0.02$ MPa
C.$p_0 = 0.06$ MPa　　　　　　　D.$p_0 \geq 0.1$ MPa

9.在喷嘴挡板机构后面串联一个气动功率放大器的主要目的是_____。
   A.增大喷嘴挡板机构输出的压力范围
   B.用于对仪表进行调零和调量程
   C.稳定喷嘴挡板机构输出的压力
   D.增大喷嘴挡板机构输出压力信号的流量

10.关于二级气动放大器,正确的说法是_____。
   A.由两个耗气型功率放大器串联而成
   B.由喷嘴挡板机构与一个气动功率放大器串联而成
   C.由两个耗气型功率放大器并联而成
   D.由一个恒节流孔与喷嘴挡板机构串联而成

11.在气动仪表中,属于反馈环节的是_____。
   A.节流盲室　　　　　　　　　　B.喷嘴挡板机构
   C.气动功率放大器　　　　　　　D.比较杠杆

12.调整向气室充气或放气过程的气路是_____。
   A.节流分压室　　　　　　　　　B.节流盲室
   C.气动放大器　　　　　　　　　D.喷嘴挡板机构

13.组成气动仪表放大环节的元部件是_____。
   A.节流阀和气容　　　　　　　　B.波纹管和气容
   C.膜片和功率放大器　　　　　　D.喷嘴挡板机构和功率放大器

14.在气动仪表中,对放大环节的基本要求是_____。
   A.有足够大的功率输出
   B.使喷嘴挡板机构中挡板开度基本不变
   C.使反馈信号正好平衡输入信号
   D.对输入信号进行精确的运算

15.在气动仪表中,输入信号使挡板的位移量与反馈信号使挡板的位移量基本相等的平衡原理属于_____。
   A.位移平衡原理　　　　　　　　B.力平衡原理
   C.力矩平衡原理　　　　　　　　D.功率平衡原理

16. 在气动仪表中,输入信号对杠杆支点作用力矩基本等于反馈信号的作用力矩,其平衡原理属于_____。
    A. 位移平衡原理   B. 力平衡原理
    C. 力矩平衡原理   D. 功率平衡原理

17. 在气动仪表中,基于位移平衡原理工作的机构属于_____。
    A. 放大环节   B. 比较环节
    C. 控制环节   D. 反馈环节

18. 通常螺旋弹簧与弹性敏感元件组合使用,是为了_____。
    A. 增加弹性敏感元件的刚度
    B. 调整弹性敏感元件的初始位置
    C. 增减弹性敏感元件的线性范围
    D. 增加弹性敏感元件的刚度和调整弹性敏感元件的初始位置

19. 下列不属于弹性敏感元件的是_____。
    A. 波纹管   B. 弹簧管
    C. 金属膜盒   D. 片簧

20. 在气动阀件中,属于逻辑控制的阀件是_____。
    A. 单向节流阀   B. 气控两位三通阀
    C. 速放阀   D. 分级延时阀

21. 在气动遥控系统中,三位四通阀常用作_____。
    A. 换向阀   B. 调速控制阀
    C. 压力控制阀   D. 换向检测

22. 气动主机遥控系统的常见逻辑阀件包括二位三通阀、三位四通阀、双座止回阀和_____。
    A. 速放阀   B. 单向节流阀
    C. 分级延时阀   D. 联动阀

23. 单向节流阀属于_____。

单向节流阀结构原理及逻辑符号图

    A. 逻辑元件,用于开关量控制
    B. 时序元件,用于控制开关量
    C. 逻辑元件,对信号传递起延时作用
    D. 时序元件,对信号传递起延时作用

24.单向节流阀是由_____起延时作用,通过调_____来调整延时时间。

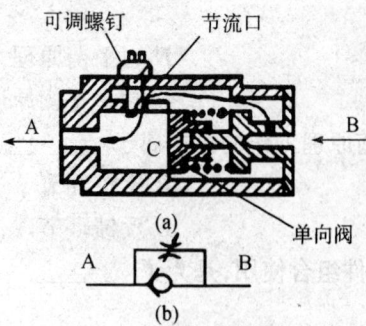
单向节流阀结构原理及逻辑符号图

A.惯性环节;节流阀开度　　　　　　B.比例环节;放大系数
C.微分环节;微分时间　　　　　　　D.积分环节;积分时间

25._____是速放阀的逻辑符号图。

A. 　　　　　　B.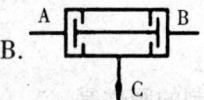

C. 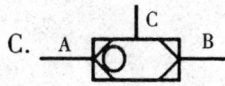　　　　　　D.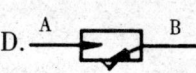

26.在气动阀件中,属于比例控制的阀件是_____。
A.两位三通电磁阀　　　　　　　　B.三位四通阀
C.速放阀　　　　　　　　　　　　D.转速设定精密调压阀

27.在主机遥控系统中,其控制空气气源的压力一般为_____。
A.0.14 MPa　　　　　　　　　　　B.0.45 MPa
C.0.7 MPa　　　　　　　　　　　 D.1.0 MPa

28.在主机遥控系统中,用作换向和起动的高压气源(动力气源)的压力一般为_____。
A.0.14 MPa　　　　　　　　　　　B.3.0 MPa
C.0.7 MPa　　　　　　　　　　　 D.1.0 MPa

29.气动主机遥控系统中,主机起动时所使用的起动空气的压力和控制空气的压力分别是_____。
A.3.0 kPa 和 0.7 kPa　　　　　　B.3.0 MPa 和 0.7 MPa
C.0.7 MPa 和 3.0 MPa　　　　　　D.0.7 kPa 和 3.0 kPa

30.联动阀两个输入端分别为 A 和 B,输出端为 C,则输出端 C 输出 1 信号的条件是_____。

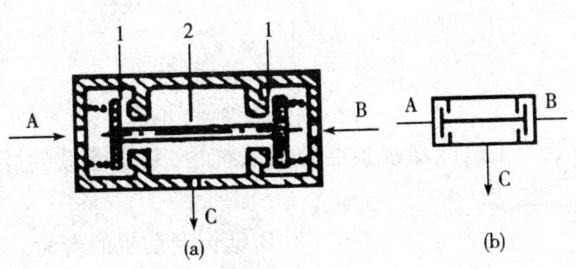

联动阀结构原理及逻辑符号图

A. A=0,B=0
B. A=0,B=1
C. A=1,B=0
D. A=1,B=1

31. 分级延时阀的工作特点是_____。

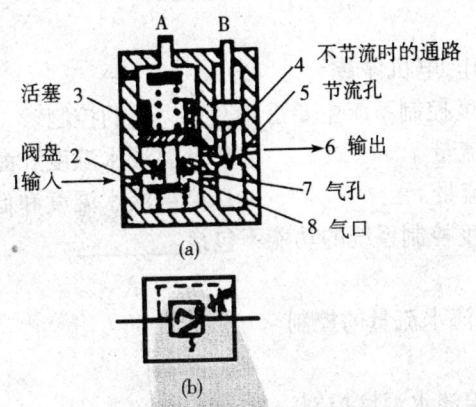

分级延时阀结构原理及逻辑符号图

A. 输出信号始终等于输入信号
B. 输入信号较小时,输出等于输入,输入信号较大时,输出延时等于输入
C. 输入信号较小时,输出延时等于输入,输入信号较大时,输出立即等于输入
D. 当输入信号较小和较大时,输入延时时间较短和较长等于输出

32. 在气动遥控系统中,机旁应急操纵台未设置_____。

A. 油门调节手轮
B. 锁紧手柄
C. 压紧手轮
D. 驾控/机旁转换阀

33. 在 MAN-B&W-S-MC/MCE 主机气动操纵系统中,集控室操纵时,主机的起动、换向、停车等是_____控制,转速是_____控制。

A. 手动;自动
B. 自动;手动
C. 手动;手动
D. 自动;自动

34. 在 MAN-B&W-S-MC/MCE 主机气动操纵系统中,机旁操纵时,主机的起动、换向、停车等是_____控制,转速是_____控制。

A. 手动;自动
B. 自动;手动
C. 手动;手动
D. 自动;自动

35. 在 MAN-B&W-S-MC/MCE 主机气动操纵系统中,机旁操纵的供油调速给出的是_____信号,此时调速器_____作用。

A.转速设定;起 B.油量;起

C.转速设定;不起 D.油量;不起

36.在用 MR-Ⅱ型调节器的主机冷却水温度控制系统中,采用断续的脉冲信号去控制电动机的转动,其目的是_____。

A.节约电能 B.延长电动机的寿命

C.防止调节作用过头 D.使三通阀的转动灵活

37.在电动冷却水温度控制系统中,若三通调节阀中平板阀卡死在某一位置,其故障现象是_____。

A.冷却水温度波动变小

B.冷却水温度波动加大,但是最后能稳定在给定值上

C.限位开关断开

D.热保护继电器可能动作,电机停转

38.ENGARD 中央冷却水温度控制系统主要是对_____的控制。

A.低温淡水温度和海水流量 B.低温淡水温度和海水温度

C.高温淡水温度和海水流量 D.高温淡水温度和低温淡水温度

39.ENGARD 中央冷却水温度控制系统的功能不包括_____。

A.低温淡水温度控制

B.控制海水泵,实现冷却海水流量的控制

C.报警与显示

D.主淡水泵的控制和高温淡水温度控制

40.在 ENGARD 中央冷却水温度控制系统中,若要对参数进行重新设置,首先将 ENGARD 控制箱内的模式选择开关置到_____。

A."Q"位置 B."P"位置

C."R"位置 D."L"位置

41.在 ENGARD 中央冷却水温度控制系统中,手动/自动操作模式可通过控制面板上的手动/自动模式按钮来选择。当系统工作在自动方式时,若按二次按钮则可选择_____。

A.海水泵手动工作方式 B.海水泵自动工作方式

C.低温淡水调节阀手动工作方式 D.低温淡水调节阀自动工作方式

42.ENGARD 中央冷却水温度控制系统在自动方式下正常工作时,则在控制面板的液晶窗口中将会显示出_____。

A.F 系列参数和海水温度值

B.F 系列参数和海水泵的累计工作时间

C.调节阀开度值和海水温度值

D.调节阀开度值和低温淡水温度值

43.ENGARD 中央冷却水温度控制系统中核心部件是_____。

A.中央冷却器 B.低温淡水温度调节阀

C.ENGARD 控制器 D.Pt100 温度传感器

44.在 ENGARD 中央冷却水温度控制系统中,ENGARD 控制器的报警分为_____。
   A.短时报警和长时报警　　　　　　　B.一般报警和特殊报警
   C.过程报警和功能报警　　　　　　　D.灯光报警和蜂鸣器报警
45.ENGARD 控制面板如图所示,出现报警时,应按_____对报警进行确认。

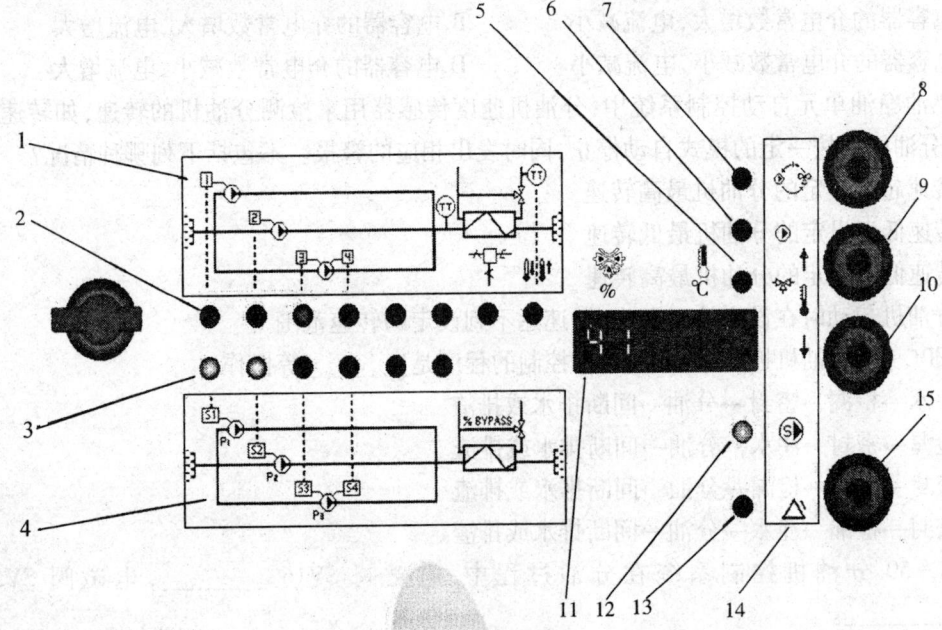

   A.按钮 8　　　　　　　　　　　　　B.按钮 9
   C.按钮 10　　　　　　　　　　　　 D.按钮 15
46.在机舱温度自动控制系统中,热电阻式温度传感器采用_____工作原理。
   A.热电阻材料的电阻率随温度的增加而增大
   B.热电阻材料的电阻率随温度的增加而减小
   C.热电阻材料的电阻率随热辐射的增加而增大
   D.热电阻材料的电阻率随热辐射的增加而减小
47.在机舱中,热电偶式温度传感器常用于测量_____。
   A.主机的主轴承温度　　　　　　　　B.主机的缸套水温
   C.主机的滑油温度　　　　　　　　　D.主机的排气温度
48.燃油净油单元自动控制系统的组成不包括_____。
   A.EPC-50 控制箱和电机起动箱
   B.工作水阀组和控制气动执行阀的电磁阀组
   C.分油机和油路
   D.油泵电机和滤器控制回路
49.在燃油净油单元自动控制系统的组成中,主要的输入信号装置不包括_____。
   A.排水压力传感器　　　　　　　　　B.分油机速度传感器
   C.分油机振动传感器　　　　　　　　D.继电器和电磁阀
50.在燃油净油单元自动控制系统的组成中,主要的输出信号装置不包括_____。

A.工作水阀组　　　　　　　　　　　B.气动控制阀组
C.继电器和电磁阀组　　　　　　　　D.压力传感器和温度传感器

51.在燃油净油单元自动控制系统中,MT50型水分传感器的检测原理是净油中含水量增加,则_____。

A.电容器的介电常数增大,电流减小　　B.电容器的介电常数增大,电流增大
C.电容器的介电常数减小,电流减小　　D.电容器的介电常数减小,电流增大

52.在燃油净油单元自动控制系统中,分油机速度传感器用来检测分油机的转速,如转速发生异常,分油机则按一定的模式自动停止,同时发出相应的警报。不包括下列哪种情况?

A.转速超过设定的分油机最高转速
B.转速低于设定的分油机最低转速
C.转速低于设定的分油机最高转速
D.分油机起动时在设定的时间内,转速达不到设定的转速范围

53.在EPC-50分油机控制系统中,时序控制的程序是_____等操作。

A.注水→检漏→密封→分油→间断排水或排渣
B.检漏→密封→注水→分油→间断排水或排渣
C.密封→注水→检漏→分油→间断排水或排渣
D.密封→检漏→注水→分油→间断排水或排渣

54.EPC-50分油机控制系统在分油过程中,电磁阀SV16_____,电磁阀SV5控制V5_____。

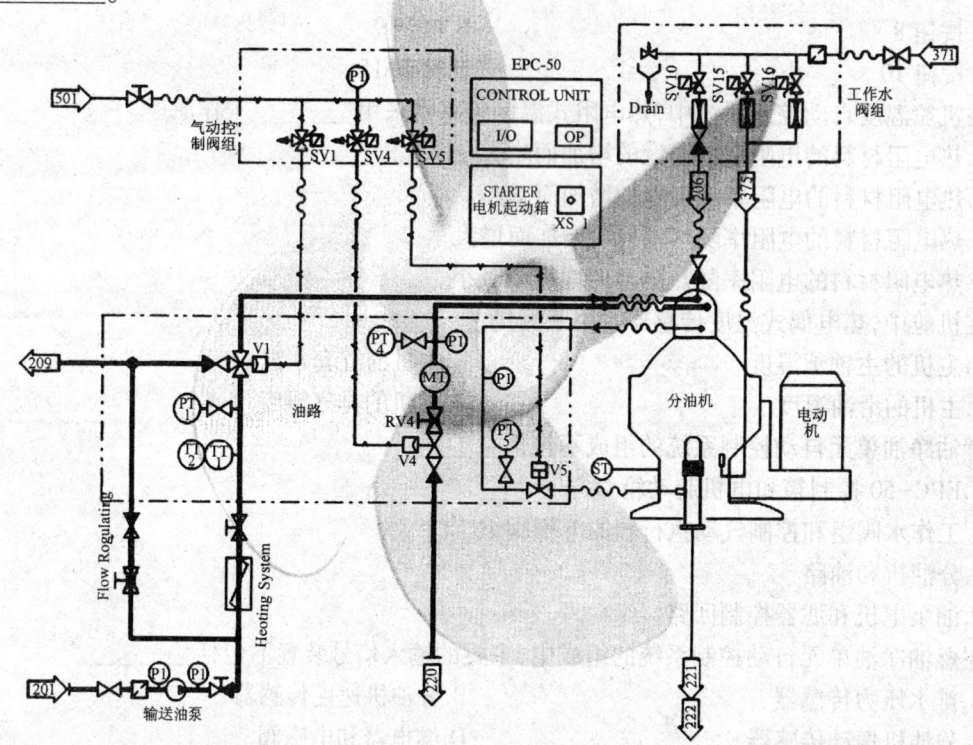

A.连续提供补偿水;间断排水　　　　　B.连续提供补偿水;连续排水

C.断续提供开启水;连续排水　　　　　D.断续提供补偿水;间断排水

55.如 EPC-50 控制面板中,有 3 个水路控制阀,分别为 10 号阀_____、15 号阀_____和 16 号阀_____。

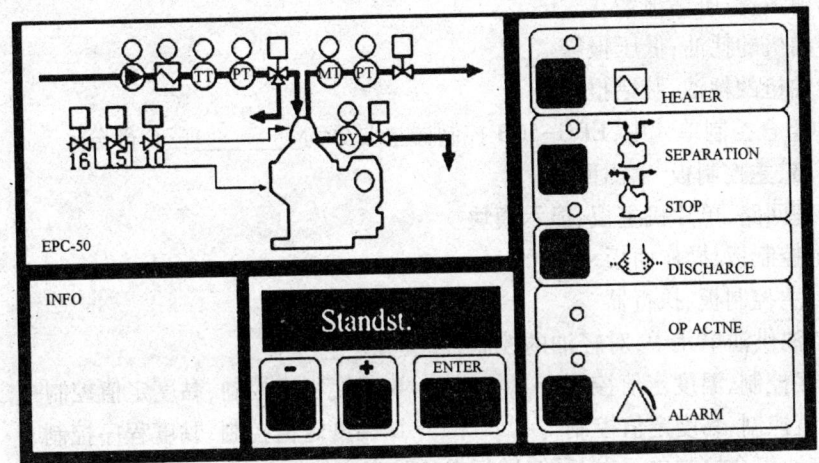

A.置换水阀;开启水阀;补偿水阀　　　B.开启水阀;补偿水阀;置换水阀
C.开启水阀;置换水阀;补偿水阀　　　D.补偿水阀;开启水阀;置换水阀

56.S 型分油机自动控制系统的控制部分是_____。
　　A.EPC-40 控制器　　　　　　　　　B.EPC-40B 控制器
　　C.EPC-50B 控制器　　　　　　　　 D.EPC-50 控制器

57.在 S 型分油机中,组成其控制系统的重要设备水分传感器,其输出 4~20 mA 的信号表示的是_____。
　　A.电阻值　　　　　　　　　　　　　B.电容值
　　C.电压值　　　　　　　　　　　　　D.电抗值

58.在辅锅炉燃烧控制系统中,高火燃烧一般是指_____。
　　A.单油头辅锅炉,且回油阀开度最大时的燃烧
　　B.单油头辅锅炉,且处在最小燃烧强度时的燃烧
　　C.双油头辅锅炉,且蒸汽压力下降到下限时的燃烧
　　D.双油头辅锅炉,且蒸汽压力上升到上限时的燃烧

59.在油船辅锅炉蒸汽压力自动控制系统中,函数发生器的作用是_____。
　　A.保证最佳的供风量　　　　　　　　B.保证最佳的供油量
　　C.保证最佳的风油比　　　　　　　　D.保证最佳的燃烧强度

60.浮子式辅助锅炉水位控制系统中,浮子属于_____。
　　A.比较单元　　　　　　　　　　　　B.调节单元
　　C.测量单元　　　　　　　　　　　　D.执行单元

61.在燃油供油单元的黏度自动控制系统组成中,不包括_____。
　　A.黏度传感器和温度传感器　　　　　B.控制器
　　C.燃油加热器　　　　　　　　　　　D.供油泵

62. FCM 燃油组合控制单元中,供给泵的流量由流量变送器 FT 检测,用于控制器_____情况。在自动滤器的前后装有压差开关 PDS,用于滤器_____的检测。
   A.测量当前流量;低压报警
   B.测量当前流量;脏堵报警
   C.分析柴油机的耗油;低压报警
   D.分析柴油机的耗油;脏堵报警

63. FCM 燃油组合控制单元中,EPC-50B 控制器主要分为_____三个部分。
   A.输入回路、主控制板、输出回路
   B.信息处理回路、单片机主板、显示模块
   C.电源、主控制板、操作面板
   D.传感器、主控制板、执行器

64. 在 FCM 燃油供油单元中,对轻油的控制方式包括_____。
   A.温度程序控制、温度定值控制   B.温度程序控制、黏度定值控制
   C.温度定值控制、黏度定值控制   D.温度定值控制、黏度程序控制

65. 在 FCM 燃油组合控制单元中,系统进行燃油黏度定值控制的阶段是_____。
   A.切换到 HFO 即开始
   B.切换到 HFO,并确认三通阀到位后开始
   C.切换到 HFO,加温到设定的黏度值时开始
   D.切换到 HFO,加温到设定的黏度对应的温度值-3 ℃时开始

66. 燃油供油单元的综合控制功能不包括_____。
   A.回油的脱气自动控制   B.分油机的自动控制
   C.燃油滤器的自动控制   D.燃油循环泵的运行/备用控制

67. 在燃油供油单元的综合控制中,有柴油 DO 和重油 HFO 两种控制模式。当控制器接通柴油控制模式时,EPC-50B 控制器自动选择为_____模式,燃油_____被监控。
   A.温度控制;黏度   B.温度控制;温度
   C.黏度控制;温度   D.黏度控制;黏度

68. 在燃油供油单元的综合控制中,有柴油 DO 和重油 HFO 两种控制模式。当 OFF 转换为 HFO 或从 DO 转换为 HFO 且 VT 灯亮时,燃油_____被监控和显示。加热运行程序由重油温升参数控制,当燃油被加热到设定温度以下 3 ℃时,控制器自动转到_____控制。
   A.温度;黏度   B.黏度;温度
   C.温度和黏度;温度   D.温度和黏度;黏度

69. 在燃油供油单元中,当系统新安装后或工作条件改变时,要对系统运行的参数进行重新设定和修改。在重油改变时,必须改变的一些参数不包括_____。
   A.密度参数   B.重油温度设置点参数
   C.重油黏度设置点参数   D.重油低温限制值

70. VISCOCHIEF 型燃油黏度控制系统的组成不包括_____。
   A.Pt100 温度传感器   B.单片机黏度控制器
   C.蒸汽加热装置   D.气动差压变送器

71.VISCOCHIEF型燃油黏度控制系统的EPC-50B控制器主要分为_____三个部分。
   A.输入回路、主控制板、输出回路
   B.信息处理回路、单片机主板、显示模块
   C.传感器、主控制板、执行器
   D.电源、主控制板、操作面板

72.全气动主机遥控系统的缺点是_____。
   A.易受振动影响   B.管理复杂
   C.易受温度影响   D.可能产生滞后现象

73.电动式主机遥控系统的遥控装置及执行机构均由_____组成。
   A.气动元件   B.液动元件
   C.电动元件   D.热力元件

74.ME系列柴油机的电控系统不包括_____。
   A.主机接口控制单元   B.主机控制单元
   C.主机滑油温度调整单元   D.辅助控制单元

75.ME系列柴油机转速传感器是采用哪种转速传感器？
   A.接触式数字传感器   B.红外线数字传感器
   C.测速直流发电机输出传感器 D.磁脉冲式输出转速传感器

76.在船舶机舱报警系统中的故障指示灯屏上，指示灯有三种情况：熄灭、闪亮、常亮；它们的含义分别是对应的监视参数_____。
   A.正常、故障、故障   B.正常、正常、故障
   C.故障、故障、正常   D.正常、故障、正常

77.机舱报警系统的报警指示灯屏上，每一指示灯有闪亮、平光(常亮)、熄灭三种状态，分别表示该被检测点_____。
   A.故障报警、无故障、故障消失
   B.故障报警、故障记忆、故障消失或正常
   C.故障存在、无故障、恢复正常
   D.持续故障、无故障、故障自行消失

78.为防止由于干扰或瞬时故障引起误报警或不必要的报警，通常采用_____处理。
   A.多数表决器   B.冗余检测
   C.延时   D.分时

79.在报警系统中，有报警信号且按了确认按钮后，报警指示灯和蜂鸣器状态是_____。
   A.报警灯灭，蜂鸣器消声   B.报警灯平光，蜂鸣器响
   C.报警灯灭，蜂鸣器响   D.报警灯平光，蜂鸣器消声

80.船舶机舱的监测与报警系统开关量能反映设备的运行状态，开关量是指只有_____状态的量。
   A.一个   B.两个
   C.三个   D.四个

81.船舶机舱的模拟量是指_____的量，例如温度、压力和转速等参数均为模拟量。

A.断续变化 B.连续变化
C.正弦变化 D.脉冲变化

82.集中监视报警系统按工作方式可分为_____两种类型的报警系统。
A.开关量和模拟量 B.连续监视和巡回检测
C.继电接触器和电子器件构成的 D.有触点和无触点器件构成的

83.对于机舱集中监视与报警系统,正确的说法是_____。
A.在微机型报警系统中,对所有监视点参数实行连续监视
B.在单元组合式报警系统中,对各个监视点参数实行分时处理
C.在微机型报警系统中,所有的监视点只需要一个中央处理单元
D.在单元组合式报警系统中,所有的监视点只需要一个报警控制电路

84.在集中监视与报警系统中,连续监视式报警系统的特点是_____。
A.同一时间只能监视一个点,每个监视点都需有一个报警控制单元
B.同一时间可监视所有的监视点,每个监视点都要有一个报警控制单元
C.同一时间只能监视一个点,所有监视点共用一个报警控制单元
D.同一时间可监视所有监视点,所有监视点共用一个报警控制单元

85.连续监测的方法由于每个监测点采用单独的电路,监视点的数量增减在原则上_____。
A.不受限制 B.受限制
C.根据需要增加硬件 D.不能增加

86.机舱报警系统的报警"试验"按钮用于检验音响报警器和全部报警指示灯是否正常工作,不论试验前是否已有故障报警,试验完毕后所有报警指示灯_____。
A.全熄灭 B.全常亮
C.全闪亮 D.不改变原状

87.延伸报警信号都是以分组原则发送的,把所有的检测点通常划分为四组,在各组报警中,_____不包含在其中。
A.主机故障自动停车报警 B.主机故障自动减速报警
C.火灾报警 D.一般故障报警

88.在监视液位时,为避免因船舶摇摆而出现的误报警,通常采用_____。
A.报警延时 B.报警封锁
C.报警切除 D.报警延伸

89.船舶机舱单元组合式自动报警系统中故障报警单元设置延时报警的原因是_____。
A.考虑多个报警信号同时来,分时响应的需要
B.系统信号传输有时间滞后
C.考虑虚假报警及暂时故障的可能
D.考虑传感器故障

90.在具有集中监视与报警系统的机舱中,一旦运行设备出现故障,不仅可在机舱、集中控制室发出声、光报警,该报警信号还能延伸到_____。
A.货舱 B.艏尖舱
C.舵机舱 D.驾驶台

91.机舱单元组合式报警系统中负责将不同的报警信号有选择地送到驾驶台、生活区、轮机长室等的是_____单元。
   A.模拟量报警   B.开关量报警
   C.延伸报警   D.报警器自检

92.船舶在停港期间,应该闭锁报警的参数是_____。
   A.辅锅炉危险低水位   B.辅锅炉安全保护高汽压
   C.运行中发电机原动机低油压 D.主机滑油低油压

93.机舱报警系统中报警指示灯在无故障时_____;故障出现后应答前_____。
   A.常亮;闪光   B.闪光;常亮
   C.熄灭;闪光   D.熄灭;常亮

94.机舱单元组合式报警系统中设有公用插件(中央控制单元),其中设有闭锁控制电路。该电路的功能是在给出闭锁指令时_____。
   A.模拟量报警单元瞬时报警,不再延时
   B.开关量报警单元瞬时报警,不再延时
   C.报警时只有闪光信号,无声音信号
   D.被闭锁的监测点不再出现声、光报警信号

95.单元组合式报警系统有"闭锁控制"功能,该功能常用于_____。
   A.闭锁有故障监视点的参数检测
   B.关闭有故障检测点的报警指示灯
   C.分组关闭不运行设备的报警指示灯
   D.分组闭锁不运行设备相关监视点的报警

96.机舱报警系统中报警指示灯在故障出现后应答前_____;如故障仍存在,应答后立即_____。
   A.常亮;闪光   B.闪光;常亮
   C.闪光;熄灭   D.常亮;熄灭

97.无人机舱单元组合报警系统,由分组单元送出的延伸报警,有重复报警功能,即延伸处所虽已有人应答消音,但当_____无人应答时延伸报警处将再次报警。
   A.船长室   B.机舱延时
   C.驾驶室   D.轮机长室

98.所谓单元组合式故障报警系统是指每个监视点单独需要一个_____。
   A.故障报警控制电路   B.闪光源
   C.音响报警控制电路   D.分组延伸报警电路

99.在单元组合式监视报警系统中,对于模拟量报警控制电路板,其正确的说法是_____。
   A.热电偶输入电路板与热电阻输入电路板相互通用
   B.每块电路板的结构和工作原理都相同,因此可相互替换
   C.对于被监视参数类型相同的电路板可以相互替换
   D.对应不同类型的被监视参数,其测量和转换电路相同

100.在单元组合式模拟量报警控制单元中不包含_____。

A.测量电路 B.延时电路
C.模数转换电路 D.比较电路

101. 关于单元组合式监视报警系统,不正确的说法是_____。
 A.每块报警控制电路板都具有报警指示灯
 B.每块报警控制电路板都能进行独立的功能测试
 C.每块报警控制电路板都具有消闪按钮
 D.每块报警控制电路板都能进行报警值设定

102. 在Mark-6曲柄箱油雾浓度监视报警系统中,关于探测器检测油雾浓度原理的描述,正确的是_____。
 A.散射光越强,油雾浓度越高 B.散射光越弱,油雾浓度越高
 C.透射光越强,油雾浓度越高 D.透射光越弱,油雾浓度越高

103. Mark-5型油雾浓度探测器在正常运行中,单片机定时使清洗空气电磁阀通电一次,防止_____被油雾污染而影响测量精度。
 A.测量室 B.采样管路
 C.光源和光电池 D.电光源

104. Graviner Mark-6型曲轴箱油雾浓度监视报警系统采用的是_____。
 A.检测透光度技术 B.机械旋转部件技术
 C.光学测量、数字传输技术 D.分立元件技术

105. Mark-6曲柄箱油雾浓度监视报警系统的组成特点是_____。
 A.机舱各柴油机共用一个控制单元
 B.为了安全,主机单独用一个控制单元
 C.每三台发电柴油机共用一个控制单元
 D.每两台发电柴油机共用一个控制单元

106. 在Mark-6曲柄箱油雾浓度监视报警系统中,用户级别能够进行的操作是_____。
 A.查询功能 B.报警设定功能
 C.系统设定功能 D.对历史纪录的复位功能

107. 在Mark-6曲柄箱油雾浓度监视报警系统中,如果传感器的黄色指示灯亮,则表示_____。
 A.传感器工作正常 B.传感器故障
 C.传感器正在接收信息 D.传感器正在发送信息

108. Graviner Mark-6型曲轴箱油雾浓度监视报警系统控制单元电源指示灯不亮、显示器无显示。通常这种现象是因为_____。
 A.探头故障 B.电源故障
 C.探头地址码设置错误 D.内部风机故障

109. Graviner Mark-6型曲轴箱油雾浓度监视报警系统探头电源指示灯不亮。通常这种现象是因为_____。
 A.探头油雾循环腔需要清洗 B.接线箱保险丝损坏或探头故障
 C.探头地址码设置错误 D.烟气探测孔堵塞

110. 当Graviner Mark-6型油雾浓度监视报警器操作面板的显示器上显示 FAN FAULT,表

示_____。

A.内部风机故障

B.探头油雾循环腔需要清洗或 LED 有故障

C.探头透光孔堵、LED 导光管损坏及探头故障

D.探头 LED 地址码设置错误

111.在 Mark-6 曲柄箱油雾浓度监视报警系统中,在进行探头的报警测试时,如果探头正常,其状态指示灯的变化应该是_____。

A.保持灭　　　　　　　　　　　B.保持绿色

C.保持红色　　　　　　　　　　D.由绿色变成红色

112.探测器是自动探火及报警系统中的输入/输出控制设备,在分路式火警自动报警系统中所有同一分路上的探测器一般是_____。

A.数个不同型号的火警探测器串联　　B.数个不同型号的火警探测器并联

C.一个火警探测器　　　　　　　　　D.数个同型号的火警探测器并联

113.探测器是自动探火及报警系统中的输入/输出控制设备,在分路式火灾自动报警系统,其每一路输入一般是由_____组成的。

A.多个探测器和一个终端电阻　　B.仅多个功能完全一致的探测器

C.一个探测器　　　　　　　　　D.一个终端电阻

114.当船舶火警系统报警后,火警灯应_____并接通电铃;按下消声按钮后,火警灯_____。

A.闪亮;熄灭　　　　　　　　　　B.常亮;熄灭

C.闪亮;常亮　　　　　　　　　　D.常亮;闪亮

115.船舶火警报警系统的中央单元(消防报警监视装置)一般设在_____。

A.机舱　　　　　　　　　　　　　B.船长室

C.轮机长室　　　　　　　　　　　D.驾驶室

116.消防报警系统和机舱组合式报警系统,两者_____。

A.使用同一个报警音响设备　　　　B.使用同一种类报警音响设备

C.分别使用不同种类报警音响设备　D.报警音响设备可以互换使用

第二节　安全操作与应急程序

1.在 MAN-B&W-S-MC/MCE 主机气动操纵系统中,安保断油不包括的条件是_____。

A.主轴承滑油低压　　　　　　　　B.推力轴承高温

C.凸轮轴滑油低压　　　　　　　　D.气缸冷却水低压

2.关于 SSU 8810 主机安全保护系统,在下列选项中,能够引起故障停车的保护项目是_____。

A.推力块高温　　　　　　　　　　B.曲柄箱油雾高

C.缸套冷却水进口低压　　　　　　D.活塞冷却水进口低压

3.在 MAN-B&W-S-MC/MCE 主机气动操纵系统中,安保断油不包括的条件是_____。

A.超速　　　　　　　　　　　　　B.推力轴承高温

C.排气出口高温　　　　　　　　　D.凸轮轴滑油低压

4.SSU 8810 安全保护系统是 AC-Ⅳ型主机遥控系统的三大组成部分之一,当出现_____故障时会造成主机故障停车(SHUT DOWN)。
   A.活塞冷却油断流   B.气缸油断油
   C.推力轴承高温保护   D.缸套水出口温度高

5.SSU 8810 安全保护系统是 AC-Ⅳ型主机遥控系统的三大组成部分之一,当出现_____故障时会造成主机故障停车(SHUT DOWN)。
   A.凸轮轴滑油压力太低   B.活塞冷却油断流
   C.气缸油断油   D.缸套水出口温度高

6.SSU 8810 安全保护系统是 AC-Ⅳ型主机遥控系统的三大组成部分之一,其中_____是不可以越控的"故障停车(SHUT DOWN)"故障。
   A.凸轮轴滑油压力太低   B.主滑油进口压力太低
   C.推力轴承块温度太高   D.缸套水进口压力太低

7.关于 SSU 8810 主机安全保护系统,在下列选项中,能够引起故障停机的保护项目是_____。
   A.活塞冷却水出口高温   B.凸轮轴滑油低压
   C.曲柄箱油雾高温   D.主机排气高温

8.SSU 8810 安全保护系统是 AC-Ⅳ型主机遥控系统的三大组成部分之一,当出现_____故障时会造成主机故障减速。
   A.主滑油进口压力太低   B.凸轮轴滑油压力太低
   C.推力轴承高温   D.活塞冷却水(油)断流

9.在主机遥控的系统中,引起主机自动减速的是_____。
   A.主机超速   B.主机滑油低压
   C.主机凸轮轴滑油低压   D.主机排气温度过高

10.在 AC-4 主机遥控系统中,使主机故障减速的是_____。
    A.超速保护   B.曲轴箱油雾浓度高
    C.主轴承滑油低压保护   D.涡轮增压器进口滑油低压

11.主机安全保护系统中,能引起主机减速的保护项目是_____。
    A.超速保护   B.主机滑油低压保护
    C.涡轮增压器进口滑油压力低   D.曲轴箱油雾浓度高

12.主机安全保护系统中,能引起主机故障停机的保护项目是_____。
    A.曲轴箱油雾浓度高   B.缸套冷却水进口低压
    C.主机滑油低压保护   D.主机排气出口高温

13.在主机遥控的系统中,引起主机自动停车的是_____。
    A.主机滑油低压   B.主机缸套冷却水高温
    C.主机缸套冷却水低压   D.主机排温偏高

14.主机安全保护系统中,下列选项中,不可取消的故障停机保护项目是_____。
    ①超速保护;②主机滑油低压保护;③凸轮轴滑油低压保护;④涡轮增压器进口滑油压力低
    A.①②   B.②③
    C.③④   D.①④

15. 主机安全保护系统的主要作用是在主机运行过程中出现_____情况时,自动控制主机减速。

①主机超速;②曲轴箱油雾浓度越限;③主机排气温度过高;④扫气空气高温;⑤涡轮增压器进口滑油压力低;⑥主机缸套冷却水进口低温

　A.①②③　　　　　　　　　　B.②③④
　C.③④⑤　　　　　　　　　　D.④⑤⑥

16. 在主机遥控的安全保护系统中,不能取消的故障自动停车保护项目是_____。
　A.主机排温高　　　　　　　　B.主机缸套冷却水温高
　C.主机缸套冷却水压力低　　　D.主机超速

17. 主机故障减速保护项目_____取消,由_____根据船舶安全航行的需要决定。
　A.都可以;值班驾驶员　　　　B.不可以;值班驾驶员
　C.都可以;值班轮机员　　　　D.不可以;值班轮机员

18. 在MAN-B&W-MC气动操纵系统中,在集控室遥控主机时,驾驶室与集控室的遥控主车钟作用是_____。
　A.驾驶室主车钟用作主机的操纵控制
　B.驾驶室主车钟既作为传令车钟又用作主机的操纵控制
　C.集控室主车钟仅用作传令车钟
　D.集控室主车钟不仅用于传令车钟,而且还用作正、倒车操纵控制

19. 在AC-C20主机遥控系统中,下列保护项目中,_____可以设置一定的延时时间。
　A.自动停车项目　　　　　　　B.自动降速项目
　C.不可取消的自动停车项目　　D.可取消的自动停车项目

20. 气动主机遥控系统中,遥控车钟或手柄下面的控制阀有_____。
　A.正、倒车控制阀
　B.正、倒车控制阀和停车阀
　C.正、倒车控制阀和设定转速精密调压阀
　D.正、倒车控制阀、停车阀、设定转速精密调压阀

21. 在船舶上通常设有主、副车钟,副车钟的作用是_____。
　A.当主车钟出现故障时代替主车钟
　B.与主车钟轮换使用
　C.仅用于驾驶室与机旁之间的备车、完车和定速航行三个车令的联系
　D.用于驾驶室与集控室之间的备车、完车和定速航行三个车令的联系

22. 主机遥控系统中,副车钟的作用为_____。
　A.发送正车、停车
　B.发送前进、后退
　C.发送停车、前进、后退各挡车令
　D.发送备车、完车、海上航行等指令

23. 在AC-C20主机遥控系统应急停车功能中,超速信号来自_____。
　A.调速单元　　　　　　　　　B.执行机构

C.给定单元 D.测速单元

24.关于主机的应急停车,下列说法正确的是_____。
A.自动停车可以取消
B.手动应急停车由测速单元或其他传感器检测到的
C.手动应急停车是值班人员按下应急停车按钮来实现的
D.自动停车是由值班人员按下停车按钮来实现的

25.主机 SSU 8810 安全保护系统控制面板上在故障停车和故障减速项目旁边有一个"LOOP FAIL"监视灯,灯亮表示相应的通道_____。
A.故障已被越控 B.数据采集回路故障
C.故障可以越控 D.故障还没有复位

26.当车钟手柄扳回到停车位置,由于_____出现了故障,不能使主机停油,这时应按下应急停车按钮,使主机断油停车,并发出警报。
A.遥控系统 B.停油系统
C.制动系统 D.调速系统

27.主机运行过程中当出现滑油低压时,主机遥控系统应该_____。
A.故障停车 B.故障减速
C.最低转速运行 D.减速运行

28.采用 AUTOCHIEF-Ⅳ 遥控系统的 MAN-B&W-MC 主机,若在运行中发生故障减速,排除故障后如要进行复位,应在 SSU 8810 安全保护系统控制面板的"复位功能按钮(RESET)"区按下_____。
A.报警确认按钮 B.消音按钮
C.系统复位按钮 D.故障减速复位按钮

29.AC-C20 主机自动减速故障发生并应答后,_____就能复位。
A.当引发自动减速的故障现象一消失
B.当引发自动减速的故障现象消失并车钟回停车位
C.当引发自动减速的故障现象消失并按复位按钮
D.当引发自动减速的故障现象消失并车钟回起动位

30.当主机发生紧急情况下,可通过按下_____的应急停车按钮进行应急停车。
A.驾驶台的操作面板上 B.集控室的操作面板上
C.机旁的操作面板上 D.任何操作部位的操作面板上

31.关于 SSU8810 主机安全保护系统,当"故障停车"(SHUT DOWN)和"故障减速"(SLOW DOWN)的故障原因排除后,必须在_____按下的复位按钮(RESET)才能恢复正常的控制状态。
A.集控室或驾驶台 B.驾驶台
C.集控室 D.集控室和驾驶台同时

32.在应急情况下,为了保证船舶安全需要对主机进行应急运行,应急运行不包括_____。
A.应急换向 B.应急起动
C.应急加速 D.强制制动

33.在发电机空载运行时,突然电压为零,不可能的原因是_____。
　　A.整流二极管被击穿　　　　　　　B.电流互感器故障
　　C.励磁绕组回路无励磁电流　　　　D.相复励变压器线圈短路

34.船舶发电机单机供电过程中,造成全船停电,不可能的原因是_____保护。
　　A.过载　　　　　　　　　　　　　B.欠压
　　C.逆功率　　　　　　　　　　　　D.短路

35.除因_____引起主开关跳闸断电外,对于其他各种机、电故障至主开关跳闸,自动化电站均能自动处理,不需要值班轮机人员加以干涉。
　　A.短路保护　　　　　　　　　　　B.过载保护
　　C.欠压保护　　　　　　　　　　　D.逆功率保护

36.有关自动化电站应急处理措施,下列说法错误的是_____。
　　A.除因短路保护引起主开关跳闸断电外,对于其他各种机、电故障至主开关跳闸,自动化电站均能自动处理,不需要值班轮机人员加以干涉
　　B.若由于因短路保护引起电网突然失电则导致除警报声外所有设备均停止运行。此时值班人员切忌在未排除故障的情况下就立即起动机组、合闸供电。必须先查看报警指示
　　C.若报警指示确认是短路故障,值班人员(或维修人员)应先到主配电板后面仔细检查汇流排是否发生短路
　　D.找到一个短路点排除后就可按复位按钮

37.常规电站单机运行机组因发电机短路或失压保护跳闸电网失电,但机组仍在运行且电压正常,说明是_____跳闸,应先_____再复位故障。
　　A.短路保护;起动备用机组后　　　B.短路保护;确认并排除故障后
　　C.失压保护;起动备用机组后　　　D.失压保护;确认并排除故障后

38.常规电站发电机单机运行时,由于原动机突然燃油中断引起主开关跳闸、电网失电,此时主开关跳闸的原因是_____。
　　A.短路保护　　　　　　　　　　　B.欠压保护
　　C.过流保护　　　　　　　　　　　D.逆功率保护

39.常规电站单机运行中,燃油供给故障(如调速器失灵、断燃油等)导致主开关跳闸,电网失电后的处理应是_____。
　　A.首先应答,然后起动备用机组
　　B.立即查明机械故障,修复后再起动本机组
　　C.先起动应急发电机组,然后去查明故障原因
　　D.先起动应急发电机组,然后起动备用机组

40.在柴油发电机组中,下列参数_____投入监视是需要延时的。
　　A.滑油压力　　　　　　　　　　　B.冷却水温度
　　C.柴油机转速　　　　　　　　　　D.电动机定子绕组温度

41.在发电机组的控制中,有多种起动方式,_____是最优先级的。
　　A.在机器上直接起动　　　　　　　B.在机旁控制箱通过按钮起动
　　C.在集控室通过按钮起动　　　　　D.通过电站PMS自动起动

42._____不是备用发电机组"备好"的条件。
 A.燃油备好 B.压缩空气备好
 C.操作选择开关置于"手动"位置 D.无起动阻塞
43.关于全船停电后备用发电机组自动起动的描述,不正确的是_____。
 A.备用发电机组必须处于"第一备用"状态
 B.备用发电机组自动起动
 C.起压成功后通过并车装置合闸供电
 D.起压成功后直接合闸供电

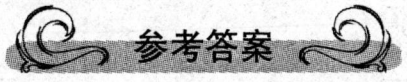

参考答案

第一节 主辅机械设备

1.B	2.D	3.C	4.A	5.D	6.B	7.B	8.D	9.D	10.B
11.A	12.B	13.D	14.A	15.A	16.C	17.B	18.D	19.D	20.D
21.A	22.D	23.D	24.C	25.D	26.D	27.C	28.B	29.B	30.D
31.B	32.D	33.A	34.C	35.D	36.C	37.D	38.D	39.D	40.D
41.C	42.D	43.C	44.C	45.D	46.A	47.D	48.D	49.D	50.D
51.B	52.C	53.C	54.C	55.A	56.D	57.D	58.C	59.C	60.C
61.D	62.D	63.C	64.A	65.D	66.B	67.B	68.D	69.C	70.D
71.D	72.D	73.C	74.C	75.D	76.A	77.D	78.C	79.D	80.B
81.B	82.B	83.C	84.B	85.A	86.D	87.C	88.A	89.C	90.D
91.C	92.D	93.D	94.C	95.D	96.D	97.B	98.A	99.C	100.C
101.D	102.A	103.C	104.C	105.A	106.A	107.B	108.B	109.B	110.A
111.D	112.D	113.C	114.C	115.D	116.C				

第二节 安全操作与应急程序

1.D	2.A	3.C	4.C	5.A	6.B	7.B	8.D	9.D	10.B
11.D	12.C	13.A	14.A	15.B	16.D	17.A	18.D	19.D	20.C
21.A	22.C	23.D	24.C	25.B	26.A	27.C	28.B	29.A	30.D
31.A	32.D	33.B	34.C	35.A	36.D	37.B	38.B	39.A	40.A
41.A	42.C	43.C							

第一章 船舶主辅机控制系统

第一节 主辅机械设备

1. B。将 0.14 MPa 的气源接到喷嘴挡板机构的入口,经恒节流孔进入背压室,再由喷嘴与挡板之间的缝隙排入大气。当挡板靠近喷嘴,即挡板开度 h 减小时,气阻增大,使背压室的压力 p_d 增大。反之,若挡板开度 h 增大时,气阻减小,使背压室的压力 p_d 减小。实际上,喷嘴挡板起到了变气阻的作用,不同的挡板开度就对应一个不同的背压室压力。当挡板全开时,由于喷嘴的孔径远大于恒节流孔的孔径,所以空气的压力降主要降在恒节流孔上,使背压室的压力接近大气压力(即为零,绝对压力接近 1 个大气压)。

2. D。当挡板靠近喷嘴,即挡板开度 h 减小时,气阻增大,使背压室的压力 p_d 增大。当挡板处于全关状态时(即 $h=0$),背压室的压力由于喷嘴挡板的加工与装配精度所限,难免漏气,因此背压室的压力只能接近于气源压力 0.14 MPa。

3. C。弹性敏感元件有波纹管、金属膜片、非金属膜片(橡胶膜片)、弹簧管和金属膜盒等。弹性敏感元件的作用是将承受的压力或轴向推力转换成位移信号。弹性支承元件有螺旋弹簧和片簧等,其作用是用于支承、平衡或增强弹性敏感元件的刚度。螺旋弹簧刚度较大,通常与弹性敏感元件组合使用,以增加其刚度,也多用于调整弹性敏感元件的初始位置。

6. B。对波纹管的压缩变形比拉伸变形具有更好的线性关系,且处于压缩状态能承受较大的压力。如果一开始让波纹管处于自由状态,其工作过程中是处于拉伸变形,则当它的变形量不大时就进入了非弹性变形区。为此,在实际安装波纹管时,为了得到满意的线性关系,常采用预压缩的办法来提高波纹管的线性范围。

7. B。由变节流孔组成的变节流阀,用于调整调节器的比例带、积分时间和微分时间。

8. D。当挡板靠近喷嘴,即挡板开度 h 减小时,气阻增大,使背压室的压力 p_d 增大。当挡板处于全关状态时(即 $h=0$),背压室的压力由于喷嘴挡板的加工与装配精度所限,难免漏气,因此背压室的压力只能接近于气源压力 0.14 MPa。喷嘴严重脏堵类似于挡板全关状态。

9. D。由于喷嘴挡板机构中的恒节流孔的流通面积很小,工作时输出的空气量很少,很难直接动作执行机构。甚至传送距离远一点,其压力信号也会有较大的衰减。为此,几乎所有的气动仪表,都在喷嘴挡板机构的输出端串联一个气动功率放大器,对喷嘴挡板机构输出的压力信号进行流量放大,或流量、压力放大,即功率放大。气动功率放大器结构型式很多,但基本上有两种:一种是对喷嘴挡板机构输出的气压信号,不放大压力,只放大流量;另一种是流量压力都放大。

10. B。在气动仪表中,喷嘴挡板机构的输出端都要串联一个气动功率放大器,在结构上两者往往构成一体,称为二级气动放大器。

11. A。在气动仪表中,总是把输出端的输出信号引回到输入端,构成负反馈回路。在调节器

21

中采用了较复杂的反馈回路,以实现比例、积分和微分的作用规律。常用的反馈回路有节流分压器、节流盲室、比例惯性环节等。

12.B。气体容室简称气容,在气动仪表或气路中,节流盲室能贮存或放出气体,对压力变化起惯性作用。

13.D。几乎所有气动仪表都是由为数不多的元部件组成的,并构成三个基本环节。放大环节起信号放大作用,要求它具有较高的灵敏性和足够大的功率输出;反馈环节起信号的运算作用,通常是把仪表的输出信号通过反馈回路,送回到仪表的输入端与输入信号进行综合,如果放大环节放大倍数足够大,仪表的信号传递关系只决定于反馈回路的信号传递关系。这样,可消除放大环节各种非线性因素的影响,提高仪表的精度。比较环节起信号比较作用,使输入信号与反馈信号在此比较,其输出信号等于各信号的代数和。几乎所有气动仪表,在喷嘴挡板机构的输出端,都要串联一个气动功率放大器。在结构上两者往往构成一体,称为二级气动功率放大器。其中喷嘴挡板机构为一级放大。

15.A。气动仪表在实际结构中比较环节可按三种平衡原理来工作。其一是位移平衡原理,即输入信号使挡板开度的位移量。正好被反馈信号使挡板的位移量平衡,挡板两次开度变化的综合,基本保持原开度不变(有一微小变化,可忽略不计)。其二是力平衡原理,即输入信号转换成一个作用力信号,使挡板产生一个位移,这个位移正好为反馈信号所转换成的作用力使挡板产生的位移平衡,经两次位移,挡板的开度基本没有变化,因此,这种平衡原理是在比较环节上,输入信号与反馈信号作用力的比较。其三是力矩平衡原理,即在比较环节上,输入信号产生的力矩,正好为反馈信号产生的力矩所平衡,挡板的开度基本保持不变。

18.D。弹性支承元件有螺旋弹簧和片簧等,其作用是用于支承、平衡或增强弹性敏感元件的刚度。螺旋弹簧刚度较大,通常与弹性敏感元件组合使用,以增加其刚度,也多用于调整弹性敏感元件的初始位置。

19.D。弹性敏感元件有波纹管、金属膜片、非金属膜片(橡胶膜片)、弹簧管和金属膜盒等,弹性支承元件有螺旋弹簧和片簧等。

20.B。逻辑元件实际上就是开关元件,它根据某些逻辑条件,使输出端通气源或通大气。在气动阀件中逻辑元件包括气控二位三通阀、三位四通阀、多路阀、双座止回阀和联动阀。

21.A。在遥控系统中,三位四通阀常作为主机的换向控制阀。

23.D。时序元件在气路中,一般对气压信号的变化起延时作用,它包括单向节流阀、分级延时阀及速放阀。

24.A。单向节流阀常与气容配合使用,来实现时序控制。通过旋紧或旋松可调螺钉改变节流阀开度来调整延时时间。其他选项讲的是单向节流阀在不同的环节中所起到的不同作用,与调整延时时间的方法无关。

27.C。在主机遥控系统中,常用的遥控阀件有逻辑元件、时序元件和比例元件。它们工作的气压信号是由遥控气源提供的,一般为 0.7 MPa。

28.B。在主机遥控系统中,用 3.0 MPa 的压缩空气作为主机换向和起动的操作气源,用 0.7 MPa 的压缩空气作为各种气动阀件的遥控气源。

30.D。联动阀是与门阀,其逻辑功能是 $C=A \cdot B$。

31. B。分级延时阀常与气容配合使用,来实现时序控制,可用于主机的加速率限制。当输入端的气压信号较低时,在弹簧作用下,活塞3下移,阀盘2离开阀座,输入的气压信号经不节流时的通路4直接到达输出端6,不进行节流延时。当输入端的气压信号增大到一定值时,活塞3克服弹簧张力上移使阀盘2压在阀座上,输入的气压信号必须经气孔7,再经节流孔5到达输出端6,进行节流延时。转动调整螺钉A,可改变弹簧的预紧力,即可调整开始进行节流延时的输入信号的压力值;转动调整螺钉B,可改变节流孔的开度,即可调整延时时间。当输入的气压信号降低或取消时,在弹簧作用下,活塞连同阀盘一起下移,输出端直接与输入端相通,不进行节流延时。

32. D。油门调节手轮、锁紧手柄和压紧手轮是机旁应急操纵台的设置配备部件,机旁操纵台上还设置"遥控/机旁操作"转换阀。遥控/机旁操作"转换阀扳到"机旁"位置,即可在机旁对主机进行手动应急操作。若要把操纵部位转换到集控室或驾驶台,必须把机旁操纵台上的"遥控/机旁操作"转换阀扳到"遥控"位置。遥控系统设置了在机旁和集控室操作部位切换装置。机旁一般设有"机旁(Local)"和"遥控(Remote)"转换开关,在监控台上则设有"集控室(ECR)"和"驾驶台(BR)"转换开关。只有在机旁转换开关转至"遥控"位置时才能在集控室或驾驶台操作,是用驾驶台操作模式还是集控室操作模式则由集控室转换开关进行选择。

33. A。主机的操纵指令通常是由驾驶室车钟或集控室操纵手柄发出,从车钟到主机调速器之间,通常设置转速限制环节对车令设定转速进行预处理,以确保设定的转速不会对船舶主机的正常运行产生不良影响。转速是自动控制的。

34. C。船舶都设置有机旁操纵台(操纵面板),以防在主机遥控系统失灵的情况下,保证主机能够完成简单的起停换向动作和速度调节功能。机旁操纵时,由于切除了遥控系统的功能,此时调速器不起作用,转速是通过机旁操纵手轮调节主机油门大小来控制的。

36. C。MR-Ⅱ型调节器的脉冲宽度调制器的作用是把MRV板送来的连续变化的控制信号,调制成脉冲信号,使"减少输出接触器"或"增加输出接触器"断续通电。从而可让伺服电机按顺时针方向或逆时针方向断续转动,改变旁通阀的开度,防止调节作用过头。

37. D。当负荷或环境温度变化时,冷却水温度与给定值的偏差变大,为保持冷却水温度在给定值附近,电动冷却水温度控制系统调节器就会输出一个调节信号,让伺服电机按顺时针或逆时针方向断续转动。此时,若三通调节阀中平板阀卡死在某一位置造成电机堵转,电机堵转电流大,导致热保护继电器可能动作,电机停转,冷却水温度会偏离正常值。电机堵转不会冲撞限位开关,使限位开关断开。

38. A。ENGARD冷却水温度控制系统主要由中央冷却器(常用板式冷却器)、低温淡水温度调节阀、主海水泵组、主淡水泵、Pt100温度传感器、ENGARD控制器等组成。ENGARD自动控制系统主要是对低温淡水温度和海水流量的控制。

39. D。ENGARD控制器的主要任务是:(1)通过低温淡水温度调节阀实现低温淡水的温度定值控制;(2)通过控制海水泵的台数及运转速度实现冷却海水流量的控制;(3)报警与显示。

40. B。ENGARD控制系统的参数调整及维护保养首先将ENGARD控制箱内的模式选择开关置"P",控制面板上显示"C1 1"和间歇显示"Pro"。结束参数整定,必须把控制箱内的模式选择开关置"L"或"R",否则,10 min后将发出"Program mode"警报(代码A3)。

41. C。手动/自动模式及切换海水泵和淡水调节阀各有手动/自动两种操作模式,海水泵手动操作时,低温淡水调节阀仍可工作在自动状态,反之亦然。手动/自动操作模式是通过控制面板上的手动/自动模式按钮来选择的。系统工作在自动方式时,按一下该按钮,选择了海水泵手动工作方式;再按一下选择了调节阀手动工作方式;第三次再按,则又回到自动工作状态。

42. D。系统在自动方式下正常工作时,控制面板上液晶窗口显示调节阀开度值和低温淡水温度值。在无报警的情况下,按下按钮(Alarm reset/Lamp test),可以让显示器显示F系列参数的读数。液晶窗口左边出现"F0",右边显示海水温度值(℃);若左边出现"F1-F6"中的某一个,则右边数值为对应海水泵的累计工作时间(该数值乘以1 000等于运行小时数)。

43. C。ENGARD冷却水温度控制系统控制系统采用由ALFA LAVAL公司生产的ENGARD控制器,这种控制器采用8032单片机,取代了常规的电动调节器。中央冷却水控制系统包括海水(SW)系统和低温(LT)淡水系统,系统用海水来冷却低温淡水,再用低温淡水去冷却高温淡水。ENGARD冷却水温度控制系统主要由中央冷却器(常用板式冷却器)、低温淡水温度调节阀、主海水泵组、主淡水泵、Pt100温度传感器、ENGARD控制器等组成。作为系统的核心部件,ENGARD控制器的主要任务是:(1)通过低温淡水温度调节阀实现低温淡水的温度定值控制;(2)通过控制海水泵的台数及运转速度实现冷却海水流量的控制。

44. C。ENGARD控制器的报警分成过程报警和功能报警,前者是关于海水泵、淡水温度越限等故障,后者是关于ENGARD控制器内部及I/O故障。

45. D。出现报警时,控制面板上的LED2、LED13闪亮(红色),窗口11显示报警代码A1-A6。按"Alarm reset"按钮15对报警进行确认。所有报警被确认后,LED2、LED13常亮。最后再按按钮15进行复位,LED13熄灭。只有故障消除后LED2才熄灭。

46. A。按热电阻的性质来分,可分为金属热电阻和半导体热电阻两种,前者通常称为热电阻,后者通常称为热敏电阻。热电阻式温度传感器是根据热电阻材料的电阻率随温度的增加而增加的原理工作的。

47. D。热电偶式传感器适用于检测高温的场合,例如应用于主机排气温度的测量等。

48. D。分油机自动控制系统由EPC-50控制箱、电机起动箱、工作水阀组、控制气动执行阀的电磁阀组、分油机和油路等组成。燃油净油单元自动控制系统的组成不包括油泵电机和滤器控制回路,其滤器不具控制回路。

49. D。燃油净油单元自动控制系统主要的输入信号装置有:(1)水分传感器;(2)待分油压力传感器;(3)待分油温度传感器;(4)净油出口压力传感器;(5)排水压力传感器;(6)分油机速度传感器;(7)分油机振动传感器;(8)分油机盖的连锁开关。

50. D。压力传感器和温度传感器属于在燃油净油单元控制系统中输入信号装置。在燃油净油单元控制系统中主要的输出信号装置有:(1)工作水阀组;(2)气动控制阀组;(3)温度控制输出;(4)报警及继电器控制输出等。除温度控制采用继电器控制伺服电机改变阀门开度外,还提供多种用途的继电器触点输出,包括循环泵电机和分油机电机的停止控制,系统配置需要的触点输出,远程状态显示和报警用的触点输出等。

51. B。水分传感器是监控系统中很重要的部件,是由圆筒形电容器和由振荡器电路及信号调理电路组成的电路板两部分所组成。电容器实际上是两个彼此绝缘的同心圆筒,净油全部流过内圆筒,在内外圆筒的电极间电容量与油中的水分成比例。EPC-50 控制器为水分变送器提供直流电源,它使水分变送器内部的振荡器工作,产生频率为 1MHz 的振荡信号源。当振荡器产生固定频率及幅值的交流电信号后,流过电容器中的电流大小就完全取决于电容器的介电常数。纯矿物油的介电常数只有 2~4,而水的介电常数高达 80。因此净油中含水量的增加,由于介电常数的增大使其流过电容器的电流也会增大。

52. C。如转速发生下列情况之一,分油机应按一定的模式自动停止,同时发出相应的警报。(1) 转速超过设定的分油机最高转速;(2) 转速低于设定的分油机最低转速;(3) 转速控制系统经常检查速度传感器检测到的脉冲情况,一旦检测异常;(4) 分油机起动时在设定的时间内,转速达不到设定的转速范围。

53. C。当确认温度上升后,按一次程序启动/停止按钮,EPC-50 从初始化程序开始执行,首先监视待分油温度,当油温达到正常温度值时,EPC-50 将对分油机进行密封排渣口、设备自检(注水、检漏)、分油、间断排水、排渣等操作。

54. D。分油机的时序控制:正式的分油过程 Ti68 期间,SV16 断续提供补偿水,SV5 控制 V5 间断排水。

55. A。分油机的水路控制电磁阀均采用 24 V 交流供电,电磁阀 SV16 是用于控制进分油机补偿水和密封水的。在分油机排渣口密封期间,EPC-50 输出的信号将使电磁阀 SV16 断续通电,工作水经管 375 断续进分油机,把滑动底盘托起,并使滑动圈下面的工作水维持在泄水孔附近。电磁阀 SV15 是用于控制开启水的。当需要排渣时,EPC-50 将使电磁阀 SV15 通电打开 3 s,由管 375 向分油机进开启水,滑动底盘下落 0.1 s 打开排渣口,然后再自动托起密封排渣口进行一次排渣。在排渣口密封期间,电磁阀 SV15 保持断电。电磁阀 SV10 是用于控制进分油机置换水,与待分油进入分油机是同一个进口,在需要排渣前,常通入冲洗水挤出分离筒内已分离的净油,确保排渣或排水操作时不会将净油也排出。

56. D。S 型分油机自动控制系统的控制部分是 EPC-50 控制器。

57. B。MT50 的电路板通过交流电桥检测该电容量变化,并将信号处理后转换为 4~20 mA 的电流信号送给 EPC-50。

58. C。在绝大多数燃烧双位控制系统中,在蒸汽管路上装两个压力开关,它们动作的整定值不同。当蒸汽压力下降到允许下限值时,两个压力开关都闭合,控制系统自动起动风门电机使风门开得最大,它的同轴所带动的回油阀开得最小(这是采用一个油头工作的情况),对采用两个油头的锅炉是打开两个供油电磁阀使两个油头同时喷油。这时,喷油量和供风量都是最大,即对锅炉进行所谓的"高火燃烧"。

59. C。喷油量的改变必须同时改变向炉膛的送风量,为了保证燃油完全燃烧并得到较高的经济性,对应某一喷油量要有一个最佳的送风量与之相匹配,即在某一喷油量下要求有一个最佳的风油比。燃油量变送器输出的气压信号代表喷油量,函数发生器输出与喷油量平方成比例的信号,这一信号是代表该喷油量下最佳空气量的气压信号。可见函数发生器的作用是保证最佳的风油比。

60. C。测量单元的作用是,检测被控量的实际值,并把它转换成统一的标准信号,该信号称为被控量的测量值。测量单元一般包含两部分,即传感器和变送器。传感器用于对物理量进行检测,变送器则将传感器的输出转换为调节器能够接收的信号。浮子在浮子式辅助锅炉水位控制系统中起到检测锅炉水位变化的作用,属于测量单元。

61. D。燃油供油单元的组成可以分为供油处理系统、燃油黏度或温度自动控制系统、油泵电机和滤器自动控制系统等部分。在船舶实际应用中,一般会将温度传感器如Pt100与黏度传感器配合使用,以便在黏度传感器故障或测量不准确时,将燃油的控制方式转为温度控制,保证燃油黏度不会变化过大。燃油黏度自动控制系统组成包括:黏度传感器和温度传感器、控制器和燃油加热器。其中,黏度传感器和温度传感器属于测量单元,控制器是调节单元,燃油加热器是执行单元,燃油属控制对象。

62. D。燃油供油处理系统中,供给泵的流量由流量变送器FT检测,用于控制器分析柴油机的耗油情况。在自动滤器的前后装有压差开关PDS,用于滤器脏堵报警的检测,当滤器进出口压差达到设定值时控制器发出警报。

63. C。控制器EPC-50B主要分为三个部分:一是电源,由滤波装置和多输出变压器实现;二是主控制板,安装在EPC-50B控制箱内;三是操作面板OP。

64. A。当控制器接通柴油模式(DO)时,EPC-50B自动选择为温度控制模式,燃油温度被监控。加热程序由柴油温升参数Fa31控制,温升斜坡允许燃油在设定的时间内被加热到设定的温度,之后进行温度定值控制;该模式下,黏度控制信号不起作用。

65. D。一旦从DO转换为HFO,控制器可检测到黏度增加,表明重油已经进入系统,那么重油将被开始加热。当加温到重油设定的黏度对应的温度值减3℃时,控制器自动转到黏度调节控制。

66. B。燃油供油单元的综合控制系统除黏度或温度定值控制外,还有DO/HFO的转换控制,燃油供油泵的运行/备用控制,燃油滤器的自动控制,回油的脱气自动控制,燃油循环泵的运行/备用控制及远程控制等功能,全部由控制器EPC-50B来协调综合控制。

67. B。当控制器接通柴油模式(DO)时,EPC-50B自动选择为温度控制模式,燃油温度被监控。

68. D。当控制器接通HFO模式,或从DO转换为HFO,燃油温度和黏度被监控和显示。在设定的时间内,斜坡函数期间LED灯"VT"闪烁,如果是从DO转换为HFO,则"TT"LED稳定发亮,但如果从OFF开始就是HFO模式,则"TT"LED不发光。一旦从DO转换为HFO,则EPC-50B控制器可检测到黏度增加,表明重油已经进入系统,那么重油将被开始加热。在加热升温斜坡期间,如果控制器检测到油黏度降低,则加热暂停。当温度已经低于重油温度设置值3℃,控制器自动转到黏度调节控制。

69. C。在燃油供油单元中,重油改变时,下面的一些参数是必须改变的:(1)密度参数Pr23:对不同密度的一种重油,调整密度参数,可获得更为精确的黏度测量。(2)重油温度设置点参数Pr30:新更换的燃油需要加热到不同的温度,从而得到相同的黏度。该温度值用于黏度智能调节过程的控制。(3)重油低温限制值Pr32:HFO加热温度控制不能低于该限制值。除此之外,还需要根据油品的不同,有针对性地设置有关加热速率、加热温度、比例带和积分时间等参数。

70.D。VISCOCHIEF 型黏度控制系统采用了单片机技术,没有使用气动差压变送器。它主要由 EVT-10C 黏度传感器、Pt100 温度传感器、VCU-160 单片机黏度控制器、蒸汽加热装置和(或)电加热装置等部分组成。

71.D。控制器 EPC-50B 主要分为三个部分:一是电源,由滤波装置和多输出变压器实现;二.是主控制板,安装在 EPC-50B 控制箱内;三是操作面板 OP。

72.D。气动式主机遥控系统的主要特点是驱动功率大,工作可靠,结构简单、直观,便于掌握管理。但是存在压力传递滞后的现象,因此控制距离受到限制,而且对气源要求高,气动元部件容易出现漏气、脏堵及磨损现象。

73.C。电动式主机遥控系统的遥控装置与驱动机构均由电动元部件构成。

74.C。ME 系列柴油机采用的是集散控制方式,主要由主机接口控制单元(EICU)、主机控制单元(ECU)、气缸控制单元(CCU)、辅助控制单元(ACU)、主操作面板(MOP A & MOP B)、机旁操作面板(LOP)等组成,

75.D。ME 柴油机取消了传统柴油机依靠机械传动机构的相对安装位置来控制所需要的定时(ME-B 柴油机的排气阀和起动定时除外),取而代之的是在柴油机的自由端装设了两套采用冗余设计的柴油机曲轴转角编码器。每套编码系统均采用 4 组传感器;Tacho-A 包括:MMA(Marker Master A)、MSA(Marker Slave A)、Q1A(Quadratur 1A)及 Q2A(Quadratur 2A);Tacho-B 包括:MMB(Marker Master B)、MSB(Marker Slave B)、Q1B(Quadratur IB)及 Q2B(Quadratur 2B)。在 Tacho-A 系统中,Q1A 与 Q2A 互为冗余,用于感受齿轮的齿顶与齿谷的交替变化,将齿顶与齿谷的交替变化转换成脉冲频率变化,脉冲变化则代表曲轴转角的变化,这和传统柴油机上磁脉冲式转速传感器的测速原理是一致的。

76.A。在正常运行期间,监视与报警系统不会发出声响警报,相应的报警灯(红色)熄灭。当运行设备出现通常故障时,系统立即发出声响警报,用以通知值班轮机员,同时相应的报警指示灯快速闪亮,以指示故障的部位和内容。值班轮机员做出应答操作后声响消失,报警指示灯转为常亮以记忆故障,直到故障排除后、参数重新恢复正常时,报警指示灯才熄灭。

78.C。在报警装置中,一般均设有延时报警环节,以免发生误报警。根据所监视的参数不同,其延时时间有长延时和短延时之分。

79.D。值班轮机员做出应答操作后声响消失,报警指示灯转为常亮以记忆故障,直到故障排除、参数重新恢复正常时,报警指示灯才熄灭。

80.B。开关量:用一位二进制数表示两种状态的量。如用 1 表示"开""通""启",用 0 表示"关""断""停"等。

81.B。模拟量:能连续变化的量。如温度、压力、速度、位移、电流、电压等物理量。

82.B。船舶机舱监视与报警系统的种类很多,但所采用的监测方法无外乎两类:一类是连续监测法,另一类是扫描监测法。按工作方式可分为连续监视和巡回检测两种类型的报警系统。

84.B。连续监测是指机舱中所有监测点的参数并行地送入监视报警系统,同时对所有监测

点的状态及参数进行连续监测。系统中的核心单元是报警控制单元,它由各种测量和报警控制电路组合而成。每个监测点需要一个独立的电路进行测量和产生报警信号,测量结果和报警信息送至公共的显示和报警电路,但在设计上通常将多个同类型参数的电路制作成一块电路板。

85. A。连续监测的方法由于每个监测点采用单独的电路,因此各监视点之间的相互影响较小,当某一监视点通道发生故障时,不会影响其他通道的工作,监视点的数量增减在原则上也不受限制。

86. D。装有试灯按钮和功能试验按钮。按试灯按钮,所有指示灯都要亮,不亮的指示灯要换新。按功能试验按钮,比较环节接收到"试验"信号,所有监视点全部进入报警状态,哪个监视点未报警,表示该监视通道有故障。可用于寻找故障部位。试验完毕后所有报警指示灯不改变原状。

87. C。延伸报警通常是按故障的严重程度来分组,可把全部监视点的报警信息分为四组:主机故障自动停车报警、主机故障自动降速报警、重要故障报警、一般故障报警。

88. A。在报警装置中,一般均设有延时报警环节,以免发生误报警。根据所监视的参数不同,其延时时间有长延时和短延时之分。例如在监视液位时,由于船舶的摇摆,容易反复造成虚假越限现象,导致频繁报警。

90. D。在无人值班的情况下,必须将机舱故障报警信号分组后传送到驾驶台、公共场所、轮机长及值班轮机员住所的延伸报警箱。

92. D。船舶在停港期间,由于主机处于停车状态,主机的冷却系统、燃油系统、滑油系统等均停止工作,与这些系统相关的参数都会出现异常。因此,有必要对与这些系统有关的监视点进行报警闭锁。

94. D。闭锁报警就是根据动力设备不同的工作状态,封锁一些不必要的监视点报警。被闭锁的监测点不再出现声、光报警信号。

98. A。连续监视式报警系统主要是指单元组合式集中监视系统。这种系统对机舱内全部监视点的状态及参数实现同时连续地进行监视。它是由许许多多的报警控制电路组合而成的,这就是说,每个监视点的参数经传感器分别送入相应的报警控制电路,以实现参数的检测与判断,从而控制故障报警。

99. C。在单元组合式监视报警系统中,按系统各功能环节来设计的,把完成一个或几个功能的电路制作在一块印刷电路板上,以构成一个相对独立的单元。对应不同类型的被监视参数,需要采用不同的电路板,模拟量与开关量报警控制电路板的结构和工作原理是不相同,不可相互替换;对于被监视参数类型相同的电路,通常采用相同的电路板,可以相互替换。

100. C。模拟量报警控制单元主要是由测量回路、比较环节、延时环节和逻辑判断环节组成的。

101. D。单元组合式监视报警系统中,传感器是监视和报警系统信息获取装置,可分为模拟量和开关量传感器两大类。模拟量传感器是把被测参数变换成连续变化的电信号,即模拟量信息,它适用于既要监视运行设备是否正常,又要随时显示其各监视点的参数值。开关量传感器是把被监测参数是否越限变换成触点的断开或闭合,即开关量信息。

它仅适用于监视运行设备是否正常的监视点,而不能用于参数的测量显示。控制电路板不能对开关量传感器的报警值进行设定。

102. A。船上所采用的曲轴箱油雾浓度监测装置种类繁多,但大多采用光学测量技术进行监测。根据工作原理,可分为透射光检测(如 Mark-4、Mark-5、VISATRON CN115/116/215、DAIHATSUMD 9x 等)和散射光检测(如 Mark-6 等)。检测散射光的新型装置检测光束侧向的散射光,散射光越强,说明油雾的浓度越高。

103. C。Mark-5 型油雾浓度探测器在正常运行中,单片机定时使清洗空气电磁阀通一次电,电磁阀通电后左位通,来自气源的压缩空气经该阀左位进入测量室。该压缩空气一方面对光源、光电池及测量室进行清洗,防止光源和光电池被油雾污染而影响测量精度。另一方面,压缩空气对测量单元还能起到冷却作用,提高光源和光电池的使用寿命,也能防止光电池因温度升高而产生的特性漂移。

104. C。和 Mark-5 比较,Mark-6 油雾浓度监视与报警系统仍然使用光学传感测量方法,但用散射光测量取代了透明度的测量,从而实现传感器的小型化,通过标准的接口安装固定在机器上,各个采样点独立且不用采样管路,传感器内部多光源的设计使得当一个光源损坏时传感器仍能正常使用。该系统采用数字传输技术,这意味着显示及控制部分可以安装在位于集控室的控制单元内,在有报警发生时没有必要到现场进行操作。

105. A。Mark-6 油雾浓度监视与报警系统可以安装多达 64 个分布于八台柴油机上的探头。在没有报警的正常情况下全系统扫描时间为 1.2 s。传感器电缆直接连接安装于柴油机上的接线盒,然后通过两根电缆(通信电缆和电源线)分别连接到位于集控室的控制单元及显示单元或其他合适的地方。

106. A。油雾浓度探测器可以通过软件设置使之适应二冲程柴油机或四冲程柴油机或其组合,软件菜单提供各种功能的实现方法,它有三个操作级别:用户、工程师及服务商。用户级别的操作只能实现查询功能,不能进行报警设定及系统设定。工程师级别的操作受密码保护。输入密码后可以完成很多设置,但不可以对事件及历史记录进行更改及复位。服务商级别的操作受密码保护,但不同于工程师级别的菜单,允许进行所有操作,这种操作必须有厂家的授权或代理授权。

107. B。在 Mark-6 曲柄箱油雾浓度监视与报警系统中,每个传感器上装有三个指示灯:绿色灯指示电源状态,红色灯指示报警状态,淡黄色灯指示故障状态,探头上还有设置地址码的开关。

108. B。系统常见故障及诊断:控制单元电源指示灯不亮,显示器无显示:这种现象通常是电源故障,以此为主线索进行故障诊断。

109. B。设备上的探头电源指示灯不亮:可能的原因是接线箱保险丝损坏或探头故障。

110. A。显示器上显示 FAN FAULT:内部风机故障。

111. D。探头安装设置好以后可用试烟器进行报警试验,试验时探头指示灯应该由绿色变成红色指示报警状态。

112. D。分路式火灾自动报警系统主要由火灾报警中央装置和火灾探测器两部分组成,此类系统的探测器为开关量型,探测器的连接电缆多为二芯线,所有同一分路上的探测器均并联在一起。开关量型探测器在非报警状态时工作电流为零或很小(微安级)。当发生火灾、探测器动作时,内部机械或电子开关闭合,流经探测器的电流迅速上升。

113.A。为了监视探测分路的正常工作,分路式火灾自动报警系统一般采用如图的方式。

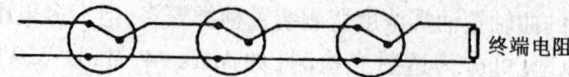

115.D。船舶火警报警系统的中央单元(消防报警监视装置)一般设在驾驶室。

116.C。船舶火灾报警系统往往是一个独立的监视报警系统,但只要火灾报警控制箱设有和其他设备的数据接口,便可以通过 RS422 串行接口与 DC C20 的 CAN 网络相连,并在 ROS 上以 Mimic 窗口的形式显示各层甲板的火灾探头分布及报警情况。为区分报警类型,突出火警的危险和紧迫性,两者分别使用不同种类报警音响设备。

第二节 安全操作与应急程序

1.D。在气动控制箱内设置了由安全保护系统控制的断油停车电磁阀,一旦某些参数出现越限,例如:主轴承滑油低压、超速、凸轮轴滑油低压、废气锅炉气压太高、推力轴承高温等情况,或者有应急停车指令时停车电磁阀动作断油停车。

8.D。前三项通常会造成故障自动停车。

9.D。自动减速即指故障减速。通常安保系统下达的故障减速和故障停机指令,还可以根据故障对主机的危害程度不同,分成可取消(Cancelable)和不可取消(Non-cancelable)两类,通常故障减速保护项目是:8 曲柄箱油雾高、9 主机排气温度过高、10 活塞冷却水进口低压、11 活塞冷却水出口高温、12 扫气空气高温(扫气箱失火)、13 活塞冷却水出口流量低、14 推力块高温、15 曲柄箱油雾高温、16 排气出口高温。

13.A。推力轴承高温、主机滑油失压、超速等所引发的故障停车指令通常是不可取消的。

16.D。对所有的自动停车项目均可通过 ACP 屏幕操作将其设置为不可取消或可取消两种类型,一般情况下超速停车应设为"不可取消"。

17.A。故障减速(SLOW DOWN)保护项目都是可以取消的保护项目,在保护项目发生时,驾驶员都可以在驾驶台上根据船舶安全航行的需要,随时取消这些保护功能。应该指出的是,当"SHUT DOWN"和"SLOW DOWN"故障现象解除后,必须按下集控室或驾驶台上的复位按钮(RESET)才能恢复正常的控制状态。

18.D。在 MAN-B&W-MC 气动操纵系统中,在不同的操纵部位操纵主机时,主车钟的工作模式也不同。以定距桨船舶的低速主机为例,在驾驶台操纵时,驾驶台车钟直接对主机进行遥控操作,集控室车钟和机旁应急车钟只对驾驶台车令进行复示;在集控室或机旁操纵时,驾驶台车钟只用于传令操作,轮机员回复车令后,在集控室或机旁对主机进行手动操纵。应当指出的是,集控室车钟手柄通常还兼有主机的换向控制功能,而主机的起动、停车和转速控制则由主机操纵手柄进行控制。

19.D。对于不可取消的自动停车或降速项目,只要传感器起作用就将立即触发主机自动停车或降速;而对于可取消的项目,在设置的延时范围内可以取消。

20.C。气动遥控车钟系统由车钟手柄、凸轮、正车控制阀、倒车控制阀和转速设定精密调压阀组成。停车阀一般设置在机旁,以便迅速停油。

21. D。副车钟仅用于驾驶台与集控室之间的备车、完车和定速航行信号的联系,其采用按钮形式。

22. D。副车钟仅用于驾驶台与集控室之间的备车、完车和定速航行信号的联系,其采用按钮形式。

23. D。自动停车是当测速单元(RPME)发出主机超速信号或其他专门的应急停车传感器发生作用时,ESU 将指挥停车电磁阀动作,转速控制系统也同时将调速器的输出减少至零位,使主机停车。

24. C。应急停车包括故障自动停车和手动应急停车两种情况,应急停车功能多数是有独立的安保系统通过应急停车电磁阀实现停车控制。自动停车分为不可取消和可取消两种,自动停车通过安保系统自动实现,手动应急停车需要按下应急停车按钮来实现。

25. B。主机 SSU 8810 安全保护系统控制面板上,除"OVERSPEED"以外,每项"SHUT DOWN"和"SLOW DOWN"参数检测回路都带有故障检测回路(LOOP FAIL),并在每项保护指示的最左方设有一个回路故障 LED 指示灯,以指示"SHUT DOWN"和"SLOW DOWN"参数采集回路工作是否正常。

26. A。当遥控系统出现故障,不能使主机停油或值班人员发现紧急情况时,还可通过按下应急停车按钮来实现手动应急停车。按下任意一个部位的应急停车按钮,均可发出应急停车命令,且与当前操作部位无关。

27. A。推力轴承高温、主机滑油失压、超速等所引发的故障停车指令通常是不可取消的。

28. D。采用 AUTOCHIEF-Ⅳ 遥控系统的 MAN-B&W-MC 主机,若已执行故障降速指令,故障修复后,需复位按钮,安全系统才能撤销故障信号使 $I_{SD}=0$。故障减速对应故障减速复位按钮。

29. A。采用 AC-C20 遥控系统的主机,当引发主机自动降速的故障现象消失时,自动降速将自动复位。只有复位以后,手柄的转速设定功能才能在正常的转速区间有效。

30. D。当值班人员发现紧急情况时,还可通过按下应急停车按钮来实现手动应急停车。驾驶台车钟、集控室车钟和机旁应急车钟均设有应急停车按钮,对于有侧翼操作台的船舶,则在侧翼操作台也设有应急停车按钮。按下任意一个部位的应急停车按钮,均可发出应急停车命令,且与当前操作部位无关。

31. A。一旦发生自动停车时,必须在自动停车故障消失后,在当前操作部位将操作手柄回零进行复位操作,然后才能再次起动主机。当前操作部位指的是集控室或驾驶台,而不是两地同时按下复位按钮复位。

32. D。在运行中的全速换向操作一般在紧急避碰中使用,属于应急运行。它包括应急换向、应急起动及应急加速。

33. B。发电机在运行过程中突然不发电的故障原因:(1)整流器击穿;(2)励磁绕组回路无励磁电流;(3)电抗器铁芯松动,以致气隙减小;(4)将气隙调到所要求的数值,并紧固铁芯;(5)电抗器或相复励变压器线圈短路;(6)谐振电容器被击穿等。电流互感器测的是发电机的线电流,与发电机本身没有直接的电流连接,故其故障并不会造成发电机电压为零。

34. C。当某台发电机与其他机组并联运行时,由于某种异常原因,发电机有可能进入电动机运行状态,向电网吸取有功功率(称逆功率)。从逆功率的概念可知,单台发电机供电不可能产生逆功率,单机运行时全船停电的原因也不可能是逆功率保护所致。

35. A。对于具有自动电站管理系统电网失电后的处理:(1)除因短路保护导致发电机主开关跳闸断电外,对于其他各种机、电故障致主开关跳闸,自动电站管理系统均能自动处理,不需要值班轮机人员干涉,值班人员仅需按照报警指示故障进行相应检查、排除处理即可。(2)若电网突然失电除警报声外所有设备均停止运行。此时值班人员切忌起动机组、合闸供电,首先应查看报警指示。警报必指示发电机短路,控制系统自动切换至非自动状态。应答后至主配电板后面仔细检查汇流排是否发生短路,找到短路点排除后或确信主配电板没有发生短路(船舶电网短路保护的选择性整定不当)才可按复位按钮,系统即恢复至自动状态,同时解除阻塞,此时值班人员可遥控起动值班发电机组投入电网运行即可。

36. D。D选项说法的错误之处在找到"一个短路点排除后"后就可按复位按钮。应该是排除短路点或确信主配电板没有发生短路时才能复位。实际工作中有可能存在并发生故障。

37. B。常规电站大多无此报警功能,若机组仍在运行但电压很低或没有电压,说明是失压保护跳闸,则应停止这一台机组,然后起动备用机组投入电网运行,最后再检查故障机组的发电机调压器;若机组仍在运行且电压正常,说明可能是短路保护跳闸,则应检查主配电板汇流排是否短路,排除短路故障后或确信主配电板没有发生短路故障时即可合闸供电。

38. B。燃油供给故障(如调速器失灵、断燃油等)发生电网跳电基本上均没有这类监测报警点,主开关仍系失压保护跳闸。现象:伴随着转速下降而跳闸停机。

39. A。检查系统燃油供给系统,确信系统无故障后起动备用发电机组投入电网运行,然后检修故障机组的调速器及燃油供给系统。

40. A。因为发电机组柴油机自带的滑油泵,在润滑系统中建立必要的油压需要一定的时间,刚起动时,滑油压力尚未达到应有数值,这是正常现象。若不经延时接入监视,它将立即发出"滑油压力低"的错误信号,造成不必要的报警,甚至自动停机。所以发电柴油机滑油压力监视需要经适当延时;所需的其他监视,无须延时。

41. A。主柴油发电机组自动起动控制装置必须具有以下功能:应有"自动""机旁""遥控"操作方式的转换,并能满足"机旁"优先于"遥控","遥控"优先于"自动"。"优先"是当转换开关置"自动"时,也应能做"遥控"或"机旁"操作,置"遥控"时,也可实现"机旁"操作,但不能有"自动"的功能;置"机旁"时,"自动"及"遥控"功能均被取消。

42. C。船舶电站中各台主发电机组一般都是采用互为备用的原则,备用机组的燃油及压缩空气备好、盘车杆归位、有预热和预润滑、无起动阻塞、操作选择开关置"自动"位置、燃油手柄在"自动"位置,则认为机组已处于"备好"状态,"准备好起动"指示灯亮起,可以进行起动操作。

43. C。根据预先设定好的优先级进行机组的自动起动控制,发出第一备用发电机组的起动指令。如果一备用机组在三次内能够起动成功,系统控制器对发电机电压进行判断。电压正常建立后,控制器重新判断运行机组是否仍重载,若仍重载,自动同步并车单元投入工作,满足合闸条件后发出主开关合闸指令,并车成功后自动进行调频调载。

第二章

电气、电子和控制系统

第一节 电气工程

1. 人们习惯以_____作为电流的实际方向。
   A. 正电荷运动的方向或负电荷运动的相反方向
   B. 负电荷运动的方向或正电荷运动的相反方向
   C. 正电荷运动的相反方向
   D. 负电荷运动的方向

2. 电位的量度单位是_____。
   A. 焦耳（J） B. 伏特（V）
   C. 库仑（C） D. 安培（A）

3. 电动势的方向是指_____。
   A. 电源的内部,由低电位端指向高电位端的方向
   B. 电源的外部,由低电位端指向高电位端的方向
   C. 电源的内部,由高电位端指向低电位端的方向
   D. 电源的外部,由高电位端指向低电位端的方向

4. _____为电能的单位。
   A. 焦耳（J） B. 伏特（V）
   C. 库仑（C） D. 安培（A）

5. 不论电路如何复杂,总是由电源、_____、中间环节三部分组成。
   A. 电阻 B. 电容
   C. 电感 D. 负载

6. 关于电器额定值、实际值的说法,正确的是_____。
   A. 额定值就是实际值
   B. 照明负载额定值就是实际值
   C. 电机额定值就是实际值
   D. 为保证设备的安全和寿命,功率实际值应该等于或小于额定值

7. 电场力推动电荷移动而做功,衡量电场力做功能力大小的物理量是_____。
   A. 电压 B. 电容

33

C.电流　　　　　　　　　　　　D.电动势

8.非电场力把单位正电荷从低电位处经电源内部移到高电位处所做的功是_____。

A.电压　　　　　　　　　　　　B.电动势

C.电位　　　　　　　　　　　　D.电场强度

9._____是描述单位时间内通过导体某横截面的电荷之多少的物理量,其国际标准单位是_____。

A.电量;库仑　　　　　　　　　　B.电流;安培

C.电量;安培　　　　　　　　　　D.电压;伏特

10.0.05 mA = _____ A = _____ μA。

A.50;5×10^{-5}　　　　　　B.5×10^{-5};5

C.5×10^{-3};50　　　　　　D.5×10^{-5};50

11.300 μV = _____ mV = _____ V。

A.3×10^5;0.3　　　　　　　B.0.3;3×10^{-4}

C.0.3;3×10^{-6}　　　　　　D.3;3×10^{-5}

12.在以下各物理量中,不能用伏特衡量其大小的是_____。

A.电动势　　　　　　　　　　　B.电位

C.电位差　　　　　　　　　　　D.电功率

13.电路中电流的实际方向与产生这一电流的电子运动方向_____。

A.相同

B.相反

C.超前90°

D.在直流电制中,相反;在交流电制中,相同

14.以下各项中,_____不属于电路的基本物理量。

A.电动势　　　　　　　　　　　B.电流

C.电压　　　　　　　　　　　　D.电阻

15.在电路中,电压和电流方向关系中说法错误的是_____。

A.电压和电流的方向总是一致

B.在电路元件中,电压和电流的参考方向常取一致的关联正方向

C.在电源以外电路中,电流的方向就是电压降的方向

D.在电源内部,电流的方向是电位升的方向

16.电源开路电压 U_0 = 12 V,短路电流 I_S = 30 A,则内阻为_____Ω。

A.0.4　　　　　　　　　　　　B.2.5

C.30　　　　　　　　　　　　　D.5

17.大多数金属导体的电阻随温度的升高而_____。

A.升高　　　　　　　　　　　　B.降低

C.不变　　　　　　　　　　　　D.不定

18.某电路需要一电阻用来承载固定大小的电流0.3 A,则选择_____型号的电阻是最为恰当的。

A.100 Ω,5 W   B.100 Ω,7.5 W
C.100 Ω,8 W   D.100 Ω,10 W

19.电源的开路电压 $U_0 = 16$ V,短路电流 $I_S = 40$ A,则内阻约为_____。
   A.不可确定   B.0.4 Ω
   C.2.5 Ω   D.25 Ω

20.某电阻元件的电阻值 $R = 1$ kΩ,额定功率 $P_N = 2.5$ W,正常使用时允许流过的最大电流为_____。
   A.2.5 A   B.250 mA
   C.50 mA   D.25 mA

21.有一额定值为 5 W,500 Ω 的线绕电阻,其额定电流为_____,在使用时电压不得超过_____。
   A.0.01 A;5 V   B.0.1 A;50 V
   C.1 A;500 V   D.1 A;50 V

22.0.5 MΩ = _____ kΩ = _____ Ω。
   A.$5×10^{-7}$;$5×10^{-4}$ B.$5×10^{-4}$;500
   C.500;$5×10^5$ D.500;$5×10^{-5}$

23.一般说来,导体的电阻率是由_____所决定的。
   A.导体两端的电压   B.导体中的电流
   C.导体材料   D.导体所吸收的功率

24.厨房使用的电炉子检修发现:如果电阻丝烧断后,去掉烧断部分重新接入电路再使用,使用不长时间后又一次烧断。这是因为电阻丝截短后,电阻值_____造成再次使用时间缩短。
   A.增大;据 $P = I^2R$,势必超额定功率工作
   B.减小;据 $P = U^2/R$,势必超额定功率工作
   C.增大;据 $P = U^2/R$,势必低于额定功率工作
   D.减小;据 $P = I^2R$,势必低于额定功率工作

25._____是电阻的国际单位。
   A.欧姆(Ω)   B.伏特(V)
   C.库仑(C)   D.安培(A)

26.在下列 4 种规格灯泡中,电阻最大的是_____。
   A.100 W,20 V   B.100 W,110 V
   C.60 W,220 V   D.60 W,110 V

27.欧姆定律表达式 $U = IR$ 仅适用下图中的_____图。

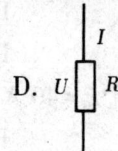

28. 欧姆定律表达式 $U=-IR$ 仅适用下图中的_____图。

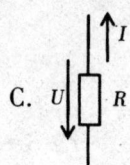
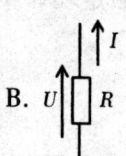

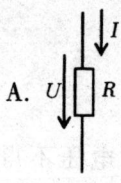
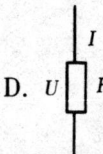

29. 如图所示,当开关未闭合时,开关两侧的 A 点与 B 点间的电压是_____V, B 点与 C 点间的电压是_____V。

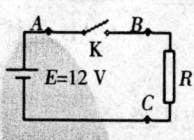

A.0;12 B.0;0
C.12;0 D.12;12

30. 把一只 220 V、100 W 的灯泡,误接在 110 V 的电源上,这时灯泡的实际功率约为_____。

A.100 W B.25 W
C.50 W   D.75 W

31. 电路及其对应的欧姆定律表达式分别如各选项所示,表达式错误的是_____。

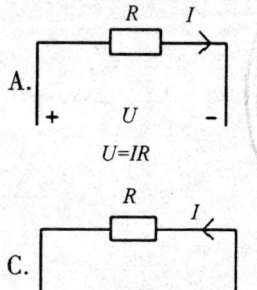
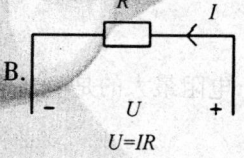
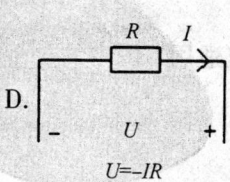

32. 已知单个蓄电池的电动势为 2 V,内阻为 R_0。现将 12 个单个蓄电池串联起来组成蓄电池组,则该蓄电池组的空载电压及内阻分别为_____。

A.24 V 和 $12R_0$ B.24 V 和 $6R_0$

C.12 V 和 12R_0 D.12 V 和 6R_0

33. 一台 220 V,100 KW 直流发电机正向直流电网供电;若今将一只 220 V,15 W 的灯泡直接跨接在电网两条正负直流母线上,以下说法正确的是_____。
   A.因灯泡功率太小,发电机过电流跳闸
   B.因发电机的功率远大于灯泡功率,灯泡烧坏
   C.因灯泡直接跨接于母线上,将使其他的直流负载短路
   D.发电机、灯泡、其他直流负载均正常工作

34. 已知发电机电动势为 115 V,内阻为 0.5 Ω,仅给一电炉子供电。电炉子的阻值为 20 Ω,则电炉子的端电压为_____。
   A.115 V   B.112.2 V
   C.100 V   D.117.9 V

35. 由两台发电机 G_1、G_2 与总负载 R_L 构成的某直流供电网络简化如图,电流表读数关系一定是_____。

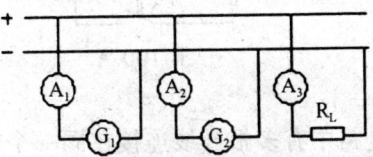

   A.$A_1 = A_2$ B.$A_1 > A_2$
   C.$A_1 < A_2$ D.$A_1 + A_2 = A_3$

36. 某具有内阻的直流电源与负载电阻构成的简单供电网络如图,当开关 SA 打开及闭合时,电压表的读数分别为 12 V、10 V,若 $R_L = 2$ Ω,则内阻 $R_0 = $_____。

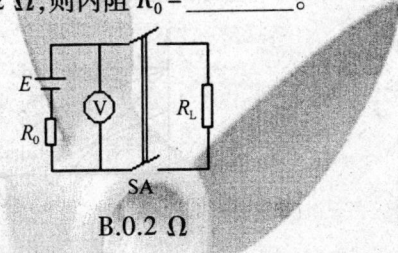

   A.2 Ω   B.0.2 Ω
   C.0.4 Ω   D.0.33 Ω

37. 如图的电路,正常时,开关 SA 打开及闭合时的电压表的读数分别为 12 V、10 V;若在 SA 闭合时,由于 SA 接触不良形成电路中 M、N 两点间不通,则此时电压表示数为_____。

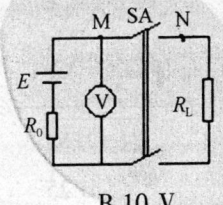

   A.12 V   B.10 V
   C.0 V   D.视大小 R_0 而定

38. 如图,忽略电流表和电压表的内阻对电路的影响。当 R 有效工作电阻增大时,两表的读数如何变化?

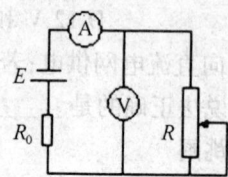

A.电压表读数增大,电流表读数减小
B.电压表读数减小,电流表读数增大
C.电压表读数增大,电流表读数增大
D.电压表读数减小,电流表读数减小

39.某具有内阻的直流电源与负载电阻构成的简单供电网络如图,$E=230$ V,$R_0=0.1$ Ω,$R_L=2.2$ Ω;若在 SA 闭合时,电路中的工作电流为_____。

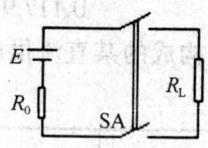

A.2 300 A B.100 A
C.105 A D.∞

40.根据基尔霍夫电流定律,若电路中有多根导线连接在同一个节点上,则流进节点的总电流一定_____流出节点的总电流。

A.等于 B.小于
C.大于 D.不大于

41.在图中四条电源外特性曲线中,电源内阻最小的是_____。

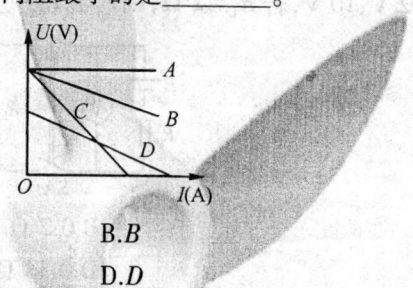

A.A B.B
C.C D.D

42.如图,$U_{AB}=$ _____ V。

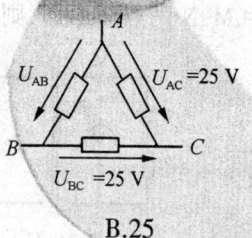

A.0 B.25
C.-25 D.50

43.如图,$U_{AB}=$ _____ V。

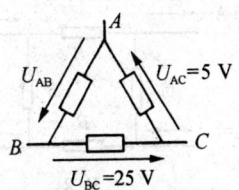

A.30　　　　　　　　　　　　B.-30
C.-25　　　　　　　　　　　 D.20

44.如图,$U_{BC}=$_____ V。

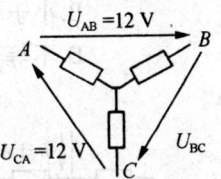

A.0　　　　　　　　　　　　B.24
C.-24　　　　　　　　　　　D.12

45.如图,$U_{BC}=$_____ V。

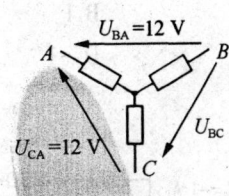

A.0　　　　　　　　　　　　B.24
C.-24　　　　　　　　　　　D.-12

46.如图所示电路中,在开关S打开和闭合时,I分别为_____。

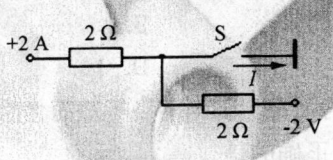

A.0 A 和 2 A　　　　　　　　B.1 A 和 2 A
C.0 A 和 0 A　　　　　　　　D.0 A 和 -2 A

47.如图,$U_{AB}=$_____ V。

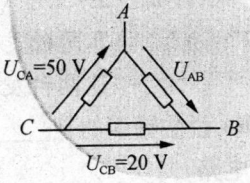

A.70　　　　　　　　　　　　B.30
C.-30　　　　　　　　　　　 D.-70

48.如图所示电路中 $I_4=$_____ A。

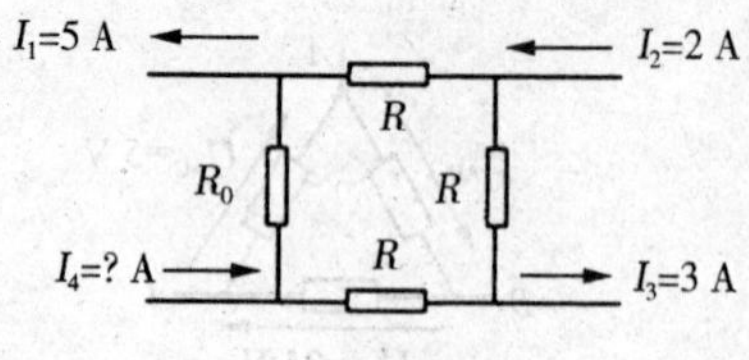

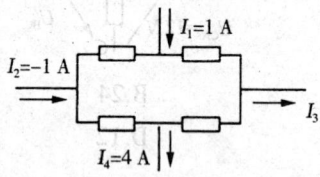

A.6 B.8
C.10 D.0

49.根据基尔霍夫第一定律(电流定律),若某电路有多根导线连接在同一个节点上,则流进节点的总电流一定_____流出节点的总电流。

A.大于 B.小于
C.等于 D.不等于

50.如图,某局部电路, $I_3 = $ _____ A。

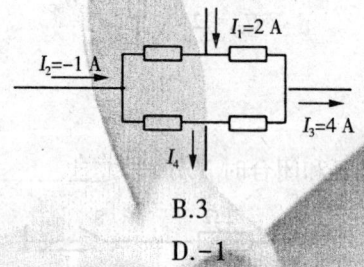

A.-2 B.1
C.-4 D.-1

51.如图,某局部电路, $I_4 = $ _____ A。

A.-3 B.3
C.5 D.-1

52.由两台同型号的发电机构成的某直流供电网络等效简化后如图,已知发电机 $V_A = 240$ V, $I_{E1} = 30$ A, $R_L = 4$ Ω,以下四种说法正确的是_____。

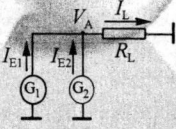

A. $I_L = 120$ A B.两台发电机输出功率相同
C. $I_{E2} = 60$ A D.两台发电机负载不均匀

53.关于基尔霍夫(Kirchhoff)电流定律,说法错误的是_____。

A.适用于各种不同元件所构成的电路
B.适用于任何规律变化的电流
C.交流电路电流定律表达式为: $\sum i = 0$
D.交流电路电流定律表达式为: $\sum I = 0$

54.关于基尔霍夫(Kirchhoff)电压定律,说法错误的是_____。
   A.适用于各种不同元件所构成的电路
   B.适用于任何规律变化的电压
   C.交流电路电压定律表达式为:$\sum u=0$
   D.交流电路电压定律表达式为:$\sum U=0$

55.直流电路某节点如图所示,符合基尔霍夫第一定律的是_____。

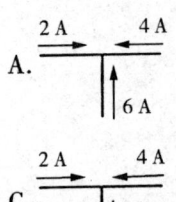

56.直流电路某节点如图所示,由基尔霍夫第一定律可知,$I_5=$_____。

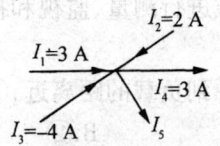

   A.-4 A   B.4 A
   C.2 A   D.-2 A

57.如图所示直流电路,已知:$I_1=4$ A,$I_2=-2$ A,$I_3=1$ A,$I_4=-3$ A,则$I_5=$_____。

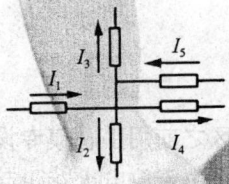

   A.-8 A   B.2 A
   C.4 A   D.-9 A

58.根据基尔霍夫第一定律$\sum I=0$,对于三极管的三个电流关系,错误的是_____。

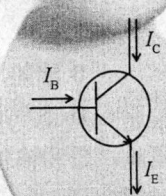

   A.$I_E=I_B+I_C$ B.$I_E+I_B+I_C=0$
   C.$I_C=I_E-I_B$ D.$I_C+I_B-I_E=0$

59.船上的配电装置是接受和分配电能的装置,也是对_____进行保护、监视测量和控制的装置。
   A.电源、电力网   B.电力网、负载

C.电源、负载　　　　　　　　　　D.电源、电力网和负载

60.我国民用运输船舶多采用_____作为船舶主电源。
A.轴带发电机组　　　　　　　　　B.蓄电池
C.柴油发电机组　　　　　　　　　D.汽轮发电机组

61.将船舶电网与陆地电网相比,说法错误的是_____。
A.船舶电网的频率、电压易波动
B.船舶电网的容量很小
C.船舶电网的短路电流很小
D.考虑接岸电的需要,船舶电网额定频率应与陆地电网频率相同

62.对于船舶电站中配电装置,说法错误的是_____。
A.配电装置是接受和分配电能的装置
B.配电装置是电源和负载之间的简单导线的连接
C.配电装置是对电源、电力网、负载进行保护的装置
D.配电装置是对电源、电力网、负载进行测量、监视和控制的装置

63.船舶电力系统的特点是_____。
①容量小;②负载变化频繁,且电源到负载的距离近;③工作环境恶劣
A.①　　　　　　　　　　　　　　B.②
C.③　　　　　　　　　　　　　　D.①②③

64.将船舶电网与陆地电网相比较,说法错误的是_____。
A.交流船舶电力系统的额定频率一般沿用各国陆地上的频率标准,我国通常采用 50 Hz
B.船舶电网的电压与频率易波动
C.船舶电网的容量小
D.船舶电网电站单机容量大

65.油船上,人员从生活区进入货油舱区之前用手触摸专设的裸露金属棒的目的是_____。
A.泄放人体可能带有的静电荷,防止由于放电火花引起爆炸事故
B.人体接地,防止触电
C.发出人员进入危险区域的监测信号
D.消除人体与船壳之间的电位差,防止电击危险

66.船舶静电产生的原因中不包括_____。
A.人员穿脱衣物时的摩擦　　　　　B.油船上液货的晃动
C.甲板设备运动部件之间的摩擦　　D.电气设备的绝缘降低或接地故障

67.船舶甲板上的斜拉索具、活动吊杆、金属舱口盖和输油管路均有可靠的金属接地连接,这种接地_____。
A.为保护接地　　　　　　　　　　B.用于消除静电
C.为避雷接地　　　　　　　　　　D.抗无线电干扰

68.静电对于油船威胁很大。下列各措施中,仅为了及时泄放静电的是_____。
A.向货油舱充入惰性气体
B.工作人员进入货油舱区前,手应触摸专设的金属板

C.洗舱时限制水的流速和压力
D.限制货油注入的速度

69.油船上,在舱室通往甲板的门口处,有一块裸露甲板,是_____。
A.提醒人们注意,此处是通道口
B.人走得次数太多,油漆磨掉了
C.换板后,忘记涂油漆了
D.消除人体静电

70.关于油船预防静电起火,下列措施正确的是_____。
A.洗舱机在吊入舱内之后接好接地电缆
B.输油管用电缆接地,接油管时先接油管,后接接地电缆
C.油舱工作人员应穿防静电工作服、工作鞋
D.泵油时,油品流速越高越好

71.油船上静电的威胁很大,下列措施中不是为了减少静电的是_____。
A.输油管用电缆接地
B.限制洗舱时水的流速
C.向货油舱注入惰性气体
D.泵油时限制货油的流速

72.关于油船防火防爆,下列行为不当的是_____。
A.室外场所使用万用表
B.禁止悬挂彩灯
C.室外禁止使用非防爆器具
D.调换灯具灯泡时先切断电源

73.关于油船防火防爆,下列行为不当的是_____。
A.装卸货时控制油品流速,油管可靠接地
B.用金属油尺量油
C.禁止使用明火电炉
D.穿防静电工作鞋和工作服

74.在油船上,为了提高油船的安全性,防止火灾或爆炸,不正确的做法是_____。
A.油船的电力系统,不论是直流或单相、三相交流电力系统,都必须是对地绝缘的系统,即发电、供电和配电电路均应接地,以船体作为回路
B.货油舱在卸油、排压载水或洗舱前,都要向舱内充入惰性气体;航行期间,也要向舱内补充惰性气体,以使其含氧量极低
C.在有引起爆炸或可能引起爆炸的区域和处所,原则上不准安装电气设备
D.禁止在室外使用万用表和兆欧表

75.关于油船预防静电起火和爆炸中,不正确的是_____。
A.控制油品流速
B.作业人员应穿着防静电服、防静电鞋
C.装油后测量、取样时应考虑油的半衰期
D.接油管时,应先接油管,后接接地电缆

76.纯电容的正弦交流电路中,电流 i 与电压 u 的相位关系为_____。
A.u 超前 i $90°$
B.u 超前 i $180°$
C.u 滞后 i $90°$
D.同相位

77.RL 串联交流电路,若已知电阻的压降为 U_R,电感的压降为 U_L,则总电压为_____。
A.U_R+U_L
B.U_R-U_L

C.$\sqrt{U_R^2+U_L^2}$ D.$\sqrt{U_R+U_L}$

78.在纯电阻正弦交流电路中,电阻两端的电压与流过电阻值电流的相位差为_____度。
A.-1   B.0
C.1   D.2

79.当电源频率大于谐振频率时,RLC 串联电路呈_____。
A.电容性   B.电阻性
C.电感性   D.阻容性

80.如图所示,容抗为 10 Ω 的电容中的正弦电流波形图,则该电容两端电压有效值为_____V。

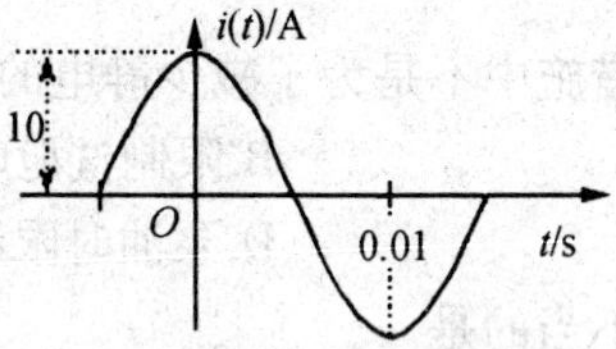

A.100   B.70.7
C.220   D.10

81.电容在电路中具有_____的特性。
A.分压   B.分流
C.通交流,隔直流   D.通直流,隔交流

82.在交流电路中,在电压一定时,频率越高,容抗 X_C _____,而通过的电流 I 则_____。
A.越大;越大   B.越大;越小
C.越小;越大   D.越小;越小

83.在交流电路中,在电压一定时,频率越低,容抗 X_C _____,而通过的电流 I 则_____。
A.越大;越大   B.越大;越小
C.越小;越大   D.越小;越小

84.在一交流电路中,若某元件 $u=U_m\sin(\omega t+\pi/2)$、$i=I_m\sin\omega t$,则该元件为_____。
A.纯电容   B.纯电感
C.纯电阻   D.可等效为 RL 串联

85.在纯电感正弦交流电路中,特点是_____。
A.功率因数为 0
B.电感是耗能元件
C.若端电压 u 和总电流 i 参考方向一致,则 u、i 同相
D.若端电压 u 和总电流 i 参考方向一致,则 u 超前 i 的角度可能为 60°

86.在交流电路中,在电压一定时,频率越高,感抗 X_L _____,而通过的电流 I 则_____。
A.越大;越大   B.越大;越小
C.越小;越大   D.越小;越小

87.在交流电路中,在电压一定时,频率越低,感抗 X_L _____,而通过的电流 I 则_____。
A.越大;越大   B.越大;越小

C.越小;越大 D.越小;越小

88.纯属于耗能元件或电器的是_____。
A.电容 B.电感
C.电阻 D.变压器

89.在 RLC 串联交流电路中,电感 L 和电容 C 都是_____的元件。
A.消耗电能 B.储能元件,本身不消耗电能
C.产生有功功率 D.产生热能

90.如图,电感和电阻串联的交流电路中,电压 u 和电流 i 的相位关系是_____。(π 为圆周率)

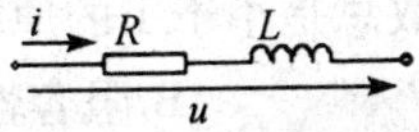

A.同相 B.u 超前于 i
C.u 滞后于 i D.u 超前于 i $\pi/2$ 弧度

91.如图,三个灯泡在 $f=50$ Hz 时亮度相同,当 $f=60$ Hz 时,其亮度_____。(设 D 为亮度,灯泡均不超电压烧毁)

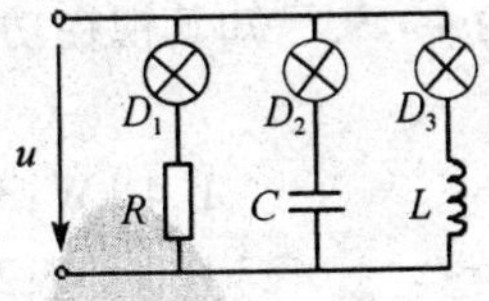

A.$D_1>D_2>D_3$ B.$D_2>D_1>D_3$
C.$D_3>D_2>D_1$ D.$D_1=D_2=D_3$

92.RLC 串联电路,发生谐振时,以下说法错误的是_____。
A.$X_L=X_C$,总阻抗$|Z|=R$ B.电源电压 $U=U_R$
C.电流 $I=U/R$ D.电源电压 $U=U_R+U_L+U_C$

93.处于谐振状态的 RLC 串联交流电路中,若增大频率,则电路将呈现出_____。
A.电阻性 B.电感性
C.电容性 D.纯电感性

94.已知 RL 串联交流电路,R 与 L 两端的电压分别为 $U_R=30$ V,$U_L=40$ V,则可知该电路电源电压 U 为_____。
A.70 V B.50 V
C.10 V D.60 V

95.在 RL 串联交流电路中,电源电压 $U=100$ V,已知 $U_R=60$ V,则电感两端电压 U_L 为_____。
A.160 V B.40 V
C.20 V D.80 V

96.在 RL 并联正弦交流电路中,已知流过电感的电流 $I_L=4$ A,流过电阻的电流 $I_R=3$ A,则干路总的电流 I 为_____。
A.7 A B.1 A
C.$\sqrt{7}$ A D.5 A

97. 在 RLC 串联交流电路,若调节电路的电频率,当发生谐振时,具有_____。
    A.总阻抗值最小　　　　　　　　B.总阻抗值最大
    C.电流最小　　　　　　　　　　D.电路呈电感性

98. 电阻 R 和电感 L 串联交流电路中,电流与端电压关系式为_____。
    A.$I=U/(R+X_L)$　　　　　　　B.$I=U/(R^2+X_L^2)$
    C.$I=U/(R-X_L)$　　　　　　　D.$I=U/\sqrt{R^2+X_L^2}$

99. 直流功率 P、电压 U 及电流 I 之间的计算关系式为_____。
    A.$P=U^2I$　　　　　　　　　　B.$P=UI^2$
    C.$P=I^2/U$　　　　　　　　　D.$P=UI$

100. 在一般情况下供电系统的功率因数总是小于 1 的原因是用电设备多属于_____负载。
    A.容性　　　　　　　　　　　　B.阻容性
    C.电阻性　　　　　　　　　　　D.感性

101. 以下各种负载电路中,_____电路的功率因数最低。
    A.电阻与电容串联　　　　　　　B.纯电感
    C.纯电阻　　　　　　　　　　　D.电阻与电感串联

102. 一交流负载其电阻和电抗之比为 4∶3,已知其视在功率为 5 kVA,则它的有功功率 P 和无功功率 Q 分别为_____。
    A.2 kW;4 kVar　　　　　　　　B.4 kW;3 kVar
    C.4 kW;5 kVar　　　　　　　　D.3 kW;2 kVar

103. 交流电路中功率因数的高低取决于_____。
    A.线路电压　　　　　　　　　　B.线路电流
    C.负载参数　　　　　　　　　　D.线路中功率的大小

104. 交流电路中功率因数不为 1 的原因是_____。
    A.电路中存在着耗能元件 R　　　B.电流是正弦变化的
    C.电压是正弦变化的　　　　　　D.电路中存在着 L、C 储能元件

105. 因为电力系统的负载绝大多数是电感性的,所以常采用与电感性负载_____办法来提高功率因数。
    A.串联电容　　　　　　　　　　B.并联电容
    C.串联电阻　　　　　　　　　　D.并联电感

106. 提高日光灯供电电路功率因数的方法是并联适当电容器,电容器并联在_____。
    A.镇流器两端
    B.灯管两端
    C.镇流器与灯管串联后的两端(即:电源两个出线端)
    D.启辉器两端

107. 交流电路电功率的表达式 $P=UI$ 适用于_____电路。
    A.感性　　　　　　　　　　　　B.容性
    C.纯电阻　　　　　　　　　　　D.任意性质负载

108. 如图,瓦特计原来测量负载时的读数为 2 kW,$U=230$ V,$f=50$ Hz,现将一纯电容 $C=96$ mF

并接到电路中,则瓦特计的读数为_____。

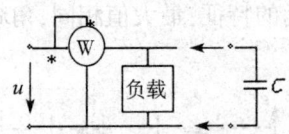

A.2 kW B.3.59 kW
C.0.41 kW D.2.56 kW

109.如图所示,为了提高电路的功率因数,而采用并联电容器的方法,使得_____。

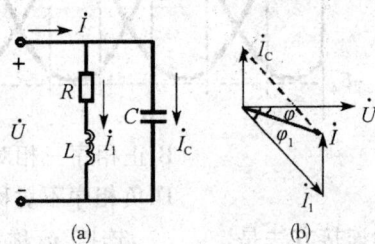

A.总电压与总线路电流之间的相位差变小
B.总电压与总线路电流之间的相位差变大
C.电感性负载的电流和功率因数变大
D.电感性负载的电流和功率因数变小

110.已知正弦交流电频率为 50 Hz,则周期为_____s。
A.0.02 B.0.05
C.0.01 D.0.2

111.已知正弦交流电周期为 0.02 s,则频率为_____Hz,角频率为_____rad/s。(选项中 π 为圆周率)
A.50;100 π B.100;100 π
C.10;314 D.50;10 π

112.正弦交流电的周期与其频率的关系是_____。
A.成正比 B.成正比或反比
C.互为倒数 D.成等比数列

113.通常交流仪表测量的交流电流、电压值是_____。
A.平均值 B.有效值
C.最大值 D.瞬时值

114.有一正弦交流电频率为 400 Hz,则其周期为_____s。
A.0.025 B.0.0025
C.0.04 D.0.004

115.关于三相对称交流电的相序的叙述,正确的是_____。
A.只存在两种不同的相序
B.存在三种不同的相序
C.存在六种不同的相序

D.视方便,相序可任意假定,是人为的,没有实际意义

116.交流电三相电势具有如图所示的特征:最大值相同,角频率相同,并且在相位上互差120°,此电源是_____。

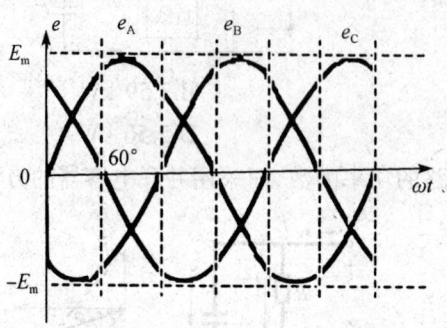

A.三相不对称电势　　　　　　B.正相序三相对称电势
C.负相序三相对称电势　　　　D.负相序不对称电势

117.某发电机的接线如图,这种连接方法是_____连接,u_A称为_____。

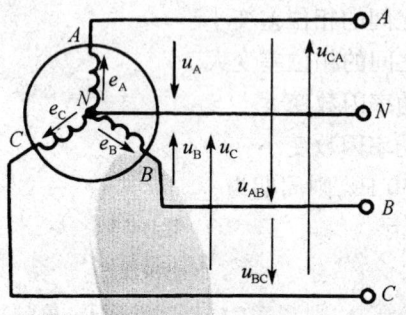

A.三角形;相电压　　　　　　B.星形;相电压
C.三角形;线电压　　　　　　D.星形;线电压

118.某发电机的接线如图,这种连接方法是_____连接,u_{AB}称为_____。

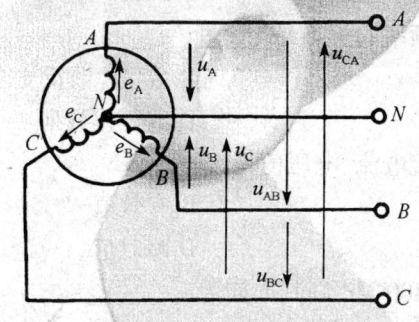

A.三角形;相电压　　　　　　B.星形;相电压
C.三角形;线电压　　　　　　D.星形;线电压

119.某发电机的接线如图,这种连接方法是_____连接,N线称为_____。

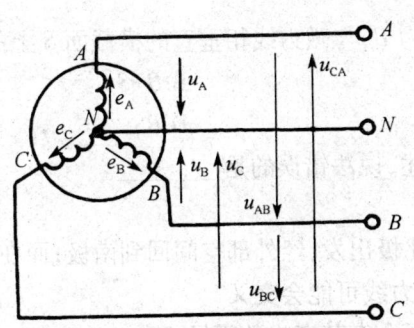

A.三角形;相线 B.星形;火线
C.星形;相线 D.星形;零线

120.如图所示的三相电源是_____,能提供_____电压。

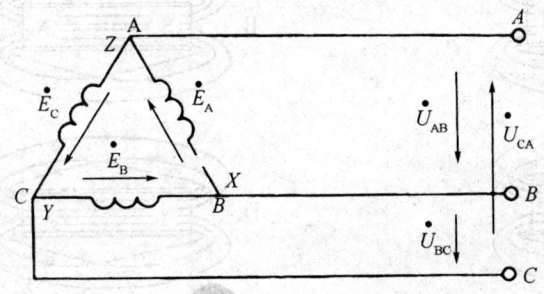

A.三角形连接;两种 B.三角形连接;一种
C.星形连接;两种 D.星形连接;一种

121.三相对称星形连接的发电机,_____;三相对称三角形连接的负载,_____。
A.线电压在相位超前相电压30°;线电流在相位上超前相电流30°
B.相电压在相位超前线电压30°;相电流在相位上超前线电流30°
C.线电压在相位超前相电压30°;相电流在相位上超前线电流30°
D.相电压在相位超前线电压30°;线电流在相位上超前相电流30°

122.某三相交流发电机绕组接成星形时线电压为6.3 kV,若将它接成三角形,则线电压为_____。
A.6.3 kV B.10.9 kV
C.3.64 kV D.3.15 kV

123.关于磁力线与磁路的说法,正确的是_____。
A.磁力线是闭合曲线,磁路也是闭合路径
B.磁力线不一定是闭合曲线,磁路也不一定是闭合路径
C.磁力线是闭合曲线,磁路一定是闭合路径
D.磁力线是闭合曲线,磁路不一定是闭合路径

124.在均匀磁场中,磁感应强度与垂直于磁感应强度B的某一面积的乘积称为_____;在国际单位制中它的单位是_____。
A.磁场强度;安·米 B.磁导率;亨·米
C.磁通;韦伯 D.磁感应强度;特斯拉

125. 均匀磁场的磁感应强度为 B,与磁力线相垂直的横截面 S 上的磁通 $\Phi =$ _____。
    A. B/S　　　　　　　　　　　B. $B+S$
    C. $B-S$　　　　　　　　　　　D. BS

126. 关于磁场和磁力线的描述,说法错误的是_____。
    A. 磁铁的周围存在磁场
    B. 磁力线总是从磁铁的北极出发,经外部空间回到南极;而在磁铁的内部,则由南极到北极
    C. 在距磁铁很远处,其磁力线可能会交叉
    D. 环形磁铁的周围空间不会有其产生的磁场

127. 用磁力线表征磁场,画图正确的是_____。

128. 关于磁场磁力线的描述,错误的是_____。
    A. 磁力线是闭合的回线
    B. 磁力线的方向表示了磁场的方向
    C. 在磁力线上各点的磁场方向是一致的
    D. 磁力线上任一点的切线方向即为该点的磁场方向

129. 真空中的磁导率为_____;铁磁物质的磁导率为_____。
    A. 常数;常数　　　　　　　　　B. 变量;常数
    C. 常数;变量　　　　　　　　　D. 变量;变量

130. 磁通密度 B(又称磁感应强度)与磁场强度 H 的正确关系为_____。(μ—磁导率,S—面积)
    A. $B=\mu H$　　　　　　　　　B. $B=\mu H/S$
    C. $B=H/\mu$　　　　　　　　　D. $B=1/\mu H$

131. 铁磁材料的磁导率 μ 与真空的磁导率 μ_0 的关系是_____。
    A. $\mu<\mu_0$　　　　　　　　　B. $\mu=\mu_0$
    C. $\mu\gg\mu_0$　　　　　　　　D. $\mu<\mu_0$

132. 能确切描述磁场中某点磁场强弱和方向的物理量是_____。
    A. 磁场强度　　　　　　　　　　B. 磁通
    C. 磁感应强度　　　　　　　　　D. 磁力线数

133. 用来描述物质导磁能力强弱的物理量是_____。
    A. 电阻率　　　　　　　　　　　B. 电导率

C.磁导率   D.磁阻

134.若通过匝数为 N 的线圈电流为 I,产生磁动势 F(或称磁通势)的值为_____。
   A.IN   B.I/N
   C.I−N   D.I+N

135.在线圈匝数不变时,要增加其产生的磁动势,则_____要增加。
   A.磁通   B.磁导率
   C.电流   D.线圈横截面

136.右手螺旋定则中,拇指所指的方向是_____。
   A.电流方向   B.磁力线方向
   C.电流或磁力线方向   D.电压方向

137.确定直导体电流的磁场用_____,确定通电线圈磁场用_____。
   A.右手螺旋定则;右手螺旋定则   B.左手定则;右手螺旋定则
   C.右手螺旋定则;左手定则   D.左手定则;左手定则

138.确定直导体电流的磁场方向和通电线圈磁场方向都用_____。
   A.左手定则   B.右手螺旋定则
   C.楞次定律   D.左手螺旋定则

139.确定电流的方向和磁场的方向关系用右手螺旋定则,在通电直导体时大拇指表示_____方向,在通电线圈时大拇指则表示_____方向。
   A.电流;电流   B.电流;磁场
   C.磁场;磁场   D.磁场;电流

140.电流通入线圈后将在线圈中产生磁场,其电流方向与磁场方向符合_____。
   A.右手定则   B.左手定则
   C.右手螺旋定则   D.楞次定律

141.图示的通电线圈内产生的磁通方向是_____。

   A.从左到右   B.没有
   C.从右到左   D.不能确定

142.关于电与磁的正确说法是_____。
   A.电荷的周围一定存在磁场,电与磁密不可分
   B.电流的周围一定存在磁场
   C.电流处于磁场中一定受到力的作用,电与磁密不可分
   D.电荷的周围一定存在磁场

143.以下说法中,不正确的是_____。
   A.电流的周围存在磁场
   B.电流一定是被磁场包围的
   C.电与磁不可分割

D.电与磁毫无关系,电流须在闭合电路才能产生,而磁力线在空间就能形成闭合回线

144.载流导体在垂直磁场中将受到_____的作用。
A.电场力 B.电抗力
C.电磁力 D.磁吸力

145.载流直导体在磁场中要受到力的作用,确定磁场电流和受力方向之间关系应用_____。
A.右手螺旋定律 B.左手定则
C.右手定则 D.楞次定律

146.左手定则中,四个手指(拇指除外)所指的方向是_____的方向。
A.导体运动 B.磁场磁力线
C.受力 D.电流

147.左手定则其掌心对着磁力线的方向,四指指向表示_____;拇指指向表示_____。
A.受力方向;电流方向 B.电流方向;受力方向
C.受力方向;磁场方向 D.电流方向;磁场方向

148.左手定则中,拇指所指的方向是_____方向。
A.电流 B.磁力线
C.受力 D.感应电流

149.所谓电流的力效应是指_____。
A.载流导体在磁场中会产生电场力
B.载流导体在磁场中会产生电磁吸力
C.载流导体在磁场中会受到力的作用
D.电流对磁场产生作用力

150.以下各图中,磁场、导体长度、电流大小均相同,则图_____中的导体受到的力最大。

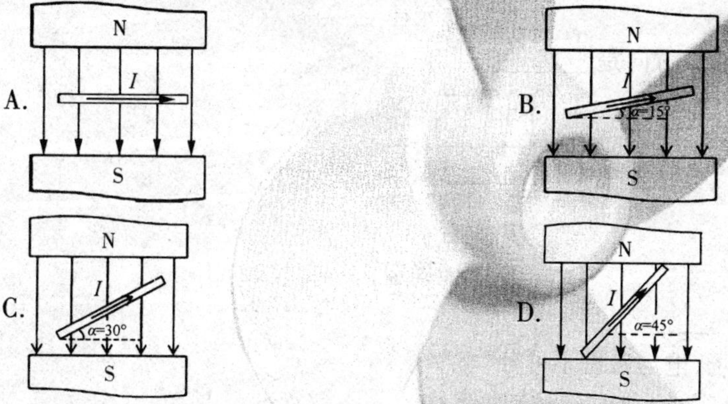

A. B.

C. D.

151.如图所示,设均匀磁场的磁感应强度为 B,导体的长度为 l,则确定导体的受力方向用_____、受力大小为_____。

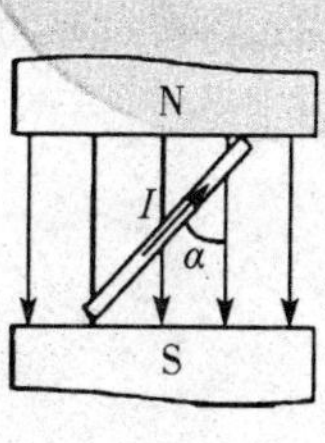

A.左手定则；$F=Bll\sin\alpha$（N） B.右手定则；$F=Bll\sin\alpha$（N）
C.左手定则；$F=Bll\cos\alpha$（N） D.右手定则；$F=Bll\cos\alpha$（N）

152.如图所示，设均匀磁场的磁感应强度为B，导体的长度为l，则导体的受力方向_____、受力大小为_____。

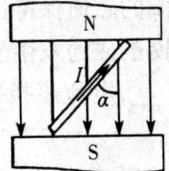

A.向外；$F=Bll$（N） B.向内；$F=Bll$（N）
C.向内；$F=Bll\sin\alpha$（N） D.向外；$F=Bll\sin\alpha$（N）

153.如图所示，设均匀磁场的磁感应强度为B，导体的长度为l，则关于导体的受力方向和大小说法正确的是_____。

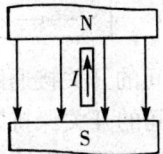

A.向外；$F=Bll$（N） B.向左；$F=Bll$（N）
C.向右；$F=Bll$（N） D.$F=0$

154.如图所示，设均匀磁场的磁感应强度为B，导体的长度为l，则关于导体的受力方向和大小，说法正确的是_____。

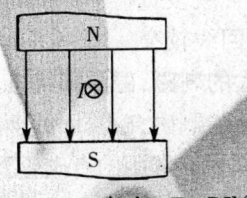

A.向外，$F=Bll$（N） B.向左，$F=Bll$（N）
C.向右，$F=Bll$（N） D.$F=0$

155.如图所示，设均匀磁场的磁感应强度为B，导体的长度为l，则关于导体的受力方向和大小说法正确的是_____。

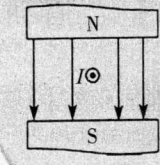

A.向外，$F=Bll$（N） B.向左，$F=Bll$（N）
C.向右，$F=Bll$（N） D.$F=0$

156.通电导体切割磁力线将会产生感应电动势，确定磁场、导体运动和感应电动势方向关系应用_____。

A.右手螺旋定律 B.左手定则

C.右手定则　　　　　　　　　　　　D.楞次定律

157.变化的磁场能在导体中产生电动势,此现象称为电磁感应现象。其表现形式是_____。
A.运动的导体切割磁力线
B.穿过线圈的磁通发生变化
C.运动的导体切割磁力线或穿过线圈的磁通保持恒定
D.运动的导体切割磁力线或穿过线圈的磁通发生变化

158.如图所示的电磁感应实验,当_____,电流表指针能出现摆动,这一现象属于电磁感应现象表现形式中的_____。

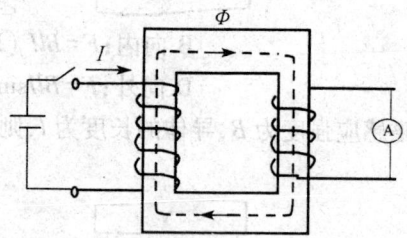

A.连接在电池正极和变压器原边之间的开关接通瞬间;运动的导体切割磁力线
B.连接在电池正极和变压器原边之间的开关保持闭合;穿过线圈的磁通发生变化
C.连接在电池正极和变压器原边之间的开关保持开路;运动的导体切割磁力线
D.连接在电池正极和变压器原边之间的开关断开瞬间;穿过线圈的磁通发生变化

159.软磁材料一般用来制造电机、电器及变压器等的铁芯。常用的有铸铁、硅钢、坡莫合金即铁氧体等。其特点是_____。
A.具有较大的矫顽磁力,磁滞回线较宽
B.具有较小的矫顽磁力,磁滞回线较窄
C.具有较小的矫顽磁力和较大的剩磁,磁滞回线接近矩形,稳定性良好
D.具有较小的矫顽磁力和较小的剩磁,磁滞回线面积小

160.永磁材料一般用来制造永久磁铁。常用的有碳钢及铁镍铝钴合金等,其特点是_____。
A.具有较大的矫顽磁力,磁滞回线较宽
B.具有较小的矫顽磁力,磁滞回线较窄
C.具有较小的矫顽磁力和较大的剩磁,磁滞回线接近矩形,稳定性良好
D.具有较小的矫顽磁力和较小的剩磁,磁滞回线面积小

161.矩磁材料在计算机和控制系统中用作记忆元件、开关元件和逻辑元件,常用的有镁锰铁氧体等。其特点是_____。
A.具有较大的矫顽磁力,磁滞回线较宽
B.具有较小的矫顽磁力,磁滞回线较窄
C.具有较小的矫顽磁力和较大的剩磁,磁滞回线接近矩形,稳定性良好
D.具有较小的矫顽磁力和较小的剩磁,磁滞回线面积小

162.如图所示,当磁铁向上运动时,_____。

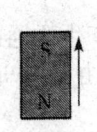
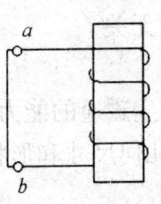

A.线圈内部的感应电流 i 是从线圈的 b 端流入

B.线圈内部的感应电动势是从线圈的内部 a 指向 b

C.线圈内磁通增大

D.线圈内部的感应电动势和感应电流方向相反

163.若电感较大的线圈从电源切断时,线圈两端将产生很高的电压,这是由于_____的结果。

　　A.电感值变化　　　　　　　　　　B.电感线圈电阻太小

　　C.自感现象　　　　　　　　　　　D.电源电压波动

164.当导体与磁力线之间有相对切割运动时,则_____。

　　A.在导体中就一定产生感应电动势　　B.可能会在导体中产生感应电动势

　　C.不一定产生感应电动势　　　　　　D.在导体中一定产生感应电流

165.有关自感电动势的叙述,正确的是_____。

　　A.自感电动势是电压的变化而引起的

　　B.自感电动势是电流的变化而引起的

　　C.自感电动势方向总是与电流的变化相同

　　D.确定自感电动势的方向时,最好用欧姆定律来确定

166.如图所示的铁芯线圈电路中,在开关S闭合及再打开的瞬间,线圈的自感电动势极性是_____。

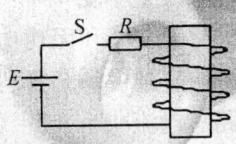

　　A.闭合时,上正下负;断开时,上正下负

　　B.闭合时,上负下正;断开时,上负下正

　　C.闭合时,上正下负;断开时,上负下正

　　D.闭合时,上负下正;断开时,上正下负

167.线性电感线圈中的电感 L 的大小与_____无关。

　　A.线圈的几何尺寸　　　　　　　　B.线圈的匝数

　　C.磁介质的磁导率　　　　　　　　D.额定电流以下的电流大小

168.关于电感 L 的说法,错误的是_____。

　　A.线圈电感的大小表示在线圈中通入单位电流所产生的磁通链

　　B.线圈电感的大小与线圈中的电流成正比

C.线圈电感的大小表明了其通电产生磁通的能力
D.线圈电感的大小与线圈的匝数、几何尺寸和形状有关

169.关于电感 L 的说法,错误的是_____。
　　A.线圈电感的大小与线圈内的介质无关
　　B.电感的单位为亨利(H)
　　C.线圈电感的大小表明了其通电产生磁通的能力
　　D.线圈电感的大小与线圈的匝数、几何尺寸和形状有关

170.关于电感 L 的说法,正确的是_____。
　　A.线圈电感的大小与线圈内的介质无关
　　B.交流铁芯线圈中也可用 $e=-L(di/dt)$ 分析
　　C.线圈中的磁媒质为非磁性材料的电感为常数
　　D.线圈铁芯为铁磁材料的电感也为常数

171.从对电源的利用效率来看,要求负载的功率因数是_____。
　　A.越低越好　　　　　　　　　　B.越高越好
　　C.有一定要求　　　　　　　　　D.没有关系

172.提高功率因数的意义,不正确的说法是_____。
　　A.可节约电能　　　　　　　　　B.可提高供电质量
　　C.可提高供电设备的供电能力　　D.可提高负载的有功功率

173.在电动机供电线路中,提高功率因数的意义,下列说法错误的是_____。
　　A.发电机输出功率一定时,能减小线路电流,减小供电线路上损耗
　　B.能减小发电机绕组损耗,提高发电设备的利用率
　　C.减小电动机绕组的功率损耗,提高电动机的效率
　　D.减小线路电流,提高供电效率

174.感性负载并联电容提高功率因数,下列说法正确的是_____。
　　A.线路总电流的无功分量减小,有功分量不变
　　B.线路的总电流减小,电源提供的有功功率和无功功率都不变
　　C.电源输出有功功率减小,使电源的容量得到充分利用
　　D.感性负载的电流减小,使得线路总电流减小

175.并联电容器以后,电感性负载的电流和功率因数都没有变化,这是因为该支路的电压及元件参数并未改变。但由于并联电容后,电压与线路电流之间的相位差_____,即总的功率因数_____了。
　　A.变大;变大　　　　　　　　　B.变小;变大
　　C.变大;变小　　　　　　　　　D.变小;变小

176.提高功率因数只是提高电源或电网的功率因数,而负载本身的_____并没有任何改变。
　　A.功率因数　　　　　　　　　　B.功率因数和电流
　　C.功率因数、电流和功率　　　　D.电流和功率

177.在纯电阻交流电路中,电阻是_____,且功率_____。
　　A.储能元件;随时间变化　　　　B.储能元件;是一个定值

56

C.耗能元件;随时间变化　　　　　　D.耗能元件;是一个定值

178.某负载有功功率 $P=4$ kW,功率因数为 0.8,则其视在功率 S 为_____。
　　A.3.2 kVA　　　　　　　　　　　B.4 kVA
　　C.5 kVA　　　　　　　　　　　　D.3 kVA

179.已知某负载视在功率为 5 kVA,有功功率为 4 kW,则其无功功率 Q 为_____。
　　A.1 kVar　　　　　　　　　　　B.3 kVar
　　C.9 kVar　　　　　　　　　　　D.6.4 kVar

180.称之为"电枢"的是_____。
　　A.三相异步电动机的转子
　　B.直流发电机的定子
　　C.旋转磁极式三相同步发电机的定子
　　D.单相变压器的副边

181.同步发电机的励磁绕组中的电流是_____。
　　A.直流　　　　　　　　　　　　B.交流
　　C.直流或交流均可　　　　　　　D.与同步发电机同频率的交流

182.船舶同步发电机的励磁电流是_____。
　　A.同步发电机输出的电流　　　　B.单相交流电流
　　C.直流电流　　　　　　　　　　D.三相交流电流

183.我国船舶柴油同步发电机的定子绕组一般是接成_____;若柴油机额定转速为500 r/min, 该同步发电机的磁极对数是_____。
　　A."△";6　　　　　　　　　　　B."Y";6
　　C."△";5　　　　　　　　　　　D."Y";5

184.交流同步发电机转子的转速 n 与定子旋转磁场的转数 n_0 的关系是_____。
　　A.$n>n_0$　　　　　　　　　　　B.$n<n_0$
　　C.$n=n_0$　　　　　　　　　　　D.$n\approx n_0$

185.同步发电机按结构分有转磁式和转枢式两种,其差别在于_____。
　　A.转磁式的定子是磁极,转子为电枢;转枢式的定子为电枢,转子为磁极
　　B.转磁式的定子是磁极,转子为电枢;转枢式的定子为磁极,转子为电枢
　　C.转磁式的定子是电枢,转子为磁极;转枢式的定子为磁极,转子为电枢
　　D.转磁式的定子是电枢,转子为磁极;转枢式的定子为电枢,转子为磁极

186.一台 4 极同步发电机,额定频率为 50 Hz,则其原动机转速为_____r/min。
　　A.3 000　　　　　　　　　　　　B.1 500
　　C.1 000　　　　　　　　　　　　D.750

187.对于船舶低速柴油发电机来说,因转速较低,其离心力较_____,发电机转子多采用_____的转子。
　　A.大;凸极式　　　　　　　　　　B.小;凸极式
　　C.小;隐极式　　　　　　　　　　D.大;隐极式

188.在实际操作中,要改变同步发电机的频率,则必须调整_____。

A.励磁电流 B.原动机的转速
C.负载的性质 D.输出电流

189.按结构不同,同步电机可分为_____。
A.发电机和电动机 B.电动机和补偿机
C.发电机和补偿机 D.旋转电枢式和旋转磁极式

190.三相同步发电机的空载特性是指_____随_____的变化关系。
A.空载电势;励磁电流 B.空载电势;负载电流
C.输出电流;励磁电流 D.输出电压;负载电流

191.三相同步发电机空载运行时,其电枢电流_____。
A.为0 B.最大
C.随电压 U 变化 D.随负载 I 变化

192.发电机在空载运行时,其定子电枢电流_____。
A.等于0 B.大于0
C.小于0 D.随电压变化

193.自励同步发电机空载电压建立的条件_____。
①发电机有剩磁;②励磁电流的磁场方向与剩磁方向相同;③励磁回路的场阻线要合适
A.① B.②
C.③ D.①②③

194.我国《钢质海船入级规范》规定,船舶应急发电机系统的静态电压调节率为_____以内。
A.±5% B.±3.5%
C.±2.5% D.±10%

195.船舶电力系统的基本参数是_____。
A.额定功率、额定电压、额定频率 B.电压等级、电流大小、功率大小
C.电流种类、额定电压、额定频率 D.额定功率、额定电压、额定电流

196._____不属于船舶电力系统基本参数。
A.额定电压 B.额定功率
C.额定频率 D.电制

197._____不属于船舶电力系统基本参数。
A.额定电压 B.电制
C.额定频率 D.额定电流

198._____不属于船舶电力系统基本参数。
A.额定电压 B.电流种类
C.额定频率 D.电源容量

199.船舶电力系统参数采用与陆上一致,好处是_____。
A.便于接用岸电 B.便于直接采用陆用电气设备
C.便于管理、控制 D.经济性好

200.在三相交流同步发电机中,空载电动势的有效值为 $E_0 = E_m/\sqrt{2} = 4.44 fN\phi_0 k_w$,式中:$f$—频率,取决于同步发电机_____。

A.主磁通和磁极对数 B.漏磁通和磁极对数
C.主磁通和转子的转速 D.转子的转速和磁极对数

201.同步发电机分别带三种不同性质的三相对称负载运行（Ⅰ）$\cos\varphi=1$；（Ⅱ）$\cos\varphi=0.8$滞后；（Ⅲ）$\cos\varphi=0.8$超前，在输出电压和输出电流相同情况下，所需励磁电流_____。
A.Ⅰ最大 B.Ⅱ最大
C.Ⅲ最大 D.一样大

202.同步发电机的主磁场的转速与电枢反应磁场的转速关系是_____。
A.相等 B.前者大于后者
C.前者小于后者 D.视负载类型而定

203.同步发电机的额定容量一定，当所带负载的功率因数越低时，其提供的有功功率_____。
A.小 B.大
C.不变 D.不一定

204.当同步发电机带上纯电阻性负载时，其电枢反应为_____。
A.交轴反应 B.直轴去磁反应
C.直轴增磁反应 D.没有电枢反应

205.由于船舶主要负载为交流异步电动机负载，所以其电枢反应为_____。
①交轴反应；②直轴去磁反应；③直轴增磁反应
A.① B.②
C.③ D.①②

206.在交流发电机组的电枢反应中，_____具有增磁作用。
A.电容性负载 B.电感性负载
C.电阻性负载 D.电阻-电感性负载

207.对单机运行的发电机组，减小励磁电流会使电网电压_____。
A.下降 B.上升
C.不变 D.不一定

208.同步发电机电枢绕组中空载电动势是由_____产生的。
A.主磁极磁通
B.电枢反应磁通
C.定子漏磁通
D.主磁极磁通和电枢反应磁通共同作用

209.自励发电机在起动后建立电压，是依靠发电机中的_____实现的。
A.电枢反应 B.剩磁
C.漏磁通 D.同步电抗

210.发电机的转子有凸极式和隐极式之分。其转子磁极的顺序摆放是_____，励磁绕组的两个出线端分别接到固定在转轴上彼此绝缘的两个滑环上或旋转整流器的直流侧上。
A.均以 N—S—N—S 极
B.隐极式转子是以 N—N—S—S 极
C.凸极式转子是以 N—N—S—S 极

D.均以 N—N—S—S 极

211.发电机的冷却方法有_____。
A.空冷和水冷
B.空冷和油冷
C.油冷和水冷
D.油冷

212.发电机需要冷却的原因是_____。
A.发电机定子的机座和端盖产热,会导致发电机过热损坏
B.发电机短路产热,会导致发电机过热损坏
C.发电机定子和转子的铁芯和绕组会产生热量
D.发电机过载产热,会导致发电机过热损坏

213.发电机空间加热器在_____工作。
A.发电机停机时
B.发电机高速运转时
C.发电机刚起动时
D.任何时刻

214.发电机空间加热器的作用是_____。
A.防止发电机结冰
B.防止绕组受潮导致绝缘降低
C.提高发电机效率
D.加热柴油

215.在衡量船舶发电机自动调压装置的品质时,应_____。
A.只考察其静态指标即可
B.只考察其电压恢复时间即可
C.只考察其动态指标即可
D.动态、静态指标均要满足有关规范的要求

216.同步发电机自励恒压装置应具有_____作用。
A.发电机起动后,转速接近额定转速时,能建立额定空载电压
B.当电网负载变化时,能自动按发电机容量按比例调节有功功率
C.当发电机过载时,能自动地切除次要负载,使发电机连续运行
D.能根据负荷情况自动起动发电机并车,自动转移负载

217.励磁自动调整装置的任务是_____。
A.在船舶电力系统正常运行工况下,维持电网频率在某一容许范围内
B.在船舶同步发电机并联运行时,合理分配发电机间的有功功率
C.在船舶电网发生短路故障时,有强行励磁功能,加速短路后恢复速度
D.在船舶电网发生短路故障时,有保持电力系统运行的快速性和立即切断主开关的功能

218.同步发电机的自励恒压装置不具有_____的作用。
A.同步发电机起动后,转速接近额定转速时,建立额定空载电压
B.当电网负载变化时,能按发电机容量按比例分配有功功率
C.在负载大小变化时,能自动保持电压基本不变
D.在负载性质发生变化时,能自动保持电压基本不变

219.已知某三相同步发电机空载时,励磁电流为 3 A,输出额定电压为 400 V。若现带上一定大小的感性负载,要求保持端口电压额定,则励磁电流应_____。
A.增大
B.减小

C.保持3 A D.或增大或减小均可

220.图为同步发电机的外特性曲线,已知这四条曲线是负载分别为 $\cos\varphi=0.6$(感性)、$\cos\varphi=0.8$(感性)、$\cos\varphi=0.6$(容性)及纯阻性四种情况下所测得的;其中曲线_____为 $\cos\varphi=0.6$(容性)负载所对应的外特性曲线。

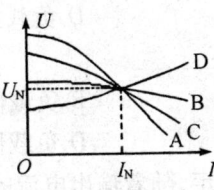

A.A B.B
C.C D.D

221.图为同步发电机的外特性曲线,已知这四条曲线是负载分别为 $\cos\varphi=0.6$(感性)、$\cos\varphi=0.8$(感性)、$\cos\varphi=0.6$(容性)及纯阻性四种情况下所测得的;其中_____为纯阻性负载所对应的。

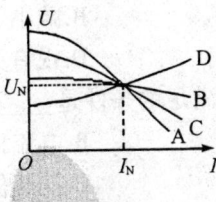

A.A B.B
C.C D.D

222.若单机运行的三相同步发电机输出的有功功率、端电压保持不变,当功率因数分别为①$\cos\varphi=1$,②$\cos\varphi=0.8$(滞后),③$\cos\varphi=0.8$(超前)三种情况下,该发电机控制屏上的励磁电流表和发电机线电流表的示数最小的情况分别是_____。
A.③① B.②①
C.②③ D.③②

223.根据调节特性对同步发电机进行调节的目的是保持_____不变。
A.端电压 B.励磁电流
C.电磁转矩 D.电磁功率

224.同步发电机的_____随负载电流变化而变化的特性称为同步发电机的外特性。
A.端电压 B.励磁电流
C.电磁转矩 D.电磁功率

225.同步发电机的外特性是在_____一定的情况下测得的。
①原动机转速;②励磁电流;③功率因数
A.① B.②
C.③ D.①②③

226.同步发电机的调节特性是在_____一定的情况下测得的。
①原动机转速;②端电压;③功率因数

A.① B.②
C.③ D.①②③

227. 用实验的方法测量同步发电机的调节特性时,要求保持发电机的_____不变。
 A.端电压 B.电枢电流
 C.励磁电流 D.负载大小

228. 同步发电机的外特性上翘说明_____。
 A.负载性质为电容性 B.负载性质为电阻性
 C.负载性质为电感性 D.负载性质为纯电感

229. 为维持同步发电机的输出电压恒定,随着输出电流的增大,在感性负载时应_____励磁电流;在容性负载时,应_____励磁电流。
 A.减小;不变 B.增大;减小
 C.增大;不变 D.减小;增大

230. 同步发电机的负载(感性)功率因数由0.6上升到0.8,为了保持发电机输出电压不变,励磁绕组中电流需_____。
 A.增大 B.减小
 C.不变 D.视有无恒压装置而定

231. 同步发电机进行并车操作时不必满足的条件是_____。
 A.电压相等 B.电流相等
 C.频率相同 D.初相位一致

232. 除非是做了检修,一般情况下船舶航行中发电机组并车时可不考虑_____。
 A.电压相等 B.频率相同
 C.初相位一致 D.相序一致

233. 船舶同步发电机在并车时不需满足的条件是:运行机与待并机的_____。
 A.电压有效值相等 B.频率相等
 C.相位相同 D.输出功率相同

234. 在同步发电机并车时,若其余条件均满足,仅相位条件不同,则当相位差为_____时,合闸冲击电流最小。
 A.0° B.45°
 C.90° D.180°

235. 理想的准同步并车条件是待并机组与运行机组的_____、频率相等、电压的相位一致。
 A.电压大小相等 B.电流大小相等
 C.功率大小相等 D.效率大小相等

236. 理想的准同步并车条件是待并机组与运行机组的电压大小相等、频率相等、_____。
 A.电流大小相等 B.电压的相位一致
 C.效率大小相等 D.功率大小相等

237. 准同步并车条件规范指标是_____,$\Delta\delta\leq\pm15°$,$\Delta f\leq\pm1\% f_N$。
 A.$\Delta U\leq\pm10\% U_N$ B.$\Delta U\leq\pm15\% U_N$
 C.$\Delta U\leq\pm20\% U_N$ D.$\Delta U\leq\pm1\% U_N$

238. 准同步并车条件规范指标是 $\Delta U \leqslant \pm 10\% U_N$，_____，$\Delta f \leqslant \pm 1\% f_N$。
　　A.$\Delta\delta \leqslant \pm 1°$　　　　　　　　　　B.$\Delta\delta \leqslant \pm 10°$
　　C.$\Delta\delta \leqslant \pm 15°$　　　　　　　　　D.$\Delta\delta \leqslant \pm 30°$

239. 整步表指针如图所示,表示待并机组与运行机组电压的相位同步的图是_____。

　　A.1　　　　　　　　　　　　B.2
　　C.3　　　　　　　　　　　　D.4

240. 若待并机组与运行机组电压、频率已相等,按如图所示整步表指针的位置并车,造成冲击电流最小的图是_____。

　　A.1　　　　　　　　　　　　B.2
　　C.3　　　　　　　　　　　　D.4

241. 为了满足准同步并车频差条件的要求,对于50 Hz的船舶电站,实际并车时整步表指针旋转一周一般要控制在_____。
　　A.3~5 s　　　　　　　　　　B.1~2 s
　　C.10~15 s　　　　　　　　　D.1~5 s

242. 若整步表指针顺时针旋转,则表明待并机组的频率_____运行机组的频率。
　　A.低于　　　　　　　　　　B.高于
　　C.等于　　　　　　　　　　D.无法判断

243. 若整步表指针向"慢"方向旋转,则表明待并机组的频率_____运行机组的频率。
　　A.低于　　　　　　　　　　B.高于
　　C.等于　　　　　　　　　　D.无法判断

244. 实船并车时要求整步表指针最好_____。
　　A.逆时针旋转　　　　　　　B.顺时针旋转
　　C.停止旋转　　　　　　　　D.向"慢"方向旋转

245. 实船并车时要求整步表指针最好向"快"方向旋转,因为_____。
　　A.不易产生冲击转矩
　　B.不易产生冲击电压
　　C.不易造成逆功率跳闸,且合闸后待并机就能立即分担一点负荷
　　D.不易产生冲击电流

246. 对于已经并联运行一段时间的两台发电机组,不正确的说法是_____。
　　A.一定是电压相等　　　　　B.一定是频率相等
　　C.一定是有功功率相等　　　D.一定是电压的相位一致

247. 并车结束时要求切除整步表,因为_____。

A.整步表是按连续工作制设计的　　　　　　B.整步表是按短时工作制设计的
C.切除整步表可以节能　　　　　　　　　　D.不切除整步表发电机将跳闸

248.采用灯光明暗法并车,只能判断出频差的大小,但无法判断出_____。
A.频差的方向　　　　　　　　　　　　　　B.频差的快慢
C.相位差的大小　　　　　　　　　　　　　D.相位差的程度

249.采用灯光旋转法并车,既能判断出_____,也能判断出频差的方向。
A.电压差的大小　　　　　　　　　　　　　B.电压差的方向
C.电流差的大小　　　　　　　　　　　　　D.频差的大小

250.当频率相等、初相位一致、电压不相等时,两台发电机并车瞬间将在两机组间产生一个_____的环流,对两台发电机起到的作用是_____。
A.有功性质;均压　　　　　　　　　　　　B.有功性质;稳定频率
C.无功性质;稳定频率　　　　　　　　　　D.无功性质;均压

251.采用"灯光明暗法"并车,当相位差为_____时,灯泡最亮。
A.0°　　　　　　　　　　　　　　　　　　B.60°
C.90°　　　　　　　　　　　　　　　　　D.180°

252.采用同步指示灯的"灯光明暗法"来并车,灯光明暗的程度反映_____,灯光明暗的快慢反映_____。
A.频差;相位差　　　　　　　　　　　　　B.相位差;频差
C.电压表;频差　　　　　　　　　　　　　D.电压差;相位差

253.采用"灯光明暗法"来并车,应当在灯光每3~5 s明暗一次(这是满足了_____条件),在灯光由明变全暗前某一适当时刻(这是满足了_____条件),按下合闸按钮。
A.相位;频率　　　　　　　　　　　　　　B.频率;相位
C.频率;相序　　　　　　　　　　　　　　D.电压;相位

254.采用"灯光旋转法"并车,同步发电机电压与电网电压同相位的标志是_____。
A.三灯均灭
B.三灯均亮
C.对接相的灯亮,交叉连接相的灯灭
D.对接相的灯灭,交叉连接相的灯一样亮

255.在准同步并车时,常观察同步表指针转动情况合闸,合闸时刻应是3~5 s转一周_____位置。
A.顺时针转动到同相位点　　　　　　　　　B.逆时针转动到同相位点
C.顺时针转动到11点　　　　　　　　　　　D.逆时针转动到11点

256.采用同步表法并车时,为避免逆功可能造成的并车失败,应在同步表指针_____并车为好。
A.向"慢"方向转到同相位标志点
B.向"快"方向转到同相位标志点
C.向"慢"方向转到同相位标志点前一个小角度
D.向"快"方向转到同相位标志点前一个小角度

257. 采用同步表并车时,若同步表逆时针方向旋转,则说明待并机_____;此时应操作调速装置使待并机_____。
    A. 频率偏高;减速 B. 频率偏低;加速
    C. 电压偏高;减速 D. 电压偏低;加速

258. 将同步发电机投入并联运行时,最理想的合闸要求是当待并机合闸的瞬间,该发电机的_____为零。
    A. 电压 B. 功率因数
    C. 电流 D. 电压初相位

259. 在同步发电机并车时,同步表指针沿顺时针方向较快旋转,则表示待并机的频率_____,必须调整"调速控制"旋钮,使待并机_____。
    A. 高;减速 B. 低;减速
    C. 高;增速 D. 低;增速

260. 同步发电机并车时的整步操作,实际就是调整_____条件。
    A. 电位差 B. 频差
    C. 相位差 D. 频差和相位差

261. 利用准同步法对同步发电机的并车操作,说法错误的是_____。
    A. 为满足频差条件,并车时频差越小越好
    B. 并车时为避免并机逆功率跳闸,要求同步表指针沿"快"的方向旋转
    C. 按合闸按钮应有适当的提前相位角
    D. 并车时频差不能大于允许值,即频差周期不得小于2 s

262. 利用同步表法对同步发电机的并车操作,说法错误的是_____。
    A. 允许频差不能太大也不可太小,频差周期应在3~5 s范围
    B. 为避免待并机逆功率跳闸,同步表指针应沿"慢"的方向旋转
    C. 并车合闸时应避开负载扰动,在电网电压幅度或频率稳定后进行
    D. 按合闸按钮应有适当的提前相位角

263. 利用同步表法对同步发电机的并车操作,说法错误的是_____。
    A. 允许频差不能太大也不可太小,频差在0.25 Hz为好
    B. 按合闸按钮应有适当的提前相角,即在"同相标志点"前一小角度为好
    C. 合闸时应避开负载扰动,待电网电压幅度或频率稳定时进行
    D. 同步表可长期通电使用,并车完毕不必断开

264. 在船舶同步发电机并车整步操作法中,不能检测待并机和电网之间的频差方向(即待并机的频率比电网频率高还是低)的是_____。
    A. 灯光明暗法 B. 灯光旋转法
    C. 同步表法 D. 自动并车

265. 发电机经大修后,第一次进行并车时,按灯光明暗法连接的三个灯不同时明暗,这表明_____。
    A. 待并机转速太高 B. 待并机转速太低
    C. 有一相绕组未接牢 D. 待并机与电网相序不一致

266. 在交流船舶电站的控制屏面板上,设有原动机的调速手柄并标有"快"(或"正转")及"慢"(或"反转")两个方向。当手柄向"慢"方向操作时,调速器的弹簧预紧力_____,油门开度_____。
    A.增加;增大   B.增加;减小
    C.减小;增大   D.减小;减小

267. 两台同容量相复励同步发电机并联运行,开始两机有功负荷已调整均匀。经一段时间运行后,发现由于负载的大小变动,使两机有功负荷不再均匀,这说明_____。
    A.直流均压线故障
    B.两机相复励调压装置的调压特性不一致
    C.两机调速器的调速特性不一致
    D.一定是调速器故障

268. 原动机的_____可以实现发电机组转速的调整。
    A.调速器   B.励磁
    C.调压器   D.均压线

269. 发电机的原动机调速器一般具备_____。
    A.无差的调速功能   B.宽的调速范围
    C.负载上升、转速不变、油门变大   D.负载上升、转速下降、油门变大

270. 两台同型号并联运行的同步发电机,由于柴油机调速器的调速率稍有差异,若自动调频调载装置未投入,最可能导致_____。
    A.电网电压不稳定   B.有功负荷变动时,分配不均匀
    C.无功负荷变动时,分配不均匀   D.主开关跳闸

271. 由两台交流同步发电机构成的船舶电站,关于其原动机调速特性的说法,正确的是_____。
    A.均为无差特性,是最为理想的
    B.一台为有差特性,一台为无差特性,并联后一定可以稳定运行
    C.均为相同的调差系数的有差特性,是最为理想的
    D.均为相同的调差系数的有差特性,并联后不能稳定运行

272. 电网上只有两台同步发电机并联运行,如果只将一台发电机组油门增大,而另一台未做任何调节,则会导致电网_____。
    A.频率下降   B.频率上升
    C.频率振荡   D.电压下降

273. 电网上只有两台同步发电机并联运行,如果只将一台发电机组油门减小,而另一台未做任何调节,则会导致电网_____。
    A.频率下降   B.频率上升
    C.频率振荡   D.电压上升

274. 同步发电机并车后,要进行负载的转移和分配,需调节_____。
    A.发电机的调压器   B.原动机的调速器
    C.励磁回路的磁场变阻器   D.负载的功率因数表

275. 两台同容量同步发电机并联运行后,为保证当负荷变动时电网频率变化不太大且发电机功率分配稳定,两发电机调速器的调差系数应_____,一般在_____范围内为宜。
   A.不相等;相差2%
   B.不相等;相差3%
   C.接近相等;5%
   D.完全相等;5%～10%

276. 自动调频调载装置是在发电机并联运行时协助原动机调速器对电网_____和_____进行调整的装置。
   A.电压大小;频率
   B.电压大小;有功功率分配
   C.电压的频率;有功功率分配
   D.电压;无功功率分配

277. 两台相同容量的同步发电机并车后,在转移负载的操作时,为保证电网频率、电压基本不变,有功功率的正确调节方法是_____。
   A.先减小原运行机油门,再增加空载运行机油门
   B.先增加空载运行机油门,再减小原运行机油门
   C.同时增加两机油门
   D.减小原运行机油门,增加空载运行机油门,要同时调节

278. 为保证电网频率、电压基本不变,两台相同容量的同步发电机解列操作的正确方法是_____。
   A.先增加继续运行机油门,再减小解列机油门
   B.先减小解列机油门,再增加继续运行机油门
   C.同时减小两机油门
   D.减小解列机油门,增加继续运行机油门,要同时调节

279. 要改变同步发电机的频率,则必须调整_____。
   A.励磁电流
   B.原动机的转速
   C.负载的性质
   D.输出电流

280. 交流电站中,若电网负载无变化,电网频率不稳多由_____引起。
   A.励磁
   B.调速器
   C.调压器
   D.均压线

281. 两台同容量同步发电机并联时,输出的有功功率由原动机_____决定;输出的无功功率由发电机_____决定。
   A.负载;负载
   B.油门;负载
   C.油门;励磁
   D.负载;励磁

282. 两台同步发电机并联运行,同时调节两台发电机原动机油门可以改变_____。
   A.电源频率
   B.输出电压
   C.负载电流
   D.励磁电流

283. 并联运行同步发电机的"手动"解列操作,应该_____。
   A.只需按下被解列发电机的解列分闸按钮即可
   B.仅调节被解列发电机的调速开关,使其功率表读数为零后,按下解列机的分闸按钮
   C.仅调节留用发电机的调速开关,使其功率读数为原来的两发电机功率表读数的总和,按下解列机的分闸按钮

D.同时向相反方向操作两机组的调速开关,解列机向"减速"方向,备用机向"加速"方向,待解列机功率接近零之前按下解列机的分闸按钮

284.为保证电网频率基本不变,两台相同容量的同步发电机解列操作的正确方法是_____。
A.先增加继续运行机油门,再减小解列机油门
B.先减小解列机油门,再增加继续运行机油门
C.同时减小两机油门
D.减小解列机组油门,增加继续运行机组油门,要同时调节

285.发电机正确的解列操作是解列发电机的调速开关向"减速"方向调节,_____在网机的调速开关向"加速"方向调节,待解列发电机功率接近零之前按下解列按钮。
A.滞后一段时间　　　　　　　B.经过一段时间
C.同时　　　　　　　　　　　D.延时

286.两台并联运行的同步发电机,1#机功率表的读数比2#机功率表的读数大得多。欲使它们的输出功率一致应_____。
A.操作2#机调速器伺服马达手柄向"快"方向调节,1#机不用操作
B.操作2#机调速器伺服马达手柄向"慢"方向调节,1#机不用操作
C.操作2#机调速器伺服马达手柄向"快"方向调节,1#机反方向同时调节
D.操作2#机调速器伺服马达手柄向"慢"方向调节,1#机反方向同时调节

287.假设1#同步发电机为电网运行机,2#同步发电机并车成功后,应_____,转移负载。
A.向"快"方向先调节2#机的调速器伺服马达手柄;再反方向调节1#机
B.向"慢"方向先调节1#机的调速器伺服马达手柄;再反方向调节2#机
C.同时同方向调节两机的调速器伺服马达手柄
D.同时调节两机的调速器伺服马达手柄,1#机向"慢"方向,2#机向"快"方向

288.两台同步发电机并联运行后功率分配均匀,但发现电网频率略低于额定频率。欲手动调整到额定频率,应_____。
A.操作两机的调速器伺服马达手柄,向相反方向调整
B.操作两机的调速器伺服马达手柄,使之同时向"快"方向调整
C.操作两机的调速器伺服马达手柄,使之同时向"慢"方向调整
D.调节两机的励磁电流

289."手动"转移并联运行中的发电机的有功功率,为保持电网电压和频率基本不变,应调节_____。
A.发电机的励磁　　　　　　　B.均压线
C.原动机的油门　　　　　　　D.调压器

290.两台同步发电机并联运行后功率分配均匀,但发现电网频率略高于额定频率;欲手动调整到额定频率,应_____。
A.操作两机的调速器伺服马达手柄,向相反方向调整
B.操作两机的调速器伺服马达手柄,使之同时向"快"方向调整
C.操作两机的调速器伺服马达手柄,使之同时向"慢"方向调整
D.调节两机的励磁电流

291. 在手动准同步并车的过程中,如果同步表指针向逆时针方向快速转动时说明_____。
    A.待并机频率高于电网频率,应增大待并机原动机油门
    B.待并机频率高于电网频率,应减小待并机原动机油门
    C.待并机频率低于电网频率,应增大待并机原动机油门
    D.待并机频率低于电网频率,应减小待并机原动机油门

292. 发电机并网操作中,只有在_____条件都符合要求时,才能进行合闸操作。
    A.电压差、电流差和频率差   B.电压差、电流差和功率差
    C.电压差、频率差和相位差   D.电压差、相位差和电流差

293. 在船舶电站并车操作过程中,在合闸前对待并机的相位要求是_____。
    A.与电网相位差不能超过30°   B.与电网相位差不能超过15°
    C.与电网相位差不能超过10°   D.与电网相位差不能超过5°

294. 在船舶电站并车操作中,对待并发电机的频率要求是_____。
    A.与电网频率完全相等
    B.略高于电网频率,频差不超过1%
    C.略低于电网频率,频差不超过1%
    D.略高于电网频率,频差不超过10%

295. 发电机并车时,同步表指针指向下方不动,为获得合适的合闸提前角应_____。
    A.增大待并机励磁电流   B.增大待并机原动机油门
    C.减小待并机励磁电流   D.减少待并机原动机油门

296. 准同步并车法要求待并发电机与电网的_____相等。
    A.频率、功率、相值   B.功率、电流、相位
    C.频率、相位、电压   D.电流、电压、频率

297. 用于控制、调节、监视和保护应急发电机的是应急发电机室的_____。
    A.岸电箱   B.控制屏
    C.负载屏   D.充放电板

298. 应急发电机配电板不安装_____。
    A.电流表及转换开关   B.电压表及转换开关
    C.同步表   D.频率表

299. 关于应急配电板的说法,错误的是_____。
    A.应急配电板与主配电板均应安装在机舱内
    B.应急配电板通常由应急发电机控制屏和应急配电屏组成
    C.应急配电板是用来控制和监视应急发电机组的
    D.应急配电板不需设并车屏和逆功率继电器

300. 船舶应急电站一般由_____和_____组成。
    A.应急配电盘;主发电机组   B.主配电盘;应急发电机组
    C.应急配电盘;应急发电机组   D.主配电盘;主发电机组

301. 主电源供电失效时应急发电机组自动启动并自动连接于应急配电板,并尽快地承载额定负载,最长时间不得超过_____s。

A.5　　　　　　　　　　　　　　　　B.15
C.30　　　　　　　　　　　　　　　　D.45

302. 应急配电盘由独立馈线经_____与主配电盘连接,应急电网平时由_____供电。
　　A.连接导线;应急电源　　　　　　　B.联络开关;主配电盘
　　C.连接导线;主配电盘　　　　　　　D.联络开关;应急电源

303. 应急配电盘由独立馈线经联络开关与主配电盘连接,当主电源失电时,联络开关_____,由应急发电机组独立供电。
　　A.由值班人员将其打开　　　　　　　B.自动断开
　　C.由值班人员将其闭合　　　　　　　D.自动闭合

304. 当主电源故障排除并恢复供电后,应急发电机主开关应_____。
　　A.值班人员将其分闸　　　　　　　　B.值班人员将其合闸
　　C.自动分闸　　　　　　　　　　　　D.自动合闸

305. 大应急电网平时由_____供电。
　　A.应急配电板　　　　　　　　　　　B.主配电板
　　C.蓄电池　　　　　　　　　　　　　D.主配电板和应急配电板共同

306. 一旦主电网失电,_____应自动断开,应急发电机经延时后自动起动并自动合闸向应急电网供电。
　　A.供电开关(EMCB)　　　　　　　　B.断路器(ACB)
　　C.自动联络开关(ABTS)　　　　　　D.应急断路器(EACB)

307. 进行能效实验时应将主配电板上的应急配电板_____分闸,使应急发电机组起动,并自动合闸向应急电网供电。
　　A.供电开关(EMCB)　　　　　　　　B.断路器(ACB)
　　C.自动联络开关(ABTS)　　　　　　D.应急断路器(EACB)

308. 关于船舶应急电源基本要求,叙述正确的是_____。
　　A.一旦主电源恢复供电,应急发电机组便自动脱离电网
　　B.一旦主电源恢复供电,应急发电机组必须人工控制脱离电网
　　C.应急电网平时不供电,只有在主发电机发生故障时才由应急发电机组供电
　　D.当主电网失电后,应急发电机应能在60 s内完成自动起动,应急发电机开关自动合闸向全船应急电网供电

309. 应急发电机组应该_____,并设有满足规范要求的启动装置。
　　A.具有独立的冷却装置和燃油供给单元
　　B.具有独立的冷却装置,但是燃油供给单元与主发电机共用
　　C.具有独立的燃油供给单元,但是冷却装置与主发电机共用
　　D.冷却装置和燃油供给单元都与主发电机共用

310. 应急发电机的起动方法有_____。
　　A.自动起动或定时起动　　　　　　　B.手动起动或定时起动
　　C.自动起动或手动起动　　　　　　　D.定时起动

311. _____的情况下应急发电机会自动起动。

A.主电网的频率或电压波动 B.主电网的电流升高
C.主电网失电 D.主电网的电流下降

312.应急发电机手动起动按钮所在位置为_____。
A.驾驶台和集控室 B.应急发电机间
C.集控室和主发电机间 D.应急发电机间和主发电机间

313.应急发电机在进行定期检查时,主要检查应急发电机的_____。
①油位和水位;②起动和运转性能;③供电试验
A.① B.②
C.③ D.①②③

314.应急发电机应_____检查,进行起动试验,要求能在30 min 内起动3次。
A.每月 B.每周
C.每航次 D.每季度

315.如图所示,船舶主电网与应急电网间单线原理示意图。平时需要检查和试验应急发电机组时,可把应急发电机工作方式选择开关置于试验位置,此时应急发电机组能进行_____。

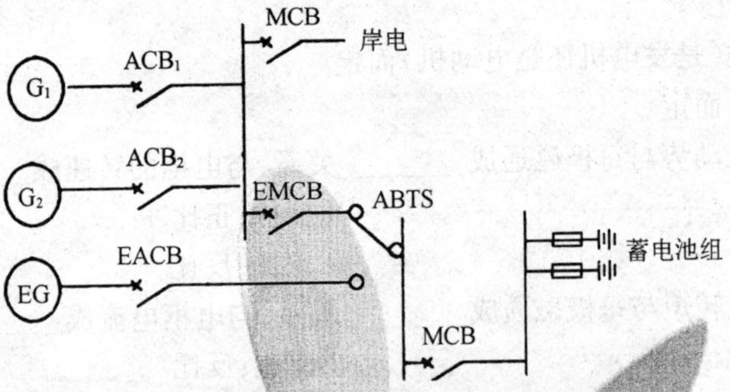

船舶主电网与应急电网间单线原理示意图

A.轻载运行试验 B.空载运行试验
C.半载运行试验 D.满载运行试验

316.应急发电机的日常维护与保养不包括_____。
A.防尘防潮处理 B.轴承的维护保养
C.保证周围环境清洁干燥 D.起动前必须盘车

317.应急发电机进行能效实验时,大应急电网_____。
A.应从主电网断开 B.应连接在主电网
C.应该每周一次 D.可以不做记录

318.应急发电机的日常检查不包括_____。
A.应急配电板、应急发电机及其原动机和相关附属设备的外观是否整洁
B.原动机燃油柜油位是否在液位表的2/3~3/4处
C.应急配电板上的各种指示灯是否能正常显示
D.应急发电机间的布局是否合理

319.直流电动机的电磁转矩的大小与_____成正比。
A.电机转速 B.主磁通和电枢电流

C.主磁通和转速 D.电压和转速

320. 直流电机中电枢电动势的大小与_____成正比。
A.电枢电流 B.主磁通和电枢电流的乘积
C.主磁通和转速的乘积 D.转速和电枢电流的乘积

321. 关于直流电机的说法,正确的是_____。
A.发电机运行时转子没有电磁转矩,而电动机运行时才有
B.电动机运行时电枢没有电动势,而发电机运行时才有
C.无论发电机还是电动机,运行时都具有相同性质的电动势
D.无论发电机还是电动机,运行时都有电磁转矩,但性质不同

322. 对于直流发电机来说,电枢电动势性质是_____;转子电磁转矩性质是_____。
A.电源电动势;驱动转矩 B.电源电动势;阻转矩
C.反电动势;驱动转矩 D.反电动势;阻转矩

323. 直流电机电枢绕组中的电动势与其转速大小_____;与主磁通大小_____。
A.成正比;成正比
B.成反比;成反比
C.均视电机种类(是发电机还是电动机)而定
D.均视电机容量而定

324. 直流发电机的电动势与每极磁通成_____关系,与电枢的转速成_____关系。
A.正比;正比 B.反比;正比
C.反比;反比 D.正比;反比

325. 直流电机的电磁转矩与每极磁通成_____关系,与电枢电流成_____关系。
A.正比;反比 B.反比;反比
C.正比;正比 D.反比;正比

326. 要调节直流发电机的电动势通常采用_____方法。
A.调节电枢电流 B.改变磁极对数
C.调节励磁电流 D.改变励磁方式

327. 直流发电机的电动势调整通常是调_____。
A.电枢电流 B.电枢电压
C.磁极对数 D.励磁电流

328. 自励发电机电压建立的条件是_____。
A.有剩磁
B.励磁电流产生的磁通与剩磁通的方向一致
C.励磁回路电阻不能太大
D.同时满足有剩磁、励磁电流产生的磁通与剩磁通的方向一致、励磁回路电阻不能太大

329. 某直流发电机的空载电压 $U_0=400$ V,如在转速不变的情况下,将其主磁通减少15%,则此时的空载电压为_____。
A.60 V B.300 V
C.340 V D.460 V

330.在直流发电机中，_____。
   A.感应电势的方向和电枢电流相同,向外吸收功率
   B.感应电势的方向和电枢电流相反,向外输出功率
   C.感应电势的方向和电枢电流相同,向外输出功率
   D.感应电势的方向和电枢电流相反,向外吸收功率

331.某直流电机拆开后,发现主磁极上的励磁绕组有两种:一种为匝数多而绕组导线较细;另一种为匝数少但绕组导线较粗。可断定该电机的励磁方式为_____。
   A.他励式   B.并励式
   C.串励式   D.复励式

332.如图所示电路,直流电机的励磁方式是_____。

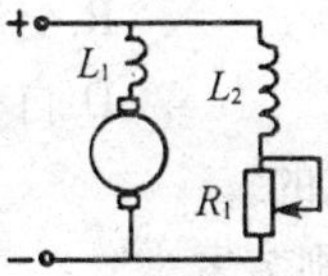

   A.他励式   B.串励式
   C.并励式   D.复励式

333.直流电机的_____部件不在定子上。
   A.主磁极   B.换向极
   C.电枢绕组   D.电刷

334.直流电机换向极的作用主要是_____。
   A.增加电机气隙磁通   B.改善换向,减少换向时火花
   C.没有换向极,就成为交流电机 D.稳定电枢电流

335.直流电机换向极绕组与_____。
   A.电枢绕组并联   B.电枢绕组串联
   C.并励绕组串联   D.并励绕组并联

336.在直流发电机的定子里有主磁极和换向极之分:主磁极的作用是_____；换向极的作用是_____。
   A.形成N、S相间排列的主磁场;改善电枢绕组中电流的换向过程
   B.形成N、S相间排列的主磁场;改善主磁场的换向过程
   C.旋转磁场;削弱电枢绕组的电枢反应
   D.旋转磁场;改善电枢绕组中电流的换向过程

337.若直流发电机的励磁绕组的励磁电流是由独立的直流电源提供的,则称为_____直流发电机。
   A.自励式   B.并励式
   C.他励式   D.复励式

338.以下电机中,具有换向器装置的是_____。
   A.交流鼠笼式异步电动机 B.交流绕线式异步电动机
   C.直流发电机   D.交流同步发电机

339.对于直流电机,_____不在转子上。
　　A.换向器　　　　　　　　　　B.换向极
　　C.电枢铁芯　　　　　　　　　D.电枢绕组
340.其励磁方式不属于自励的是_____直流发电机。
　　A.他励　　　　　　　　　　　B.并励
　　C.串励　　　　　　　　　　　D.复励
341.在直流电机中,故障率最高、维护量最大的部件是_____。
　　A.主磁极　　　　　　　　　　B.换向器与电刷
　　C.电枢绕组　　　　　　　　　D.换向极
342.在结构上带有换向极的电机是_____。
　　A.直流电机　　　　　　　　　B.交流异步电动机
　　C.交流伺服电动机　　　　　　D.自整角机
343.直流电机的定子是由_____组成的。
　　A.主磁极、换向极、机座、端盖和电刷装置
　　B.主磁极、换向极、转轴和风扇
　　C.电枢绕组、电枢铁芯、转轴和风扇
　　D.电枢铁芯、机座、端盖和电刷装置
344.直流电机定子的主磁极作用是_____。
　　A.增加电机气隙磁通
　　B.产生主磁场
　　C.改善直流电机的换向情况,消除因电机运行时电磁原因而引起的电刷火花
　　D.稳定电枢电流
345._____直流发电机的电压变化率相对最小。
　　A.串励　　　　　　　　　　　B.并励
　　C.他励　　　　　　　　　　　D.差复励
346.刚检修后的复励直流发电机,剩磁正常,但不能起压,可能原因是_____反接。
　　A.换向极绕组　　　　　　　　B.并励绕组
　　C.串励绕组　　　　　　　　　D.与负载的连接线
347.对于直流发电机而言,他励式的直流发电机的励磁电流是_____。
　　A.由发电机的电枢电路供给,受发电机电枢的电压和电流的影响
　　B.由发电机的电枢电路供给,不受发电机的电压和电流的影响
　　C.由独立的电源供给,受发电机电枢的电压和电流的影响
　　D.由独立的电源供给,不受发电机的电压和电流的影响
348.如图所示的时间继电器触点符号具体意义是_____。 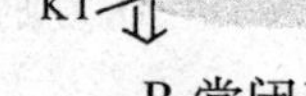
　　A.常开延时开　　　　　　　　B.常闭延时闭
　　C.常开延时闭　　　　　　　　D.常闭延时开
349.控制线路中的某电气元件符号如图所示,它是_____符号。

A.接触器的常闭辅助触点　　　　　　B.接触器的常开主触点
C.接触器的常开辅助触点　　　　　　D.热继电器的常闭触点

350.控制线路中的某电气元件符号如图所示，它是_____符号。

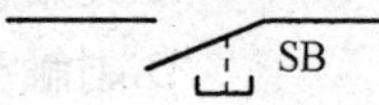

A.常开按钮触点　　　　　　　　　　B.常闭按钮触点
C.延时触点　　　　　　　　　　　　D.热继电器的常闭触点

351.以下哪种时间继电器触点在其线圈通电后延时闭合,断电后立即断开？

352.以下哪种时间继电器触点在其线圈通电后立即闭合,断电后延时断开？

353.控制线路中的某电气元件符号如图所示，它是_____符号。

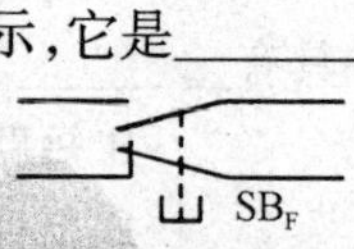

A.常开按钮　　　　　　　　　　　　B.常闭按钮
C.延时触点　　　　　　　　　　　　D.一常开、一常闭的双层按钮

354.控制线路中的某电气元件符号如图所示，它是_____符号。

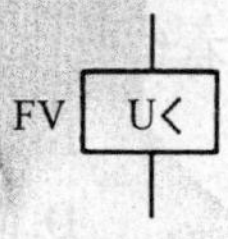

A.欠压继电器线圈　　　　　　　　　B.过流继电器线圈
C.欠流继电器线圈　　　　　　　　　D.速度继电器

355.控制线路中的某电气元件符号如图所示，则这是_____。

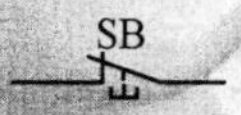

A.动合(常开)触头　　　　　　　　　B.动断(常闭)触头
C.热继电器动断(常闭)触头　　　　　D.延时触点符号

356.分闸时,空气断路器的灭弧栅能借助于_____将电弧吸入栅片内,将电弧_____并冷却。

A.电磁力;拉长　　　　　　　　　　B.向心力;拉长
C.电磁力;缩短　　　　　　　　　　D.向心力;缩短

357.船用万能式自动空气断路器的_____、副触头和弧触头用于通、断主电路。

A.辅助触头　　　　　　　　　　　　B.控制触头
C.主触头　　　　　　　　　　　　　D.辅助触点

358. 船用万能式自动空气断路器的主触头、_____和弧触头用于通、断主电路。
   A. 控制触点 B. 辅助触点
   C. 辅助触头 D. 副触头

359. 船用万能式自动空气断路器的_____用于控制电路。
   A. 辅助触头 B. 灭弧触头
   C. 主触头 D. 副触头

360. 不用于通、断主电路的船用万能式自动空气断路器的触头是_____。
   A. 弧触头 B. 辅助触头
   C. 主触头 D. 副触头

361. 船用万能式自动空气断路器的主触头、副触头和灭弧触头用在通、断_____，而辅助触头用在控制电路。
   A. 主电路 B. 副电路
   C. 直流电路 D. 辅助控制电路

362. 船舶主开关的分励脱扣是指_____衔铁动作，开关断开。
   A. 分励脱扣线圈通电 B. 分励脱扣线圈断电
   C. 双金属片受热 D. 特殊情况下，保证开关闭合

363. 船用万能式自动空气断路器是一种具有_____、过载、欠压多种保护的保护电器。
   A. 逆功 B. 短路
   C. 超速 D. 低速

364. 船用万能式自动空气断路器是一种具有短路、_____、欠压多种保护的保护电器。
   A. 低速 B. 逆功
   C. 超速 D. 过载

365. 船用万能式自动空气断路器是一种具有短路、过载、_____多种保护的保护电器。
   A. 逆功 B. 超速
   C. 欠压 D. 低速

366. 船用万能式自动空气断路器自身无法实现_____检测。
   A. 逆功 B. 短路
   C. 欠压 D. 过载

367. 自动空气断路器能独立完成的作用之一是_____保护。
   A. 失压 B. 逆功率
   C. 逆相序 D. 缺相

368. 自动空气开关的过流脱扣器_____保护。
   A. 仅用于过载 B. 仅用于短路
   C. 用于过载和零压 D. 用于短路、过载

369. 自动空气断路器的自由脱扣机构"再扣"，是利用_____实现合闸。
   A. 气体压力 B. 建立合闸电压
   C. 继电器动作 D. 合闸时储能弹簧释放的能量

370. 万能式自动空气断路器中的分励脱扣器是用于_____。

A.过载保护　　　　　　　　　　B.短路保护
C.失压保护　　　　　　　　　　D.远距离控制自动开关的断开

371.发电机的_____保护不能用空气断路器单独完成。
A.失压　　　　　　　　　　　　B.过载
C.短路　　　　　　　　　　　　D.逆功率

372._____不是由主配电板直接供电的设备。
A.舵机、锚机　　　　　　　　　B.航行灯、无线电电源板
C.电航仪器电源箱　　　　　　　D.日用淡水泵

373._____必须采用两条互相独立的馈电线进行双路供电。
A.空压机　　　　　　　　　　　B.航行灯控制箱
C.起货机　　　　　　　　　　　D.日用海(淡)水泵

374._____通常采用两条互相独立的馈电线进行双路供电。
A.舵机、锚机　　　　　　　　　B.锚机
C.航行灯、锚机　　　　　　　　D.舵机、航行灯

375.不经过分配电板,直接由主配电板供电的方式是为了_____。
A.节省电网成本　　　　　　　　B.操作方便
C.提高重要负载的供电可靠性　　D.提高重要负载的使用率

376._____采用分段汇流排供电的方式。
A.舵机　　　　　　　　　　　　B.锚机
C.主机的两台冷却水泵　　　　　D.苏伊士运河探照灯

377.对某些特别重要的负载,如舵机、航行灯等应采用_____。
A.应急电源直接供电　　　　　　B.小应急电源直接供电
C.主电源直接供电　　　　　　　D.由两路馈电线供电

378.属于应急供电设备的是_____。
A.起货机　　　　　　　　　　　B.锚机
C.舵机　　　　　　　　　　　　D.空压机

379.船舶重要负载的馈电方式,在配电时通常采取_____。
A.分段汇流排供电方式　　　　　B.单路独立馈电线供电方式
C.手动分级卸载装置　　　　　　D.应急发电机直接供电方式

380.应急电源系统中不包括_____。
A.应急发电机组　　　　　　　　B.应急配电板
C.应急蓄电池　　　　　　　　　D.兆欧绝缘表

381.关于船舶电站应急电源,下列说法错误的是_____。
A.主发电机、应急发电机和岸电开关之间应设有电气连锁
B.视具体情况,应急电源可采用应急发电机组或应急蓄电池组或两者兼有
C.应急电源的起动工作一般是值班人员进行手动操作的
D.所有的海上船舶在一般情况下均装有应急电源

382.当主电网失电,船舶应急发电机的起动是_____进行的;应急发电机主空气开关是

_____合闸的。
  A.自动;自动   B.自动;人工
  C.人工;人工   D.人工;自动

383. 当主电源故障,主汇流排失电后,应急汇流排与主汇流排之间的母线联络开关应_____。
  A.由值班人员将其打开   B.由值班人员将其闭合
  C.自动断开   D.自动闭合

384. 对于设立大应急、小应急电源的船舶,大应急采用_____实现;小应急采用_____实现。
  A.发电机组;发电机组   B.蓄电池组;蓄电池组
  C.发电机组;蓄电池组   D.蓄电池组;发电机组

385. 在装有主电源、大应急、小应急的船舶电站中,以下正确的说法是_____。
  A.各自有其供电范围,故相互独立同时供电
  B.主电源供电时,大应急可以人工起动并供电
  C.当大应急起动失败后,小应急立即投入
  D.当大应急起动成功后,小应急应自动退出

386. 当排除主电源故障,重新起动恢复供电后,应急发电机主开关应_____。
  A.值班人员将其分闸   B.值班人员将其合闸
  C.自动分闸   D.自动合闸

387. 关于船舶电站应急电源的说法,正确的是_____。
  A.应急发电机一般安装在机舱内
  B.视具体情况,应急电源可采用应急发电机组或应急蓄电池组或两者兼有
  C.对装有大、小应急的船舶,小应急电源容量应保证连续供电10 min
  D.应急电源的起动工作一般是值班人员进行手动操作的

388. 如图所示,这种接线方式属于_____。

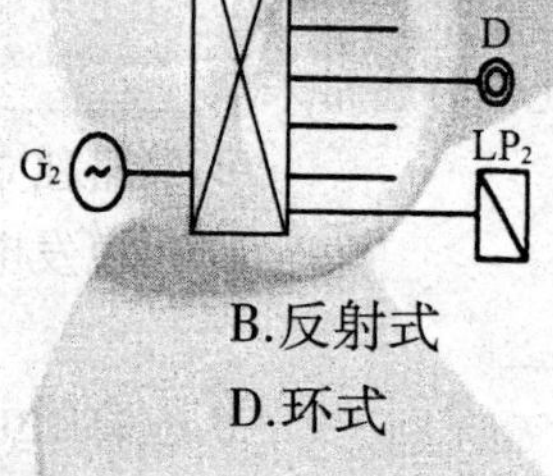

  A.枝状式   B.反射式
  C.桥状式   D.环式

389. 如图所示,这种接线方式属于_____。

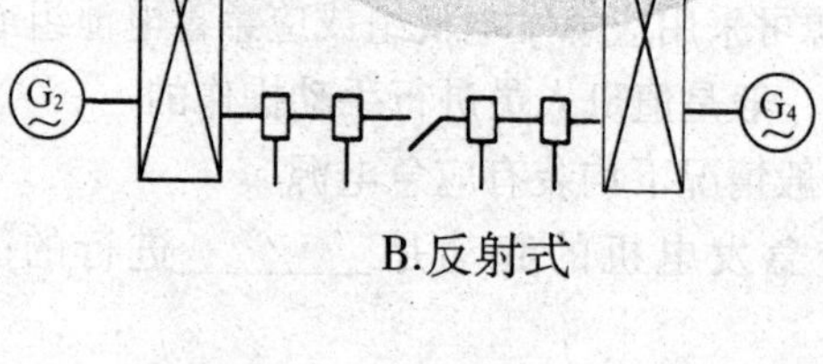

  A.树干式   B.反射式

C.放射式 D.环式

390.以下船舶电网中,接线方式属于环式的是_____。

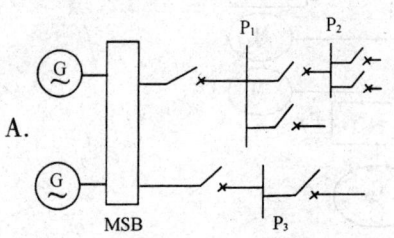
A.

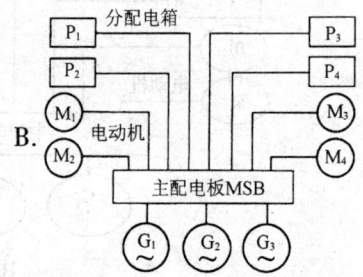
B.

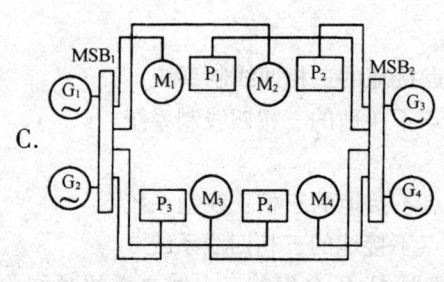
C.

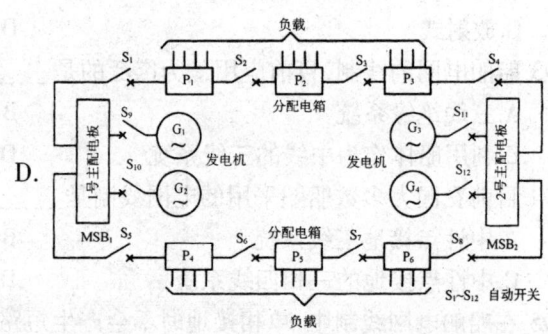
D.

391.如图所示的接线方式是_____。

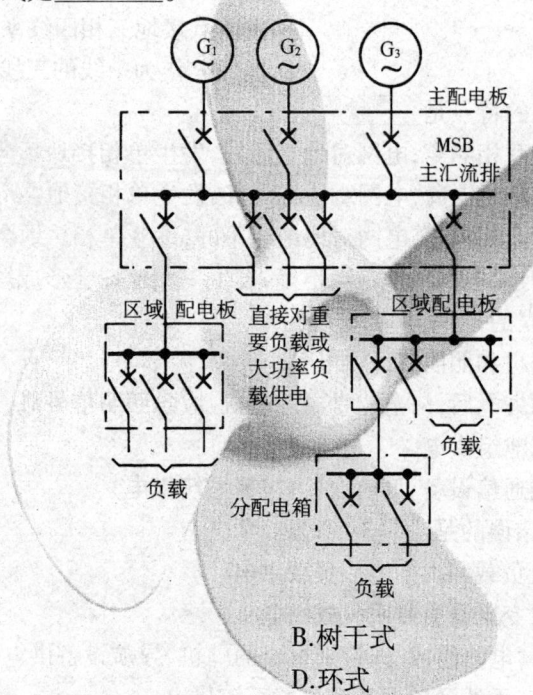

A.放射式 B.树干式
C.混合式 D.环式

392.下图表示的船舶电网基本连接方式属于_____。

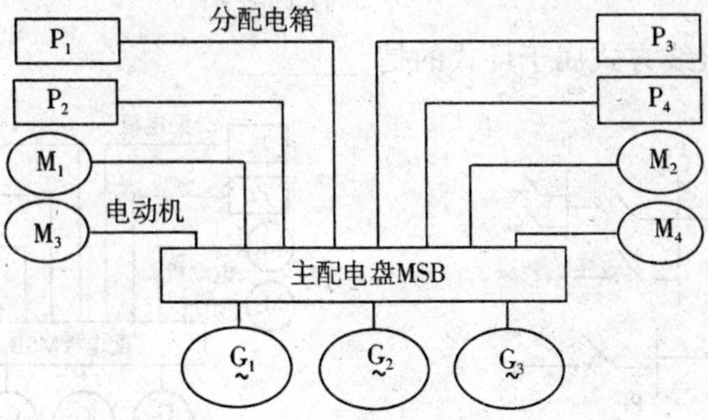

A.树干式 B.拓扑式
C.放射式 D.环式

393.船舶电网的线制,目前应用最为广泛的是_____。
A.三线绝缘系统 B.中性点接地的三相四线制系统
C.利用船体作为中线的三线系统 D.中性点不接地的三相四线制系统

394.目前我国大多数船舶采用的电网线制是_____。
A.中性点接地三线系统 B.中性点不接地的三相三线制系统
C.中性点接地的三相四线系统 D.中性点不接地的三相四线系统

395.在船舶电网线制中,单相接地时不会产生短路电流而跳闸,不会影响三个线电压的对称关系的是_____。
A.三线绝缘系统 B.中性点接地三相四线系统
C.中性点接地三线系统 D.用船体作为中线的三线系统

396.船舶电网三相绝缘系统的特点是_____。
A.照明电网与动力电网互相隔离,电网对地绝缘好,发生单相接地不会形成短路
B.照明电网与动力电网互相隔离,电网对地绝缘好,发生单相接地会形成短路
C.照明电网与动力电网互相隔离,电网对地绝缘不好,发生单相接地会形成短路
D.主电网与应急电网相连,电网对地绝缘不好,发生单相接地会形成短路

397.关于船舶电网,说法错误的是_____。
A.动力电网主要向电动机和照明负载供电
B.应急电网是在主电网失电后,向全船重要的辅机、应急照明信号灯、通信导航等设备供电
C.小应急照明是由蓄电池组供电
D.弱电网是向全船无线通信设备、助航设备、报警系统供电

398.关于船舶电网的说法,错误的是_____。
A.动力电网是给电动机负载和大的电热负载供电
B.正常照明电网是经主变压器给照明负载供电
C.应急电网是由24 V 蓄电池组成,向特别重要的辅机、导航设备供电
D.弱电网是向导航设备、无线通信设备和报警系统供电

399.船舶三相绝缘系统照明线路的负载_____。
A.不需采用双保险丝进行保护 B.需采用单保险丝进行保护
C.不需采用保险丝进行保护 D.需采用双保险丝进行保护

400.对于三相绝缘系统,下列说法正确的是_____。
　　A.当系统中发生单相接地时,系统会出现单相短路的现象
　　B.三相绝缘系统中,照明系统与动力系统相互隔离
　　C.三相绝缘系统有中线电流
　　D.三相绝缘系统不需经常检查电网的绝缘电阻

401.三相三线制380 V的电网系统中,如果发生一根线对地短接,绝缘为零,此时另外两根线之间的电压是_____。
　　A.380 V×2　　　　　　　　B.380 V
　　C.220 V　　　　　　　　　D.380 V×1.414

402.为了避免多故障的照明电网电站的连续供电造成直接影响,船舶电网线制常采用_____。
　　A.中性点接地的三相四线系统　　B.三相绝缘系统
　　C.发电机与蓄电池供电系统　　　D.中性点接地三线制系统

403.关于交流电制船舶三相绝缘系统特点,叙述正确的是_____。
　　A.在三相三线绝缘系统中,动力系统与照明系统不需采用变压器隔离
　　B.在三相三线绝缘系统中,不需用照明变压器
　　C.当系统发生单相接地时,系统仍可短时工作
　　D.若单线接地,形成一相对地短路

404.三相交流电制配电方式包括_____。
　　①三线绝缘系统;②三相供电系统;③中性点接地的四线制;④中性线接船体的三线系统;⑤双线绝缘系统
　　A.①②③④　　　　　　　　B.①③④
　　C.②③④　　　　　　　　　D.①②③④⑤

405.如图所示的配电系统属于_____。

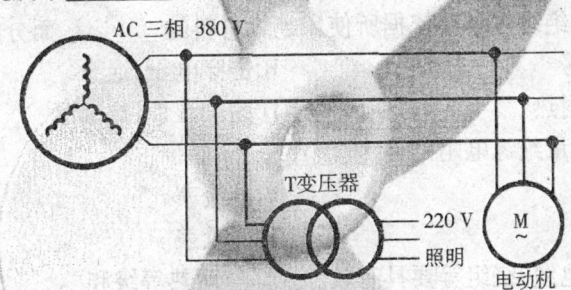

　　A.双线绝缘系统
　　B.中线点接地四线制系统
　　C.三线绝缘系统
　　D.利用船体作为中性线回路三线系统

406.关于三线绝缘系统,描述正确的是_____。
　　A.对地绝缘比较安全
　　B.发生单相接地形成短路,同时影响三相电压对称
　　C.发生单相接地故障不允许继续运行

D.照明线路负载由于有变压器的隔离需要一只保险丝进行保护

407.下列各说法,正确的是_____。
A.同一种绝缘材料浸渍不同的漆或胶,其耐热极限温度不变
B.只要绝缘材料的耐热极限足够高,陆用电气设备可以直接用于船上
C.船用电缆或电线的绝缘材料均应为阻燃性的
D.船舶照明器具的电线可以使用普通的家用电线

408.根据电气设备的_____确定船舶电器的防护等级。
A.绝缘程度   B.功率大小
C.安装处所   D.电压等级

409.根据_____确定船舶电气设备的防护等级。
A.电气设备的电压等级   B.电气设备的安装场所
C.电气设备的绝缘程度   D.电气设备的功率大小

410.潮湿、盐雾、油雾和霉菌对船舶电气设备有多方面的不利影响,其中最突出最广泛的影响是使电气设备的_____。
A.电缆(线)芯线锈蚀   B.绝缘性能下降
C.散热受阻   D.金属部件氧化

411.电气设备的_____受其绝缘材料的_____限制。
A.最高电压;耐热性   B.最大电流;电击穿强度
C.额定电流;最高允许温度   D.额定电流;电击穿强度

412.各种工作制电动机额定值的确定及其正确使用的根本原则是在运行期间不发生超过_____。
A.额定功率   B.绝缘材料的最高允许温度
C.额定电流   D.额定转速

413.电气设备铭牌上的绝缘等级是依据所使用绝缘材料的_____而分的_____等级。
A.防霉菌性能;绝缘   B.击穿电压;绝缘
C.最高允许温度;耐热   D.耐潮湿性;抗潮湿

414.船舶上通常用来测量绝缘电阻的是_____。
A.电压表   B.电流表
C.万用表   D.兆欧表

415.同陆用相比,船用电缆、绕组等要具有较_____耐热等级和_____功能的绝缘材料。
A.高;防滴、防浸水、防潜水   B.低;防滴、防浸水、防潜水
C.高;防湿热、防盐雾、防霉菌 D.低;防湿热、防盐雾、防霉菌

416.由于船舶电气设备工作条件苛刻,同陆用绝缘材料相比,还要有"三防"要求。船用绝缘材料的"三防"是_____。
A.防滴、防浸水、防潜水   B.防湿热、防盐雾、防霉菌
C.防高压、防过载、防逆功   D.防倾斜、防冲击、防振动

417.船舶电气设备_____环境下工作。
A.应能在湿热空气、盐雾、油雾和霉菌

B.只能在湿热空气

C.只能在盐雾

D.只能在油雾

418.所有船舶电气设备应进行三防设计,所谓"三防"是指防湿热、_____、防盐雾。

A.防无线电干扰　　　　　　B.防静电

C.防霉菌　　　　　　　　　D.防锈

419.以下绝缘材料中,_____绝缘材料是耐热极限温度最高的。

A.Y级　　　　　　　　　　B.B级

C.F级　　　　　　　　　　D.E级

420.下列等级的绝缘材料,其耐热极限温度最高的是_____。

A.H级　　　　　　　　　　B.B级

C.A级　　　　　　　　　　D.E级

421.浸渍高强度绝缘漆的漆包线,其绝缘耐热等级是_____。

A.Y级　　　　　　　　　　B.B级

C.E级　　　　　　　　　　D.A级

422.棉纱、丝、纸及其组合物经高强绝缘漆或环氧树脂处理后,其绝缘等级_____。

A.不变　　　　　　　　　　B.可提高

C.为H级　　　　　　　　　D.为C级

423.磁滞损耗与铁芯材料的磁滞回线所包围的面积_____。

A.成正比　　　　　　　　　B.成反比

C.无关　　　　　　　　　　D.不成比例

424.铁芯线圈通交流电后,铁芯发热的主要原因是_____。

A.涡流损耗　　　　　　　　B.磁滞损耗

C.剩磁　　　　　　　　　　D.涡流和磁滞损耗

425.所谓铁损,是指_____。

A.涡流损耗　　　　　　　　B.磁滞损耗

C.剩磁　　　　　　　　　　D.涡流和磁滞损耗

426.涡流损耗和磁滞损耗总称为_____。

A.涡损　　　　　　　　　　B.铁损

C.线损　　　　　　　　　　D.磁损

427.交流电器的铁芯通常是用硅钢片叠压而成,其目的是减少_____。

A.磁滞损耗　　　　　　　　B.涡流损耗

C.电器噪声　　　　　　　　D.线圈铜损

428.交流电器的铁芯通常是用硅钢片叠压而成,其目的是减少_____。

A.磁滞损耗　　　　　　　　B.电器噪声

C.线圈铜损　　　　　　　　D.涡流损耗

429.铁芯线圈通交变电流后,与线圈绝缘的铁芯会发热,这是由于_____。

A.电流的磁效应

B. 电流的力效应

C. 线圈中的电流产生热效应

D. 线圈中的电流产生热效应及铁损引起的热效应

430. 关于涡流的说法中,错误的是_____。

A. 涡流总是有害的

B. 涡流也有可利用的一面

C. 电磁感应炉是利用在金属中产生的涡流效应来冶炼金属

D. 家用电磁炉是利用涡流来加热

431. 变压器原边的电流随副边的电流增大而_____。

A. 减少　　　　　　　　　　　　B. 增加

C. 成反比例关系　　　　　　　　D. 不变

432. 在升压变压器中,原绕组匝数 N_1 与副绕组匝数 N_2 的关系是_____。

A. $N_2 > N_1$　　　　　　　　　B. $N_2 = N_1$

C. $N_2 < N_1$　　　　　　　　　D. 视型号而定

433. 关于变压器的说法,正确的是_____。

A. 升压变压器不能降压使用

B. 降压变压器不能升压使用

C. 只要保证了额定电压合适,无所谓降压或升压使用

D. 只要保证了额定电压和额定容量,用作降压或升压均可

434. 已知变压器的原、副边变比 $K_u > 1$,若变压器带载运行,则变压器的原、副边的电流比较结果是_____。

A. 原边电流大　　　　　　　　　B. 副边电流大

C. 相等　　　　　　　　　　　　D. 由副边负载大小决定

435. 关于变压器的作用,说法错误的是_____。

A. 改变电压等级　　　　　　　　B. 改变电流等级

C. 阻抗匹配　　　　　　　　　　D. 改变电压频率

436. 关于变压器的功能,说法错误的是:变压器具有_____功能。

A. 变压　　　　　　　　　　　　B. 变流

C. 变阻抗　　　　　　　　　　　D. 变频

437. 某变压器原、副边匝数比为 110∶9,若输入电压为 220 V,则输出空载电压为_____V。

A. 3　　　　　　　　　　　　　　B. 20

C. 9　　　　　　　　　　　　　　D. 18

438. 对于一台实际变压器,原边的额定电压为 440 V。当原边所加电压为额定值,副边开路电压为 110 V;随着负载的增加,副边的电流达到额定值时,副边的电压为 105 V。则该变压器原、副边匝数比为_____。

A. 4　　　　　　　　　　　　　　B. 4.19

C. 0.25　　　　　　　　　　　　D. 0.24

439. 某变压器原边和副边的额定电压为 220 V/110 V,当副边接电阻 $R = 10\ \Omega$ 时,变压器的原边

电流约为 _____ A。
A.11 B.5.5
C.22 D.8

440.某变压器额定电压为 220 V/110 V。若原边加额定电压,副边接电阻 $R = 8\ \Omega$,则原边的等效电阻为 _____ Ω。
A.4 B.8
C.16 D.32

441.当变压器副边开路时,原边、副边电流分别为 _____。
A.很小,零 B.很小,很小
C.零和很大 D.很大,零

442.对于理想变压器,当副边开路时,其原边电流和输入的视在功率分别是 _____。
A.0 和额定值 B.∞ 和额定值
C.∞ 和 ∞ D.0 和 0

443.变压器的铁芯采用硅钢片制成,这是为了 _____。
A.减轻重量 B.减少铁损
C.减小尺寸 D.拆装方便

444.变压器的铁损为 _____。
A.只有涡流损耗 B.只有磁滞损耗
C.磁力损耗 D.包括涡流、磁滞两种损耗

445.变压器的铁芯不用整块硅钢,而用相互绝缘硅钢片做成,这主要考虑的是 _____。
A.有剩磁 B.减少涡流损失
C.导磁性好 D.减少磁滞损失

446.变压器运行时空载电流过大,不可能是 _____ 的原因。
A.铁芯硅钢片接缝太大 B.绕组匝间有短路
C.电源电压偏高 D.原边绕组断路

447.降压变压器在正常工作时,原边电流 I_1 与副边电流 I_2 相比,为 _____。
A.随负载而定 B.$I_1 > I_2$
C.$I_1 = I_2$ D.$I_1 < I_2$

448.变压器接交流电源,空载时也会有损耗,这种损耗的大部分是 _____。
A.铜损 I^2R B.铁损
C.负载损耗 D.磁滞损耗

449.变压器的容量通常用 _____ 表示。
①有功功率 P;②无功功率 Q;③视在功率 S
A.① B.②
C.③ D.①②③

450.干式变压器的冷却介质是 _____。
A.空气 B.干粉
C.石英砂 D.二氧化碳

451. 变压器的同名端与绕组的_____有关。
   A. 电压   B. 电流
   C. 绕向   D. 匝数

452. 两个完全相同的交流铁芯线圈,分别工作在电压相同而频率不同($f_1<f_2$)的电源下,此时两个线圈的磁通 ϕ_1 和 ϕ_2 的关系为_____。
   A. 不定   B. $\phi_1=\phi_2$
   C. $\phi_1<\phi_2$ D. $\phi_1>\phi_2$

453. 变压器的额定电压,U_{1N} 为原边输入电压的额定值,U_{2N} 为变压器原边接额定电压时,_____。
   A. 副边带额定负载时的端电压   B. 副边开路(空载)时的端电压
   C. 原副边之间的电压   D. 原边电压与副边电压之差

454. 下列说法错误的是_____。
   A. 变压器一般效率都很高,大多数在 95% 以上,大型变压器的效率可达 99% 以上
   B. 变压器在能量传递过程中的损耗主要为铜损和铁损两部分,均通过发热的形式表现
   C. 变压器用于磁场回路的铁芯采用相互绝缘的薄硅钢片叠成
   D. 船舶电力系统中都采用油浸式变压器

455. 三相变压器原、副边的电功率传递是通过_____完成的。
   A. 磁耦合   B. 直接的电联结
   C. 磁阻   D. 电流

456. 三相变压器电压的变比为 K,当三相变压器的原、副边接成 Y/Y 形时,则原、副边线电压之比为_____。
   A. $\sqrt{3}K$ B. K
   C. $3K$ D. $1/\sqrt{3}K$

457. 如图所示的电气器件是_____。

   A. 1 个单相变压器   B. 1 个三相变压器组
   C. 2 个单相变压器   D. 2 个三相变压器组

458. 船舶照明供电一般通过_____获得。
   A. 发电机直接发电   B. 单相变压器
   C. 三相 V 形变压器   D. 副边三角形接法的三相变压器

459. 船舶三相变压器一般用作_____。
   A. 照明变压器、控制变压器   B. 照明变压器、移相变压器

C.移相变压器、直流变压器 D.仪表变压器、厨房用电变压器

460.负序(逆序)继电器用于_____保护。
A.短路 B.过载
C.逆功率 D.逆相序和断相

461.接通岸电之后,不允许再起动船上主发电机或应急发电机。因此船舶电站均设有保护,使岸电开关和船舶主发电机(或应急发电机)主开关_____。
A.不可能同时合闸 B.同时合闸
C.同时跳闸 D.能够同时合闸

462.若岸电为三相四线制时,应将_____与岸上接地装置相连,然后接岸电。
A.船体 B.船舶发电机
C.船舶电动机 D.船舶变压器

463.船舶主发电机、应急发电机、岸电三者之间任意两者一般_____。
A.可以并联运行 B.不能并联运行
C.可以串联运行 D.可以混联运行

464.接岸电时采用逆序继电器可防止_____或断相保护。
A.相序接错 B.电压接错
C.频率接错 D.功率接错

465.采用逆序继电器可实现防止相序接错保护或_____。
A.不能测量断一相 B.不能判断断一相
C.断一相保护 D.不能监测断一相

466.为把从岸上或其他外来电源接入船内,船上均装有_____,能方便地与外来电源的电缆连接。
A.磁力起动器箱 B.岸电箱
C.蓄电池箱 D.电容器箱

467.检查岸电相序与船上电网相序是否一致,一般采用船上的岸电箱内均有的_____,当显示相序正确时才能接岸电。
A.绝缘指示灯或电压继电器 B.相序指示灯或逆序继电器
C.绝缘指示灯或正序继电器 D.照明指示灯或绝缘表

468.绕线式三相异步电动机的转子绕组工作时是_____,鼠笼式三相异步电动机的转子绕组是_____。
A.开路的;闭合的 B.闭合的;闭合的
C.开路的;开路的 D.闭合的;开路的

469.三相交流异步电动机的绕组额定电压为220 V,电机绕组可能的接法及所需电源线电压为_____。
A.Y形,440 V B.△形,220 V
C.Y形,220 V D.△形,380 V

470.船用起货机采用多速异步电动机,它通常是用_____得到不同转速的。
A.空载起动 B.改变电源电压

C.改变转差率 s   D.改变定子磁极对数

471.船用电动机使用最多的类型是_____。
   A.三相交流异步电动机   B.单相交流异步电动机
   C.三相交流同步电动机   D.直流电动机

472.三相交流异步电动机的优点不包括_____。
   A.运行可靠   B.结构简单
   C.调速性能好   D.易于维护保养

473.船舶上的单相交流电动机可以用于_____。
   A.厨房设备   B.海水泵
   C.空压机   D.舵机

474.以下船舶设备,_____的马达使用的不是三相交流异步电动机。
   A.电风扇   B.空压机
   C.海水泵   D.消防泵

475.大功率同步交流电动机一般用于_____。
   A.甲板机械   B.电力推进设备
   C.海水泵   D.空压机

476.三相交流异步电动机按转子结构分有_____。
   A.鼠笼式、绕线式   B.绕线式、空心杯形转子
   C.鼠笼式、空心杯形转子   D.鼠笼式、绕线式、空心杯形转子

477.对于异步电动机的定、转子之间的空气隙说法,错误的是_____。
   A.空气隙越小,空载电流越小   B.空气隙越大,漏磁通越大
   C.一般来说,空气隙做得尽量小   D.空气隙越小,转子转速越高

478.三相异步电动机铭牌的功率因数值是指_____。
   A.任意状态下的功率因数
   B.额定运行下的功率因数值
   C.任意状态下的线电压和线电流之间的相位差
   D.任意状态下的相电压和相电流之间的相位差

479.一台三相异步电动机的铭牌上标注 220 V/380 V,接法 △/Y,每相绕组的额定电压为 220 V,现接在 380 V 电源上,其接法应采用_____。
   A.△   B.Y
   C.△和 Y 皆可   D.串联变压器

480.绕线式异步电动机的转子三相绕组通常接成_____,与定子绕组磁极对数_____。
   A.三角形;不同   B.星形;可能相同也可能不同
   C.三角形;相同   D.星形;相同

481.三相异步电动机铭牌上标注:电压 220 V/380 V,接法 △/Y,两种接法分别在额定电压下运行时,电动机的额定功率_____;在相同负载时线电流_____。
   A.不同;相同   B.相同;不同
   C.相同;相同   D.不同;不同

482. 一台三相异步电动机铭牌上标明：电压 220 V/380 V、接法 △/Y，问在额定电压额定功率下哪种接法线电流大？

　　A. 一样大　　　　　　　　　　　　B. △ 形接法线电流大

　　C. Y 形接法线电流大　　　　　　　D. 无法确定

483. 额定电压为 380 V/220 V 的三相异步电动机，可以在不同的电压等级下接成 Y 形或 △ 形运行。这两种情况下，额定工况时线电流 I_Y 与 $I_\triangle$ 的关系为_____。

　　A. $I_Y = I_\triangle/3$　　　　　　　　　B. $I_Y = I_\triangle/\sqrt{3}$

　　C. $I_Y = \sqrt{3} I_\triangle$　　　　　　　　D. $I_Y = I_\triangle$

484. 关于异步电动机的说法，错误的是_____。

　　A. 铭牌上的额定功率是指电动机在额定运行状态时的输出机械功率

　　B. 额定电压是指电源加在定子绕组上的线电压

　　C. 额定电流是指电动机的相电流

　　D. 我国工业用电的频率为 50 Hz

485. 三相交流异步电动机的铭牌功率是指_____。

　　A. 输入三相电源功率　　　　　　　B. 输出三相电源功率

　　C. 电动机轴上输出功率　　　　　　D. 电动机无功功率

486. 三相异步电动机的定子是由_____组成的。

　　A. 轴承、滑环和定子铁芯　　　　　B. 机座、滑环和定子铁芯

　　C. 转轴、机座和定子绕组　　　　　D. 机座、定子铁芯和定子绕组

487. 三相交流异步电动机的绕组额定电压为 220 V，现电源线电压为 380 V，电机绕组必需的接法为_____。

　　A. Y 形　　　　　　　　　　　　　B. △ 形

　　C. Y 形或 △ 形　　　　　　　　　D. V 形

488. 对于三相异步电动机，下列说法错误的是_____。

　　A. 额定转速是指电动机额定运行时的转速

　　B. 额定电压是指在额定运行时，定子绕组所接电源线电压值

　　C. 额定功率指额定运行时，电动机输入的电功率

　　D. 电机有星形接法和三角形接法两种

489. 三相异步电动机在_____情况下会出现转差率 $s>1$。

　　A. 再生制动　　　　　　　　　　　B. 能耗制动

　　C. 反接制动　　　　　　　　　　　D. 机械制动

490. 三相异步电动机带载工作时，其转子绕组上由于_____。

　　A. 无外部电源给转子供电，故无电流

　　B. 有外部电源给转子供电，故有电流

　　C. 无电磁感应，故无电流

　　D. 有电磁感应，故有电流

491. 绕线式三相异步电动机，若将定子三相绕组短接，而通过滑环向转子绕组通入对称三相电流，转子便产生顺时针的旋转磁场。这种方式电机能转吗？

A.不能转 B.能转,顺时针旋转
C.能转,逆时针旋转 D.左右摇曳

492.三相异步电动机的旋转方向与三相交流电源的_____有关。
A.电流大小 B.频率大小
C.相序 D.电压大小

493.鼠笼式异步电动机转子电流与转差率的关系是转差率 s 大时,_____。
A.电流大 B.电流小
C.电流不变 D.电流波动不定

494.三相对称交流电加在三相异步电动机的定子端,将会产生_____。
A.静止磁场 B.脉动磁场
C.旋转圆形磁场 D.旋转椭圆形磁场

495.异步电动机在起动瞬间的转差率 $s=$ _____,空载运行时转差率 s 接近_____。
A.1;0 B.0;1
C.1;1 D.0;0

496.计算异步电动机转差率 s 的公式是 $s=(n_0-n)/n_0$,其中 n_0 表示_____转速,n 表示_____转速。
A.同步;旋转磁场 B.转子空载;转子额定
C.旋转磁场;转子 D.旋转磁场;同步

497.异步电动机在_____运行时转子感应电流的频率最低;在_____运行时转子感应电流频率最高。
A.启动;空载 B.空载;堵转
C.额定;启动 D.堵转;额定

498.当三相异步电动机转差率 $0<s<1$ 及 $-1<s<0$ 时,电动机分别工作于_____状态。
A.正向电动;反向电动 B.正向电动;反接制动
C.正向电动;再生制动 D.再生制动;反向电动

499.三相异步电动机之所以能转动起来,是由于_____作用产生电磁转矩。
A.转子旋转磁场与定子电流 B.定子旋转磁场与定子电流
C.转子旋转磁场与转子电流 D.定子旋转磁场与转子电流

500.三相交流异步电动机的定子磁场为_____。
A.交变磁场 B.直流磁场
C.旋转磁场 D.脉动磁场

501.三相交流异步电动机的转子电流频率为_____。
A.$f_2=f_1$ B.$f_2=s \times f_1$
C.$f_2=f_1/s$ D.与定子电源频率无关

502.三相交流异步电动机的旋转磁场转速与_____有关。
①电源频率;②定子绕组磁极对数;③转子磁极对数
A.① B.②
C.③ D.①②

503.三相异步电动机的转差率 $s=1$ 时,其电机的工作状态为_____。
　　A.空载　　　　　　　　　　　　B.启动
　　C.再生制动　　　　　　　　　　D.反接制动
504.某三相交流异步电动机的电源频率为 60 Hz,磁极对数为 2,则电机的同步转速为_____。
　　A.1 800 r/min　　　　　　　　　B.1 500 r/min
　　C.3 000 r/min　　　　　　　　　D.3 600 r/min
505.异步电动机空载时的功率因数与满载时比较,前者比后者_____。
　　A.高　　　　　　　　　　　　　B.低
　　C.都等于 1　　　　　　　　　　D.都等于 0
506.三相异步电动机的最大转矩为 900 N·m,额定转矩为 450 N·m,则电动机的过载倍数 λ 是_____。
　　A.0.5　　　　　　　　　　　　　B.1
　　C.1.5　　　　　　　　　　　　　D.2
507.三相异步电动机轻载运行时,三根电源线突然断一根,这时会出现_____现象。
　　A.能耗制动,直至停转
　　B.反接制动后,反向转动
　　C.由于机械摩擦存在,电动机缓慢停车
　　D.电动机继续运转,但电流增大,电机发热
508.三相异步电动机带额定负载运行,当电源电压降为 90%额定电压时,定子电流_____。
　　A.低于额定电流　　　　　　　　B.超过额定电流
　　C.等于额定电流　　　　　　　　D.为额定电流的 80%
509.三相异步电动机在额定的负载转矩下工作,如果电源电压降低,则电动机会_____。
　　A.过载　　　　　　　　　　　　B.欠载
　　C.满载　　　　　　　　　　　　D.工作情况不变
510.随着三相异步电动机负载转矩增大,转差率将_____;定子电流将_____。
　　A.减小;增加　　　　　　　　　B.增加;减小
　　C.减小;减小　　　　　　　　　D.增加;增加
511.一台额定电压为 110 V,60 Hz 的单相电动机在国内选配 220 V/110 V 单相变压器降压使用时_____。
　　A.一切正常　　　　　　　　　　B.电机机体易发热,转速偏高
　　C.电机转速偏低且易发热　　　　D.电机机体易发热,但转速正常
512.某三相异步电动机额定功率因数为 0.85;则轻载运行时功率因数可能是_____。
　　A.0.9　　　　　　　　　　　　　B.0.85
　　C.0.87　　　　　　　　　　　　D.0.4
513.三相异步电动机在空载与额定负载之间运行时,其转矩 T 与转差率 s 的关系是_____。
　　A.T 与 s 成反比　　　　　　　B.T 与 s^2 成正比
　　C.T 与 s 成正比　　　　　　　D.T 与 s 无关
514.三相异步电动机_____运行时效率最高。

A.空载 B.轻载
C.满载 D.与负载无关

515. 如图所示为三相交流异步电动机的机械特性,说法正确的是_____。(a 点和 b 点哪点为稳定运行点,哪点为不稳定运行点)

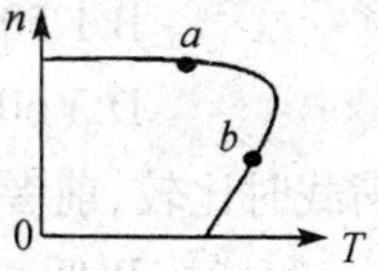

A.a 点为稳定运行点,b 点为不稳定运行点
B.a 点为稳定运行点,b 点为不稳定运行点
C.a 点为不稳定运行点,b 点为不稳定运行点
D.a 点为不稳定运行点,b 点为稳定运行点

516. 三相交流鼠笼式异步电动机的机械特性为_____。
A.硬特性 B.软特性
C.恒转速特性 D.恒转矩特性

517. 三相异步电动机的电磁转矩与电源电压大小_____。
A.成正比 B.成反比
C.平方成正比 D.无关

518. 当三相交流异步电动机转速变化时,转子中各相关的物理量,如感应电势、转子电流、转子感抗、功率因数等均将随转差率 s 而变化,_____。
A.转差率 s 越大,切割磁力线的速度越快,转子感应越大,电动势越大
B.转差率 s 越大,切割磁力线的速度越慢,转子感应越小,电动势越小
C.转差率 s 越小,切割磁力线的速度越快,转子感应越大,电动势越大
D.转差率 s 越小,切割磁力线的速度越快,转子感应越大,电动势越小

519. 三相异步电动机的同步转速决定于_____。
A.电源频率和电源电流 B.磁极对数和电源电压
C.电源电流和磁极对数 D.电源频率和磁极对数

520. 三相异步电动机在额定转速下运行时,其转差率_____。
A.小于 0.1 B.接近 1
C.大于 0.1 D.大于 1

521. 当电源频率恒定时,三相异步电动机的电磁转矩 T 与电源电压 U 的关系是_____。
A.$T \propto U^2$ B.$T \propto U$
C.$T \propto 1/U$ D.无关

522. 国际电工委员会对电气设备的防护标准有具体的规定,用"IP××"表明防护等级。IP 后面第一位数字表示_____,第二位数字表示_____。
A.防外部固体侵入等级;防水液侵入等级
B.防水液侵入等级;防外部固体侵入等级
C.防漏电等级;防水液侵入等级

D.绝缘等级;防外部固体、液体侵入等级

523.国际电工委员会对电气设备的防护标准有具体的规定。用"IP××"表明防护等级。IP后面第一位数字为0,表示_____。

A.尘密、无灰尘进入

B.防潜水、能长期潜水,完全密封,确保不因浸水而造成损坏

C.对所处环境中的固体可能对设备造成危害方面没有专门防护

D.对所处环境中的液体可能对设备造成危害方面没有专门防护

524.电气设备的 IP 等级是指_____。

A.绝缘和耐热等级 B.防外物和水入侵等级

C.网络协议或地址 D.防爆等级

525.根据 CCS 的相关规范,安装于露天甲板上的电动机,其防水等级至少应该是_____。

A.0,无防护 B.3,防止喷洒的水浸入

C.4,防止飞溅的水浸入 D.6,防止大浪浸入

526.存在的水和(或)机械损伤危险越大的环境下,安装电气设备 IP 防护等级应_____。

A.越高 B.越低

C.没有关系 D.无法确定

527.对于三相异步电动机,下列说法错误的是_____。

A.三相异步电动机由静止的定子和转动的转子两大部分组成

B.按转子结构的不同,三相异步电动机分为鼠笼式和绕线式两大类

C.根据不同的冷却方式和保护方式,异步电动机有开启式、防护式、封闭式和防爆式几种

D.过小的气隙不仅会造成电机加工和装配的困难,也会降低电动机运行时的功率因数

528.直流电机由定子和转子两大部分组成;定子由主磁极、_____、机座、端盖和电刷装置等组成,转子由电枢铁芯、电枢绕组、_____、转轴和风扇等组成。

A.换向器;换向极 B.换向极;换向器

C.换向极;换向极 D.换向器;换向器

529.与交流电机相比,直流电机轴承与润滑、冷却系统等方面的维护保养与交流电机基本相同,但是,直流电动机结构及运行过程中存在的薄弱环节_____,因此必须特别注意对它们的维护和保养。

A.励磁线圈 B.轴承

C.电刷与换向器部分 D.电枢绕组

530.在直流电动机的定子里有主磁极和换向极之分。主磁极是_____;换向极是_____。

A.形成 N、S 相间排列的主磁场;改善绕组中电流的换向过程

B.形成 N、S 相间排列的主磁场;改善主磁场的换向过程

C.旋转磁场;削弱电枢绕组的电枢反应

D.旋转磁场;改善电枢绕组中电流的换向过程

531.直流电动机最常用的起动方法是_____。

A.在励磁回路串电阻 B.直接起动

C.在电枢电路串电阻 D.降低电源电压

532. 关于直流电机的电动势的表达式正确的是_____。（其中，K_E—电机结构常数；I_a—电枢电流；T—电机电磁转矩；Φ—电机主磁极磁通；n—电机转速）

A.$E=K_E T\Phi$ B.$E=K_E I_a \Phi$

C.$E=K_E n\Phi$ D.$E=K_E n I_a$

533. 直流并励电动机的励磁绕组电路与电枢电路并联。并励绕组_____。

A.导线粗、匝数多、电阻小，励磁电流远大于电枢电流

B.导线粗、匝数少、电阻小，励磁电流远大于电枢电流

C.导线细、匝数多、电阻大，励磁电流远小于电枢电流

D.导线细、匝数少、电阻大，励磁电流远小于电枢电流

534. 对于直流电机，下列说法错误的是_____。

A.转子电枢铁芯是磁路的一部分，由固定在转轴上的硅钢片叠成

B.换向极的作用是将电枢线圈中的交流变为直流或相反电流

C.定子由主磁极、换向极、机座、端盖和电刷装置等组成

D.转子由电枢铁芯、电枢绕组、换向器、转轴和风扇等组成

535. 改变直流电动机转向的方法有_____。

A.对调接电源的两根线

B.改变电源电压的极性

C.改变主磁通的方向并同时改变电枢中电流方向

D.改变主磁通的方向或改变电枢中电流方向

536. 实现直流电动机反转的下述方法正确的是_____。

A.改变电枢电流的方向，而保持励磁电流的方向不变

B.同时改变励磁电流和电枢电流的方向

C.他励电动机需同时将励磁绕组和电枢绕组的两根引出线对调

D.对于并励电动机，只需电源供电方向改变即可

537. 要想改变直流并励电动机的转向，应_____。

A.对调电源的两根进线

B.同时改变电枢电流、励磁电流的电流方向

C.只改变电枢电流、励磁电流两者中任意一个的电流方向

D.启动时，只需用手反向拨动一下转子即可

538. _____的方法能改变直流并励电动机转向。

A.改变电源极性

B.同时调换电枢绕组和励磁绕组两端接线

C.调换电枢绕组两端接线

D.降低励磁电流

539. 使直流电动机反转的方法是改变_____。

A.电源电压大小

B.励磁电流的大小

C.电源极性

D.电枢电流的方向或励磁电流的方向

540.在直流电动机中电磁力矩的方向和转向_____,是拖动负载的转矩;在发电机中,电磁力矩的方向和转向_____,为制动转矩。
A.相反;相反
B.相同;相反
C.相反;相同
D.相同;相同

541.直流电机的铭牌标注的额定功率是指_____下,电动机_____的机械功率。
A.空载状态;轴上输入
B.空载状态;轴上输出
C.额定状态;轴上输出
D.额定状态;轴上输入

542.为了使他励和并励式直流发电机在额定负载时端电压基本不变,应采用_____发电机。
A.串励
B.平复励
C.过复励
D.欠复励

543.如图所示为差复励、欠复励、平复励、过复励四种发电机的外特性曲线,其中_____是差复励发电机的外特性。

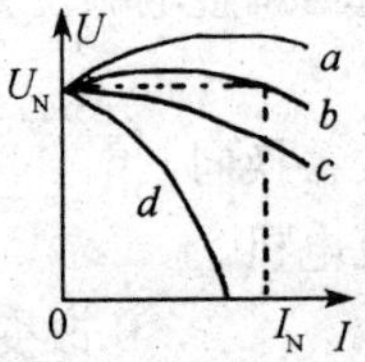

A.a
B.b
C.c
D.d

544.如图所示为差复励、欠复励、平复励、过复励四条发电机的外特性曲线,其中_____为平复励发电机的外特性。

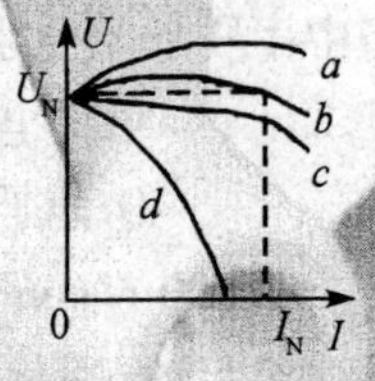

A.a
B.b
C.c
D.d

545.如图所示为差复励、欠复励、平复励、过复励四种发电机的特性曲线,其中_____是欠复励发电机的外特性。

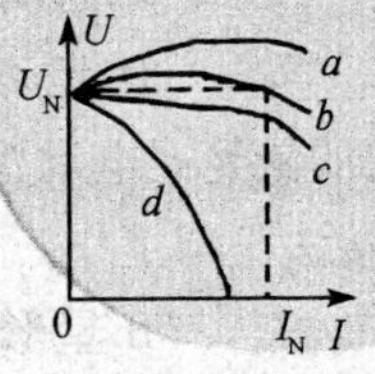

A.a
B.b
C.c
D.d

546.如图所示为差复励、欠复励、平复励、过复励四种发电机的特性曲线,其中_____是过复励发电机的外特性。

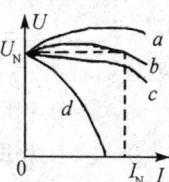

A.a B.b
C.c D.d

547.他(并)励电动机与串励直流电动机的机械特性分别属于_____特性。

A.硬、硬 B.硬、软
C.软、硬 D.软、软

548.对于直流电机,下列说法错误的是_____。

A.一般情况下,换向时绕组中存在电抗电势和电枢反应电势
B.正确选用不同材料的电刷以及适当调整电刷位置等也可在一定程度上减小电刷下的火花
C.换向器绕组与电枢绕组串联
D.在定子主磁极之间换向极用于改善换向

549._____的调速方法不适用于直流电机。

A.在电枢回路中串联可调电阻 B.改变励磁回路中的励磁电阻
C.改变电枢的电压 D.改变定子磁极对数

550.直流电动机起动时必须在电枢回路中串联起动电阻,原因是起动瞬间_____。

A.主磁通较弱 B.产生高压
C.起动力矩太小 D.反电动势为零

551.直流电动机起动时必须在电枢回路中串联起动电阻,原因是起动瞬间_____。

A.主磁通较弱 B.反电动势为零
C.反电动势高压 D.为了提高电磁转矩

552.某直流电动机铭牌值:$U_N=220$ V,$n_N=1\,000$ r/min,$I_N=40$ A,电枢电路电阻 $R_a=0.5$ Ω;若电枢回路不串起动电阻在额定电压下直接起动,则起动电流为_____。

A.480 A B.440 A
C.5~7 倍的额定电流 D.80 A

553.一般情况下,直流电动机不能直接起动的原因是_____。

A.起动转矩小 B.起动电流特大
C.起动后转速太高 D.起动时电枢反电势太大

554.对于额定电压为 380 V 三角形接法的鼠笼式电动机,可以用_____接法进行起动,以减小其起动电流,起动后改为_____接法正常工作。

A.三角形;星形 B.星形;三角形
C.星形;星形 D.三角形;三角形

555.Y 形连接的三相异步电动机不可取的降压起动方法是_____。

A.Y-△换接 B.定子串电阻

C.定子串电抗   D.自耦变压器

556.三相异步电动机的起动电流大,通常是额定电流的5~7倍,原因是_____。
　　A.起动力矩大   B.转差率大
　　C.转差率小   D.负载力矩大

557.转子为绕线式异步电动机起动方式通常采用_____。
　　A.直接起动   B.转子回路串电阻起动
　　C.定子回路串电阻起动   D.自耦变压器降压起动

558.鼠笼式异步电动机采用Y-△降压起动获得的起动转矩_____。
　　A.与三角形起动转矩相同   B.是三角形起动转矩的3倍
　　C.是三角形起动转矩的1/3   D.是三角形起动转矩的$\sqrt{3}$倍

559.一台变压器或发电机同时为几台较大容量的异步电动机供电时,应对各电动机的起动时间和顺序进行安排。要注意刚投入运行时的注意事项,正确的操作是应由_____起动。
　　A.随意逐台   B.容量大先起动,小的可同时
　　C.容量大到小逐台   D.容量小到大逐台

560.三相异步电动机负载转矩的大小及方向随转速变化的规律称为负载转矩特性,按负载转矩变化规律来分,电缆卷筒属于_____。
　　A.恒转矩负载特性   B.通风机负载特性
　　C.恒频率负载特性   D.恒功率负载特性

561.关于短路保护做法中正确的是_____。
　　A.在电路中串合适的熔断器或加装自动空气断路器
　　B.在电路中并合适的熔断器或加装自动空气断路器
　　C.不能加装熔断器或自动空气断路器,否则又会造成断路故障
　　D.熔断器和自动空气断路器的规格是任意的

562.具有磁力起动器起动装置的电动机,其失压(欠压)保护是通过_____来实现的。
　　A.熔断器
　　B.热继电器
　　C.接触器本身的电磁机构与起动按钮
　　D.手动刀闸开关

563.当电动机运行时突然供电线路失电,为了防止线路恢复供电后电动机自行起动,要求其控制线路应具有_____保护功能。
　　A.零压   B.逆功
　　C.过载   D.短路

564.通常,三相异步电动机不设_____保护。
　　A.过载   B.逆序
　　C.短路   D.失压

565._____保护不属于单台运行电动机的保护环节。
　　A.过载   B.互锁
　　C.短路   D.零压

566. 为了保护电缆和电源不因短路时的特大电流而损坏或烧毁,通常在线路中加_____则能把短路段与电源隔离。
A.电压继电器　　　　　　　　　　　B.电流互感器
C.熔断器　　　　　　　　　　　　　D.热继电器

567. 在三相异步电动机的控制电路中,应设置的保护环节是_____保护。
A.失(欠)压和缺相　　　　　　　　 B.短路和过载
C.过载和缺相　　　　　　　　　　　D.失(欠)压、短路、过载和缺相

568. 为了防止三相异步电动机起动时电流较大而将熔丝烧断,为对单台直接起动的电动机实现短路保护,在起动不频繁的情况下主电路的熔丝额定电流应按电动机的_____来选择。
A.额定电流　　　　　　　　　　　　B.起动电流
C.额定电流的1.5~2.5倍　　　　　 D.额定电流的3.5倍

569. 为了保证生产安全,_____线路中允许且需要接入合适的熔断器。
A.接地　　　　　　　　　　　　　　B.三相四线制的中性
C.配电变压器低压侧　　　　　　　　D.直流电动机的励磁

570. 某控制线路中有一线圈额定电压为380 V的交流接触器,由于某种原因电路的电压由原来的380 V降至350 V,其他正常;则接触器_____。
A.不能吸合,但能释放衔铁　　　　　B.仍能正常吸合和释放衔铁
C.线圈烧毁　　　　　　　　　　　　D.不能吸合,也不能释放衔铁

571. 拆开交流接触器后,发现触点盒内既有面积较大的触点又有面积较小的触点,则_____。
A.前者是主触点,后者是辅触点
B.前者是瞬动触点,后者是延时触点
C.前者是辅触点,后者是主触点
D.前者是延时触点,后者是瞬动触点

572. 具有电压线圈的直流接触器属于_____。
A.恒磁通电器　　　　　　　　　　　B.恒磁势电器
C.可变磁势电器　　　　　　　　　　D.视型号而定

573. 电器的铁芯端面上设有短路铜环的是_____继电器。
A.交流电压　　　　　　　　　　　　B.直流电流
C.直流电压　　　　　　　　　　　　D.直流时间

574. 交流接触器通电后,产生剧烈振动的原因之一是_____。
A.经济电阻烧毁　　　　　　　　　　B.电源电压过高
C.线圈导线太细,电阻太大　　　　　D.短路环断裂

575. 直流接触器吸合以后电压线圈回路中总串有一个电阻,其作用是_____。
A.经济电阻　　　　　　　　　　　　B.降压调速电阻
C.分流电阻　　　　　　　　　　　　D.起动电阻

576. 交流电器的铁芯通常采用硅钢片叠压而成,其主要目的是_____。
A.减少铁芯发热程度　　　　　　　　B.减少用铁量
C.拆装方便　　　　　　　　　　　　D.提高剩磁

577.直流接触器吸合以后,串经济电阻能继续保持吸合的原因是_____。
　　A.衔铁吸合后,磁路磁阻增大,磁通和吸力减小
　　B.衔铁吸合后,磁路磁阻减小,磁通和吸力增大
　　C.衔铁吸合后,磁路磁阻增大,磁通和吸力增大
　　D.衔铁吸合后,磁路磁阻减小,磁通和吸力减小

578.直流接触器衔铁吸合后,线圈电路中串接电阻的目的是_____。
　　A.使衔铁吸合得更牢　　　　　　B.避免触头振动
　　C.减小电流降低损耗　　　　　　D.提高功率因数

579.过电流继电器的使用,正确的是_____。
　　A.过电流继电器用于电动机运行时的短路保护,吸引线圈串联在主电路中
　　B.过电流继电器用于电动机过载运行时的过电流保护,吸引线圈串联在主电路中
　　C.过电流继电器用于电动机过载运行时的过电流保护,吸引线圈跨接在电源上
　　D.过电流继电器用于电动机运行时的短路保护,吸引线圈跨接在电源上

580.对于直流接触器,说法正确的是_____。
　　A.不串经济电阻,衔铁吸合前后磁通变化很大
　　B.为减小损耗铁芯须用硅钢片叠加而成
　　C.为稳定电磁吸力,铁芯端面要有短路铜环
　　D.由于线圈电流一定,衔铁吸合前后磁通基本不变

581.直流接触器的衔铁吸合后,为降低线圈的发热程度,其线圈上常串接_____。
　　A.电阻　　　　　　　　　　　　B.电容器
　　C.二极管　　　　　　　　　　　D.该接触器的常闭触头

582.通电后电动机不转且有嗡嗡声的原因有_____。
　　A.轴承缺油
　　B.定子绕组中一相接地
　　C.定、转子绕组有断路(一相断线)或电源一相失电
　　D.电源电压过高

583.控制三相异步电动机起动的接触器动作后,电动机发出嗡嗡的声音,但不能运转,不可能是_____的原因。
　　A.电源电压太低　　　　　　　　B.电动机的负荷太大
　　C.两相保险丝烧断　　　　　　　D.一相保险丝烧断

584.单相异步电动机若只有工作绕组接单相交流电源,则_____。
　　A.能够运行,但无法自行起动
　　B.能够运行,也能自行起动
　　C.不能够连续运行,而且无法自行起动
　　D.不能够连续运行,但能自行起动

585.三相异步电动机单相运行时,若无保护装置电动机会_____。
　　A.停止运行　　　　　　　　　　B.存在烧毁危险
　　C.剧烈振动　　　　　　　　　　D.发出巨大噪声

586.三相异步电动机单相运行时,相比于正常运行时电流会_____。
　　A.变大　　　　　　　　　　　　B.变小
　　C.不变　　　　　　　　　　　　D.为零
587.三角形连接三相异步电动机若进线一相断路,对电动机的影响是_____。
　　A.不能产生起动转矩　　　　　　B.起动转矩小
　　C.起动转矩大　　　　　　　　　D.可正常起动
588.双金属片热继电器在电动机控制线路中的作用是_____保护。
　　A.短路　　　　　　　　　　　　B.零位
　　C.失压　　　　　　　　　　　　D.过载和缺相
589.热继电器对于船舶三相异步电动机来说,不能进行_____保护。
　　A.短路　　　　　　　　　　　　B.过载
　　C.缺相运行　　　　　　　　　　D.过载和缺相运行
590.三相异步电动机若采用热继电器过载保护时,应至少使用_____个热元件。
　　A.1　　　　　　　　　　　　　 B.2
　　C.3　　　　　　　　　　　　　 D.任意
591.三相交流异步电动机运行时,任一相断线(或失电),会造成单相运行,此时三相异步电动机将得到_____。
　　A.同样的电磁转矩,定子电流将等于其额定电流,电机运行不受影响
　　B.同样的电磁转矩,定子电流将大大超过其额定电流,导致电机发热烧坏
　　C.较小的电磁转矩,定子电流将小于其额定电流,电机运行不受影响
　　D.较大的电磁转矩,定子电流将大大超过其额定电流,导致电机发热烧坏
592.热继电器是靠流入热元件的电流产生热量,使_____发生形变。
　　A.有相同膨胀系数的双金属片　　B.有不同膨胀系数的双金属片
　　C.动触头　　　　　　　　　　　D.静触头
593.通过热继电器发热元件的电流是三相异步电机的_____。
　　A.相电流　　　　　　　　　　　B.线电流
　　C.直流电流　　　　　　　　　　D.脉动电流
594.热继电器是为了防止出现_____情况设计的。
　　A.电机过载电流大或过载时间长　B.电机工作时间过长
　　C.电机工作时间过短　　　　　　D.电机工作电流波动
595.热继电器利用了_____原理。
　　A.电流磁效应　　　　　　　　　B.电流热效应
　　C.电磁感应　　　　　　　　　　D.同极相斥,异极相吸
596.热继电器的双金属片受热后会_____。
　　A.不变　　　　　　　　　　　　B.变短
　　C.变长　　　　　　　　　　　　D.弯曲
597.三相异步电动机改变电源频率的调速,如果在降低频率调速时保持U_1不变,则主磁通Φ将要增加,从而可能使磁路饱和而导致励磁电流大大增加,铁芯过热。因此通常要求在保持Φ

不变(恒转矩的调速方式)的情况下进行变频调速,即_____。
A.在升高频率的同时,电源电压也按比例下调
B.在升高频率的同时,电源电压也按比例上调
C.在降低频率的同时,电源电压也按比例下调
D.在降低频率的同时,电源电压也按比例上调

598.绕线式异步电动机转子电路串电阻的调速方法是属于改变_____调速。
A.磁极对数　　　　　　　　　B.转差率
C.电源频率　　　　　　　　　D.磁极的磁通

599.以下转子串电阻调速的电动机为_____。
A.鼠笼式三相交流异步电动机　　B.绕线式三相交流异步电动机
C.同步交流电动机　　　　　　　D.伺服电机

600.三相交流异步电动机的同步转速 n_0 与磁极对数 p、电源频率 f 的关系为_____。
A.$n_0 = f/p$　　　　　　　　　B.$n_0 = p/f$
C.$n_0 = 60 \times (f/p)$　　　　D.$n_0 = p/(60 \times f)$

601._____的方法不能用于电机调速。
A.变电源频率　　　　　　　　　B.变磁极对数
C.变电源电压　　　　　　　　　D.变电源相数

602.根据异步电动机的转速公式 $n = \dfrac{60f}{p}(1-s)$,异步电动机的调速可分别通过改变_____来实现。
A.压差率 s、电源频率 f 和电机极对数 p
B.压差率 s、电源周期 f 和电机极数 p
C.转差率 s、电源频率 f 和电机极对数 p
D.转差率 s、电源频率 f 和电机极数 p

603.异步电动机的转速公式为 $n = n_1(1-s) = \dfrac{60f_1}{p}(1-s)$,所以说_____。
A.改变 f_1,就可以改变 n_1　　B.改变 s,就可以改变 n_1
C.改变 f_1,就可以改变 p　　　D.改变 p,就可以改变 s

604.改变三相异步电动机电源频率 f_1,可以改变旋转磁通势的同步转速 n_1,从而达到调速的目的。电机转速与频率的关系为(s 为电机转差率)_____。
A.$n = \dfrac{60f_1}{p}(1-s)$　　B.$n = \dfrac{60f_1}{p}$
C.$n = \dfrac{60f_1}{p}s$　　　　D.$n = \dfrac{60f_1}{ps}$

605.三相异步电动机改变定子绕组磁极对数的调速,可通过以下_____方法实现。
①转子串电阻调速;②采用可变极双速绕组;③改变定子电压的调速;④采用多套不同极对数的定子绕组
A.①②　　　　　　　　　　　　B.①③

C.②③ D.②④

606. 三相异步电动机的转速除了与磁极对数、转差率有关外,还与_____有关。
A. 磁场强度 B. 电源频率
C. 磁感应强度 D. 电机电流

607. 降低电源频率的同时,保持 $\frac{E_1}{f_1}$ 常数,则 $\Phi =$ 常数,是恒磁通控制方式,其主要特点是_____。
A. 最大转矩随频率的降低而降低,但是不同频率的各条机械特性是近似平行的
B. 最大转矩为常数,不同频率的各条机械特性是近似平行的
C. 最大转矩随频率的降低而降低,频率越低的机械特性越软
D. 最大转矩为常数,频率越低的机械特性越软

608. 交流变频调速额定频率以下调速的控制原则是,在变频调速过程中,_____。
A. 保持气隙磁通恒定 B. 保持定子电压恒定
C. 保持定子电流恒定 D. 保持转子电流恒定

609. 为了在变频调速过程中保持气隙磁通恒定,须采用_____控制方式。
A. 恒 ω/f 控制方式 B. 恒 U/f 控制方式
C. 恒 I/f 控制方式 D. 恒 ω_s 控制方式

610. 在变频调速过程中,若气隙磁通过大,则_____。
A. 转子电流增大,导致电磁转矩降低
B. 机械损耗增大,导致电机铁芯发热,损坏电机
C. 磁路饱和,导致定子励磁电流增大,绕组过热,损坏电机
D. 铜损增大,导致电机过载

611. 如图所示一个变频调速系统主要由静止式变频装置、交流电动机和控制电路三大部分组成,静止式变频装置的输入是三相恒频、恒压电源,输出则是_____均可调的交流电。

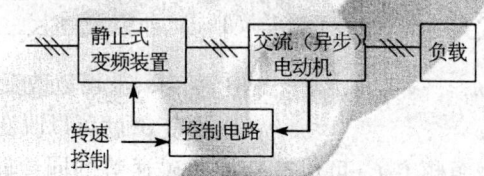

A. 频率和电流 B. 相数和电压
C. 频率和电压 D. 频率和相数

612. 一个变频调速系统主要由_____三大部分组成。
A. 静止式变频装置、交流电动机和控制电路
B. 静止式变频装置、直流电动机和控制电路
C. 活动式变频装置、交流电动机和控制电路
D. 活动式变频装置、直流电动机和控制电路

613. 关于交流变频调速,下列叙述正确的是_____。
A. 改变三相异步电动机转子电流频率,可以改变异步电动机的同步转速

B. 静止式变频装置的输入是频率和电压均可调的三相交流电

C. 改变三相异步电动机电源频率,可以不考虑电压

D. 变频调速系统主要由静止式变频装置、交流电动机和控制电路三大部分组成

614. 感应电动势 E_1 与其频率 f_1 之比为某一定值的变频控制,下列说法正确的是_____。

A. 若在额定频率以上调频时,则定子绕组上的电压也必须跟着上调

B. 定子频率 f_1 降低,可增大电机转矩

C. 只要 E_1/f_1 = 常数,定子绕组的气隙旋转磁通就保持不变

D. 定子频率很低时,定子绕组端电压需要补偿

615. 在恒压频比调速系统中,下列说法错误的是_____。

A. 在恒压频比调速系统中,必须保证磁通的不变,为此电压和频率同时增大或减小,压频比为常数

B. 在恒压频比调速系统中,在额定频率以下调速时,频率下调时,电压也下调,为补偿定子阻抗压降,可人为地把电压提高一些

C. 在额定频率以上调速时,频率和电压同时上调,但电压不能大于额定电压,这时磁通与频率成反比例降低,相当于直流电机弱磁升速调速

D. 在基频以下调速属于"恒功率调速",在基频以上调速属于"恒转矩调速"

616. 改变三相异步电动机电源频率 f_1,可以改变异步电机的转速 n,从而达到调速的目的。交流变频调速有三种基本控制方式,其中_____不属于变频调速。

A. 保持 $\dfrac{E_1}{f_1}$ 常数(E_1 为定子感应电动势)

B. 保持 $\dfrac{U_1}{f_1}$ 常数(U_1 为定子电压)

C. 保持 $\dfrac{E_r}{f_1}$ 常数(E_r 为转子全磁通感应电动势)

D. 保持 $\dfrac{s}{f_1}$ 常数(s 为转差率)

617. 三相异步电动机每相电压 $U_1 \approx E_1 = 4.44 f_1 W_1 k_{W1} \Phi_m$,如果保持电源电压 U_1 为额定值,降低电源频率 f_1,则随着 f_1 下降,气隙每极磁通 Φ_m 增加。说法_____。

A. 正确,但 Φ_m 增加后电机性能更好了

B. 正确,但 Φ_m 增加后电机性能变差了

C. 不正确,Φ_m 会减小

D. 不正确,每极 Φ_m 增加,但电机整个 Φ_m 不变

618. 保持 $\dfrac{E_1}{f_1}$ = 常数的恒磁通变频调速时,在相同转速降时的电机_____基本未变,属于_____调速方式。

A. 励磁电流;恒功率性质 B. 励磁电流;恒转矩性质

C. 电磁转矩;恒功率性质 D. 电磁转矩;恒转矩性质

619. 如图所示是三相异步电动机变频调速时采用不同协调控制方式时的机械特性曲线,其中特

性最好的是曲线_____,是_____控制方式。

不同电压-频率协调控制方式时的机械特性

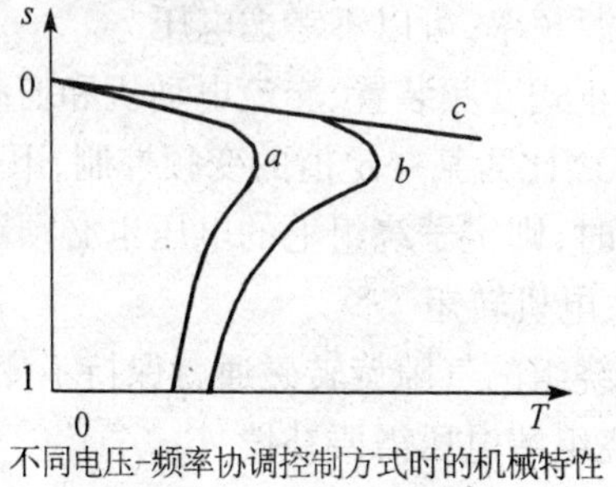

A.a；U/f_1为常数　　　　　　B.b；E_1/f_1为常数
C.c；E_r/f_1为常数　　　　　　D.a或b;恒压频比

620.如图所示是三相异步电动机变频调速时采用不同协调控制方式时的机械特性曲线,其中特性最容易实现的是曲线_____,是_____控制方式。

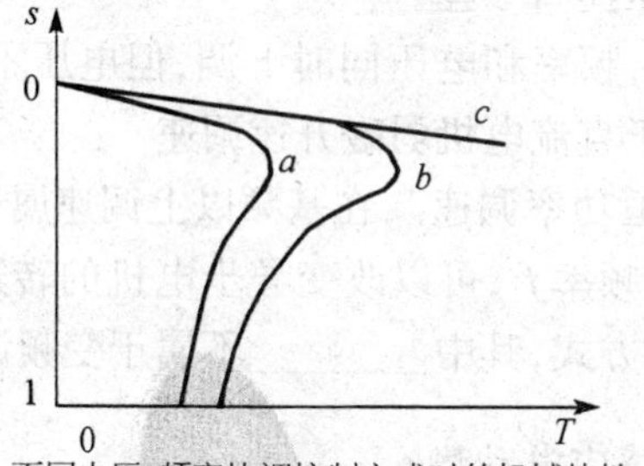

不同电压-频率协调控制方式时的机械特性

A.a；U/f_1为常数　　　　　　B.b；E_1/f_1为常数
C.c；E_r/f_1为常数　　　　　　D.a或b;恒压频比

621.交流变频基频以下的变频调速主要有三种基本控制方式,其中采用恒压频比,当频率很低时,转矩太小将限制电机的带载能力。这时需要人为地把电压调高一些,即采取_____。
   A.定子压降补偿　　　　　　　　B.转子压降补偿
   C.定子功率补偿　　　　　　　　D.转子功率补偿

622.关于交流变频调速,叙述正确的是_____。
   A.恒压频比的控制方式是降低电源频率的同时,保持E_1/f_2=常数
   B.从基频向上调速,为恒转矩调速方式
   C.恒电动势频率比的控制方式是增加电源频率的同时,保持E_1/f_2=常数
   D.从基频向下调速,为恒转矩调速方式

623.三相异步电动机的调速,_____是通过改变定子旋转磁场的同步转速来实现的。
   A.变频调速　　　　　　　　　　B.转子串电阻调速
   C.改变定子电压的调速　　　　　D.改变定子电流的调速

624.船舶电力推进系统高低压配电板确保电力的分配,其中6.6 kV高压由配电板通过推进器专用的_____,输送到_____。
   A.变压器;变频器　　　　　　　B.变压器;推进电机
   C.变频器;推进电机　　　　　　D.变压器;配电板

625. 下列电网负载中,最不可能使用高压电力系统供电的负载是_____。
   A. 吊舱式电力推进器　　　　　　　B. 侧推器
   C. 舵机　　　　　　　　　　　　　D. 全方位推进器

626. 有关船舶中为什么要使用高压电力系统的叙述,下列叙述不正确的是_____。
   A. 低压电气设备的造价低,防止人身触电的安全性比高压电力系统高得多
   B. 在低压系统中,如果电动机的功率很大,则电流值会很大,绕组的截面积也会很大,但是从工艺角度无法制作,而采用高压系统则可以大大减小绕组的截面积
   C. 在低压系统中,极大的线路传输电流会使线路的功率损耗很大,而采用高压系统则可以大大降低线路电流
   D. 在低压系统中,发生短路时产生巨大的短路电流,使与之相配的导线和断路器等设备的设计制作变得难以实现

627. 中国船级社《钢质海船入级规范》关于高压电力系统额定电压的规定,应不超过_____。
   A. 12 kV　　　　　　　　　　　　B. 15 kV
   C. 20 kV　　　　　　　　　　　　D. 22 kV

628. 不属于船舶高压电力系统电压等级范围的电压值是_____。
   A. 10 kV　　　　　　　　　　　　B. 3.3 kV
   C. 6.6 kV　　　　　　　　　　　　D. 24 V

629. 一般 3.3 kV 属于_____。
   A. 船舶低压电力系统电压等级范围内的电压值
   B. 船舶安全用电范围内的电压值
   C. 船舶生活用电电压值
   D. 船舶高压电力系统电压等级范围内的电压值

630. 不属于中国船级社规定的船舶高压电力系统电压等级范围的电压值是_____。
   A. 220 kV　　　　　　　　　　　　B. 3.3 kV
   C. 6.6 kV　　　　　　　　　　　　D. 10 kV

631. 属于中国船级社规定的船舶高压电力系统电压等级范围的电压值是_____。
   A. 3.3 kV　　　　　　　　　　　　B. 220 V
   C. 110 kV　　　　　　　　　　　　D. 450 V

632. 船舶高压电力系统习惯称电压在_____范围之内为船舶高压。
   A. 220 V～1 kV　　　　　　　　　　B. 1 kV～10 kV
   C. 1 kV～50 kV　　　　　　　　　　D. 10 kV～50 kV

633. 电力推进系统中的螺旋桨驱动设备不可能是_____。
   A. 直流电动机　　　　　　　　　　B. 异步交流变频电动机
   C. 永磁同步电动机　　　　　　　　D. 电喷柴油机

634. 船舶高压断路器的操作机构_____。
   A. 只具备电动操作功能
   B. 只具备手动操作功能
   C. 必须同时具备电动和手动操作的功能

D.可以只具备电动或手动操作的功能

635. 船舶高压断路器_____带负载的高压电路。
   A.可以接通但无法断开　　　　　　　B.可以接通也可以断开
   C.不可以接通但可以断开　　　　　　D.不可以接通也不可以断开

636. 船舶高压配电盘中采用六氟化硫断路器或真空断路器,其最主要的原因是_____。
   A.提高隔断的绝缘强度　　　　　　　B.增加分断后的耐压
   C.提高接通时的电流　　　　　　　　D.减小接通时的接触电阻

637. 船舶高压的电力系统中,常用的高压断路器是_____。
   A.油浸式断路器、压缩空气断路器
   B.真空断路器、六氟化硫断路器
   C.磁吹断路器和(固体)产气断路器
   D.油浸式断路器、压缩空气断路器、真空断路器、六氟化硫断路器、磁吹断路器

638. 船舶高压电力系统的真空断路器中的真空是指_____。
   A.真空断路器的主要结构都在真空室内
   B.真空断路器的主回路的触点系统在真空室内
   C.除操作机构以外的器件都在真空室内
   D.真空断路器动作时真空室抽真空,正常运行时不用抽真空

639. 高压断路器工作时,标志其开断短路故障能力的参数是_____。
   A.额定短路开断电压　　　　　　　　B.额定开路开断电压
   C.额定短路开断电流　　　　　　　　D.额定开路开断电流

640. 按高压断路器灭弧原理来划分,常见的船舶高压断路器是_____。
   A.油断路器　　　　　　　　　　　　B.压缩空气断路器
   C.真空断路器　　　　　　　　　　　D.磁吹断路器

641. 高压真空断路器的真空是为了_____。
   A.安全保护,避免其他物体的进入　　B.有效灭弧
   C.消除高压带来的静电　　　　　　　D.起屏蔽保护作用

642. 交流推进电机的控制或调速要求能够同时改变_____。
   A.变压器电源电压和频率　　　　　　B.配电屏电压和频率
   C.电机的电压和频率　　　　　　　　D.发电机电压和频率

643. 为了_____,船舶高压电力系统主变压器往往采用预充磁方式合闸。
   A.减少冲击电流　　　　　　　　　　B.加大冲击电流
   C.增加功率　　　　　　　　　　　　D.降低电压

644. _____是船舶高压电力系统中主变压器需要预充磁的原因。
   A.为了抑制变压器空载合闸时的励磁电压
   B.为了抑制变压器空载合闸时的励磁涌流
   C.为了给变压器建立励磁电压
   D.为了给变压器建立励磁电流

645. 高压变压器往往采用预充磁方式合闸,以减少_____。

A.冲击电流 B.冲击力矩
C.冲击干扰 D.发热

646.关于船舶高压电力系统主变压器的预充磁,叙述正确的是_____。
   A.当高压变压器空载投入电网时,会产生数倍于额定电流的冲击电流,但不会引起船舶高压发电机开关跳闸
   B.当高压变压器空载投入电网时,会产生高电压冲击而引起船舶高压发电机开关跳闸
   C.高压变压器往往采用预充磁方式合闸,以减少冲击电压
   D.高压变压器往往采用预充磁方式合闸,以减少冲击电流

647.为了防止船舶高压电力系统的主变压器合闸时产生的冲击电流影响高压电力系统的稳定性,船舶高压系统的主变压器常采用的合闸方式是_____。
   A.预充磁 B.预合闸
   C.自动合闸 D.手动合闸

648.为了防止船舶高压电力系统的主变压器合闸时产生的冲击电流影响高压电力系统的稳定性,船舶高压系统采用从低压电网接通一台小型变压器与高压变压器的次级绕组相连的方式,其要求是_____。
   A.高压汇流排有电,低压汇流排有无电均可
   B.高压汇流排有无电均可,低压汇流排有电
   C.高压汇流排有无电,低压汇流排有无电均可
   D.高压汇流排有电,低压汇流排有电

649.船舶高压电力系统一般通过高压变压器将高电压降为低电压,向船舶低压电力系统的负载供电。但当高压变压器空载投入电网时,会产生很大的_____。
   A.励磁涌流 B.主触点火花
   C.主开关动作声音 D.变压器振动

650.船舶高压的电力系统中如果出现某相接地故障,系统应_____。
   A.立即跳闸 B.立即报警
   C.立即报警,情况严重时要跳闸 D.起动备用机组

651.从国内外应用来看,船舶高压电力系统的接地方式普遍采用_____。
   A.中性点绝缘 B.直接与接地装置连接
   C.高电阻接地 D.消弧线圈接地

652.在船舶高压电力系统中,为了保证在维修时操作人员的安全,在许多地方都设置了隔离开关,但_____设置隔离开关是不正确的。
   A.主发电机与发电机断路器之间
   B.主发电机断路器与汇流排连接点之间
   C.在汇流排连接断路器的两端
   D.在旋转变流机组的断路器与汇流排连接点之间

653.与船舶低压电力系统不同,船舶高压电力系统供配电线路上还安装了多处_____开关,以确保维修操作人员的人身安全。
   A.接地 B.自动

C. 手动　　　　　　　　　　D. 空气

654. 与船舶低压电力系统不同,船舶电力系统供配电线路上还安装了多处接地开关,目的是确保_____。
 A. 维修操作人员的人身安全　　B. 操作简单
 C. 运行可靠　　　　　　　　　D. 合闸迅速

655. 船舶高压电力系统接地开关的一端应与_____相连,另一端应与接地点可靠相连。
 A. 发电机　　　　　　　　　　B. 母线(线路)
 C. 主开关　　　　　　　　　　D. 电动机

656. 在高压电力系统停电维修某段线路和设备时,应合上相应的_____,以保证被维修线路和设备可靠的接地。
 A. 母线　　　　　　　　　　　B. 接地开关
 C. 主开关　　　　　　　　　　D. 线路

657. 在维修船舶高压电力系统某段线路和设备时,正确的说法是_____。
 A. 线路和设备带电,合相应的接地开关
 B. 线路和设备已断电,再合相应的接地开关
 C. 带负荷合相应的接地开关
 D. 线路和设备处于正常运转状态,合相应的接地开关

658. 在下列操作中不符合船舶高压电安全规范的是_____。
 A. 主开关的合闸及分闸操作尽可能在遥控操作台上进行
 B. 高压的主变压器合闸前先进行预充磁
 C. 电气维护保养前要断开隔离开关,合上接地开关
 D. 为观察断路器动作情况,可在未关闭高压配电板面板前,直接进行合分闸操作

659. 下列船用高压发电机维护保养操作中,不正确的是_____。
 A. 经常使用1 000 V兆欧表测量发电机线路的绝缘电阻
 B. 由于发电机采用水冷,必须定期检查其水冷却器漏水报警的工作情况
 C. 高压配电板由于连锁保护无法打开时,不得强行打开
 D. 停机后发电机绕组可能有较多的残余电荷,必须用接地开关进行泄放

660. 检修高压发电机,要求关闭励磁电源,_____。
 A. 断开发电机主开关,断开接地开关
 B. 断开发电机主开关,合上接地开关
 C. 接通发电机主开关,断开接地开关
 D. 接通发电机主开关,合上接地开关

661. 检修高压发电机前,必须将发电机组_____,防止发电机组误起动。
 A. 方式选择开关打到"自动"位置　　B. 负载转换开关打到"自动"位置
 C. 方式选择开关打到"手动"位置　　D. 负载转换开关打到"手动"位置

662. 检修高压发电机,操作人员_____。
 A. 必须戴绝缘手套。如果测量高压发电机绕组绝缘,必须将发电机接地电阻断开
 B. 必须戴绝缘手套。如果测量高压发电机绕组绝缘,不必将发电机接地电阻断开

C.不必戴绝缘手套。如果测量高压发电机绕组绝缘,必须将发电机接地电阻断开

D.不必戴绝缘手套。如果测量高压发电机绕组绝缘,不必将发电机接地电阻断开

663.为了防止对电气管理人员造成触电伤害,_____措施是不正确的。

A.高压电气设备,例如变压器、电流互感器、电压互感器、断路器都安装在完全封闭的开关柜中

B.输电电缆采用的是绝缘性能极高的材料制成的

C.当需要带电操作接触带电部分时,要严格按照安全操作规程,使用合格的绝缘工具进行。维修清洁时,必须停电进行

D.在电力系统的设计中可以不安装隔离开关和接地开关,但是必须要求操作人员小心谨慎

664.在船舶高压设备上工作,应确保配电屏相应的断路器处于"_____"位置,除用机械锁确定不能合闸外,还需设有_____标牌。

A.断开;"禁止合闸"　　　　　　　　B.断开;"危险,有电"

C.线路脱开;"禁止合闸"　　　　　　D.线路脱开;"危险,有电"

665.以下_____不是安全操作规程中的安全标示牌。

A.禁止合闸,有人工作　　　　　　　B.禁止合闸,线路有人工作

C.止步,高压危险　　　　　　　　　D.攀登,高压危险

666.船舶高压电力系统的安全操作规程,错误的是_____。

A.必须先合上船舶高压隔离开关,之后才允许合上断路器

B.检修船舶高压发电机前,必须将发电机组方式选择开关打到"自动"位置

C.将船舶高压主开关放到隔离位置,接地开关合闸,打开开关柜,方可检修船舶高压断路器

D.检修完成后,首先打开接地开关,才能合上船舶高压隔离开关,最后才可以进行相应的断路器合闸操作

667.对于船舶高压发电机检修的流程为_____。

①机组选择开关选择在"手动"位置;②灭磁操作;③断开高压发电机主开关;④合上接地开关

A.④→①→②→③　　　　　　　　　B.①→②→③→④

C.①→④→②→③　　　　　　　　　D.①→③→②→④

668.关于检修船舶高压发电机安全规程,叙述正确的是_____。

A.必须将发电机组方式选择开关打到"自动"位置,防止发电机组误起动

B.如果需要测量船舶高压主发电机绕组的绝缘,必须将发电机接地电阻断开

C.检修船舶高压发电机前,断开船舶高压发电机主开关即可,不需关闭励磁电源,合上接地开关

D.如果需要测量船舶高压主发电机绕组的绝缘,必须将发电机接地电阻接通

669.关于高压电力系统一般安全规程,下列叙述正确的是_____。

A.由于船舶高压电力系统的设备具有较高的防护等级,若操作人员没有直接接触带电设备,则不会发生触电事故

B.当需要带电操作高压电力系统的某些设备时,要严格按照安全操作规程,佩戴绝缘手套、穿绝缘鞋、使用普通的绝缘工具进行

C.船舶高压电力系统的变压器、电流互感器、电压互感器、断路器等一般要求安装在完全封闭的开关柜中

D.船舶高压电力系统的电流互感器和电压互感器一般不要求安装在完全封闭的开关柜中

670.船舶高压电力系统的安全操作包括_____。

①高压发电机检修操作;②高压隔离开关操作;③高压保护继电器检修操作;④高压接地开关操作

A.①②③ B.②③④

C.①②④ D.①③④

671.船舶高压电力系统的安全操作描述错误的是_____。

A.穿绝缘鞋

B.戴绝缘手套

C.闭合接地开关后才能检修高压开关

D.隔离开关设有灭弧装置,确保大电流通过时的安全

672.在高压断路器的操作和维护管理中,不正确的是_____。

A.合分闸操作应尽可能在遥控台上进行

B.进行手动高压发电机并车时,应看同步表进行操作

C.只有断路器断开且接地开关合上后,开关柜面板才可打开

D.为观察断路器工作情况,可以打开开关柜查看断路器动作

673.完成船舶高压开关的检修工作后,_____。

A.首先关闭开关柜,断开接地开关,将主开关放到工作位置

B.首先打开开关柜,断开接地开关,将主开关放到工作位置

C.首先关闭开关柜,接通接地开关,将主开关放到工作位置

D.首先关闭开关柜,断开接地开关,将主开关放到隔离位置

674.检修船舶高压开关的流程通常为,_____。

A.将选择开关放到工作位置,接通接地开关,打开开关柜

B.将选择开关放到工作位置,断开接地开关,打开开关柜

C.将选择开关放到隔离位置,断开接地开关,打开开关柜

D.将选择开关放到隔离位置,接通接地开关,打开开关柜

675.对于船舶高压主开关检修的流程为_____。

①船舶高压开关置于断开位置;②断开相应的隔离开关;③闭合接地开关;④打开开关柜

A.④→①→②→③ B.①→②→③→④

C.①→④→②→③ D.①→③→②→④

676.关于检修船舶高压断路器安全规程,下列叙述正确的是_____。

A.将船舶高压主开关置于断开位置,断开相应的隔离开关,断开接地开关后方可检修

B.检修完毕后,关闭开关柜,闭合接地开关,断开相应的隔离开关,将主开关置于工作位置

C.将船舶高压主开关置于断开位置,闭合相应的隔离开关,断开接地开关后方可检修

D.检修完毕后,关闭开关柜,断开接地开关,闭合相应的隔离开关,将主开关置于工作位置

677.对于船舶高压断路器检修完毕后,首先操作的是_____。

A.关闭开关柜　　　　　　　　　　　B.断开接地开关
C.闭合相应的隔离开关　　　　　　　D.将船舶主开关置于工作位置

678.对于船舶高压断路器检修完毕后,最后操作的是_____。
A.关闭开关柜　　　　　　　　　　　B.断开接地开关
C.闭合相应的隔离开关　　　　　　　D.将船舶主开关置于工作位置

679.对于船舶高压断路器的安全操作与管理,主开关、隔离开关与接地开关和控制柜门之间,一定要有设置连锁关系的是_____。
A.只有主开关与接地开关和控制柜门之间,而隔离开关和控制柜门之间没有
B.只有主开关与隔离开关和控制柜门之间,而接地开关和控制柜门之间没有
C.主开关、隔离开关与接地开关和控制柜门之间都有
D.只有隔离开关与接地开关和控制柜门之间,而主开关和控制柜门之间没有

680.对高压断路器进行维修,以下选项中最后一步是:需要将高压断路器_____。
A.主触点与电网脱开
B.与电网侧的隔离开关连锁,即隔离开关断开
C.与电网侧的接地开关连锁,即接地开关闭合
D.从底座上拉出,与高压电力系统彻底脱开

681.为保证高压电力设备维修的安全,系统中设置了隔离开关。在下列各处中不需要设置的位置是_____。
A.高压发电机断路器与高压汇流排之间
B.高压汇流排与高压负载断路器之间
C.高压汇流排与变流机组高压侧断路器之间
D.变流机组低压侧断路器与低压汇流排之间

682.下列对高压电力系统中隔离开关的描述中,不正确的是_____。
A.设有灭弧装置,故可以作为电力系统的备用电源开关
B.隔离开关一般都具有可见断开点的触点
C.有时隔离开关与断路器有机械或者电气的连锁保护
D.断开电路操作中必须先切断断路器,再分断隔离开关;接通电路时则应先合上隔离开关,再合断路器

683.船舶高压开关柜的"五防"措施中有两项与接地开关有关,假如出现带接地线(接地开关)时要合断路器,则_____。
A.断路器被连锁,不能合闸　　　　　B.断路器一合闸即跳闸
C.断路器一合闸,接地开关即断开　　D.断路器一合闸即烧毁

684.船舶高压电力系统的接地开关是要将三相交流电的_____可靠接地。
A.三相　　　　　　　　　　　　　　B.三相中的任二相
C.三相中的任一相　　　　　　　　　D.包括零线的三相四线

685.在船舶高压电力系统中,为了保证在维修时操作人员的人身安全,在许多地方都设置了隔离开关,下列各处中设置不正确的是_____。
A.高压主发电机与高压发电机断路器之间

B.高压主发电机断路器与高压汇流排连接点之间

C.在高压汇流排连接断路器的两端

D.在旋转变流机组的断路器与高压汇流排连接点之间

686.为了操作人员的安全,船舶高压系统安装了高压隔离开关,隔离开关与主变压器之间必须设置连锁装置,其要求是_____。

A.只有当断路器断开后,才能进行断开船舶高压隔离开关的操作

B.只有当船舶高压隔离开关断开后,才能进行断路器的操作

C.断路器在分闸时,无法分断船舶高压隔离开关

D.先合上船舶高压断路器,才允许合上高压隔离开关

687.为了操作人员的安全,船舶高压系统安装了高压隔离开关,隔离开关与主变压器之间必须设置连锁装置,其要求是_____。

A.只有当断路器合闸后,才能进行断开船舶高压隔离开关的操作

B.只有当船舶高压隔离开关断开后,才能进行断路器的操作

C.断路器在分闸位置时,无法分断船舶高压隔离开关

D.先合上船舶高压隔离开关,才允许合上高压断路器

688.隔离开关需要动作前,需要确认_____。

A.电网没电　　　　　　　　B.高压断路器断开

C.接地开关闭合　　　　　　D.发电机处于待并状态

689.下列高压电力设备管理和维护中,不正确的叙述是_____。

A.维修时必须先分断高压断路器并挂检修警示牌

B.将线路中的接地开关合上之后,才能进行线路维修

C.使用接地开关来泄放线路中的残余电荷

D.接地开关用于高压电气设备通电时的保护接地

690.下列对高压电力系统中接地开关的描述中,正确的是_____。

A.设有灭弧装置,故可以在通电状态下进行合分闸操作

B.用于高压电气设备的保护接地

C.一般与高压断路器设有互锁保护,防止同时闭合造成事故

D.操作中必须先闭合接地开关,再断开高压断路器

691.船舶高压电力系统接地开关不设_____。

A.灭弧装置　　　　　　　　B.动触头

C.静触头　　　　　　　　　D.支柱绝缘子

692.对于船舶高压接地开关检修完毕后的操作流程为_____。

①断开接地开关;②高压断路器合闸;③合上高压隔离主开关

A.①→②→③　　　　　　　B.②→③→①

C.①→③→②　　　　　　　D.③→②→①

693.为了确保维修人员正在接触的线路无电,船舶高压系统配电线路安装了多处接地开关,正确的说法是_____。

A.接地开关(三相)的一端与母线相连,另一端与接地点可靠相连

B.接地开关设有灭弧装置

C.接地开关可以带负载分闸

D.接地开关可以带负载合闸

694.为了确保维修人员正在接触的线路无电,船舶高压系统配电线路安装了多处接地开关,正确的说法是_____。

A.在停电维修某一段线路和设备时,合上相应的断路器,再接通接地开关

B.在停电维修某一段线路和设备时,合上相应的隔离开关,再接通接地开关

C.在断路器意外合闸时,由于电路三相接地,短路电流会使断路器立即跳闸

D.先合上接地开关,才允许合上船舶高压隔离开关

695.高压配电屏中高压接地开关的配置是_____。

A.母线上配置一个接地开关

B.每个高压动力设备侧都配有接地开关

C.3个配电屏合用一个接地开关

D.有隔离开关的地方就需要接地开关

696.对船舶高压开关柜的"五防"措施,下列的描述中不正确的是_____。

A."五防"是指防止开关柜的五种误操作

B."五防"是指:①防止误分、合高压断路器;②防止带负荷分、合隔离开关;③防止带电合接地开关;④防止带地线合高压断路器;⑤防止误入带电间隔

C.可通过机械式的连锁件或附加程序来实现

D.在认为安全的前提下,如"五防"保护装置影响设备操作,可暂拆除

697.船舶高压电力系统电气"五防"功能中正确的说法是_____。

A.防止带电断接地开关　　　　　　B.防止无电断接地开关

C.防止无电合接地开关　　　　　　D.防止带电合接地开关

698.船舶高压电力系统电气"五防"功能中正确的说法是_____。

A.防止带负荷分、合隔离开关　　　　B.防止无负荷分隔离开关

C.防止无负荷合隔离开关　　　　　　D.防止带电压分、合隔离开关

699.电气"五防"功能的实现成了电力安全生产的重要措施之一,其中_____不是电气"五防"措施。

A.防止误分、合断路器

B.防止空载分、合隔离开关

C.防止带电挂(合)接地线(接地开关)

D.防止带接地线(接地开关)合断路器(隔离开关)

700.电气"五防"功能的实现成了电力安全生产的重要措施之一,其中_____不是电气"五防"措施。

A.防止带负载分、合隔离开关

B.防止误入带电间隔

C.防止带电挂(合)接地线(接地开关)

D.防止一直接地线(接地开关一直接地)

701. 在检修艏侧推时，配电屏上的_____要断开，艏侧推控制屏上的_____要合上。
   A.隔离开关；真空断路器
   B.真空断路器；隔离开关
   C.真空断路器；接地开关
   D.真空断路器；真空断路器

702. 在检修高压发电机时，发电机配电屏上的_____要断开，发电机侧的_____要合上。
   A.隔离开关；真空断路器
   B.隔离开关；隔离开关
   C.真空断路器；接地开关
   D.真空断路器；真空断路器

703. 船舶高压电力系统常使用多段母线结构，相互间使用_____连接，在某段母线需要维修时，必须将该母线的_____。
   A.隔离开关；真空断路器断开
   B.隔离开关；隔离开关断开
   C.真空断路器；接地开关合上
   D.真空断路器；真空断路器合上

704. 船舶高压开关柜的"五防"措施，是船舶高压电力系统安全生产的重要措施之一，其中说法正确的是_____。
   A.防止主开关盐雾
   B.防止隔离开关潮湿
   C.防止设置电气闭锁回路
   D.防止带接地线（接地开关）接通高压断路器

705. 船舶高压开关柜的"五防"措施，是船舶高压电力系统安全生产的重要措施之一，其中说法正确的是_____。
   A.防止高压主开关过载
   B.防止误入带电间隔
   C.防止开关柜振动
   D.防止带接地线（接地开关）产生高压

706. 下列操作中不符合"五防"要求的是_____。
   A.高压断路器先断开后，隔离开关再断开
   B.高压断路器断开后，接地开关才能接通
   C.高压设备必须设置防水密封保护
   D.接地开关接通情况下，高压断路器不能合闸

707. 船舶照明系统按重要性等级形成三种基本系统，即_____。它们既区别又联系，形成有机整体，按重要性的程度各自与不同的配电板连接。
   A.正常照明、应急照明和航行信号灯
   B.舱室照明、甲板照明和应急照明
   C.生活舱照明、机器舱室照明和货舱照明
   D.主照明、局部照明和装饰照明

708. 对工作面提供适当照度、创造良好的视觉环境是船舶_____照明系统的基本特点。
   A.各类
   B.正常
   C.航行灯以外的所有
   D.主照明和临时应急

709. 从照明分电箱引出的每一独立照明分支线路的最大负荷电流_____，除直接用灯泡或灯管组成的嵌入式反光照明外，对灯点数_____。

A.无限制;有限制 B.有限制;无限制
C.有限制;有限制 D.无限制;无限制

710.机舱照明日光灯通常是分配在三相供电支路中,三相灯点交错分布,其优点是_____。
 A.三相功率平衡,照明可靠
 B.三相功率平衡,消除闪烁效应
 C.照明可靠,消除闪烁效应
 D.三相功率平衡,照明可靠,消除闪烁效应

711.船舶照明系统的小应急照明由_____供电。
 ①主配电盘;②应急配电盘;③蓄电池
 A.① B.②
 C.③ D.①或②或③

712.对_____的灯具应涂以红漆标志,以示区别,经常检查灯泡是否良好,损坏的应及时更换。
 A.普通照明 B.航行灯及信号灯
 C.闪光灯 D.临时应急照明

713.船舶应急照明系统中使用的灯具是_____。
 A.白炽灯 B.荧光灯
 C.高压汞灯 D.汞氙灯

714.按统一的国际防护标准(IP),船舶照明器可分为_____。
 A.荧光灯、白炽灯、气体放电灯 B.保护型、非保护型
 C.防水型、非保护型 D.保护型、防水型、防爆型

715.船舶露天甲板上的防护型照明器应使用_____的照明器。
 A.保护型 B.防水型
 C.防爆型 D.保护型和防水型

716.船舶左右舷灯的灯泡是_____。
 A.白炽灯 B.高压汞灯
 C.荧光灯 D.汞氙灯

717.汞氙灯一般用作_____。
 A.配电盘面照明 B.航行灯
 C.航行信号灯 D.探照灯

718.船上有各种类型的照明灯具(或称照明器),按其_____可概括的分为保护型、防水型和防爆型三类。
 A.结构特点 B.配光特性
 C.光源种类 D.用途

719.可以用作船舶航行信号灯和临时应急照明灯的分别是_____。
 A.溴钨灯和白炽灯 B.双丝白炽灯和荧光灯
 C.双丝白炽灯和白炽灯 D.碘钨灯和普通白炽灯

720.船舶蓄电池房间的灯具要求为_____。
 A.防爆型 B.防水型

C.保护型　　　　　　　　　　　　D.防潮型

721.日光灯与白炽灯比较,日光灯是_____;白炽灯是_____。
A.气体放电光源,光效低;热辐射光源,光效高
B.气体放电光源,光效高;热辐射光源,光效低
C.热辐射光源,光效高;气体放电光源,光效高
D.热辐射光源,光效低;气体放电光源,光效低

722.起动后需用镇流器限流,为提高瞬间起动电压,还需使用启辉器的是_____。
A.普通白炽灯　　　　　　　　　　B.卤钨灯
C.荧光灯　　　　　　　　　　　　D.高压汞灯

723.根据使用场合的不同,船舶灯具的结构可分为下列_____类型。
①防护型;②防潮型;③防爆型;④防水型
A.①②　　　　　　　　　　　　　B.①②③
C.①②③④　　　　　　　　　　　D.②③④

724.船舶照明器一般由分配电板(箱)引出单相支路供电,船员或旅客居住舱室的照明器供电方式是_____使用一个供电支路。
A.同一个舱室的所有照明器共同　　B.几个邻近舱室的棚顶灯共同
C.一个照明器　　　　　　　　　　D.同一规格的照明器

725.船舶航行灯在供电上应使用_____独立供电支路。不同的航行灯一般使用_____故障蜂鸣报警器。
A.一路;共同的　　　　　　　　　B.两路;共同的
C.一路;不同的　　　　　　　　　D.两路;不同的

726.船舶照明器一般由分配电板(箱)引出单相支路供电。人行通道、梯道出入口、机炉舱、舵机舱等处的主照明,供电方式是_____。
A.至少分两个独立的支路供电
B.一个支路供电即可,但灯点数不得超标准
C.一个支路供电即可,但总功率不得超有关规定
D.一个支路供电即可,但总电流不得超标准

727.船舶照明器一般由分配电板(箱)引出单相支路供电。为消除机炉舱内的日光灯"闪烁效应",舱内各灯点供电方式是_____。
A.每一个灯点使用不同的供电支路,不同供电支路由同一相引出
B.不同灯点使用同一个供电支路
C.灯点分组使用不同的供电支路,不同供电支路由不同相引出
D.由蓄电池供电

728.船舶照明器一般由分配电板(箱)引出单相支路供电。船舶每一防火区的照明至少要有_____支路供电。其中_____为应急照明线路。
A.两路;一路　　　　　　　　　　B.一路;一路
C.两路;两路均　　　　　　　　　D.三路;两路

729.船舶照明器一般由分配电板(箱)引出单相支路供电,航行灯及信号灯的供电应_____。

A.与其他的照明灯使用同一个馈电支路

B.可以与其他的照明灯使用同一个馈电支路;采取两路的方式并与应急电源相连

C.使用两路独立的馈电支路,其中一路应与应急电源相连

D.使用一路独立的馈电支路

730.一些通道、机器舱室、人员活动的公共舱室和较大居住舱室的主照明必须_____供电。

A.由主配电板直接 B.由应急配电板直接

C.经由应急配电板 D.至少由两独立馈电线路

731.船员居住舱室照明配电方式的特点是_____。

A.主照明与局部照明并联在一个支路上

B.一个支路串联邻近几个舱室的照明器

C.一个舱室的灯短路不影响邻近舱室的照明

D.一个舱室至少有两个独立分支电路

732.一些舱室和处所的主照明要求至少要由来自分电箱的两个独立分路供电,是_____。

A.因为一个支路的电流容量不够 B.为了增加照明的可靠性

C.因为超过了一个支路的灯点数 D.为了消除灯光的闪烁效应

733.某灯的照明电路如图所示,S_1及S_2为双联开关,以下叙述中错误的是_____。

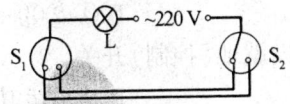

A.灯 L 的额定电压为 220 V

B.该线路的功能为灯 L 的两地控制

C.任一个开关由现在的状态变为另一状态,均可使灯 L 点燃

D.若用两个单联开关相并联替换 S_1、S_2,电路功能不变

734.某灯的两地控制线路如图所示,S_1及S_2为双联开关,以下说法错误的是_____。

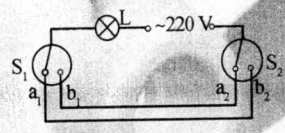

A.若用两个单联开关相串联替换 S_1、S_2,电路功能不变

B.将 a_1、b_1 端子接线对调,电路功能不变

C.任一个开关由现在的状态变为另一状态,均可使灯 L 点燃

D.将 a_2、b_2 端子接线对调,电路功能不变

735.当照明灯能在两地控制时,则两个地点的控制开关是_____开关。

A.串联的两个双联 B.并联的两个单联

C.串联的两个单联 D.一个单联一个双联

736.航行灯的供电要求规定每个航行灯都_____供电。

A.统一由一路

B.由主配电板和应急配电板两路

C.由主配电板和临时应急配电板两路

D.由应急配电板和临时应急配电板两路

737.大型船舶的广告灯、招牌射灯、装饰(效果)灯集中受控,航行中_____。
　　A.保持点亮　　　　　　　　　　B.必须关闭
　　C.受机舱现场总线控制　　　　　D.根据光线自动调节亮度

738.临时应急照明系统可以通过_____来测试。
　　A.关闭整个发电机　　　　　　　B.断开照明变压器供电
　　C.模拟正常照明供电断开　　　　D.手动按下应急照明开关

739.船舶在检修某些特殊部位,需用临时照明时,应使用额定电压为_____以下的低压行灯。
　　A.12 V　　　　　　　　　　　　B.24 V
　　C.36 V　　　　　　　　　　　　D.50 V

740.对船舶普通照明及可携式灯具应测量线路的绝缘电阻,要求正常情况下大于_____。
　　A.1 MΩ　　　　　　　　　　　　B.2 MΩ
　　C.0.5 MΩ　　　　　　　　　　　D.10 MΩ

741.船舶对外的灯光信号分为_____。
　　①航行灯;②信号灯;③通信闪光灯
　　A.①②　　　　　　　　　　　　B.②③
　　C.①③　　　　　　　　　　　　D.①②③

742.船舶照明设备中,_____不设就地(控制)开关。
　　A.正常220 V日关灯　　　　　　B.机舱大功率照明
　　C.应急照明　　　　　　　　　　D.航行灯等信号灯

743.临时应急照明系统是由_____供电。
　　A.蓄电池
　　B.主电网
　　C.大应急电网
　　D.平时主电网,主电网故障时大应急电网

744.关于船用电缆防护套,说法不正确的是_____。
　　A.主要为了保护绝缘层
　　B.可以使用塑料材质
　　C.为了增强抗机械损伤可以选用带铠装层的电缆
　　D.电缆防护套有屏蔽功能

745.船用电缆绝缘层的作用是_____。
　　A.保护电缆内部,以免遭受机械损伤
　　B.防止水、盐雾、油、生物、火灾、霉菌、各种腐蚀等的破坏
　　C.将各导电部分隔离以防止接地或相间短路
　　D.电屏蔽

746.船用电缆和电线按其所用绝缘材料可分为两大类,即_____。
　　A.通用电缆和电信电缆　　　　　B.橡皮绝缘电缆和塑料绝缘电缆
　　C.金属丝编织护套电缆和铅包电缆　D.耐油橡套电缆和耐寒橡套电缆

747.船用电缆和电线按用途可分为两大类,即_____。
   A.通用电缆和电信电缆　　　　　　B.橡皮绝缘电缆和塑料绝缘电缆
   C.金属丝编织护套电缆和铅包电缆　　D.耐油橡套电缆和耐寒橡套电缆

748.船用电缆主要由_____。
   A.导电芯线、电流、防护套等三部分组成
   B.导电芯线、电气绝缘层、防护套等三部分组成
   C.导电芯线、电压、防护套等三部分组成
   D.导电芯线、电源、防护套等三部分组成

749.由电缆所载_____的大小决定电缆芯线截面。
   A.电压　　　　　　　　　　B.频率
   C.电源　　　　　　　　　　D.电流

750.船用电缆主要由_____组成。
   ①导电芯线;②电气绝缘层;③防护套
   A.①②③　　　　　　　　　B.②③
   C.①③　　　　　　　　　　D.①②

751.当船舶需要增加电气设备,进行电缆敷设时,错误的是_____。
   A.由于船舶电缆具有防护层,所以敷设时不必考虑其周围环境的温度、腐蚀性等
   B.电缆不应直接固定在船壳板上
   C.电缆穿过舱壁和甲板时,应以不影响其防护功能为前提
   D.进入无线电室的电缆应敷设在金属管道内,此管道在进、出无线电室处均应可靠屏蔽接地

752.检修机电设备,有时要进行船舶电缆的敷设,说法错误的是_____。
   A.电缆应尽量敷设在便于检查的地方
   B.电缆不应固定在船壳板上
   C.主馈电线、应急馈电线应一起敷设于一处,方便切换
   D.进入无线电室的电缆应敷设在金属管道内,此管道在进、出无线电室处均应可靠屏蔽接地

753.关于船舶电缆的敷设,叙述错误的是_____。
   A.若电缆所经之处油水侵蚀严重,可将主馈电线、应急馈电线一起敷设在密闭的金属套管中
   B.电缆不应固定在船壳板上
   C.电缆敷设尽量设在便于检查处
   D.进入无线电室的电缆应敷设在金属管道内,此管道在进、出无线电室处均应可靠屏蔽接地

754.关于船舶电缆的敷设,叙述错误的是_____。
   A.电缆应尽量敷设在便于检查的地方
   B.电缆不应固定在船壳板上
   C.主馈电线、应急馈电线应一起敷设于一处,方便切换
   D.露天甲板的电缆应有屏蔽措施

755.电缆的允许最大载流量_____。
   A.应大于该电缆的最大可能工作电流,以保证温升不超过允许值
   B.应小于该电缆的最大可能工作电流,以保证温升不超过允许值

C.应大于该电缆的最大可能工作电流,以保证电压不超过允许值
D.应小于该电缆的最大可能工作电流,以保证电压不超过允许值

756. 下列说法错误的是_____。
A.船用电缆主要由导电芯线、电气绝缘层和防护套组成
B.船用电缆根据需要可做成单芯、双芯、三芯和多芯
C.电缆的允许电流取决于电缆的绝缘材料,并以最高允许温度为基准决定的
D.船用电缆比普通电线多了一个防护套,可以在除机舱外的大部分场合采用普通电线

757. 电缆芯线截面是由它所载电流的大小决定的,电缆的允许最大载流量应大于该电缆的_____,以保证_____不超过允许值。
A.最大可能的电流;电磁感应力
B.最大可能的额定电流;电磁感应力
C.最大可能的电流;温升
D.最大可能的工作电流;温升

758. 蓄电池的容量是用_____表示。
A.安培·伏   B.焦耳
C.安培·小时   D.伏·库仑

759. 对于已充好电、容量为 200 Ah 的铅蓄电池,说法正确的是_____。
A.若放电电流为 40 A,则可工作 5 h
B.若放电电流为 50 A,则可工作 4 h
C.若放电电流为 20 A,则可工作 10 h
D.若放电电流为 100 A,则可工作 2 h

760. 目前船用蓄电池分为两大类,它们是_____。
A.铅蓄电池和酸性蓄电池   B.酸性蓄电池和碱性蓄电池
C.酸性蓄电池和镉镍蓄电池   D.镉镍蓄电池和碱性蓄电池

761. 用_____放电率的安时数表示碱性蓄电池的容量,又称标称容量。
A.8 h   B.5 h
C.15 h   D.10 h

762. 酸性蓄电池中每个小电池放电终了最低电压为_____。
A.1.25 V   B.1.7 V
C.0.7 V   D.2.0 V

763. 正常情况下,碱性蓄电池中每个小电池放电终止电压为_____。
A.1.25 V   B.1.1 V
C.0.7 V   D.2.0 V

764. 酸性蓄电池充电完毕硫酸电解液比重上升为_____。
A.0.5   B.1.285
C.1.84   D.2.4

765. 酸性蓄电池中每个小电池充电完毕电压为_____ V。
A.1.5~2.1   B.1.25~2.0

C.2.0~2.1　　　　　　　　　　D.2.4~2.6

766.铅蓄电池出现极板硫化,要进行过充电;过充电是指_____。
  A.充电初期,采用2倍的标准放电制电流进行充电
  B.充电初期,采用1.5倍的标准放电制电流进行充电
  C.正常充电结束后,再用0.5(或0.75)倍的标准放电制电流进行充电;充、停间歇进行
  D.正常充电结束后,再用1.5(或1.75)倍的标准放电制电流进行充电;充、停间歇进行

767.目前,多数船舶上的蓄电池的充电方法为_____。
  A.恒压充电法　　　　　　　　B.恒流充电法
  C.分段恒流充电法　　　　　　D.浮充法

768.蓄电池要注意保持排气胶管畅通,_____打开气塞排气。
  A.定期　　　　　　　　　　　B.充电时
  C.放电时　　　　　　　　　　D.不必

769.将充电装置与蓄电池并联,让其经常处于充电工作状态,这种充电方法通常称为_____。
  A.充放电制　　　　　　　　　B.恒压充电法
  C.浮充电制　　　　　　　　　D.恒流充电法

770.镉-镍碱性蓄电池的电解液,在放电过程中比重_____;在充电过程中_____。
  A.降低;升高　　　　　　　　B.升高;降低
  C.不变;不变　　　　　　　　D.升高;升高

771.对于碱性蓄电池,充放电是否终了,主要根据电压判断。一般每个蓄电池电压上升到_____V时,而且继续充电_____h内不变,即认为充电终了。
  A.1.2~1.5;1　　　　　　　　B.1.4~1.8;1
  C.1.5~1.9;2　　　　　　　　D.1.6~2.0;2

772.蓄电池型号相同、充电电流值一致的条件下通常使用_____充电方法。
  A.并联　　　　　　　　　　　B.串联
  C.串、并联　　　　　　　　　D.任意一种

773.船用酸性蓄电池的电解液一般是_____。
  A.相对密度为1.285的稀硫酸　　B.相对密度为2的稀硫酸
  C.相对密度为1.285的稀盐酸　　D.相对密度为2的稀盐酸

774.铅蓄电池胶塞上的透气孔需保持畅通,蓄电池室要通风良好并严禁烟火,主要原因是_____。
  A.蓄电池为硬橡胶、塑料外壳,耐火性差
  B.电解液为易燃物质
  C.充电过程中产生易燃、易爆气体
  D.放电过程中产生氢气和氧气

775.有关蓄电池维护保养的叙述,错误的是_____。
  A.决不允许在蓄电池极柱上面放置金属工具
  B.蓄电池放电终了,应及时按要求进行充电
  C.船舶航行时要旋开注液孔的上盖以透气

D.碱性蓄电池充电时,不要取下气塞

776.蓄电池间通风不良,会导致_____浓度升高,引起爆炸。
A.氢气   B.硫酸
C.甲烷   D.氧气

777.当身体某部分和眼睛接触到蓄电池电解液时,不可取的急救措施是_____。
A.一旦皮肤被溅洒,立即脱掉被污染衣物,用肥皂盒清水冲洗被污染部位
B.一旦眼睛接触电解液,立即用大量的流动饮用清水冲洗至少 15 min,然后就医
C.一旦眼睛接触电解液,立即用大量的生理盐水冲洗至少 15 min,然后就医
D.一旦眼睛接触电解液,立即用大量的流动饮用清水冲洗至少 15 min,无须就医

778.关于电解液配置时的注意事项,叙述不正确的是_____。
A.应戴防护眼镜、防酸手套
B.如有硫酸溅到皮肤和衣服上,应立即用 10%的苏打水溶液擦洗,然后用清水冲洗
C.所用的器皿必须是耐酸及耐热的
D.配置时可以将蒸馏水倒入浓硫酸,同时不断地搅拌散热

第二节　电子技术

1.关于 P 型半导体的说法,错误的是_____。
A.空穴是多数载流子
B.在二极管中,P 型半导体一侧接出引线后,是二极管的正极
C.在纯净的硅衬底上,掺杂五价元素,可形成 P 型半导体
D.在 NPN 型的晶体管中,基区正是由 P 型半导体构成

2.若在本征半导体中掺入某些适当微量元素后,若以空穴导电为主的称为_____,若以自由电子导电为主的称为_____。
A.PNP 型半导体;NPN 型半导体
B.N 型半导体;P 型半导体
C.PN 结;PN 结
D.P 型半导体;N 型半导体

3.关于 P、N 型半导体内参与导电的介质,说法最为合适的是_____。
A.自由电子、空穴、位于晶格上的离子都是导电介质
B.无论 P 型还是 N 型半导体,自由电子、空穴都是导电介质
C.对于 P 型半导体,空穴是唯一的导电介质
D.对于 N 型半导体,空穴是唯一的导电介质

4.N 型半导体中的多数载流子是_____。
A.自由电子   B.空穴
C.束缚电子   D.晶格上的离子

5.在 P 型半导体中多数载流子是_____,在 N 型半导体中多数载流子是_____。
A.空穴;自由电子   B.自由电子;空穴

C.空穴;共价键电子   D.负离子;正离子

6. 一般说来,本征半导体的导电能力_____,当掺入某些适当微量元素后其导电能力_____。
   A.很强;更强   B.很强;降低
   C.很弱;提高   D.很弱;更弱

7. 金属导体的电阻率随温度升高而_____;半导体的导电能力随温度升高而_____。
   A.升高;升高   B.降低;降低
   C.升高;降低   D.降低;升高

8. 对于半导体材料,若_____,导电能力减弱。
   A.环境温度降低   B.掺杂金属元素
   C.增大环境光照强度   D.掺杂磷或硼元素

9. 半导体PN结是构成各种半导体器件的工作基础,其主要特性是_____。
   A.具有放大特性   B.具有单向导电性
   C.具有改变电压特性   D.具有增强内电场特性

10. 如果将一个普通的PN结的两端通过一电流表短路,回路中没有其他电源;当用光线照射该PN结时,电流表的读数_____。
    A.为零   B.增大
    C.减小   D.视光强而定

11. PN结两端分别接以下的电位值,使PN结导通的是_____。
    A.P端接+5 V,N端通过一电阻接+7 V
    B.N端接+2 V,P端通过一电阻接+7 V
    C.P端接−3 V,N端通过一电阻接+7 V
    D.P端接+1 V,N端通过一电阻接+6 V

12. 对于晶体二极管来说,以下说法错误的是_____。
    A.正向电阻很小
    B.无论加多大的反向电压,都不会导通
    C.未被反向击穿前,反向电阻很大
    D.所加正向电压大于死区电压时,二极管才算真正导通

13. 如图电路,$R=1\ \text{k}\Omega$,设二极管D导通时的管压降为0.5 V,则电压表的读数是_____。

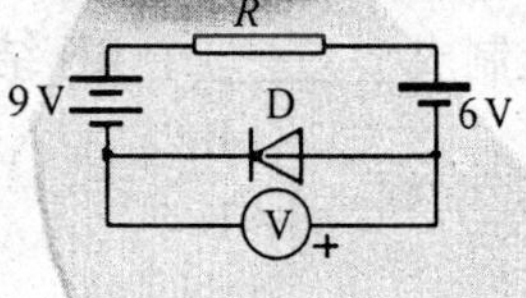

    A.0.5 V   B.15 V
    C.3 V   D.5 V

14. 图中二极管的管压降均为0.7 V,可求得 $U_o =$ _____。

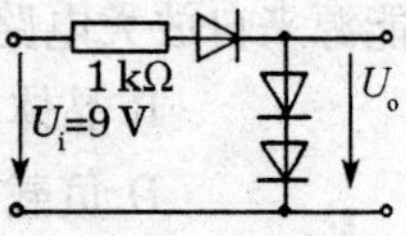

A.9 V   B.0 V
C.1.4 V   D.2.1 V

15.二极管能保持正向电流几乎为零的最大正向电压称为_____。
   A.死区电压   B.击穿电压
   C.截止电压   D.峰值电压

16.二极管基本特性是_____,而晶体管的基本功能是_____。
   A.电压放大;电流放大   B.单向导电性;电流放大
   C.电压放大;单向导电性   D.电流放大;整流

17.稳压管正常工作时,一般情况下是工作在_____状态。
   A.反向击穿   B.放大
   C.正向击穿   D.截止

18.某电工师傅在一整流滤波电路后,欲加稳压环节使电压稳定在 6 V。但手头仅有 $U_Z = 5.8$ V 的稳压管和正向导通电压为 0.2 V 的二极管,关于该环节的正确电路是_____。(R 为稳压管限流电阻)

19.稳压管的稳压功能通常是利用_____实现的。
   A.具有结电容,而电容具有平滑波形的作用
   B.PN 结的单向导电性
   C.PN 结的反向击穿特性
   D.PN 结的正向导通特性

20.晶体管有_____个 PN 结。
   A.1   B.2
   C.3   D.4

21.无论是 PNP 型还是 NPN 型,晶体管三个极的电流总有_____。
   A.$I_C = I_B + I_E$ B.$I_B = I_E + I_C$
   C.$I_E = I_B + I_C$ D.$I_E = (\bar{\beta}+1)I_B$

22.半导体三极管是在一块半导体上制成_____个 PN 结,再引出 3 个电极构成。
   A.1   B.2
   C.3   D.4

23.晶体管中的 β 参数是_____。
   A.电压放大系数   B.集电极最大功耗
   C.电流放大系数   D.功率放大系数

24.晶体管具有电流放大能力,而放大能源来自放大电路中的_____。
   A.信号源   B.晶体管本身
   C.直流电源   D.负载

25.晶体管的"控制作用"实质上就是_____。
  A.把基极电流的微小变化能够引起集电极电流较大变化的特性称为晶体管的电流放大作用
  B.把基极电压的微小变化能够引起集电极电压较大变化的特性称为晶体管的电压放大作用
  C.把基极电流的微小变化能够引起集电极电压较大变化的特性称为晶体管的放大作用
  D.把基极电压的微小变化能够引起集电极电流较大变化的特性称为晶体管的放大作用

26.用万用表测量某电路中一个NPN型晶体管的静态工作电压时,发现$U_{CE} \approx 0$时,管子处于_____。
  A.放大状态   B.饱和状态
  C.截止状态   D.放大或截止状态

27.对拆下来的NPN三极管,用数字万用表任意测三极管的两个脚,当发现固定红笔接的一脚不动,用黑笔分别接另外两脚时,万用表均有约0.6 V电压降显示。反过来对调表笔,黑笔固定的一脚不动,用红笔分别接另外两脚时,万用表显示无穷大(1XXX 或 OL);即可确定:固定的一脚确定是_____。
  A.B极   B.C极
  C.E极   D.G极

28.晶体管有PNP型、NPN型两种,若工作在放大状态时,其条件是_____。
  A.发射结正向偏置,集电结反向偏置
  B.发射结、集电结都反向偏置
  C.发射结、集电结都正向偏置
  D.视管子类型而定

29.当晶体管基极电流增加时,集电极的电流基本不变,则晶体管处于_____。
  A.放大区   B.饱和区
  C.截止区   D.放大区或饱和区

30.测得某PNP型晶体管E极电位为0.4 V,B极电位为1.2 V,C极电位为1.5 V,可判断出其工作状态为_____。
  A.截止   B.饱和导通
  C.线性放大   D.非线性放大

31.晶体管工作在截止状态时其条件是_____。
  A.发射结正向偏置,集电结反向偏置
  B.发射结电压小于其死区电压或反向偏置
  C.发射结集电结都正向偏置
  D.集电结电压大于其死区电压

32.晶体管具有放大作用时,它的集电结_____向偏置,发射结_____向偏置。
  A.正;反   B.反;正
  C.正;正   D.反;反

33.晶体管处于饱和状态时,它的集电结_____向偏置,发射结_____向偏置。
  A.正;反   B.反;正
  C.正;正   D.反;反

34.为使晶体管可靠地处于截止状态时,它的集电结_____向偏置,发射结_____向偏置。
A.正;反
B.反;正
C.正;正
D.反;反

35.晶体管作为开关使用时,主要工作于_____。
A.截止区,放大区
B.截止区,饱和区
C.放大区,饱和区
D.饱和区

36.晶体管处于饱和状态时的特征有:发射结处于_____,集电结处于_____。
A.反向偏置;正向偏置
B.正向偏置;正向偏置
C.正向偏置;反向偏置
D.反向偏置;反向偏置

37.如图所示单级晶体管放大电路,_____是信号输入端;晶体管是_____型。

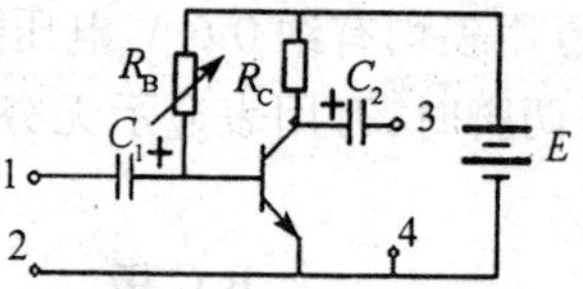

A.1-2;PNP
B.3-4;NPN
C.1-2;NPN
D.3-4;PNP

38.如图所示的单管放大电路,耦合电容 C_1、C_2 连接时要注意它们的极性,应是_____。

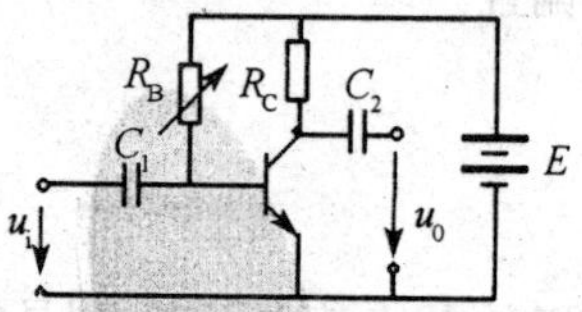

A.C_1左正右负、C_2左正右负
B.C_1左正右负、C_2左正右负
C.C_1左负右正、C_2左正右负
D.C_1左正右负、C_2左负右正

39.对于单管共射极基本放大电路,若静态工作点不合适,比较方便的做法是改变_____。
A.负载大小
B.基极电阻 R_B 的大小
C.电流放大系数的大小
D.电压放大倍数的大小

40.图为单管电压放大器,2-4端作为信号输出,则_____之间应接入待放大的输入信号;_____之间应接入工作直流电源。

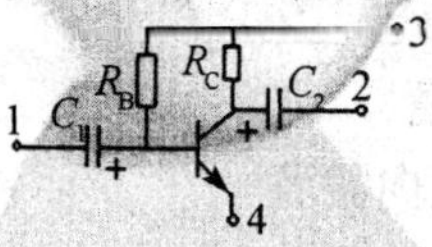

A.1-4;3-4
B.3-4;1-4
C.1-3;3-4
D.2-3;2-4

41.欲在图中加入晶体管,使之成为单管电压放大器。(u_i 为输入信号,R_L 为负载电阻,R_1 比 R_2 大得多)正确的选型和接法是_____。

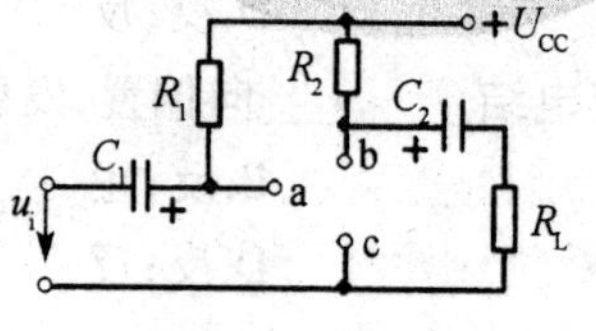

A.选用 PNP 型,a 点接基极　　　　　　B.选用 PNP 型,b 点接基极
C.选用 NPN 型,b 点接基极　　　　　　D.选用 NPN 型,a 点接基极

42.图为单管电压放大器,输入信号应加在_____之间;输出信号应从_____之间引出。

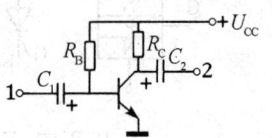

A."1"与"⊥";"2"与"⊥"
B."2"与"⊥";"1"与"⊥"
C."1"与"2";"2"与"⊥"
D."1"与"2";"1"与"⊥"

43.在晶体管基本放大电路中,由于静态工作点设置不合适而出现饱和失真;为了改善失真波形,方便的做法是应_____。

A.增大晶体管基极静态输入电流
B.减小晶体管基极静态输入电流
C.减小信号电压
D.目前的晶体管性能不好,应更换一个

44.在晶体管基本放大电路中,测试发现静态工作点已经设置在放大区中央部分,但同时出现截止和饱和失真;这说明_____。

A.测试错误
B.输入的信号幅度过大
C.为消除失真,应增大晶体管基极静态输入电流
D.为消除失真,应减小晶体管基极静态输入电流

45.组成基本放大电路的各元件中,_____是电路中的放大元件。

A.电源　　　　　　　　　　　　　　　B.晶体管
C.集电极负载电阻　　　　　　　　　　D.基极电阻

46.关于晶闸管的说法正确的是_____。

A.具有三端四层结构
B.具有与二极管完全一致的单向导电性
C.正常使用情况下,由关断转为导通的充要条件是控制极与阳极间加正向电压或正向脉冲
D.正常使用情况下,由关断转为导通的充要条件是阳极与阴极间加正向脉冲

47.晶闸管(可控硅)关断的条件是_____。

A.将控制极触发脉冲关断　　　　　　　B.减少阳极电流使之小于维持电流
C.在控制极加反向电压　　　　　　　　D.在控制极加正向电压

48.晶闸管(可控硅)的结构是_____。

A.三层四端　　　　　　　　　　　　　B.三层二端
C.四层三端　　　　　　　　　　　　　D.四层四端

49.晶闸管(可控硅)的结构及表示符号如图所示,其导通的条件是阳极和阴极间加一定的

_____电压,控制极和阴极间加一定的_____电压。

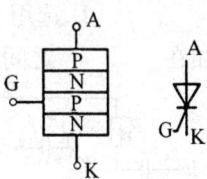

A.反向;正向 B.正向;正向
C.正向;反向 D.反向;反向

50.普通晶闸管有_____个电极。
A.1 B.2
C.3 D.4

51.在设计一灯光连续可调的交流照明台灯(220 V、45 W)灯光调节装置时,为使整个装置体积小、简单轻便、成本低、节能,采用_____控制是最优的方案。
A.可调电抗器 B.滑动变阻器
C.自耦变压器 D.可控硅(晶闸管)

52.如图所示电路,它是_____整流电路。

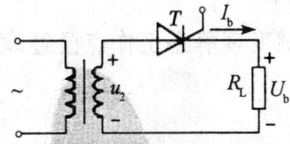

A.单相半波不可控 B.单相半波可控
C.单相全波可控 D.单相全波不可控

53.如图所示,三相桥式可控整流电路中连接在一起的3个晶闸管(VT$_1$,VT$_3$,VT$_5$)称为_____,另外连接在一起的3个晶闸管(VT$_4$,VT$_6$,VT$_2$)称为_____。

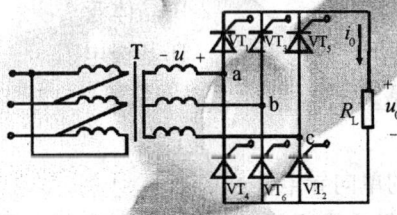

A.高压极组;低压极组 B.同性极组;异性极组
C.共阳极组;共阴极组 D.共阴极组;共阳极组

54.如图所示整流电路,正确的描述为_____。

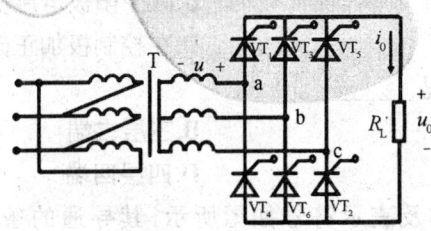

A.三相半波可控整流 B.十二脉波可控整流
C.三相桥式全控整流 D.三相不可控整流

55.晶闸管一般是不容易坏的,最简单的判断是用万用表测_____间,看看有没有_____,如果没有,一般就可使用。
A.AK;短路 B.AK;开路
C.GK;短路 D.AG;开路

56.如果是大功率晶闸管,用肉眼即可判断出控制极,即外形最小的为控制极。用万用表测量该极与其他两极,_____。
A.不通的是 K 极;相反,导通(虽然有电阻)的是 A 极
B.不通的是 K 极;相反,短路的是 A 极
C.不通的是 A 极;相反,导通(虽然有电阻)的是 K 极
D.不通的是 A 极;相反,短路的是 K 极

57.用数字式万用表二极管挡位时测晶闸管时,注意检测较大功率晶闸管时,需要在万用表黑笔中串接一节1.5 V 干电池,其主要作用是_____。
A.以提高触发电压,以确保测量时,晶闸管能被触发导通
B.以提高正向工作电压,以确保测量时,晶闸管能被触发导通
C.以提高万用表的测量信号,以确保测量成功
D.以提高万用表的电源电压,以确保测量成功

58.晶闸管有 A、K、G 三个引出脚。只有当单向晶闸管_____之间加有正向电压,同时_____之间加上所需的正向触发电压时,方可被触发导通。
A.A 与 G;A 与 K B.G 与 K;A 与 K
C.A 与 K;G 与 K D.G 与 A;G 与 K

59.晶闸管的管脚判别可用下述方法:如用指针式万用表,选择 $R×1k$ 挡测三脚之间的阻值,用红、黑两表笔分别测任意两引脚间正反向电阻直至找出读数为数十欧姆的一对引脚,该两脚分别为_____,可以肯定的是所剩的一脚为_____。
A.控制极和阳极;阴极 B.控制极和阴极;阳极
C.门极和集电极;发射极 D.门极和发射极;集电极

60.如果是大功率晶闸管,用肉眼即可判断出控制极,即_____的为控制极。用万用表测量该极与其他两极,导通(虽然有电阻)的是_____。
A.导线最大;K 极 B.导线最小;K 极
C.导线最大;A 极 D.导线最小;A 极

61.如图所示,在三相桥式可控整流电路中,输出整流电压一个周期内有_____个波,而电流波形由于是电阻性,与电压一样。每个波的宽度为_____度。

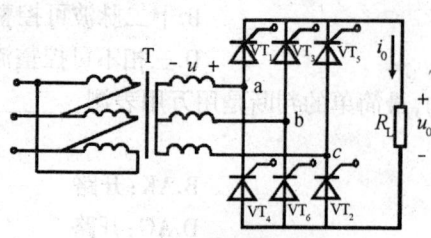

三相全控桥式整流电路

A.3;30 B.3;60
C.6;30 D.6;60

62.集成运算放大器的两个信号输入端分别为_____。

A.同相端和反相端 B.直流端和交流端
C.电压端和电流端 D.基极和集电极

63.关于集成运算放大器的说法,正确的是_____。

A.输出电阻很大

B.输入电阻很小

C.工作时不需要外接直流电源

D.用于线性运算时,一定要采用负反馈的形式

64.运算放大器构成线形反相比例运算,为了减小运算误差,则在反相端输入信号电压时,其同相端应_____。

A.通过平衡电容接地 B.输入与反相端相同的信号电压
C.通过平衡电阻接地 D.输入与反相端相反的信号电压

65.在运算放大器中,输出电压u_o与输入电压u_i的关系式为$u_o = -\frac{R_F}{R_1}u_i$,其中"-"号表示_____。

A.只能放大直流信号 B.只能放大交流信号
C.u_o与u_i反相 D.u_o与u_i成反比

66.理想运算放大器的最大输出电压U_{OPP},一般是比电源电压少_____V左右。

A.1.5 B.2.0
C.2.5 D.3.0

67.如需在两地控制电动机起停,应将两地的起动按钮相_____;停止按钮相_____。

A.并联;并联 B.串联;并联
C.串联;串联 D.并联;串联

68.电动机的起停控制线路中,常把起动按钮与被控电机的接触器常开触点相并联,这称之为_____控制。

A.自锁 B.互锁
C.连锁 D.多地点

69.电动机磁力起动器控制线路中,与起动按钮相并联的常开触点作用是_____。

A.欠压保护 B.过载保护
C.零位保护 D.自锁作用

70.如图所示,为电动机的控制线路局部,KM 为控制该电动机的接触器;则此电路可实现_____控制。

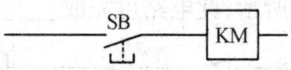

A.点动   B.自锁
C.互锁   D.连续运转

71.在为多台电动机设计顺序起动控制线路时,常由先起动的电机接触器的常开触点控制一时间继电器,而时间继电器的常开延时闭触点串入下一个待起动电机的接触器线圈回路中;此控制环节称之为_____控制。

A.自锁   B.互锁
C.连锁   D.自保

72.如图所示为电动机控制线路局部,KM 为控制该电机的接触器;这是_____控制。

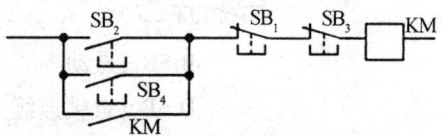

A.连锁   B.两地
C.互锁   D.压力

73.电动机的手动起动、停止控制要实现远距离多地点控制,通常是起动按钮开关_____;停止按钮开关_____。

A.常开,并联;常开,串联   B.常开,并联;常闭,串联
C.常闭,并联;常闭,串联   D.常闭,串联;常开,并联

74.图为电动机控制线路局部,属于_____控制环节。

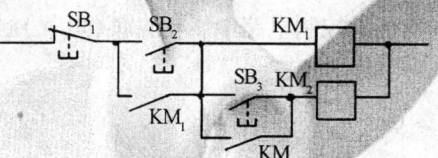

A.连锁   B.两地
C.互锁   D.点动

75.异步电动机采用反接制动进行快速停车,为防止电动机转速过零后又反向起动,常采用_____进行控制。

A.接触器   B.时间继电器
C.速度继电器   D.主令开关

76.电动机控制线路局部如图所示,此电路可完成_____控制。

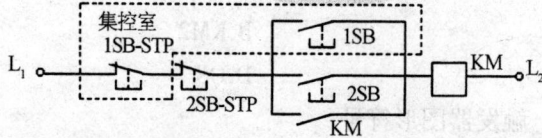

A.连锁 B.互锁
C.点动 D.两地

77.电动机控制线路局部电路如图所示,此电路可完成_____控制。

A.连锁 B.连续
C.点动 D.两地

78.如图所示电路,为电动机自锁连续控制和点动控制局部电路,按下_____可实现_____控制。

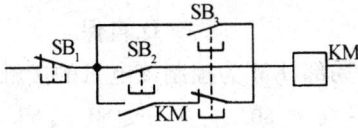

A.SB_1;点动 B.SB_2;点动
C.SB_3;点动 D.SB_3;自锁连续

79.如图所示电路,为电动机自锁连续控制和点动控制局部电路,按下_____可实现_____控制。

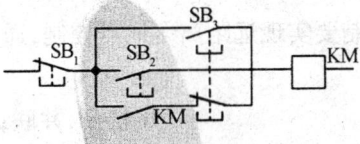

A.SB_2;自锁连续 B.SB_2;点动
C.SB_1;点动 D.SB_3;自锁连续

80.如图所示,在三相异步电动机的控制电路中属于自锁(电气)触头的是_____。

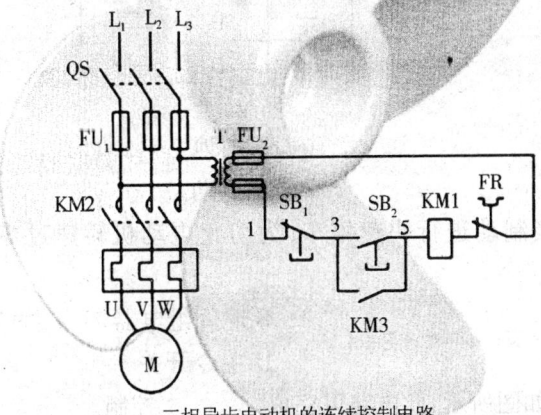

三相异步电动机的连续控制电路

A.KM1 B.KM2
C.KM3 D.QS

81.下图所示为_____触发器图形符号。

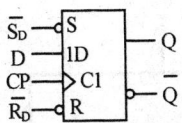

A.基本 RS 触发器　　　　　　　　B.可控 RS 触发器
C.JK 触发器　　　　　　　　　　D.D 触发器

82.下图所示为_____触发器图形符号。

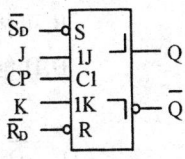

A.基本 RS 触发器　　　　　　　　B.可控 RS 触发器
C.JK 触发器　　　　　　　　　　D.D 触发器

83.下图所示为_____图形符号。

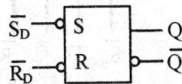

A.基本 RS 触发器　　　　　　　　B.可控 RS 触发器
C.JK 触发器　　　　　　　　　　D.D 触发器

84.下图中_____是基本 RS 触发器的符号图。

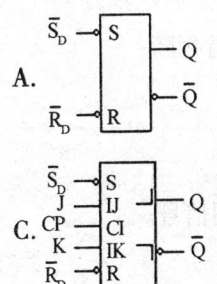
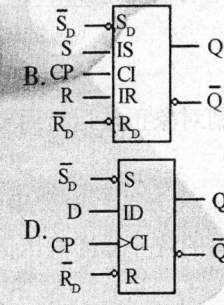

85._____是阻塞型 D 触发器的符号图。

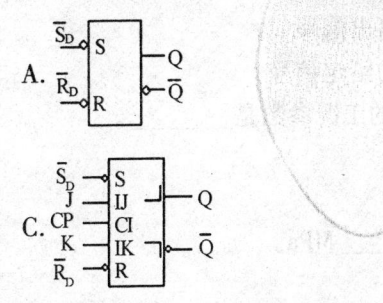

86.下图所示为_____的符号图。

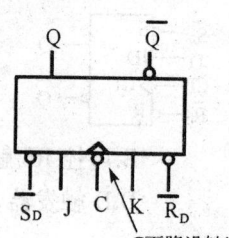
C下降沿触发翻转

A.基本 RS 触发器　　　　　　　B.可控 RS 触发器
C.JK 触发器　　　　　　　　　　D.D 触发器

87.下图所示为_____的符号图。

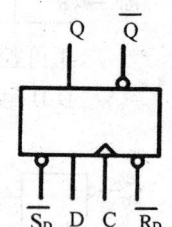

A.基本 RS 触发器　　　　　　　B.可控 RS 触发器
C.JK 触发器　　　　　　　　　　D.D 触发器

88.RS 触发器最大的作用是_____。
　　A.可控制使之输出为 1 或 0　　　B.具有存储或记忆的功能
　　C.可以实现翻转计数　　　　　　D.对时钟信号的上升沿进行判断

89.D 触发器具有_____的特点。
　　A.在时钟脉冲上升沿触发　　　　B.逻辑判断
　　C.可以实现翻转计数　　　　　　D.输入与输出隔离

90.在反馈控制系统中,调节单元根据_____的大小和方向,输出一个控制信号。
　　A.给定值　　　　　　　　　　　B.偏差
　　C.测量值　　　　　　　　　　　D.扰动量

91.在反馈控制系统中,执行机构的输入是_____。
　　A.被控参数的实际信号　　　　　B.调节器的输出信号
　　C.被控参数的偏差信号　　　　　D.被控参数的给定信号

92.在反馈控制系统中,为使控制对象正常运行而要加以控制的工况参数是_____。
　　A.给定值　　　　　　　　　　　B.被控量
　　C.扰动量　　　　　　　　　　　D.反馈量

93.在气动控制系统中,仪表之间的统一标准气压信号是_____MPa。
　　A.0.02~0.1　　　　　　　　　　B.0.2~1.0
　　C.4~20　　　　　　　　　　　　D.0.04~0.2

94.在燃油黏度自动控制系统中,测黏计是属于_____。
　　A.调节单元　　　　　　　　　　B.测量单元
　　C.控制对象　　　　　　　　　　D.执行机构

95.在反馈控制系统中,输入量是被控量,输出量是反馈信号的环节是_____。
   A.放大环节   B.测量变送环节
   C.调节器   D.执行机构

96.与闭环系统相比较,开环系统主要是没有_____。
   A.执行机构   B.反馈环节
   C.调节单元   D.显示单元

97.在反馈控制系统中,其反馈环节是_____。
   A.显示单元   B.调节单元
   C.测量单元   D.执行机构

98.在柴油机气缸冷却水温度控制系统中,其执行机构是_____。
   A.淡水泵   B.海水泵
   C.淡水冷却器   D.三通调节阀

99.在反馈控制系统中,r是给定值,y是被控量,z是测量值,d是扰动量,则偏差E是_____。
   A.$E=r-z$ B.$E=r-d$
   C.$E=r-y$ D.$E=y-d$

100.在运行参数的自动控制系统中,若测量单元发生故障而无信号输出,则该控制系统变成_____。
   A.负反馈控制系统   B.正反馈控制系统
   C.闭环控制系统   D.开环控制系统

101.在反馈控制系统中,输入信号是被控量的偏差值,输出信号决定调节阀开度的单元是_____。
   A.显示单元   B.调节单元
   C.执行机构   D.测量单元

102.在柴油机转速自动控制系统中,磁脉冲传感器属于_____。
   A.显示单元   B.调节单元
   C.测量单元   D.执行机构

103.在自动控制系统中,可编程控制器(PLC)属于_____。
   A.测量单元   B.控制单元
   C.执行机构   D.控制对象

104.可编程控制器(PLC)的基本结构不包括_____。
   A.CPU模块   B.I/O模块
   C.电源   D.显示器

105.可编程序控制器的总线多为基板形式,并采用紧凑的无槽位限制的模块化结构,其模块一般包括_____。
   A.积木式模块   B.质量控制模块
   C.图像模块   D.CPU模块

106.在可编程序控制器中,CPU模块主要用来_____。
   A.完成编辑用户程序   B.完成编制用户程序

C.完成存取用户程序　　　　　　　　D.完成执行用户程序

107.在可编程序控制器中,CPU模块主要由微处理器和_____组成。
A.计算器　　　　　　　　　　　　　B.存储器
C.运算器　　　　　　　　　　　　　D.操作器

108.在可编程序控制器的存储器中,用EPROM存放_____。
A.公式　　　　　　　　　　　　　　B.数据
C.固定程序　　　　　　　　　　　　D.用户程序

109.可编程序控制器合上电源后,在系统软件的管理下首先进行的工作是_____。
A.自诊断　　　　　　　　　　　　　B.输入用户程序
C.读入现场信号　　　　　　　　　　D.输出结果

110.可编程序控制器在执行用户程序阶段,CPU逐条解释和处理用户程序,程序执行以后得出的运算结果_____。
A.立即送至内存中输出信号状态缓冲区　B.立即输出
C.CPU闲时才做向外输出　　　　　　D.CPU工作时才做向外输出

111.可编程序控制器主要由_____、存储器、I/O模块、通信接口和电源等组成。
A.ALU　　　　　　　　　　　　　　B.PLC
C.CPU　　　　　　　　　　　　　　D.寄存器

112.可编程序控制器的总线多为基板形式,并采用紧凑的无槽位限制的模块化结构,其模块一般包括_____。
A.积木式模块　　　　　　　　　　　B.I/O模块
C.图像模块　　　　　　　　　　　　D.质量控制模块

113.可编程序控制器输入/输出模块(I/O模块)的主要作用之一是_____。
A.输入/输出设备的连线的转换　　　　B.输入/输出设备的连线
C.输出设备的转换　　　　　　　　　D.信号电平的转换

114.在可编程序控制器中,数字量输出模块按输出开关器件的种类不同可为_____输出方式。
A.交直流两用输出模块　　　　　　　B.二极管
C.继电器触点　　　　　　　　　　　D.电子管

115.在可编程序控制器中,数字量输出模块按输出开关器件的种类不同可为_____输出方式。
A.晶闸管　　　　　　　　　　　　　B.二极管
C.交直流两用输出模块　　　　　　　D.电子管

116.可编程序控制器模拟量输入模块的主要组成部件包括_____。
A.放大器　　　　　　　　　　　　　B.调节器
C.变换器　　　　　　　　　　　　　D.A/D转换器

117.可编程序控制器输出接口具有较强的驱动能力,可以直接与_____连接。
A.接触器　　　　　　　　　　　　　B.启动器
C.执行器　　　　　　　　　　　　　D.大、中型电机

118.可编程序控制器输出接口具有较强的驱动能力,可以直接与_____连接。
A.启动器　　　　　　　　　　　　　B.电磁阀

C.执行器 D.大、中型电机

119. 在可编程序控制器中,数字量输出模块将PLC内部信号电平转换成过程所要求的外部信号电平,可直接用于驱动_____。
  A.放大器 B.变换器
  C.电磁阀 D.调节器

120. 在可编程序控制器中,数字量输入模块将现场过程数字信号电平转换成PLC内部CPU的_____。
  A.逻辑电平 B.继电器触点
  C.脉冲电平 D.负逻辑电平

121. 可编程序控制器常用的编程语言为_____、指令语句表、控制系统流程图以及高级语言。
  A.汇编语言 B.梯形图
  C.符号表 D.二进制编码

122. 在可编程序控制器中,利用梯形图来编制程序应按照_____的顺序排列。
  A.从左到右、从上而下 B.从右到左、从上而下
  C.从左到右、从下而上 D.从右到左、从下而上

123. 可编程序控制器梯形图中的触点有常开、常闭两种,它们可以是PLC内_____的触点。
  A.输入继电器 B.累加器
  C.控制器 D.程序存储器

124. 可编程序控制器梯形图中的触点有常开、常闭两种,它们可以是PLC内_____的触点。
  A.累加器 B.输出继电器
  C.控制器 D.程序存储器

125. 可编程序控制器梯形图中的触点有常开、常闭两种,它们可以是PLC内_____的触点。
  A.程序存储器 B.累加器
  C.控制器 D.辅助继电器

126. 以下可编程序控制器用户程序编写示例图中,_____是梯形图。

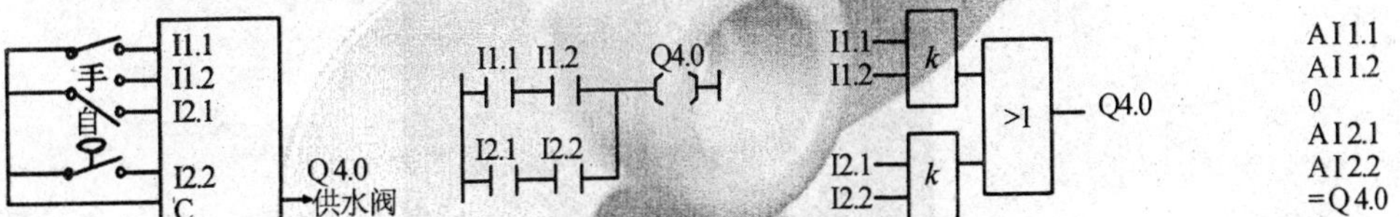

  A.(a) B.(b)
  C.(c) D.(d)

127. 下图所示为PLC的一种网络连接,其中台式计算机的作用是_____。

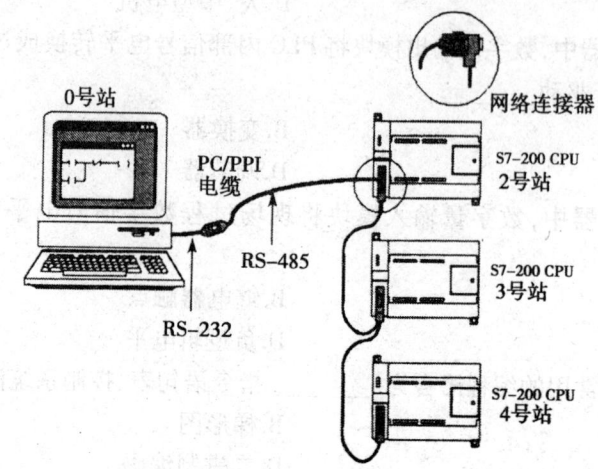

A.起编程器作用
B.监控程序的运行
C.只在编程期间连接,编程结束后断开
D.一方面,起编程器作用;另一方面,可以监控程序的运行

128.可编程序控制器中,编程器的工作方式有两种,即编程方式和_____。

A.离线方式 B.监控工作方式
C.远程方式 D.遥控方式

129.由单片机组成数字调节器的反馈控制系统,与气动或常规电动系统的最大区别是控制单元采用了_____。

A.PID 调节系统 B.集成放大器系统
C.单片机系统 D.积分控制系统

130.图中为_____调节器。

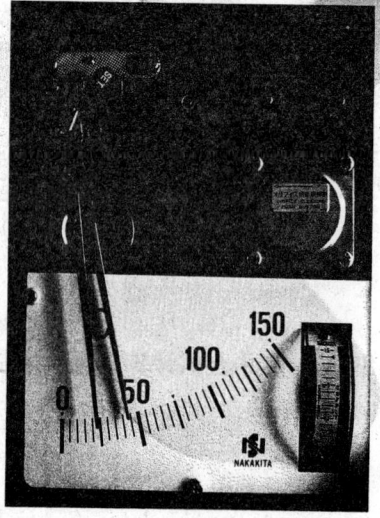

A.气动 PID B.电动 PID
C.数字 PID D.双位

131. 图中为_____调节器。

A. 电动 PID B. 数字 PID
C. 双位 D. 气动 PID

132. 图中红色指针为_____指针。

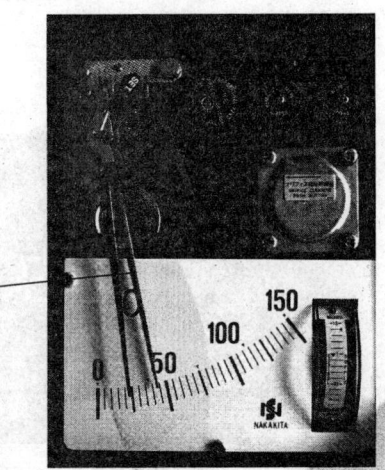

A. 测量 B. 给定
C. 上限 D. 下限

133. 图中黑色指针为_____指针。

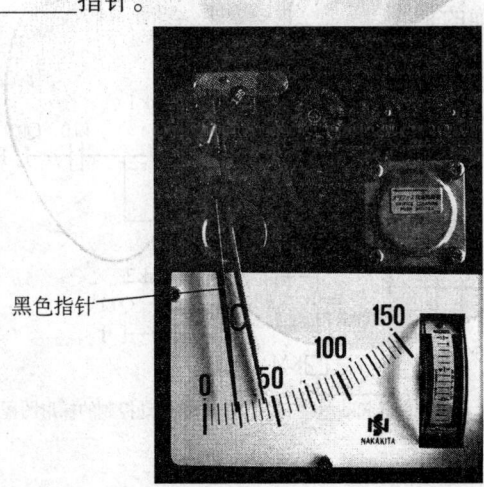

A.测量　　　　　　　　　　　　B.给定
C.上限　　　　　　　　　　　　D.下限

134. 图中 PV 为_____值。

A.测量　　　　　　　　　　　　B.设定
C.上限　　　　　　　　　　　　D.下限

135. 图中 SV 为_____值。

A.测量　　　　　　　　　　　　B.设定
C.上限　　　　　　　　　　　　D.下限

136. 如图所示,在三相异步电动机的控制电路中,采用 PLC 取代继电器电路对电机进行起动控制,图(a)与(b)相对应正确的是_____。

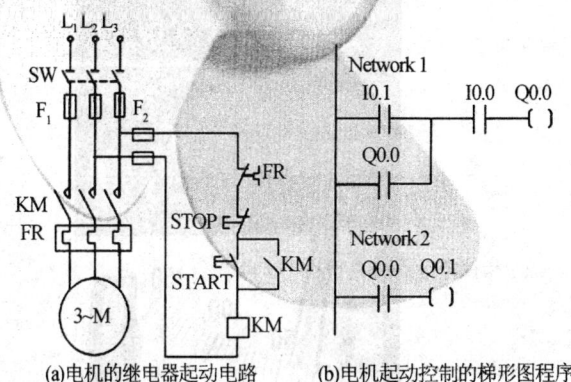

(a)电机的继电器起动电路　　　(b)电机起动控制的梯形图程序

A.I0.0:停车　　　　　　　　　　B.I0.1:停车

C.Q0.0:电动机   D.Q0.1:继电器线圈

137.如图所示,在三相异步电动机的控制电路中,采用PLC取代继电器电路对电机进行起动控制,图(a)与(b)相对应正确的是_____。

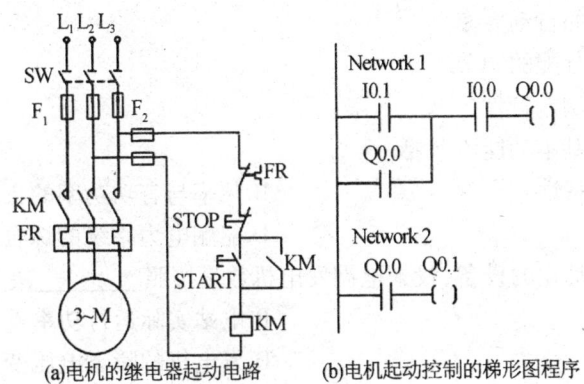

(a)电机的继电器起动电路   (b)电机起动控制的梯形图程序

A.I0.0:起动   B.I0.1:起动
C.Q0.0:电动机   D.Q0.1:继电器线圈

138.在自动负荷控制的变距桨主机遥控系统中,自动负荷控制是_____。
    A.通过操纵手柄控制桨叶角,即桨叶角驱动装置跟随操纵手柄动作
    B.根据检测实际负荷与设定负荷的比较并自动调整桨叶角的位置,从而与主机预定的功率相适应
    C.根据检测实际转速与设定转速的比较并自动调整桨叶角的位置,从而与主机预定的功率相适应
    D.通过控制开关直接控制桨叶角驱动装置的伺服电机改变桨叶角

139.自动调频调载装置的作用不可能是_____。
    A.保持电网电压的频率恒定
    B.按并联运行机组的容量比例进行负荷分配
    C.当接到解列指令,可自动转移负荷
    D.主发电机出现过载时自动分级将次要负载从电网切除

140.船舶电站运行时,_____参数必须保持恒定,这是供电质量的重要指标。
    A.电压、频率   B.电压、电流
    C.电压、功率   D.频率、电流

141.某船舶有三台发电机和一台应急发电机。一台发电机在网运行,其他发电机都处于备车完成状态。当在网发电机跳闸时_____。
    A.应急发电机马上起动
    B.第一备用机组马上起动
    C.第二备用机组起动
    D.应急发电机马上起动,1号备用机组延时起动

142.在船舶电站中,要求电网_____。
    A.无功电流稳定   B.有功电流稳定

C.电压稳定 D.功率稳定

143.船舶电站自动化基本功能不包括_____。
A.按顺序自动起动备用机组,并能自动投入、自动停机
B.发电机组之间的自动并车
C.发电机组功率分配的调节
D.自动调节电压调差特性

144.船舶电站自动化基本功能不包括_____。
A.自动调节调速特性 B.频率与有功功率的自动调节
C.重载询问 D.船舶电力系统的综合保护

145.对于船舶电站自动化的设备,投入电网发电机数量按照_____决定。
A.电站电压 B.电站实际运行功率
C.电网频率 D.发电机的瞬态电压变化率

146.船舶自动电站备用机组在备机状态下,_____应处于自动工作状态。
A.滑油预润滑 B.电瓶预充电
C.调压器预调节 D.调速器预调整

147.船舶自动化电站运行中,在接到解列运行机组的指令后,进入解列程序,此时如电网总负载大于在网发电机额定功率的85%,则_____。
A.自动取消解列指令
B.继续执行解列指令
C.解列成功后,再自动起动另一备用机组
D.解列成功后,再自动起动该备用机组

148.在自动电站中,当运行发电机组可能发出的总功率与实际承担的总功率之差_____,说明电站的功率过于富余。
A.小于最大功率余量 B.小于最小功率余量
C.大于最大功率余量 D.大于最小功率余量

149.船舶自动电站系统在发出解列信号后,控制_____。
A.自动调频调载装置将待停发电机组的负载转移给其他运行发电机组后,再将该机 ACB 分闸
B.自动电压调节装置将待停发电机组的电流转移给其他运行发电机组后,再将该机 ACB 分闸
C.待停发电机组的电子调速器减小油门直至负载为0,再将该机 ACB 分闸
D.待停发电机组的电子调压器减小电流直至为0,再将该机 ACB 分闸

150.船舶自动电站在解列指令发出后,通过_____将待停发电机组的负载转移给其他运行发电机组后,再将该机 ACB 分闸。
A.自动调频调载装置 B.调速器
C.调压器 D.调速器和调压器

151.在船舶电站中,重载询问是指_____。
A.在高负荷状态下,发电机组运行是否稳定

B.在高负荷状态下,电网的电压和频率波动是否超过允许值

C.投入一个大负载时,电网功率储备是否足够,是否需要增机

D.投入一个大负载时,电网电压、频率波动是否符合要求

152._____一般不是发电机组自动起动的因素。

A.电网负载过重　　　　　　　　B.船舶侧推器有起动请求

C.在网发电机组有故障　　　　　D.舵机操舵过程中

153.有重载询问的船舶自动电站系统中,在大功率负荷起动箱上,按下起动按钮后,_____。

A.可以先起动,然后根据负载大小起动备用发电机组

B.不可以起动,必须先起动备用发电机组后再起动

C.视当前发电机组的功率余量,如果足够,则可立即起动

D.视当前发电机组的功率余量,如果不够,则采取软起动方式起动

154.船舶自动电站的重载起动询问信号的处理中,不包括_____。

A.模拟运算实际负载与发电机功率余量

B.起动负载限定

C.发电机过载保护设定

D.起动询问的功率值计算

155.某船电站的单台发电机额定功率为 500 kW,如_____的额定功率大于 425 kW 时,应起动备用机组。

A.正在运行的负载

B.当前负载加上按下起动按钮的负载之和

C.按起动按钮的负载

D.运行的负载加上正在起动的负载

156.在电站中有三台机组的情况下,需要增机情况大约有以下几种,但下面_____不是需要增机的理由。

A.单机正常运行,负荷 50%以上

B.单机运行不正常

C.单机运行有重载请求,贮备容量不够

D.单机运行,突然跳闸,电网失电,起动下一台

157.自动化电站中,1 号运行,2 号备用,3 号手动,现 1 号重载,2 号起动故障,则系统会_____。

A.仅声光报警　　　　　　　　　B.1 号跳闸失电

C.起动 3 号　　　　　　　　　　D.报警且提示机组"已经用完"

158.自动电站中对于备用机组的起动必须安排一个顺序,_____。

A.三台发电机组的自动电站按 1-2-3-1 的次序

B.自动电站按运行时间自行设定

C.默认固定顺序或手动设定顺序

D.按发电机历史故障次数设定

159.自动电站中对于备用机组的顺序起动,需要起动的条件不包括_____。

A.运行的机组出现淡水高温报警　　　B.并联运行中的一台出现逆功

C.待并的发电机合闸失败　　　　　　D.单机运行时间较长

160.自动电站中对于备用机组的顺序起动,需要起动的条件包括_____。

A.运行的机组出现发电机绕组高温报警

B.试验辅锅炉保护控制

C.试验应急发电机组

D.单机运行时间较长

161.三台发电机组的自动电站中,两台已并联,则因负载增加,需要再起动下一台信号出现时,自动电站_____。

A.封锁该信号,仍保留最后一台备用

B.起动最后备用,并随后解列原运行的一台机组

C.起动最后备用,并保持三台并联

D.封锁该信号,并开始进行优先脱扣

162.关于船舶自动化电站中交流发电机的自动并车,下列说法错误的是_____。

A.待并发电机并入电网运行的操作称为并车操作

B.并车过程中冲击电流不能超过允许值

C.并车操作时,发电机投入电网后能迅速拉入同步

D.只要并车时满足并车条件,并车过程就不会产生冲击电流

163.在同步发电机自动并车中,要检测脉动电压,脉动电压是指_____。

A.待并发电机发出的交流电压

B.电网中的交流电压

C.待并机投入电网前主开关两侧电压差

D.待并机与工作机的转速差

164.在发电机组自动并车过程中,待并发电机组的加速与减速是由_____来控制的。

A.频差电压的幅值　　　　　　　　　B.频差电压的周期

C.频差方向　　　　　　　　　　　　D.电压差的大小

165.发电机自动并车装置中,获得恒定超前角的目的是_____。

A.检测频差大小　　　　　　　　　　B.检测频差方向

C.考虑开关动作时间　　　　　　　　D.避开动态过程

166.船舶电站处于自动电站状态时,出现自动起动备用机组,并准备并车,此时_____。

A.同步表将自动投入工作

B.自动调整待并机电压

C.将会自动发出合闸信号

D.发合闸信号时的电压、频率和相位将完全一样

167.船舶电站处于自动电站状态时,自动并车装置的特殊功能有_____。

A.电压差超限报警后,自动调整电压

B.出现频率一致时,即不再调节发动机速度

C.正常情况下,并车时采用正频差合闸

D.如同步比较困难,指示延长了合闸时间,并不影响同步工作

168.自动调频调载装置,一般说来不能完成_____。
A.维持调速特性不一致的两机组有功功率分配均匀
B.保持电网电压的频率恒定
C.接到解列指令,自动进行负荷转移
D.根据目前网上负荷大小自动调整发电机台数

169.自动调频调载就是能_____;接受解列指令时能自动控制负荷转移。
A.自动维持电网频率恒定;保证无功功率按比例分配
B.自动维持电网频率恒定;保证有功功率按比例分配
C.自动维持电网电压恒定;保证有功功率按比例分配
D.自动维持电网电压恒定;保证无功功率按比例分配

170.有两台同容量的交流发电机组并联运行时,若1#机组有功功率小于2#机组有功功率,为使两机组担负的有功功率相等,其调整的方法是_____。
A.减小1#机组发电机油门,增大2#机组发电机油门
B.增大1#机组发电机油门,减小2#机组发电机油门
C.减小1#机组励磁电流,增大2#机组励磁电流
D.增大1#机组励磁电流,减小2#机组励磁电流

171.两台调差系数相同的同容量发电机组并联运行,可实现_____。
A.功率分配均匀,且频率恒定
B.功率分配均匀,但频率随负载增加而降低
C.频率恒定,但功率分配不均
D.功率分配不均,且频率随负载增加而增加

172.交流同步电机并车成功后,进行有功功率的转移和分配是通过调整_____来实现的。
A.发电机组柴油机的油门大小   B.发电机励磁电流大小
C.发电机负载电流大小   D.发电机电压大小

173.对电站自动化的自动调频与有功功率自动调节功能的错误认识是_____。
A.多台机组额定功率不同,则要求按比例分配负载
B.多台机组额定功率都相同,则要求均匀分配负载
C.该功能可通过调频调载装置及调速器来实现
D.该功能可通过调自动励磁调整装置来实现

174.要使并联运行中的交流发电机输出有功功率增加,需_____。
A.开大油门   B.减小励磁
C.增加励磁   D.减小油门

175.当并联运行的两台发电机负载分配不均匀,$P_1>P_2$,但电网频率是额定值时,应该_____。
A.增大2#机油门
B.减小1#机油门
C.增大2#机油门,同时减小1#机油门
D.增大2#机油门和励磁

176. 在船舶电站中，单机运行时，在负荷不变的情况下，减小油门会使电网频率_____。
   A.升高 B.下降
   C.不变 D.不一定

177. 某船舶电站，两机并联运行时，有功功率能均分。但当总负荷变化时，两机有功负荷相差很大，不可能的原因是_____。
   A.两机的调速特性相差很大 B.其中一台调速器损坏
   C.负荷变化太快 D.其中一台调速马达损坏

178. 船舶电站交流发电机组单机运行和并联运行时，对其调速特性的要求分别为_____。
   A.无差调节，无差调节 B.有差调节，无差调节
   C.无差调节，有差调节 D.有差调节，有差调节

179. 船舶自动电站自动调频调载装置需要的输入信号和输出的执行信号分别是_____。
   A.输入是电压、电流信号；输出是调压器设定信号
   B.输入是转速、油门信号；输出是调压器设定信号
   C.输入是转速、电流信号；输出是调速器设定信号
   D.输入是频率、功率信号；输出是调速器设定信号

180. 船舶自动电站并联运行中，有功功率分配情况最好的调速特性是_____。
   A.两台无差调节 B.一台有差调节，一台无差调节
   C.两台均为有差调节 D.两台均为特性一致的有差调节

181. 自动调频调载装置_____改善调速器的动态性能，当扰动过程结束，系统稳定后，_____。
   A.能；发动机转速不等于给定转速
   B.能；发动机转速等于给定转速
   C.不能；发动机转速不等于给定转速
   D.不能；发动机转速等于给定转速

182. 如图所示频率变换器，其作用是_____。

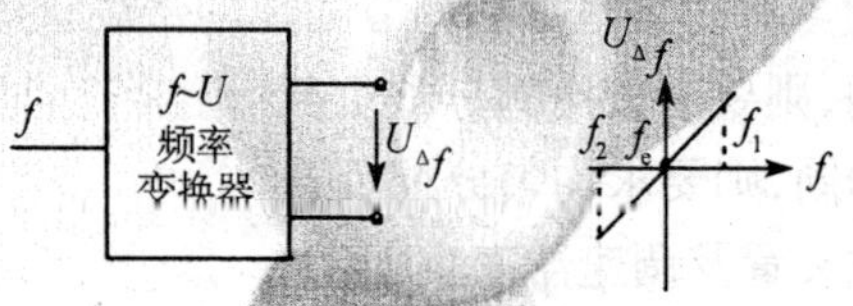

   A.输出与电网频率成比例
   B.输出值与电网频率和额定频率的差值成比例
   C.输出与待并发电机频率成比例
   D.输出值与电网频率和待并发电机频率的差值成比例

183. 在船舶电站的实际运行工况中，负载电流是经常变化的，因此导致发电机的输出电压也随之变化，需要设备配有_____。
   A.自励恒压装置 B.自动并车装置
   C.自动调速装置 D.自动调载装置

184. 在船舶发电机自励恒压系统中，励磁装置需具备很多功能，但是不包括_____。

A.合理分配发电机间的无功功率　　　　B.强行励磁功能
C.保持电力系统运行的稳定性　　　　　D.自动调频调载

185.船舶发电机自动励磁调整装置内一般配有_____。
A.不可控相复励励磁装置
B.可控相复励励磁装置
C.三相电压互感器和三相电流互感器
D.微处理器

186.在两台交流发电机组并联运行期间,现要提高1#机组的功率因数降低2#机组的功率因数,并保持电压不变,应该_____。
A.减小1#机组原动机油门,增大2#机组原动机油门
B.增大1#机组原动机油门,减小2#机组原动机油门
C.减小1#机组励磁电流,增大2#机组的励磁电流
D.增大1#机组励磁电流,减小2#机组的励磁电流

187.两台电压调差系数相同的同容量交流发电机组并联运行时,随着无功功率的增大,电网电压将会_____。
A.略有上升　　　　　　　　　　　B.略有下降
C.保持不变　　　　　　　　　　　D.不一定

188.要使并联运行中的交流发电机输出无功功率减小,应_____。
A.开大油门　　　　　　　　　　　B.减小励磁
C.增大励磁　　　　　　　　　　　D.减小油门

189.在网发电机组的无功功率的调整,通过调整_____进行。
A.发电机的励磁电流　　　　　　　B.发电机的运行转速
C.发电机的输出功率　　　　　　　D.发电机的输出电流

190.船舶发电机自励恒压系统在并联运行时,要求其调压特性为_____。
A.并联机组调压特性完全一样
B.并联机组调压特性可不一样,另由自动调压来调压
C.并联机组调压特性可不一样,但可由其特性实现自动平衡
D.并联机组调压特性尽量接近

191.在锅炉电极式双位水位控制系统中,给水泵电机起动时刻为_____。
A.水位在上限水位　　　　　　　　B.水位下降到中间水位
C.水位下降到下限水位　　　　　　D.水位上升到中间水位

192.在锅炉电极式双位水位控制系统中,给水泵电机断电停止向锅炉供水的时刻为_____。
A.水位上升至上限水位　　　　　　B.水位下降至中间水位
C.水位下降至下限水位　　　　　　D.水位上升至中间水位

193.在电极式辅锅炉水位双位控制系统中,把锅炉给水泵转换开关放在自动位置,在_____情况下,锅炉给水泵停止向锅炉供水。
A.从下限水位上升至上、下限水位之间　　B.从上限水位下降至上、下限水位之间
C.水位在下限水位　　　　　　　　D.只要在上下限水位之间

194. 在电极式锅炉水位控制系统中,电极 1、2、3 分别检测高水位、低水位和危险水位,如果 3#电极出现结水垢严重,可能导致的故障是_____。
   A. 给水泵一直工作　　　　　　　　B. 给水泵一直不能工作
   C. 水位过低也不会有报警　　　　　D. 水位任意位置,均报水位低报警

195. 柴油机货船辅锅炉电极式双位水位自动控制系统,其原理如图所示。若电极 2 在连接处断开,则_____。

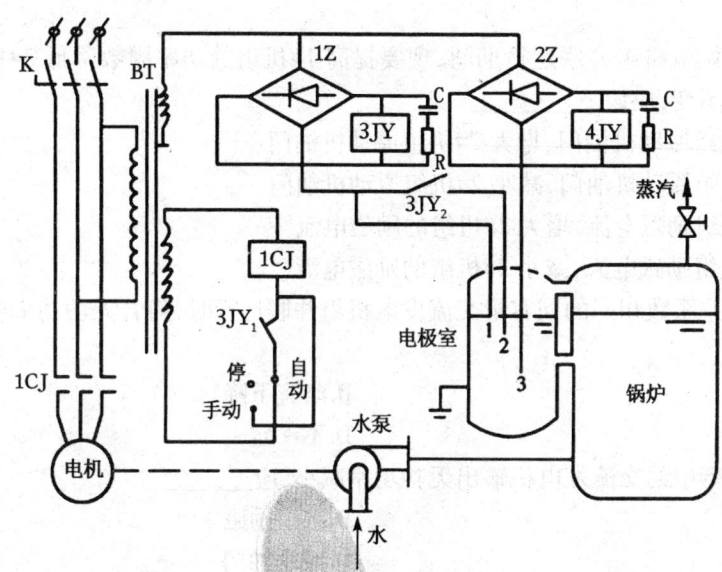

   A. 水泵不起动　　　　　　　　　　B. 水泵不停机
   C. 锅炉保持低水位　　　　　　　　D. 锅炉保持高水位

196. 在锅炉电极式双位水位控制系统中,电极 1、2、3 分别检测高水位、低水位和危险水位,为提高锅炉允许的高水位,调整方法是_____。

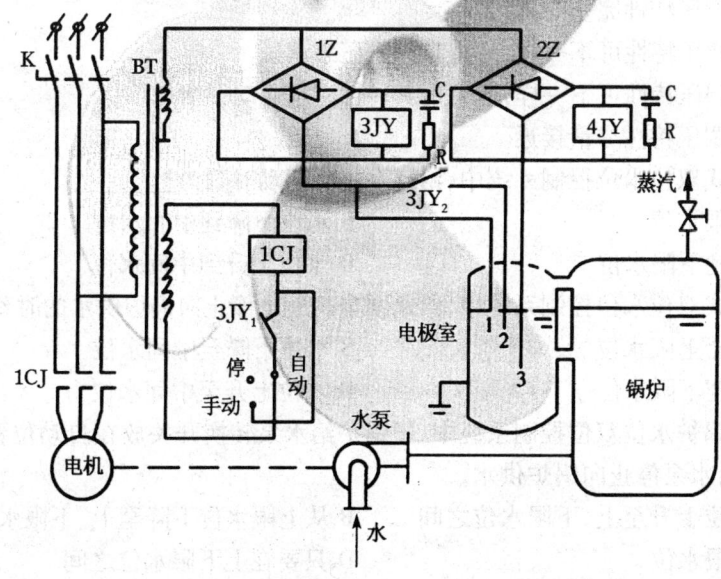

A.电极1、2不动,降低电极3　　　　B.电极1、3不动,降低电极2

C.电极1、3不动,升高电极2　　　　D.电极2、3不动,升高电极1

197.锅炉水位双位控制系统的电极室需要定期放水的原因是为了避免_____。

A.水的盐度太高　　　　　　　　　B.水的碱性太高

C.水的纯度太高　　　　　　　　　D.水的酸性太高

198.在锅炉电极式双位水位控制系统中,为同时提高上下限水位,其调整方法是_____。

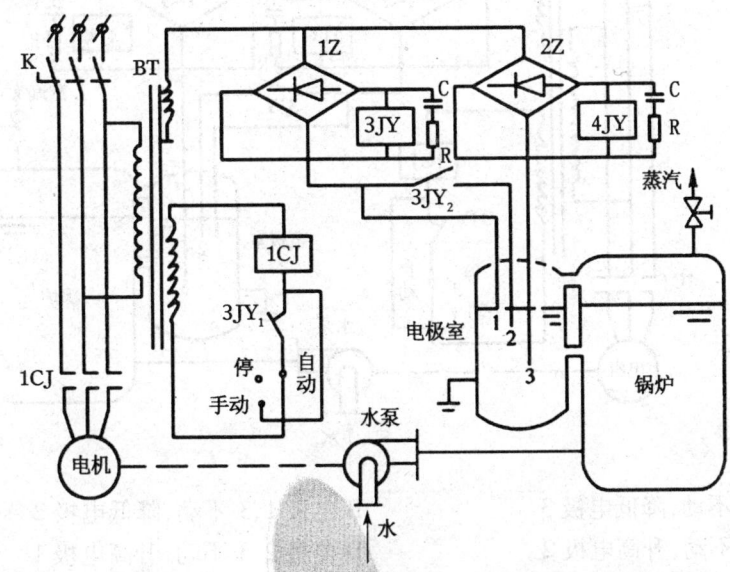

A.下移1#电极,上移2#电极　　　　B.同时上移1#和2#电极

C.同时下移1#和2#电极　　　　　　D.上移1#电极,下移2#电极

199.在锅炉电极式双位水位控制系统中,把电极1上移,把电极2下移,则锅炉的上、下限水位的变化是_____。

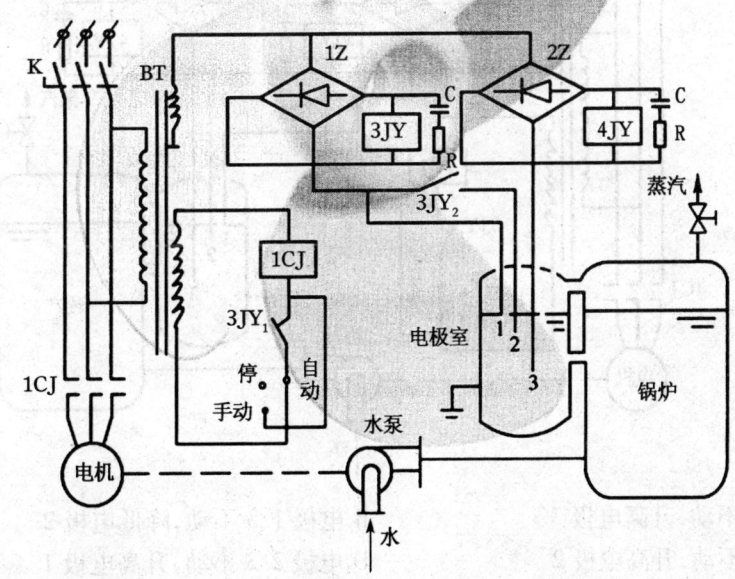

A. 上限水位上升,下限水位降低　　　B. 上、下水位均提高
C. 上、下限水位均降低　　　　　　　D. 上限水位降低,下限水位提高

200. 在锅炉电极式双位水位控制系统中,电极1、2、3分别检测高水位、低水位和危险水位,为提高低水位,其调整方法是_____。

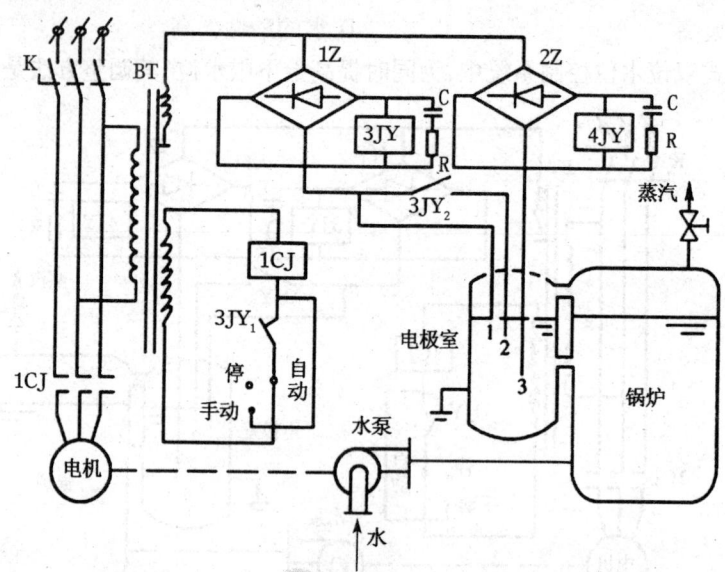

A. 电极1、2不动,降低电极3　　　B. 电极1、3不动,降低电极2
C. 电极1、3不动,升高电极2　　　D. 电极2、3不动,升高电极1

201. 在锅炉电极式双位水位控制系统中,电极1、2、3分别检测高水位、低水位和危险水位,为提高锅炉允许的危险水位,其调整方法是_____。

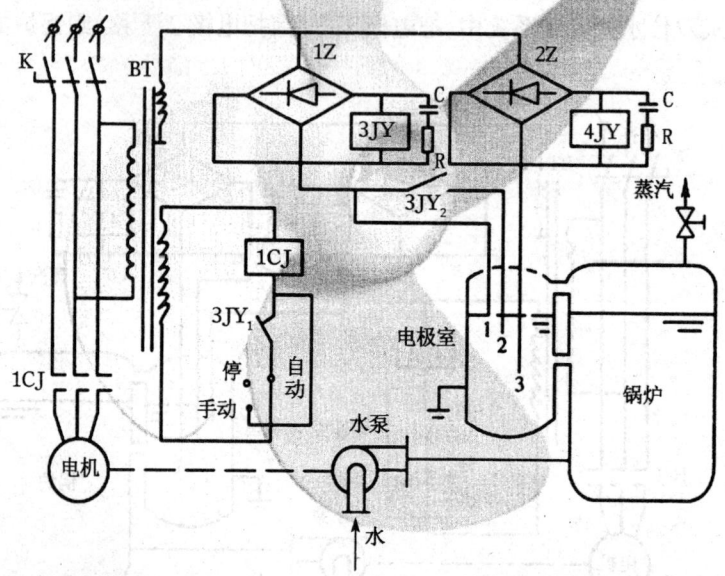

A. 电极1、2不动,升高电极3　　　B. 电极1、3不动,降低电极2
C. 电极1、3不动,升高电极2　　　D. 电极2、3不动,升高电极1

202. 在锅炉电极式双位水位控制系统中,若 3#电极与壳体短路,则可能出现的现象为_____。

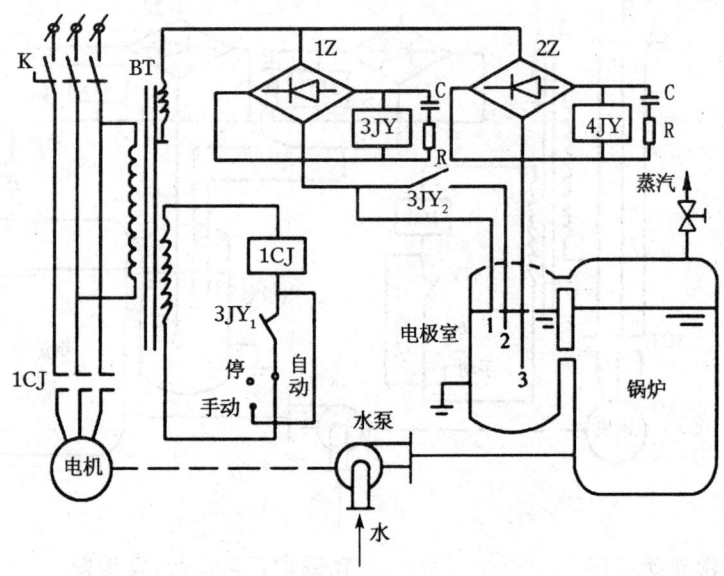

A. 锅炉满水
B. 锅炉失水
C. 锅炉失水不会自动停炉
D. 始终发失水报警,不能起动锅炉

203. 在锅炉电极式双位水位控制系统中,若 3#电极结满水垢,则可能出现的现象为_____。

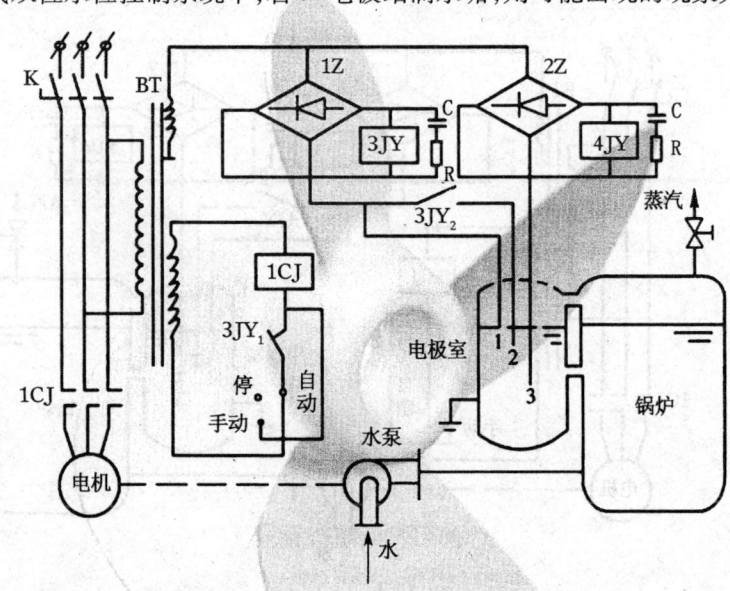

A. 锅炉满水
B. 锅炉失水
C. 锅炉失水不能停炉
D. 发失水报警,不能起动锅炉

204. 在锅炉电极式双位水位控制系统中,若控制危险低水位的继电器 4JY 线圈断路,则系统可能出现的现象是_____。

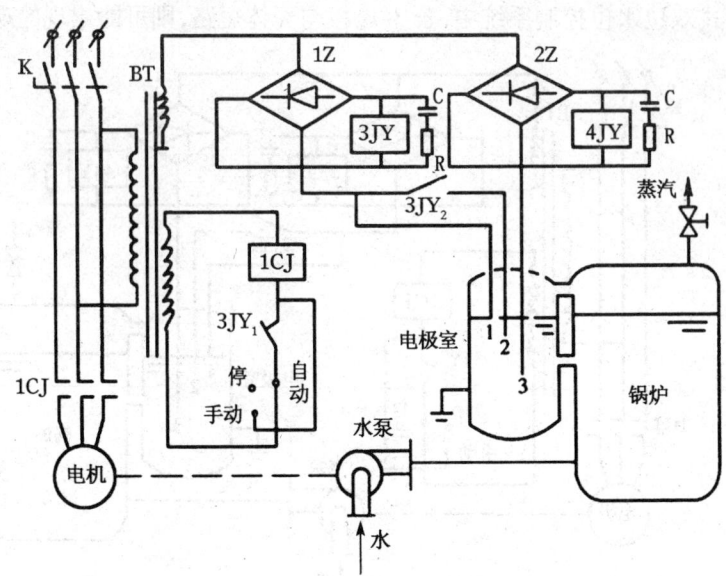

A. 系统能正常起动运行 B. 锅炉正常运行,发报警
C. 水位在下限水位振荡 D. 锅炉不能起动或停炉

205. 在锅炉电极式双位水位控制系统中,若检测危险水位的3#电极在锅炉运行中发生断路,则可能出现的问题是_____。

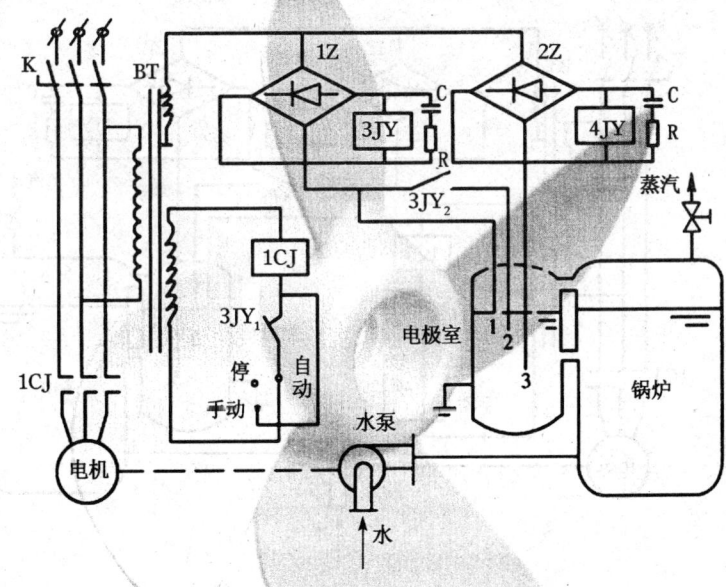

A. 给水泵起动 B. 不影响正常运行
C. 给水泵停止 D. 发出危险低水位报警

206. 在电极式锅炉水位双位控制系统中,若电极2结垢严重,可能出现的现象是_____。

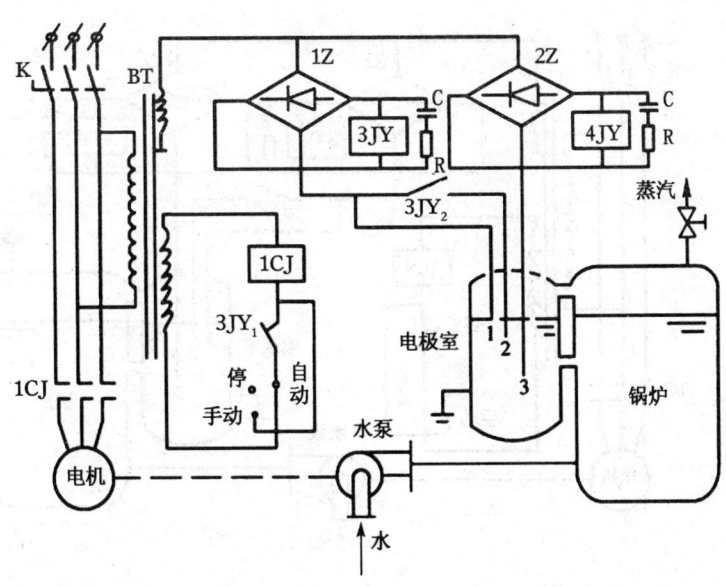

A. 水位在高水位附近波动　　　　B. 水位在低水位附近波动
C. 锅炉失水　　　　　　　　　　D. 锅炉满水

207. 在锅炉电极式双位水位控制系统中,如果电极2与外壳短路,可能出现的问题是_____。

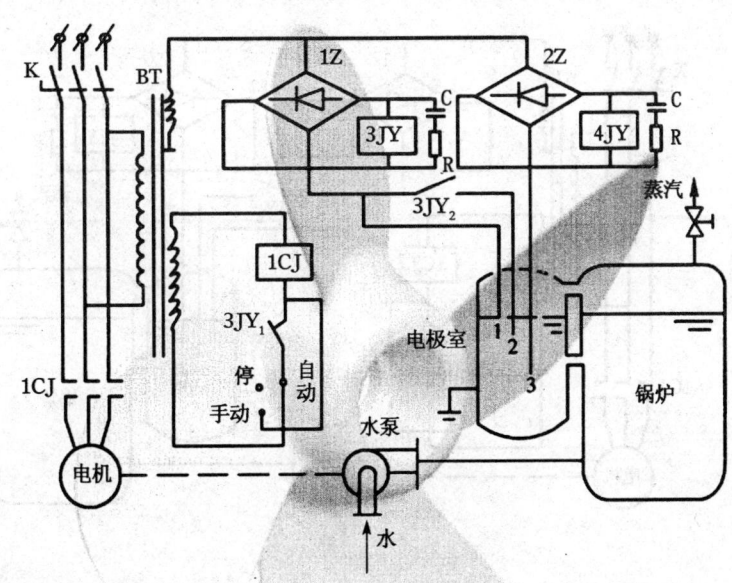

A. 水位在高水位振荡
B. 水位下降到低水位时无法自动补水
C. 水位在低水位振荡
D. 锅炉满水

208. 在电极式锅炉水位双位控制系统中,若1#电极结垢严重,则故障现象是_____。

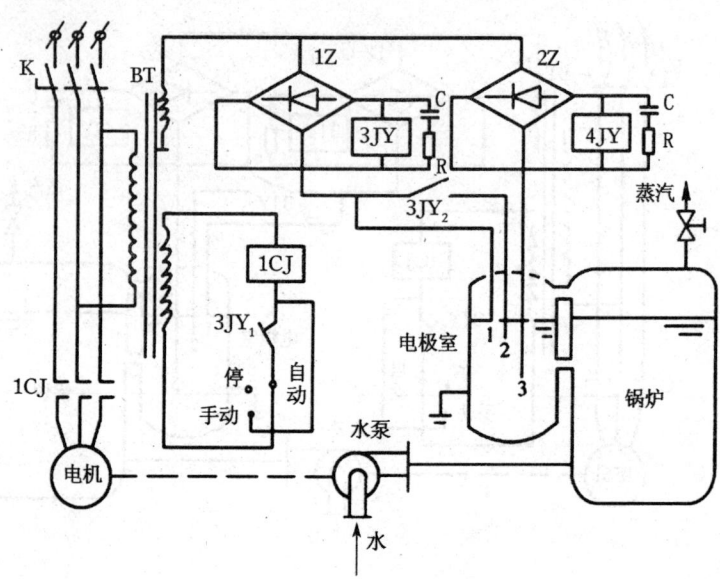

A.水位在低水位振荡 B.锅炉失水
C.水位在高水位振荡 D.锅炉满水

209.在电极式锅炉水位双位控制系统中,若1#电极接线断开,则可能出现的问题是_____。

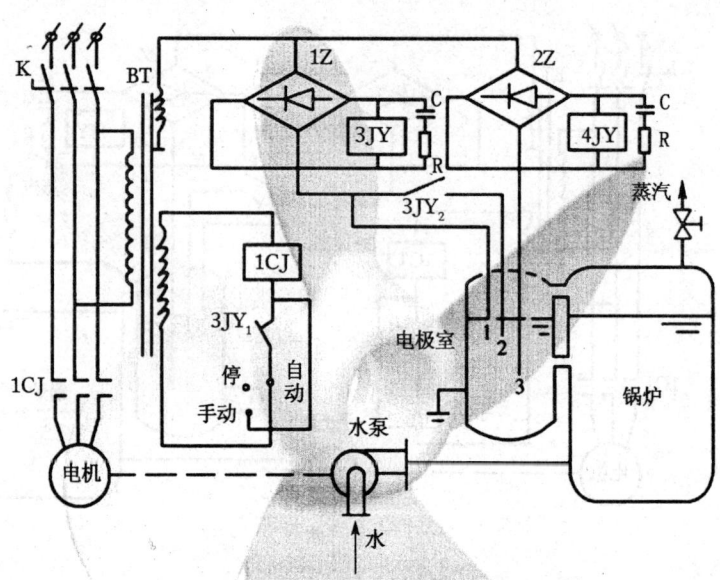

A.水位在低水位振荡 B.水位在高水位振荡
C.水位下降,不能上升 D.锅炉满水

210.在锅炉电极式双位水位控制系统中,若控制高低水位的继电器3JY线圈断路,则可能出现的故障为_____。

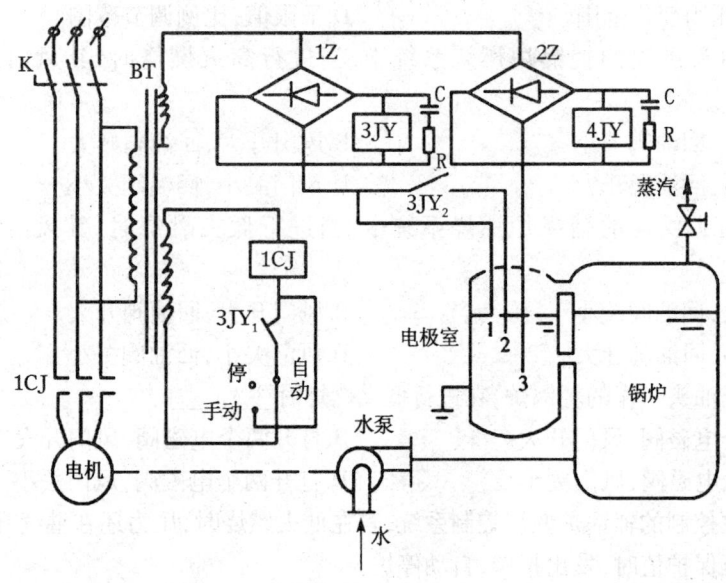

A.锅炉满水 B.锅炉失水
C.水位在上限水位振荡 D.水位在下限水位振荡

211.在锅炉电极式双位水位控制系统中,若给水泵马达起动频繁,则可能原因是_____。
A.高、低水位电极高度差太小 B.低水位与危险水位电极的高度差太大
C.高、低水位电极高度差太大 D.低水位与危险水位电极的高度差太小

212.在电极式辅锅炉水位双位控制系统中,电极1、2、3分别检测锅炉的上限水位、下限水位、危险低水位,为了提高锅炉的上限水位,应该采用_____的调整方法。
A.电极1、2不动,升高电极3 B.电极1、3不动,升高电极2
C.电极2、3不动,升高电极1 D.电极2、3不动,降低电极1

213.在采用压力比例调节器和电动比例操作器的辅锅炉燃烧控制系统中,压力调节器中给定弹簧和电位器可分别调整_____。

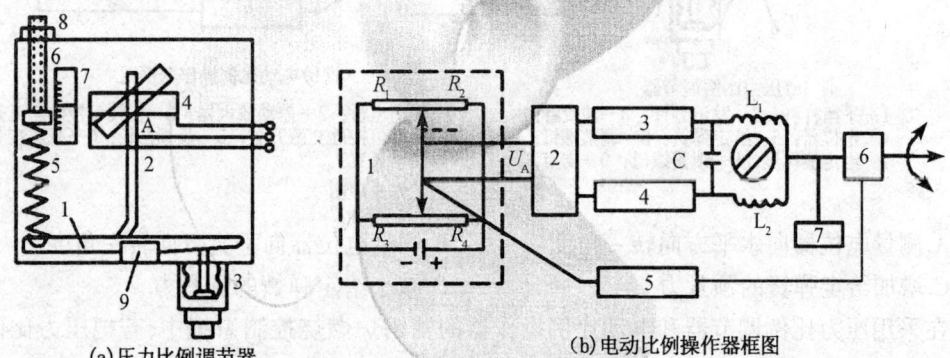

(a)压力比例调节器
1—平衡杠杆；2—发讯划针；3—波纹管；
4—电位器；5—给定弹簧；6—调整螺钉；
7—给定值标度；8—锁紧螺母；9—支点

(b)电动比例操作器框图
1—平衡电桥；2—差动放大器；3—正转可控硅交流开关；
4—反转可控硅交流开关；5—反馈凸轮；6—减速装置；
7—制动装置

燃烧比例控制工作原理图

A.给定值;比例作用强弱 B.上限值;下限值

C.上限值;压力变化范围 D.下限值;比例调节范围

214.在采用单油头供油的辅锅炉燃烧系统中,当进行高火燃烧时,其风门和回油阀的状态是_____。
A.风门开大,回油阀关小 B.风门开大,回油阀开大
C.风门关小,回油阀开大 D.风门关小,回油阀关小

215.在采用单油头供油的辅锅炉燃烧系统中,当进行低火燃烧时,其风门和回油阀的状态是_____。
A.风门开大,回油阀关小 B.风门开大,回油阀开大
C.风门关小,回油阀开大 D.风门关小,回油阀关小

216.对采用两个油头工作的辅锅炉,在进行低火燃烧时_____。
A.打开一个电磁阀,风门开大 B.打开两个电磁阀,风门开大
C.打开一个电磁阀,风门关小 D.打开两个电磁阀,风门关小

217.对采用双位控制的辅锅炉燃烧控制系统,若在低火燃烧时,压力还在继续升高,则_____。
A.达到高压保护值时,发出报警,自动停炉
B.进行高火燃烧
C.达到高压保护值时,自动停炉,不发出警报
D.立即发出警报,自动停炉

218.在采用压力比例调节器和电动比例操作器的辅助锅炉蒸汽压力控制系统中,为增加设定值,应调节_____。

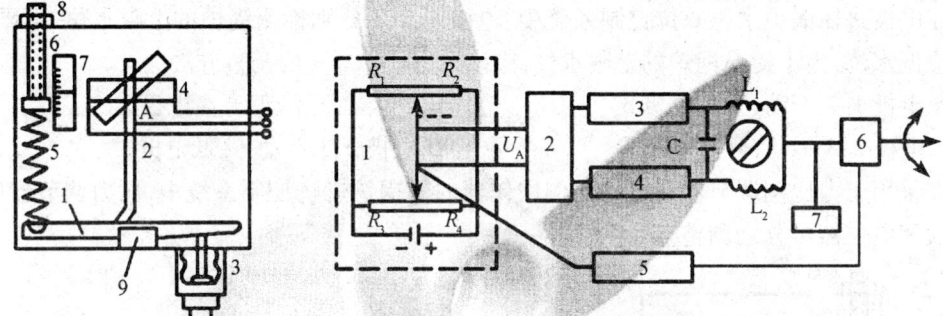

(a)压力比例调节器
1—平衡杠杆;2—发讯划针;3—波纹管;
4—电位器;5—给定弹簧;6—调整螺钉;
7—给定值标度;8—锁紧螺母;9—支点

(b)电动比例操作器框图
1—平衡电桥;2—差动放大器;3—正转可控硅交流开关;
4—反转可控硅交流开关;5—反馈凸轮;6—减速装置;
7—制动装置

燃烧比例控制工作原理图

A.测量电位器向水平方向转一角度 B.测量电位器向垂直方向转一角度
C.增加给定弹簧的预紧力 D.减小给定弹簧的预紧力

219.在采用压力比例调节器和电动比例操作器的辅锅炉燃烧控制系统中,若把压力比例调节器中定值弹簧扭紧,增大拉力,则_____。

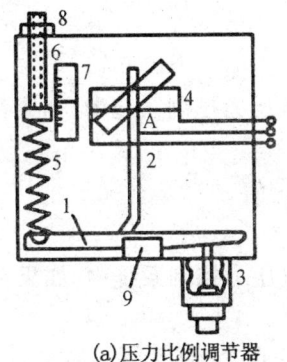
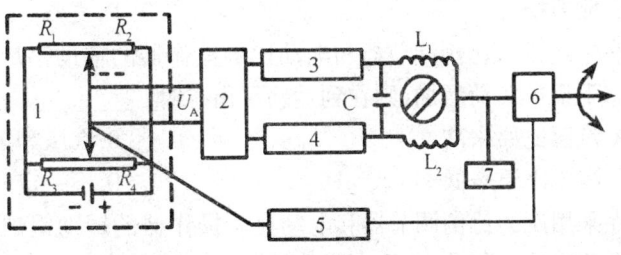

(a) 压力比例调节器
1—平衡杠杆；2—发讯划针；3—波纹管；
4—电位器；5—给定弹簧；6—调整螺钉；
7—给定值标度；8—锁紧螺母；9—支点

(b) 电动比例操作器框图
1—平衡电桥；2—差动放大器；3—正转可控硅交流开关；
4—反转可控硅交流开关；5—反馈凸轮；6—减速装置；
7—制动装置

燃烧比例控制工作原理图

A.提高上限值　　　　　　B.增大给定值

C.降低下限值　　　　　　D.减小给定值

220.双油头辅锅炉燃烧控制系统中的高火燃烧是指_____。

　　A.单油头辅锅炉在汽压正常时的燃烧

　　B.双油头辅锅炉在汽压达到低限时的燃烧

　　C.单油头辅锅炉在汽压达到高限时的燃烧

　　D.双油头辅锅炉在汽压达到高限时的燃烧

221.双油头辅锅炉燃烧控制系统中的低火燃烧是指_____。

　　A.单油头辅锅炉在汽压达到低限时的燃烧

　　B.双油头辅锅炉在汽压达到低限时的燃烧

　　C.单油头辅锅炉在汽压正常时的燃烧

　　D.双油头辅锅炉在汽压达到高限时的燃烧

222.在采用压力比例调节器和电动比例操作器的辅助锅炉蒸汽压力控制系统中,设定值和测量值的比较环节是_____。

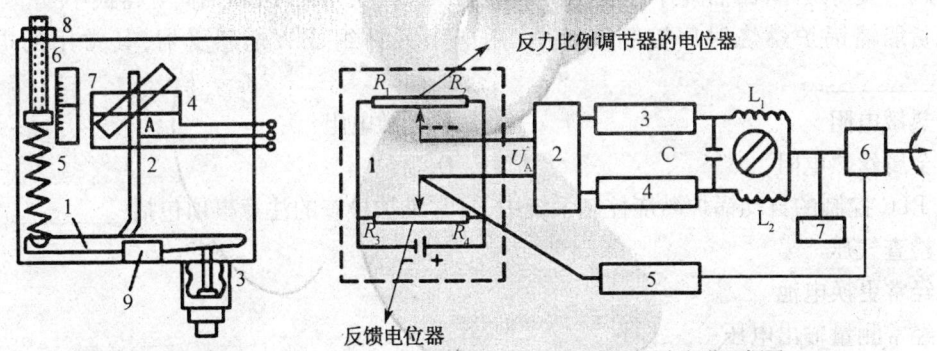

(a) 压力比例调节器
1—平衡杠杆；2—发讯划针；3—波纹管；
4—电位器；5—给定弹簧；6—调整螺钉；
7—给定值标度；8—锁紧螺母；9—支点

(b) 电动比例操作器框图
1—平衡电桥；2—差动放大器；3—正转可控硅交流开关；
4—反转可控硅交流开关；5—反馈凸轮；6—减速装置；
7—制动装置

燃烧比例控制工作原理图

A.测量指针 B.杠杆
C.反馈指针 D.支点

223. 在采用压力比例调节器和电动比例操作器的辅助锅炉蒸汽压力控制系统中,如果在平衡状态下锅炉负荷增加,则在到达新平衡态时_____。

A.汽压比原来高 B.汽压等于给定值
C.汽压比原来低 D.不一定

224. 在采用压力比例调节器和电动比例操作器的辅助锅炉蒸汽压力控制系统中,如果在平衡状态下锅炉负荷减小,则在到达新平衡态时_____。

A.汽压比原来高 B.汽压等于给定值
C.汽压比原来低 D.不一定

225. 在采用压力比例调节器和电动比例操作器的辅锅炉燃烧控制系统中,若给定弹簧断裂,则_____。

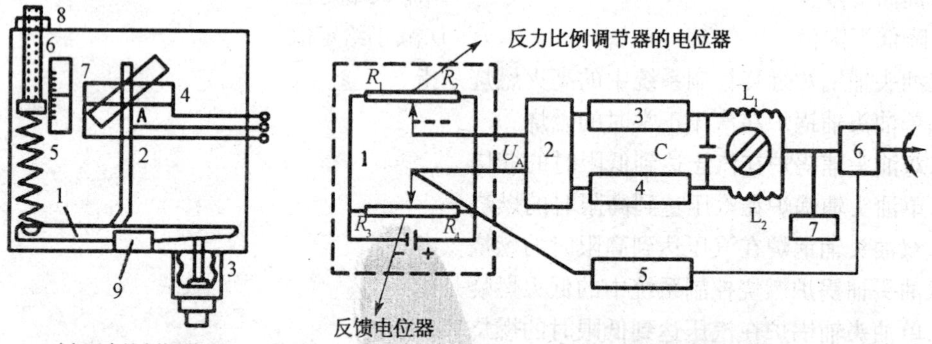

(a)压力比例调节器
1—平衡杠杆;2—发讯划针;3—波纹管;4—电位器;5—给定弹簧;6—调整螺钉;7—给定值标尺;8—锁紧螺母;9—支点

(b)电动比例操作器框图
1—平衡电桥;2—差动放大器;3—正转可控硅交流开关;4—反转可控硅交流开关;5—反馈凸轮;6—减速装置;7—制动装置

燃烧比例控制工作原理图

A.风门开得最大,回油阀开得最大 B.风门开得最大,回油阀关得最小
C.风门关得最小,回油阀开得最大 D.风门关得最小,回油阀开得最大

226. 在货船辅锅炉燃烧时序控制系统中,用电阻元件组成火焰感受器,其常用的电阻元件是_____。

A.热敏电阻 B.光敏电阻
C.金属丝热电阻 D.温包

227. 在PLC控制的自动锅炉燃烧控制系统中,日常维护检查的注意事项包括_____。

A.检查气压
B.经常更换电池
C.经常测量输出电压
D.检查控制系统外部电气、继电器触头的状况

228. PLC在更换电池时往往要求在数十秒内完成即可。电池的更换周期一般不超过_____。

A.2年 B.3年
C.1年 D.5年

229. 在辅锅炉燃烧时序的PLC控制的部分梯形图中,由于低水位I1.4闭合,当水位回落到高水位值以下时,M7.0保持接通状态不变,水泵继续停止运行,当水位低于设定的低水位值时,_____。

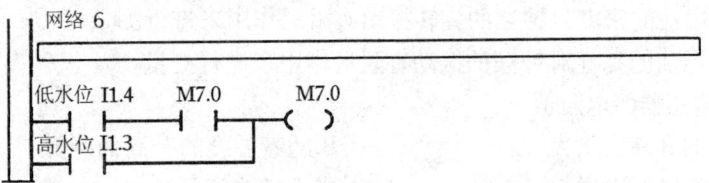

   A.I1.4闭合,M7.0通电　　　　　　B.I1.4闭合,M7.0失电
   C.I1.4断开,M7.0通电　　　　　　D.I1.4断开,M7.0失电

230. 大型油船锅炉燃烧自动控制系统中,风门控制系统是属于_____。
   A.开环控制系统　　　　　　　　　B.定值控制系统
   C.程序控制系统　　　　　　　　　D.随动控制系统

231. 在燃油供油单元自动控制系统中,安置在燃油供给泵后面的压力变送器的作用是_____。
   A.用于控制器分析判断燃油供给泵的状态
   B.用于燃油的压力控制
   C.用于滤器脏堵报警的检测
   D.用于滤器自动清洗的控制

232. 在燃油黏度或温度自动控制系统中,可采用电加热器或蒸汽加热器,无论采用哪种加热方式,是由控制器EPC-50B按照事前设定的_____控制规律调节加热器的加热量。
   A.比例　　　　　　　　　　　　　B.比例积分
   C.比例微分　　　　　　　　　　　D.双位

233. 在燃油供油单元自动控制系统中,控制器EPC-50B是整个系统的核心单元,其基本级不能实现_____功能。
   A.燃油加热控制　　　　　　　　　B.报警控制
   C.远程控制　　　　　　　　　　　D.油泵自动切换控制

234. FCM燃油组合控制单元中,采用EVT-20C黏度传感器,除黏度检测外,还有使用_____作为_____来补偿黏度测量的误差。
   A.Pt100;温度检测　　　　　　　　B.热敏电阻;温度检测
   C.压电元件;零点校正　　　　　　D.电容元件;量程校正

235. 在燃油供油单元自动控制系统中,EVT20黏度传感器的结构如图所示,其工作原理是_____。

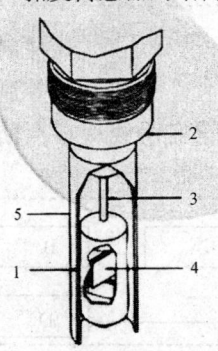

A.基于流动燃油的黏性对振动杆振动幅度的衰减作用来进行测量

B.基于流动燃油的密度对振动杆振动幅度有阻尼作用来进行测量

C.基于流动燃油的密度对钟摆的旋转振动有阻尼作用来进行测量

D.基于流动燃油的黏性对钟摆的振动有阻尼作用来进行测量

236.Pt100 温度传感器的电阻值_____。

A.随着温度的升高而增大　　　　B.随着温度的升高而降低

C.随着温度的降低而增大　　　　D.不随温度而变

237.FCM 燃油组合控制单元中,如果在黏度控制模式时出现黏度传感器故障,系统_____。

A.停止加热工作　　　　　　　　B.最大加热控制

C.按设定的温度值进行定温调节　　D.制动切换为 DO 控制

238.在燃油供油单元中,若发生燃油黏度高的故障报警,不可能的原因是_____。

A.温度传感器故障　　　　　　　B.黏度传感器故障

C.黏度设定值或报警极限值改变了　　D.加热器功率太小

239.S 型分油机出口中的净油主要通过_____检测其含水量。

A.比重环　　　　　　　　　　　B.温度传感器

C.水分传感器　　　　　　　　　D.压力传感器

240.控制系统传递方框图如图所示,其中 B 是_____。

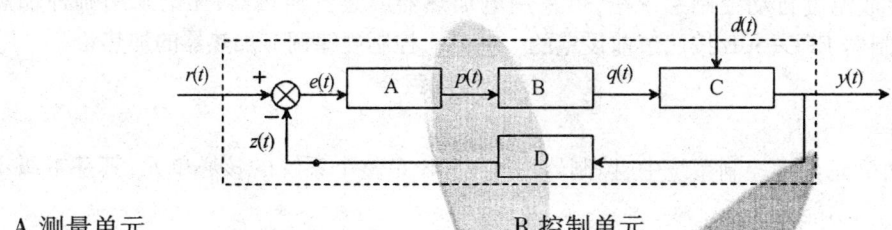

A.测量单元　　　　　　　　　　B.控制单元

C.执行机构　　　　　　　　　　D.被控对象

241.控制系统传递方框图如图所示,其中 D 是_____。

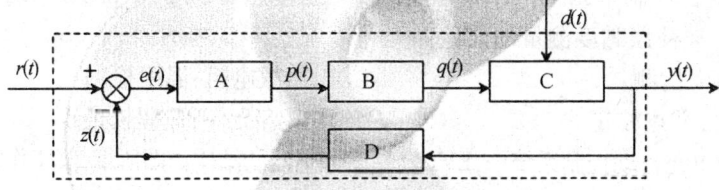

A.测量单元　　　　　　　　　　B.控制单元

C.执行机构　　　　　　　　　　D.控制对象

242.控制系统传递方框图如图所示,若信号线从 G 点断开,则该系统是_____。

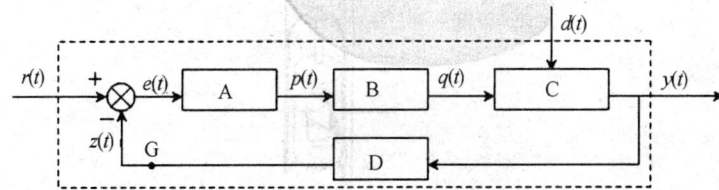

A.正反馈控制系统 B.负反馈控制系统
C.开环控制系统 D.闭环控制系统

243.控制系统传递方框图如图所示,若D单元有故障无信号输出,这时被控量将_____。

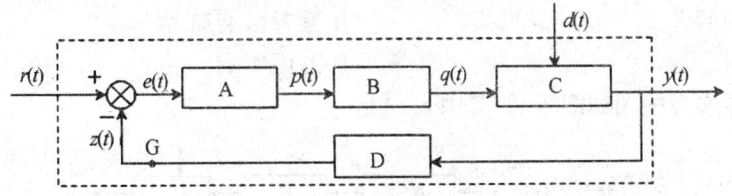

A.保持不变 B.达到最大值
C.达到最小值 D.不能自动控制

244.在反馈控制系统中,被控量是指_____。

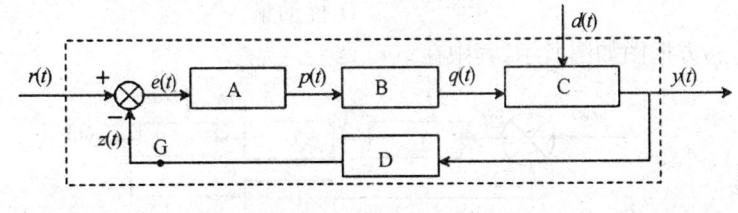

A.$r(t)$ B.$p(t)$
C.$q(t)$ D.$y(t)$

245.在反馈控制系统(原理方框图如下)中,其反馈环节是指系统输出的变化经_____又送回到系统的输入端。

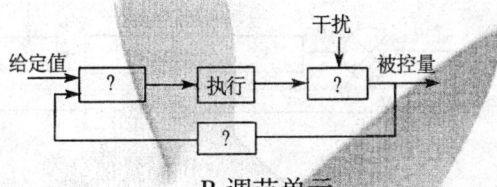

A.显示单元 B.调节单元
C.测量单元 D.执行机构

246.在闭环系统的方框图中,若输入量为偏差,输出为控制信号,则该环节是_____。

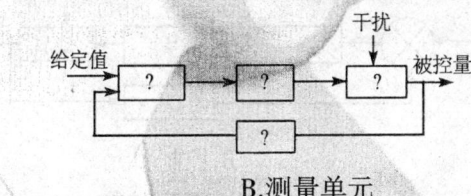

A.调节单元 B.测量单元
C.执行机构 D.控制对象

247.在闭环系统的方框图中,若输入量是扰动信号,输出为被控量,则该环节是_____。

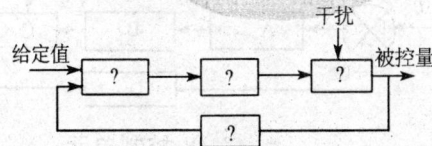

A. 调节单元 B. 测量单元
C. 执行机构 D. 控制对象

248. 在控制系统方框图中,各环节输入量与输出量的关系是_____。
A. 前者影响后者 B. 后者影响前者
C. 互相影响 D. 互无影响

249. 控制系统传递方框图如图所示,其中 $e(t)$ 是_____。

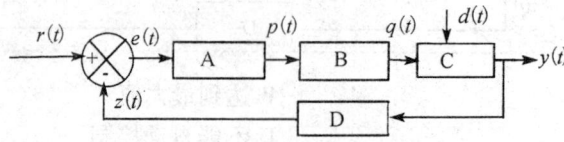

A. 给定值 B. 偏差值
C. 被控量 D. 扰动量

250. 控制系统传递方框图如图所示,其中在 $z(t)$ 是_____。

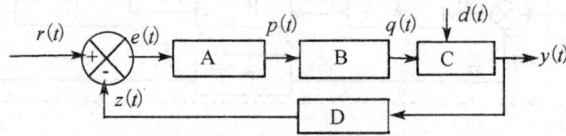

A. 给定值 B. 测量值
C. 被控量 D. 扰动量

251. 控制系统传递方框图如图所示,其中 $r(t)$ 是_____。

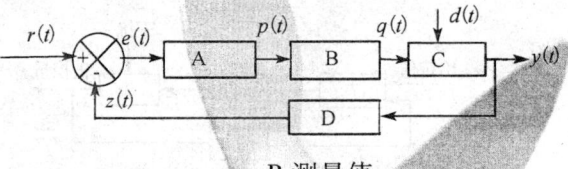

A. 给定值 B. 测量值
C. 被控量 D. 扰动量

252. 控制系统传递方框图如图所示,其中 A 是_____。

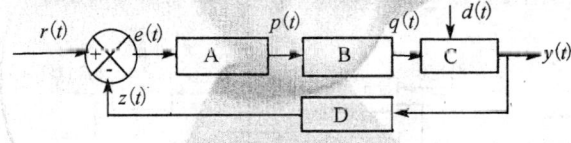

A. 测量单元 B. 控制单元
C. 执行单元 D. 被控对象

253. 控制系统传递方框图如图所示,其中 C 是_____。

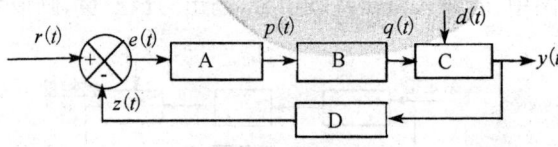

A. 测量单元 B. 控制单元

C.执行机构   D.控制对象

254.在控制系统传递方框图中,符号"⊗"是一个_____。

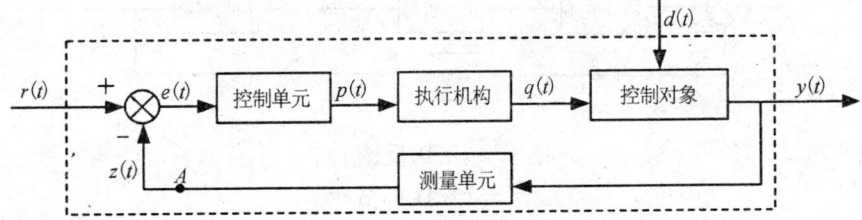

A.反馈通道   B.比较算子
C.前向通道   D.干扰通道

255.在反馈控制系统中,被控对象的输入和输出分别是_____。

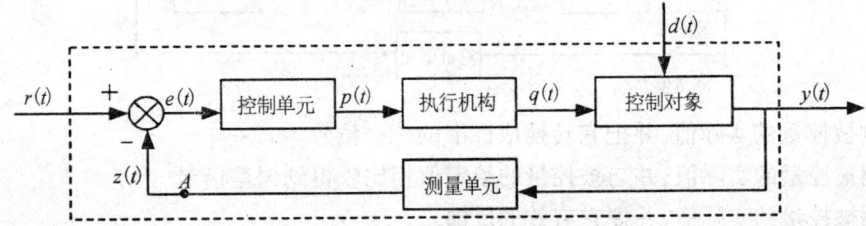

A.被控量和控制信号   B.偏差和控制信号
C.设定值和测量值   D.扰动量和被控量

256.在反馈控制系统中,控制对象的输入和输出分别是_____。

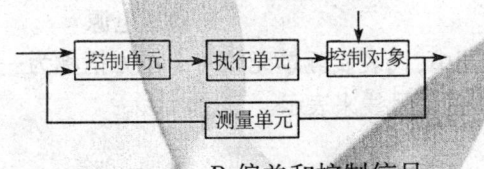

A.被控量和控制信号   B.偏差和控制信号
C.设定值和测量值   D.控制作用信号和被控量

257.自动控制系统流程图中,e 表示_____。

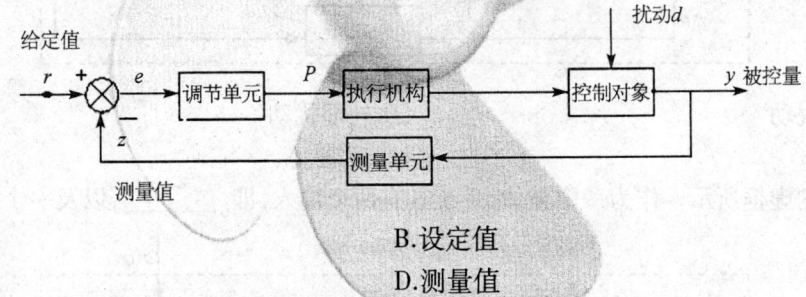

A.实际值   B.设定值
C.偏差值   D.测量值

258.自动控制系统流程图中,代表实际单元的小方框称为_____。

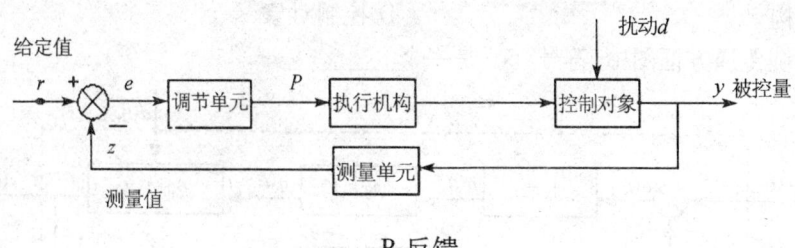

A.扰动 B.反馈
C.系统 D.环节

259.自动控制系统流程图中,测量单元的作用_____。

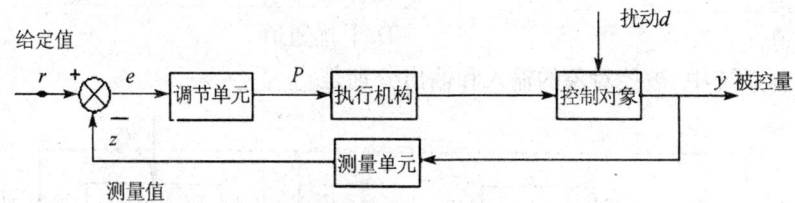

A.检测被控量的实际值,并把它转换成标准的统一信号
B.检测被控量的实际值,并与被控量的给定值相比较得到偏差信号
C.检测被控量的实际值,并把它有效的反馈
D.检测被控量的实际值,并把它按某种规律输出

260.下列各项中,_____属于测量单元。

A.压力开关 B.三通阀
C.温度传感器 D.稳压电源

261.在控制系统传递方框图中,代表实际单元的每个小方框称为一个_____。其都有输入量和输出量,并用带箭头的信号线来表示。

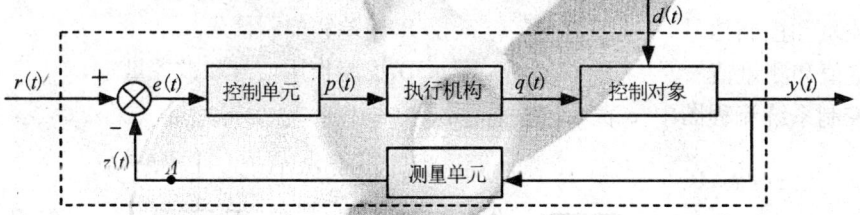

A.基本扰动 B.外部扰动
C.环节 D.反馈

262.如图中的虚框所示。作为一个整体,系统具有两个输入,即_____,以及一个输出。

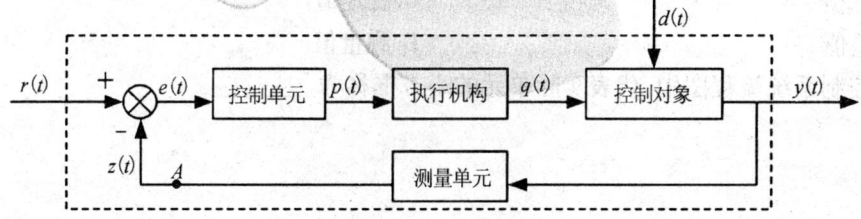

A.设定值和内部扰动　　　　　　　　B.被控量和外部扰动
C.被控量和内部扰动　　　　　　　　D.设定值和外部扰动

263.对随动控制系统来说,其主要扰动是＿＿＿＿。
A.电源或气源的波动　　　　　　　　B.给定值的变动
C.控制对象负荷的变化　　　　　　　D.调节器参数整定不合格

264.利用温度或压力继电器实现双位作用规律控制的系统属于＿＿＿＿。
A.程序控制　　　　　　　　　　　　B.随动控制
C.定值控制　　　　　　　　　　　　D.开环控制

265.在主机遥控系统中,＿＿＿＿系统属于闭环控制系统。
A.起动　　　　　　　　　　　　　　B.换向
C.调速　　　　　　　　　　　　　　D.制动

266.在主机遥控系统中,采用反馈控制的有＿＿＿＿。
A.起动控制　　　　　　　　　　　　B.换向控制
C.转速控制　　　　　　　　　　　　D.制动控制

267.对定值控制系统来说,其主要扰动是＿＿＿＿。
A.电源或气源的波动　　　　　　　　B.给定值的变动
C.控制对象的负荷变化　　　　　　　D.调节器参数整定不合适

268.控制器输出只按给定值变化的系统是＿＿＿＿。
A.定值控制系统　　　　　　　　　　B.随动控制系统
C.开环系统　　　　　　　　　　　　D.程序控制系统

第三节　控制工程

1.在柴油机转速控制系统中,调节单元是＿＿＿＿。
A.电子调速器　　　　　　　　　　　B.磁脉冲传感器
C.柴油机　　　　　　　　　　　　　D.电/液伺服器

2.在自动控制过程中,由于不需要人来干预控制过程,因此必须采用相应的自动化仪表来代替人的功能器官。在下图中,＿＿＿＿代替人的双手,改变三通调节阀的开度。

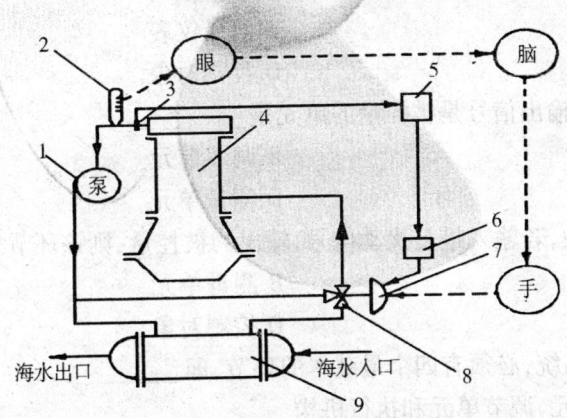

A.执行机构 B.控制对象
C.测量单元 D.调节单元

3.自动控制有_____的作用。
①部分或绝大部分无须人员操作；②对机器设备的运行状态进行监视、记录和报警；③对机器设备的运行进行切换；④对主要机器设备进行自动操作；⑤对故障设备进行修复
A.①②③④ B.②③④⑤
C.①②③⑤ D.①③④⑤

4.自动控制有_____的作用。
①减少操作人员数量；②降低对操作人员的要求；③改善工作条件；④提高设备的可靠性和安全性；⑤提高设备运行的经济性
A.①②③④ B.②③④⑤
C.①②③⑤ D.①③④⑤

5.在定值控制系统中为了能使被控量稳定在给定值上或附近,通常采用_____。
A.手动控制系统 B.开环控制系统
C.闭环正反馈控制系统 D.闭环负反馈控制系统

6.在主机燃油黏度自动控制系统中,蒸汽调节阀属于_____。
A.控制对象 B.执行机构
C.调节单元 D.测量单元

7.在柴油机气缸冷却水温度自动控制系统中,其测量单元是_____。
A.参考水位罐和差压变送器 B.压力传感器和压力变送器
C.感温元件和温度变送器 D.温度变送器和调节器

8.组成反馈控制系统的基本单元不包括_____。
A.测量单元 B.调节单元
C.记录单元 D.执行机构

9.在反馈控制系统中,调节器输出的控制信号送至_____。
A.显示仪表 B.测量仪表
C.执行机构 D.控制对象

10.在反馈控制系统中,具有反馈功能的单元是_____。
A.调节器 B.测量仪表
C.执行机构 D.控制对象

11.在反馈控制系统中,输出信号是被控量的单元是_____。
A.控制对象 B.调节单元
C.执行机构 D.测量单元

12.闭环系统的方框图中,若输入量是扰动信号,输出为被控量,则该环节是_____。
A.调节单元 B.测量单元
C.执行机构 D.控制对象

13.组成一个自动控制系统,必须有四个最基本的环节,即_____。
A.控制对象、测量单元、调节单元和执行机构

B.被控量、测量单元、调节单元和执行机构
C.控制对象、测量单元、调节单元和扰动单元
D.被控量、测量单元、调节单元和扰动单元

14.在锅炉水位自动控制系统中,测量单元常采用_____。
A.水位发讯器(参考水位罐)和电压变送器
B.水位发讯器(参考水位罐)和差压变送器
C.温度传感器和温度变送器
D.压力传感器和压力变送器

15.柴油机冷却水温度控制系统中,感温包属于_____。
A.控制对象　　　　　　　　B.执行机构
C.测量单元　　　　　　　　D.调节单元

16.柴油机冷却水温度控制系统中,三通调节阀属于_____。
A.控制对象　　　　　　　　B.执行机构
C.测量单元　　　　　　　　D.调节单元

17.燃油黏度控制系统中,测黏计属于_____。
A.控制对象　　　　　　　　B.测量单元
C.执行机构　　　　　　　　D.调节单元

18.燃油黏度控制系统中,黏度调节器属于_____。
A.控制对象　　　　　　　　B.测量单元
C.调节单元　　　　　　　　D.执行机构

19.船舶检测主机排烟温度的传感器一般采用_____式。
A.热电偶　　　　　　　　　B.热敏电阻
C.热电阻　　　　　　　　　D.光敏电阻

20.热电偶常用于船舶机舱有关设备的_____监测上。
A.液体黏度　　　　　　　　B.压力
C.转速　　　　　　　　　　D.温度

21.具有简单、可靠、精度高并适于远距离传送温度信号等优点,常用来检测超过300 ℃的高温气体或液体的检测元件是_____。
A.热电偶　　　　　　　　　B.铜热电阻
C.铂热电阻　　　　　　　　D.热敏电阻

22.热敏电阻常用于船舶机舱有关设备的_____监测上。
A.油雾浓度　　　　　　　　B.压力
C.转速　　　　　　　　　　D.温度

23.在电阻式压力传感器中,压力感受元件一般采用_____。
A.金属膜片　　　　　　　　B.橡胶膜片
C.小气缸加弹簧　　　　　　D.弹簧管

24.压敏电阻(应变片)常用于船舶机舱有关设备的_____监测上。
A.油雾浓度　　　　　　　　B.压力

C.转速 D.温度

25.压力传感器的作用是检测_____信号并将其转换成_____信号输出。
A.机械压力;位移 B.气(汽)压力;位移
C.液体压力;转角 D.压力;电

26.弹簧管和波纹管常用于船舶机舱有关设备的_____监测上。
A.油雾浓度 B.压力
C.转速 D.盐度

27.常用的气、液压力敏感弹性元件有_____。
A.波纹管和弹簧管 B.弹簧片和弹簧管
C.弹簧片和波纹管 D.弹簧和弹簧片

28.某轮柴油发电机的供油管路要加装一个流量传感器(柴油是绝缘体),可以选择_____流量传感器。
①容积式;②差压式;③电磁式
A.①② B.②③
C.①③ D.①②③

29.容积式流量传感器主要用来检测船舶柴油机_____。
A.燃油流量和冷却水流量 B.燃油压力和冷却水温度
C.燃油油位和冷却水流量 D.燃油流量和冷却水温度

30.常用监测船舶柴油发电机转速的非接触式转速传感器是_____。
A.磁电脉冲式 B.交流测速发电机式
C.直流测速发电机式 D.离心式

31.电磁感应式压力传感器由弹性元件和_____组成。
A.差动变压器 B.电位器
C.测量电桥 D.半导体应变片

32.数字式PID调节器是以_____为核心,具有丰富的运算控制功能和数字通信功能。
A.微处理器 B.运算放大器
C.比较器 D.功率放大器

33.主机燃油黏度控制系统采用_____。
A.气动P调节器 B.气动PI调节器
C.气动PD调节器 D.气动PID调节器

34.下列属于PLC编程语言的是_____。
①梯形图编程语言;②指令语句表编程语言;③控制系统流程图编程语言;④高级语言
A.①② B.①②③④
C.①②③ D.②③④

35.PLC编程语言中,用逻辑功能图表达一个控制过程的是_____。
A.语句表编程语言 B.梯形图语言
C.高级语言 D.控制系统流程图

36.在控制系统动态过程结束后,被控量的稳态值与给定值之差称为_____。

A.静态偏差 B.最大动态偏差
C.超调量 D.衰减率

37.用来描述自动控制系统准确性的两项指标是_____。
A.衰减率和静差 B.超调量和静差
C.最大动态偏差和静差 D.超调量和过渡过程时间

38.稳定性合适的定值控制系统受到扰动后,第一个波峰值与给定值的差值称为_____。
A.最大动态偏差 B.静态偏差
C.超调量 D.衰减率

39.在反馈控制系统中,如果偏差值大于0,说明_____。
A.测量值小于设定值 B.测量值大于设定值
C.控制量小于执行量 D.控制量大于执行量

40.如图所示气动比例调节器,其给定值减小时,输出_____。

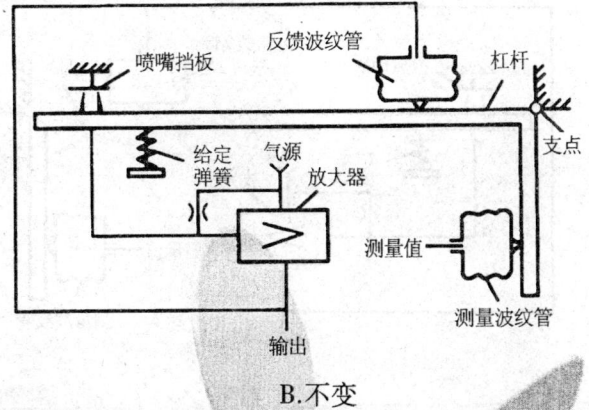

A.增大 B.不变
C.增大或减小 D.减小

41.如图所示气动比例调节器,其测量值增大时,输出_____。

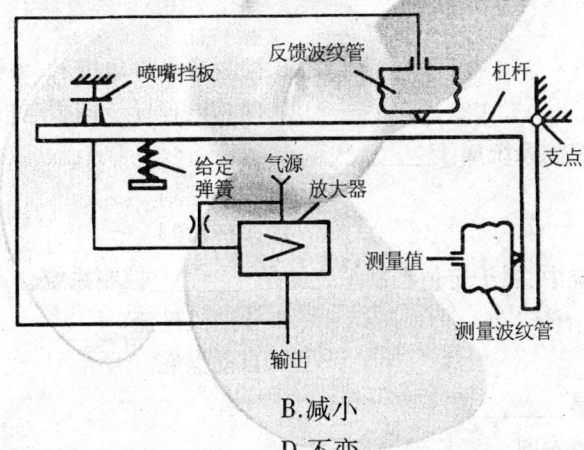

A.增大 B.减小
C.增大或减小 D.不变

42.如图所示气动比例调节器,其测量值减小时,经系统调节平衡后,稳定值比原来_____。

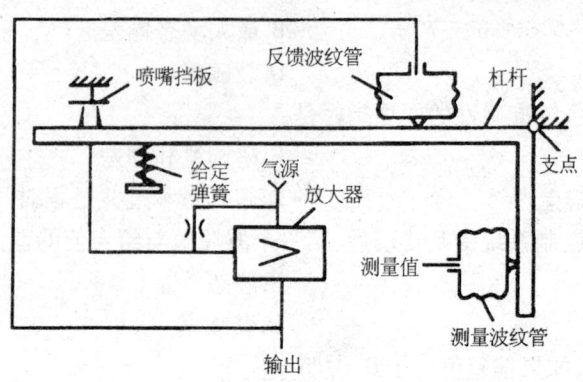

A. 略高 B. 略低
C. 不变 D. 略高或略低

43. 如图所示气动比例调节器,其给定值增大时,输出_____。

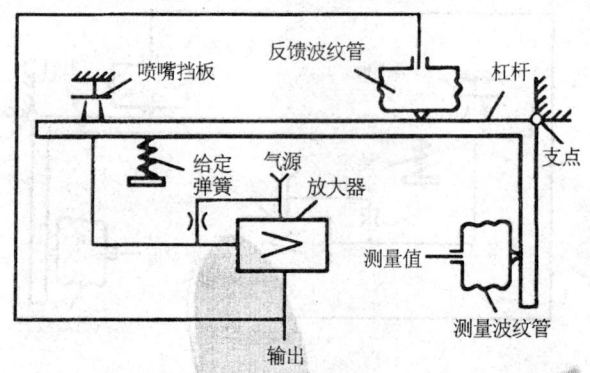

A. 增大 B. 不变
C. 增大或减小 D. 减小

44. 电动执行机构中伺服电机一般采用_____,将电信号转换成相应的机械位移,以实现自动控制。

A. 力矩式自整角机 B. 控制式自整角机
C. 旋转变压器 D. 两相电容异步伺服电机

45. 船舶辅锅炉的水位控制系统属于_____。

A. 定值控制 B. 程序控制
C. 随动控制 D. 函数控制

46. 在机舱常用控制系统中,属于定值控制系统的是_____控制系统。

A. 锅炉点火 B. 分油机排渣
C. 燃油黏度 D. 自动操舵

47. 比例调节器的优点是_____。

A. 对被控量控制比较及时
B. 能及时消除静态偏差
C. 能有效改善控制过程的动态过程
D. 广泛应用于对被控量稳态精度要求较高的场合

48.关于NAKAKITA型气动调节器,说法正确的是_____。
   A.它是按位移平衡原理工作的   B.它是按力矩平衡原理工作的
   C.它的积分作用为负反馈   D.它的微分作用为正反馈

49.NAKAKITA型气动PID调节器中,比较环节是通过_____实现的。
   A.位移平衡原理   B.力平衡原理
   C.扭矩平衡原理   D.杠杆平衡原理

50.在船舶机舱中常用的调节器作用规律为_____。
   A.双位作用规律   B.积分作用规律
   C.微分作用规律   D.积分微分作用规律

51.如图所示气动比例调节器,其测量值减小时,输出_____。

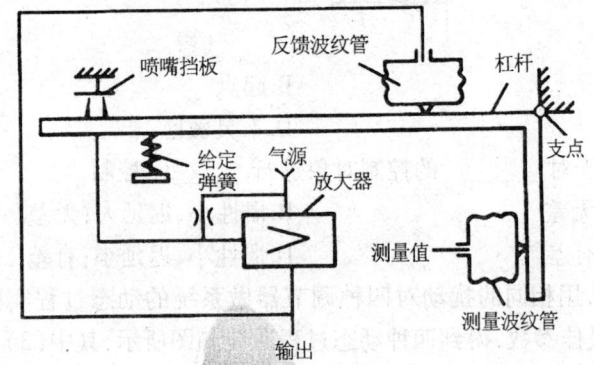

   A.减小   B.不变
   C.增大   D.增大或减小

52.如图所示气动比例积分调节器,当系统受到扰动后再次处于稳定状态时,正反馈波纹管Z与负反馈波纹管F的压力值相比_____。

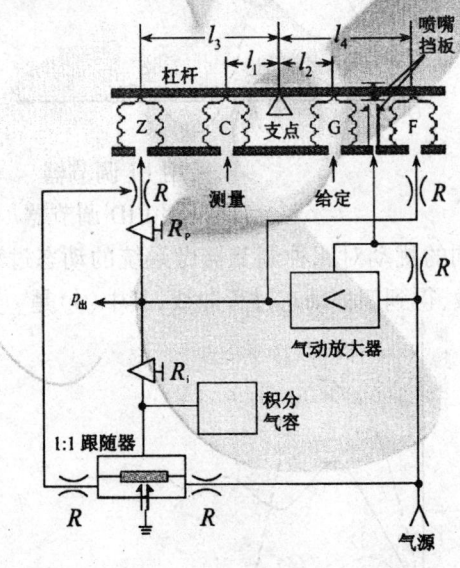

   A.略大或略小   B.相等

C.略小 D.略大

53.对于单容系统,时间常数 T 反映了控制对象的惯性大小,它表示被控量以最大速度达到_____所需要的时间。

A.平均值 B.最大值

C.过渡过程 D.新稳态值

54.如图所示多容控制对象的飞升曲线,τ_C 为_____。

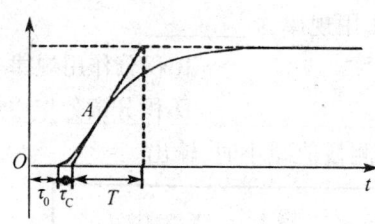

A.纯迟延 B.起点

C.容积迟延 D.不灵敏区

55.PID 调节器最适用于对_____的控制对象进行_____控制。

A.惯性大、迟延大;无差 B.惯性小、迟延大;无差

C.惯性大、迟延大;有差 D.惯性小、迟延小;有差

56.有一反馈控制系统,用相同的扰动对四种调节器做系统的动态过程实验,设各调节器的 PB,T_I,T_D 均是系统的最佳参数,得到四种动态过程曲线如图所示,其中(3)是_____。

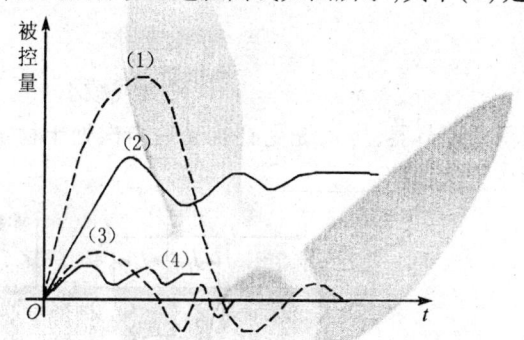

A.采用 P 调节器 B.采用 PI 调节器

C.采用 PD 调节器 D.采用 PID 调节器

57.有一反馈控制系统,用相同的扰动对四种调节器做系统的动态过程实验,设各调节器的 PB,T_I,T_D 均是系统的最佳参数,得到四种动态过程曲线,其中(4)是_____。

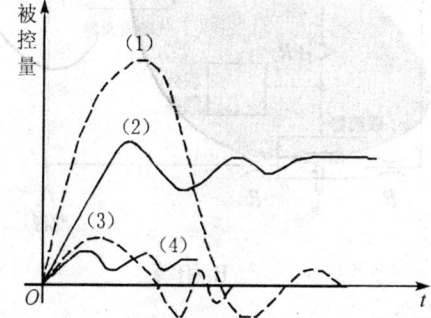

A.采用 P 调节器 B.采用 PI 调节器
C.采用 PD 调节器 D.采用 PID 调节器

58.在船舶上,空压机启停采用_____。
A.时序控制 B.双位控制
C.程序控制 D.随动控制

59.辅锅炉燃烧控制系统采用_____。
A.时序控制 B.双位控制
C.程序控制 D.随动控制

60.在采用变距桨的船舶中,主机遥控系统其转速的自动控制方法常采用_____。
A.双位控制系统 B.程序控制系统
C.定值控制系统 D.时序控制系统

61.下列可以实现双位控制的是_____。
A.YT-1226 压力调节器 B.节流盲室
C.节流分压器 D.惯性环节

62.下列可以使用 PID 控制的是_____。
A.辅锅炉水位 B.液位控制
C.蒸汽压力控制 D.燃油黏度控制

63.在参数控制系统中,常采用闭环控制的目的是_____。
A.稳定被控量 B.稳定控制量
C.稳定给定值 D.稳定偏差

64.反馈控制系统按给定值的不同可分为_____三类。
A.定值控制、随动控制和程序控制 B.定值控制、随动控制和反馈控制
C.反馈控制、随动控制和程序控制 D.定值控制、有差控制和无差控制

65.反馈控制系统随动控制的特点是_____。
A.给定值是不变的,系统始终保持被控量在给定值上或附近
B.给定值是变化的,变化规律是不确定的
C.给定值是变化的,变化规律是确定的
D.给定值恒定和变化交替进行

66.按偏差控制运行参数的控制系统是一个_____系统。
A.正反馈控制 B.负反馈控制
C.逻辑控制 D.随动控制

67.在定值控制系统中,其控制作用是使_____。
A.给定值随工况变化,被控量也跟着变化
B.给定值不变,被控量也始终不变
C.被控量能尽快地恢复到给定值附近
D.给定值在一定范围内变动,被控量在较小范围内变化

68.在反馈控制系统中,设定值如果是随机变化的,则称为_____。
A.定值控制 B.程序控制

C.随动控制　　　　　　　　　　　D.函数控制

69._____都属于反馈控制系统。
①遥测系统；②定值控制系统；③程序控制系统；④开环控制系统；⑤随动控制系统；⑥自动切换和报警系统
A.②④⑥　　　　　　　　　　　　B.①③⑤
C.①④⑤　　　　　　　　　　　　D.②③⑤

70.给定值是变化的且变化规律不是先由人们规定好的控制系统是_____。
A.定值控制系统　　　　　　　　　B.随动控制系统
C.开环系统　　　　　　　　　　　D.程序控制系统

71.在反馈控制系统中,为使被控参数能较快地恢复到给定值,该系统必须是_____。
A.正反馈控制系统　　　　　　　　B.负反馈控制系统
C.逻辑控制系统　　　　　　　　　D.时序控制系统

72.在反馈控制系统中,采用定值控制的目的是_____。
A.在系统受到扰动时使被控量能尽快地恢复到给定值上或附近
B.给定值随工况变化,被控量能尽快地恢复到给定值上或附近
C.给定值不变,被控量也始终保持不变
D.定值在一定范围内变动,被控量也在较小范围内变化

73.在改变给定值的控制系统中,用来衡量系统准确性的指标是_____。
A.振荡次数　　　　　　　　　　　B.上升时间
C.衰减率　　　　　　　　　　　　D.静态偏差

74.在定值控制系统中,其动态过程的衰减率$0<\varphi<1$,则该动态过程是_____。
A.非周期过程　　　　　　　　　　B.衰减振荡过程
C.等幅振荡过程　　　　　　　　　D.发散振荡过程

75.用来衡量定值控制系统快速性的指标是_____。
A.静态偏差　　　　　　　　　　　B.最大动态偏差
C.过渡过程时间　　　　　　　　　D.衰减率

76.用来衡量定值控制系统稳定性的指标是_____。
A.静态偏差　　　　　　　　　　　B.最大动态偏差
C.过渡过程时间　　　　　　　　　D.振荡次数

77.如果某一自动控制系统静态偏差小,则_____。
A.稳定性好　　　　　　　　　　　B.稳定性差
C.稳态精度高　　　　　　　　　　D.稳态精度低

78.对于自动控制系统,最不利的扰动形式是_____。
A.阶跃输入　　　　　　　　　　　B.速度输入
C.加速度输入　　　　　　　　　　D.脉冲输入

79.在对自动控制系统进行分析时最常采用的扰动形式是_____。
A.阶跃输入　　　　　　　　　　　B.斜坡输入
C.加速度输入　　　　　　　　　　D.脉冲输入

174

80. 用来衡量控制系统稳定性的指标是_____。
   A. 动态偏差   B. 静态偏差
   C. 振荡周期   D. 衰减率

81. 反馈控制系统衰减率从0变到1,则系统的振荡情况为_____。
   A. 发散→振荡→非周期   B. 惯性→衰减振荡→发散
   C. 等幅振荡→衰减振荡→非周期   D. 发散→衰减振荡→惯性

82. 反馈控制系统衰减率 $\varphi=0$ 的过渡过程是_____。
   A. 发散振荡过程   B. 非周期过程
   C. 等幅振荡过程   D. 衰减振荡过程

83. 最大动态偏差用来衡量控制系统的_____。
   A. 稳定性   B. 精确性
   C. 快速性   D. 稳定性、快速性

84. 衡量自动控制系统快速性的指标是_____。
   A. 衰减率   B. 最大动态偏差
   C. 过渡过程时间   D. 超调量

85. 控制系统的衰减率等于0.8时的过渡过程是_____。
   A. 等幅振荡过程   B. 非周期过程
   C. 衰减振荡过程   D. 发散振荡过程

86. 理想的定值控制系统过渡过程是_____。
   A.   B.
   C.   D.

87. 定值控制系统受到扰动后,第一个波峰值与给定值的差值称为_____。
   A. 最大动态偏差   B. 静态偏差
   C. 超调量   D. 衰减率

88. 在定值控制系统中,其动态过程的衰减率 $\varphi=1$,则该动态过程是_____。
   A. 非周期过程   B. 衰减振荡过程
   C. 等幅振荡过程   D. 发散振荡过程

89. 在定值控制系统中,其动态过程的衰减率 $\varphi=0.75$,则该系统的动态过程是_____。
   A. 非周期过程   B. 衰减振荡过程
   C. 等幅振荡过程   D. 发散振荡过程

90. 在定值控制系统中,其动态过程的衰减比为2∶1,则动态过程是_____。
   A. 非周期过程   B. 衰减振荡过程
   C. 等幅振荡过程   D. 发散振荡过程

91. 在定值控制系统中,其动态过程的衰减比为1∶2,则动态过程为_____。
   A. 非周期过程   B. 衰减振荡过程

C.等幅振荡过程　　　　　　　　　　D.发散振荡过程

92.在改变给定值的控制系统中,若超调量 $\sigma_p=0$,则系统的动态过程为_____。
A.非周期过程　　　　　　　　　　B.衰减振荡过程
C.等幅振荡过程　　　　　　　　　D.发散振荡过程

93.在改变给定值的控制系统中,表征控制系统反应速度的指标是_____。
A.超调量和过渡过程时间　　　　　B.振荡次数和静态偏差
C.超调量和振荡次数　　　　　　　D.上升时间和峰值时间

94.最大动态偏差小的控制系统_____。
A.过渡过程时间长　　　　　　　　B.稳定性好
C.动态精度高　　　　　　　　　　D.动态精度低

95.在反馈控制系统中,过渡过程时间和稳态偏差(或称静态偏差)分别用于描述系统的_____。
A.动态特性和静态特性　　　　　　B.静态特性和动态特性
C.静态特性和静态特性　　　　　　D.动态特性和动态特性

96.自动控制系统,按给定值的变化规律可分为_____。
A.定值控制系统、程序控制系统、随动控制系统
B.定值控制系统、程序控制系统、反馈控制系统
C.定值控制系统、反馈控制系统、随动控制系统
D.反馈控制系统、程序控制系统、随动控制系统

97.主机冷却水温度自动控制系统采用_____。
A.最优控制　　　　　　　　　　　B.反馈控制
C.前馈控制　　　　　　　　　　　D.开环控制

98.船舶在逆流航行中,为了保证船舶速度,采用_____。
A.最优控制　　　　　　　　　　　B.反馈控制
C.前馈控制　　　　　　　　　　　D.开环控制

99.反馈控制系统与前馈控制系统分别属于_____。
A.开环、闭环　　　　　　　　　　B.开环、开环
C.闭环、闭环　　　　　　　　　　D.闭环、开环

100.在 YT-1226 型压力调节器中,若要保持下限值不变、提高压力的上限值,应_____。

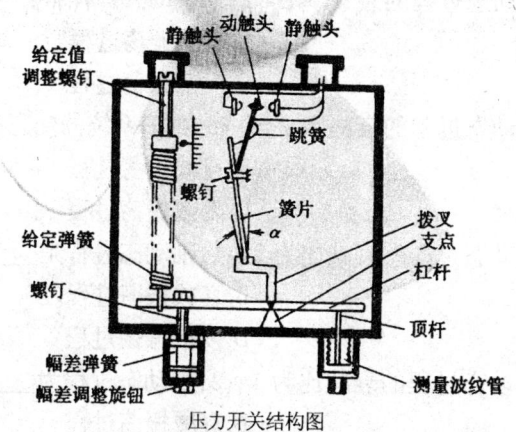

压力开关结构图

A.增大给定弹簧的预紧力 B.减小给定弹簧的预紧力
C.增大幅差弹簧的预紧力 D.减小幅差弹簧的预紧力

101.在采用YT-1226型压力调节器对锅炉蒸汽压力进行双位控制的系统时,因锅炉使用年限较长需降压运行时,应_____。

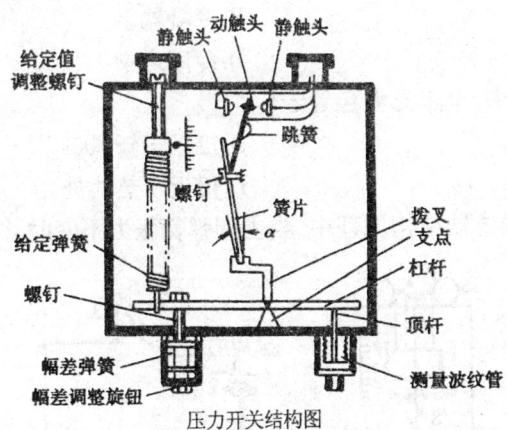
压力开关结构图

A.使给定弹簧预紧力减小 B.使给定弹簧预紧力增大
C.使幅差弹簧预紧力增大 D.降低锅炉安全阀的启阀压力

102.在用YT-1226型压力调节器对锅炉蒸汽压力进行双位控制时,若停炉和起炉压差过大,其可能的原因是_____。

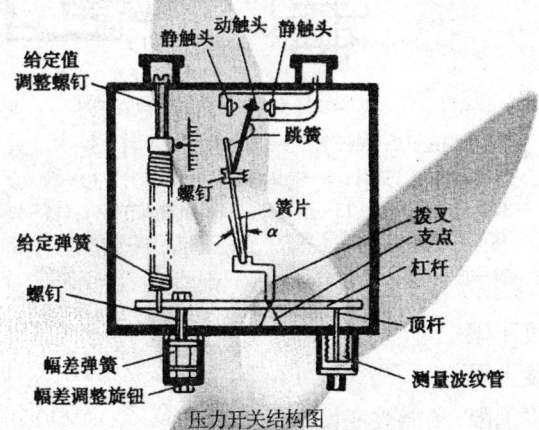
压力开关结构图

A.蒸汽压力设定值太大 B.蒸汽压力设定值太小
C.幅差调整得太大 D.幅差调整得太小

103.在YT-1226型压力调节器中,若要提高压力的下限值,应_____。
A.增大给定弹簧的预紧力 B.减小给定弹簧的预紧力
C.增大幅差弹簧的预紧力 D.减小幅差弹簧的预紧力

104.YT-1226型压力调节器的幅差弹簧与主杠杆上的作用螺钉间有一间隙,若调整该螺钉使其间隙增大,则_____。
A.上限值减小 B.上限值增大
C.幅差不变 D.幅差增大

105. YT-1226型压力调节器整定时,调大幅差,则_____。
   A.下限增大,上限增大
   B.下限减小,上限增大
   C.下限不变,上限减小
   D.下限不变,上限增大

106. 船舶制冷系统的自动控制中,温度继电器的感温包置于_____。
   A.压缩机上
   B.冷凝器上
   C.节流阀上
   D.冷库之中

107. 在吹风冷却的冷藏库中,电阻感温包置于_____。
   A.接近于回风口
   B.接近于新风口
   C.接近于库门口
   D.接近于热货处

108. 在WT-1226型温度继电器结构原理中,当主调弹簧张力不变时,调节幅差弹簧_____。

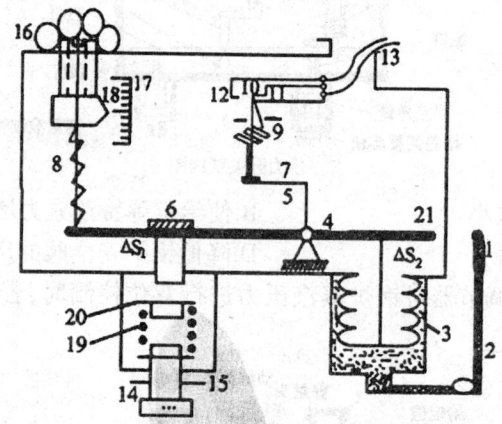

WT-1226型温度继电器结构原理图

1—感温包；2—传压管；3—波纹管；4—杠杆；5—刀口支点；
6—螺钉；7—摇臂；8—主调弹簧；9—跳簧片；10—动触点；
11、12—静触点；13—出线孔；14—幅差调节螺钉；15—幅差标尺；
16—主调螺杆；17—主标尺；18—指针；19—幅差弹簧；20—弹簧座；
21—止动螺钉

   A.只能改变设定温度下限
   B.只能改变设定温度上限
   C.既能改变设定温度上限,又能改变设定温度下限
   D.设定温度上限和下限都不能改变

109. 在整定温度继电器时,温度的下限是60~100 ℃,幅差为3~5 ℃,则幅差公式为_____。
   A.$\Delta p = 3+(5-3)\times d/10$
   B.$\Delta p = 5+(5-3)\times d/10$
   C.$\Delta p = 5-(5-3)\times d/10$
   D.$\Delta p = 3-(5-3)\times d/10$

110. 在整定温度继电器时,温度的下限是60~100 ℃,幅差为3~5 ℃,则上限值为_____。
   A.65~100 ℃
   B.63~100 ℃
   C.65~105 ℃
   D.63~105 ℃

111. 电子式温度控制器多用于监控被控对象的_____变化来进行控制,分为_____温控器和热电偶式温控器。

A.温差;电阻式 B.温度;电阻式
C.温差;电容式 D.温度;电容式

112. 温控器是通过感温包内的压力来控制的,温度低时,压力_____,当压力低于某一值时,温控器里的触点就会_____。
A.低;接通 B.高;断开
C.低;断开 D.高;接通

113. _____输出气动信号,常作为气动薄膜调节阀气动控制信号。
A.机电变换器 B.电-气信号转换器
C.气动阀门定位器 D.电气阀门定位器

114. 电-气信号转换器的输出信号是_____。
A.0~10 mA 直流信号
B.4~20 mA 直流信号
C.0~10 V 直流信号
D.0.02~0.1 MPa 气动信号

115. 电-气信号转换器输入的标准电流信号可以是_____。
A.0~4 mA B.0~10 mA
C.4~10 mA D.0~20 mA

116. 电-气信号转换器输入的标准电流信号可以是_____。
A.0~4 mA B.4~10 mA
C.4~20 mA D.0~20 mA

117. 电-气信号转换器输出的标准信号可以是_____。
A.0~0.1 MPa B.0.02~0.1 MPa
C.0.2~1.0 MPa D.0.2~1.4 MPa

118. 电-气信号转换器输出的标准信号可以是_____。
A.4~10 mA B.0.02~0.1 MPa
C.0.2~1.0 MPa D.4~20 mA

119. 阀门定位器的作用是_____。
A.提高调节阀可靠性
B.提高阀杆移动的速度
C.增大执行机构的输出功率
D.消除由膜片阀内的阀杆所引起的滞后现象

120. 阀门定位器实质上可看作是一个_____,其设定值是来自调节器的阀位信号,而输出则是阀杆的实际位置。
A.比例调节器 B.双位调节器
C.比例积分调节器 D.比例微分调节器

121. 阀门定位器的作用是_____。
A.提高调节阀开关 B.减慢阀杆移动速度
C.增加系统的传递滞后 D.消除不稳定性

122. 如图所示,当有控制信号时,比例阀输出端为_____。

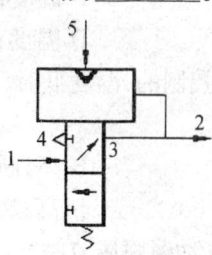

A. 输出端截止
B. 输出端通大气
C. 输出端大于输入端
D. 输出端等于控制端

123. 如图所示,下列各项使联动阀的输出端 C 不为 0 的是_____。

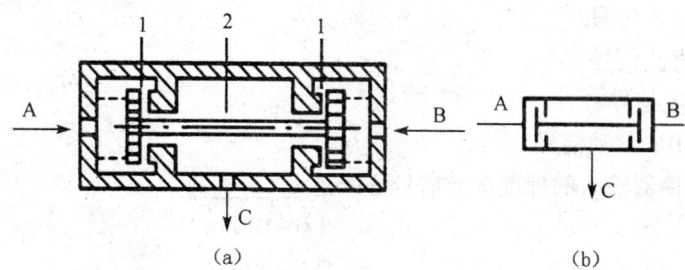

A. A=0,B=1
B. A=1,B=0
C. A=0,B=0
D. A=1,B=1

124. 如图所示的控制阀是_____。

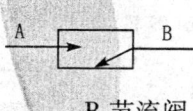

A. 溢流阀
B. 节流阀
C. 减压阀
D. 速放阀

125. 阀门定位器通常与气动调节阀配套使用,实质上可以看作是一个_____调节器。
A. 比例
B. 比例积分
C. 比例微分
D. 比例积分微分

126. 气动类控制阀分气开和气关两类。气开控制阀在故障状态时_____,气关控制阀在故障状态时_____。
A. 关闭;打开
B. 关闭;关闭
C. 打开;关闭
D. 打开;打开

127. 在用 PID 调节器组成的控制系统受到扰动后,达到稳态时存在静态偏差的原因是_____。
A. 比例带调整过大
B. 微分阀堵塞
C. 积分阀堵塞
D. 比例带调得过小

128. 有两台 PID 调节器,它们施加相同的阶跃输入信号后,输出规律如图所示,经比较可看出_____。

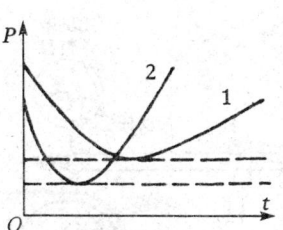

A. $PB_1 = PB_2$, $T_{i1} > T_{i2}$, $T_{d1} > T_{d2}$
B. $PB_1 = PB_2$, $T_{i1} < T_{i2}$, $T_{d1} > T_{d2}$
C. $PB_1 < PB_2$, $T_{i1} > T_{i2}$, $T_{d1} > T_{d2}$
D. $PB_1 > PB_2$, $T_{i1} < T_{i2}$, $T_{d1} < T_{d2}$

129. 如图所示 NS-732 型气动 PID 调节器,当测量值增大时,比例杆上的喷嘴与挡板的距离_____。

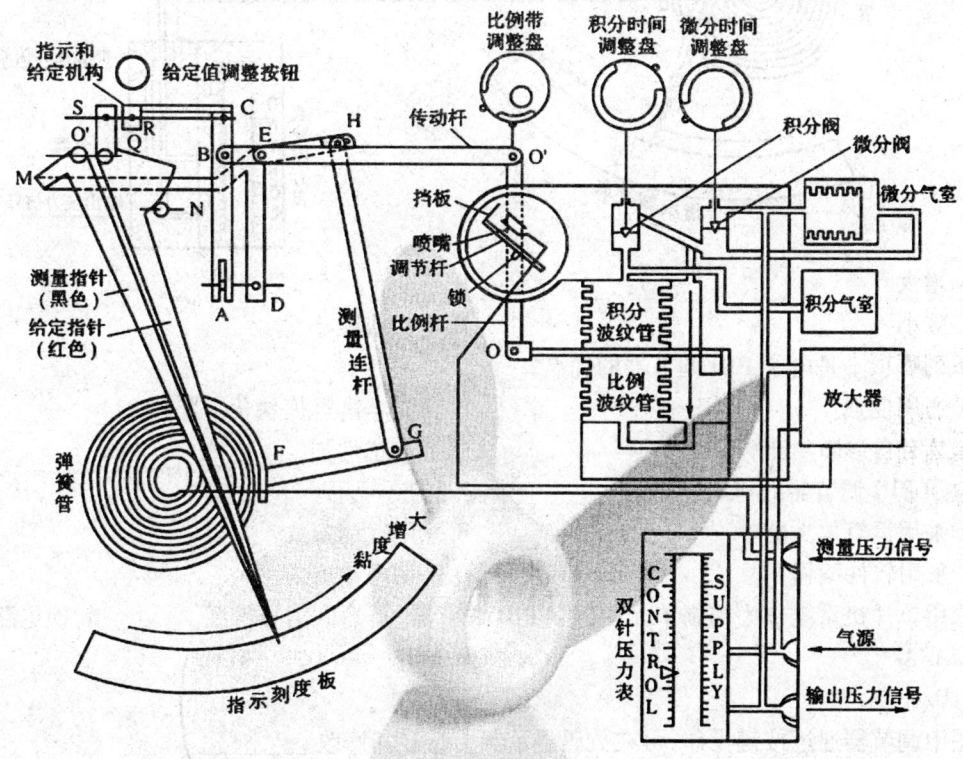

A. 增大   B. 减小
C. 不变   D. 增大或减小

130. 如图所示气动 PID 调节器,当测量值增大时,微分气室使喷嘴与挡板的距离_____。

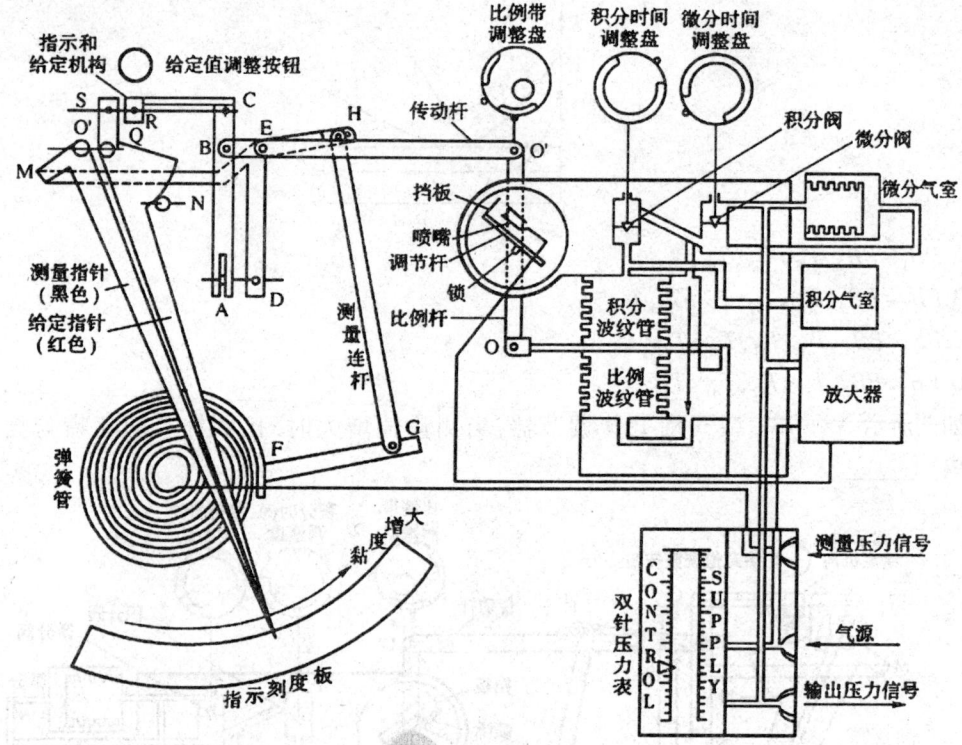

A.增大 B.不变
C.减小 D.增大或减小

131.下列哪项不是电子 PID 调节器的优点？
A.通用性强 B.功能丰富且模块化
C.具有自诊断功能 D.抗干扰性强

132.电子 PID 调节器的作用规律是_____来实现的。
A.采用运算放大器 B.采用气动方式
C.采用软件编程 D.采用电动方式

133.采用单片机系统作为控制单元的数字 PID 调节器,其输入信号需经_____转换电路转换。
A.A/A B.A/D
C.D/A D.D/D

134.图中调节器通过按键操作,可在数码显示器上查看和修改_____。
①比例带；②积分时间；③智能控制算法；④微分时间；⑤参数自整定

A.①②③ B.②③④

C.①②④ D.②③⑤

135. 图中调节器通过按键操作,不可在数码显示器上查看和修改_____。
①比例带;②参数自整定;③积分时间;④智能控制算法;⑤采样周期

A.①② B.②④
C.③④ D.④⑤

136. 采用双位作用规律调节器的控制系统的控制特点是_____。
A.对被控量进行连续控制 B.稳态时静态偏差较大
C.按偏差的大小和方向控制 D.按被控量的上、下限值控制

137. 双位式作用规律的特点是_____。
A.当被控量在上、下限之间变化时,调节器输出状态不变
B.当被控量在上限时,调节器输出状态不变
C.当被控量在下限时,调节器输出状态不变
D.当被控量在上、下限中间时,调节器输出状态不变

138. 图中为_____调节器的作用规律。

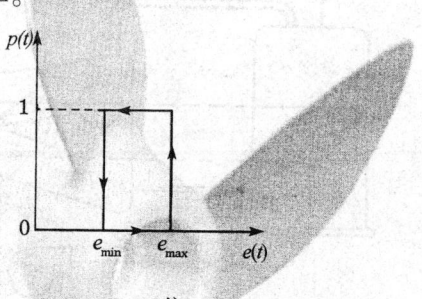

A.比例 B.双位
C.PI D.PD

139. 图中控制器可实现_____作用规律。

A.比例 　　　　　　　　　　　　B.双位
C.积分 　　　　　　　　　　　　D.微分

140.在如图所示浮子式辅锅炉水位双位控制系统中,两个永久磁铁是_____的;当水位在允许的上、下限内波动时,调节板_____。

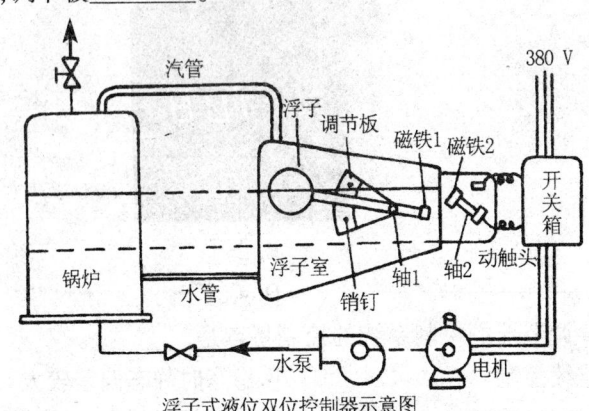

浮子式液位双位控制器示意图

A.同极性;动作 　　　　　　　　B.异极性;动作
C.同极性;不动作 　　　　　　　D.异极性;不动作

141.在浮子式锅炉水位双位控制系统中,当把调节板上的上下销钉均插在离浮子杆最近的孔中时,控制系统会使_____。

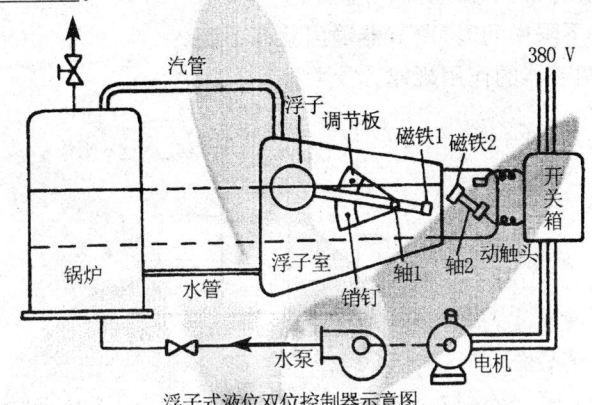

浮子式液位双位控制器示意图

A.水位保持在允许的上限水位 　　B.降低允许的下限水位
C.给水泵电机起停频繁 　　　　　D.允许的上、下限水位差增大

142.在用浮子式锅炉水位双位控制系统中,把调节板上的上、下销钉均插在离浮子杆最远的孔中时,其系统会_____。

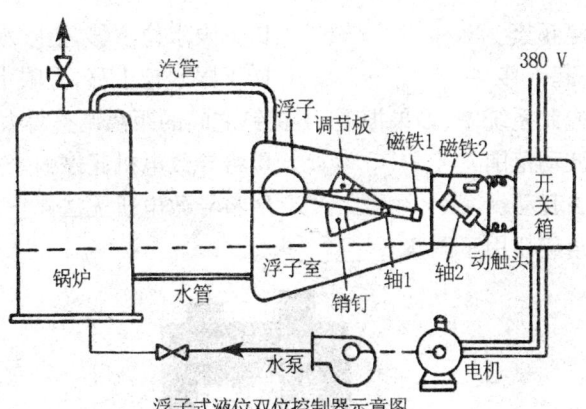

浮子式液位双位控制器示意图

A.给水泵电机起停频繁 B.上、下限水位均上移
C.上、下限水位均下移 D.上限水位上移,下限水位下移

143.在用浮子式锅炉水位双位控制系统中,把调节板上的上销钉从离浮子杆最近的孔插在离浮子杆最远的孔中,下销钉位置不变,则系统会_____。

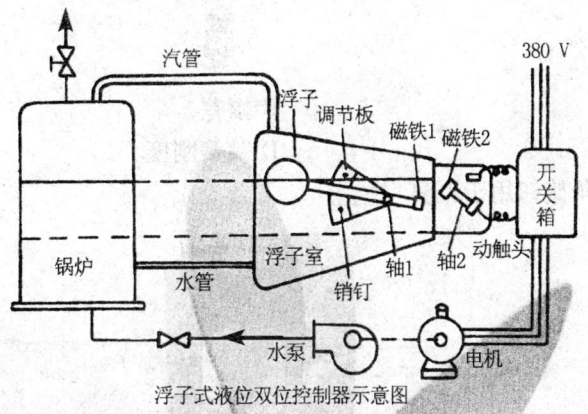

浮子式液位双位控制器示意图

A.给水泵电机起停频繁 B.上、下限水位均上移
C.上限水位上移,下限水位不变 D.下限水位上移,上限水位不变

144.在用浮子式锅炉水位双位控制系统中,把调节板上的下销钉插在最下面的孔中,上面销钉位置不变,则系统会_____。

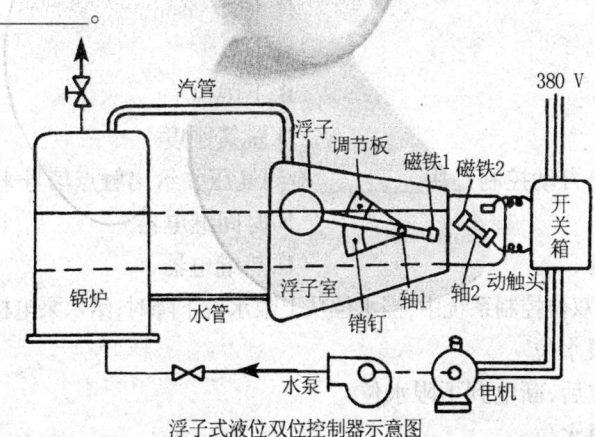

浮子式液位双位控制器示意图

A.给水泵电机起停频繁　　　　　　B.下限水位下移,上限水位不变

C.上、下限水位一起下移　　　　　D.下限水位上移,上限水位不变

145.浮子式水位双位控制系统中,如果把上、下销钉之间的距离调整得太小,_____。

A.将加大水位的波动范围　　　　　B.将导致电机起停频繁

C.将导致电机无法起动　　　　　　D.将导致电机无法停止

146.图中控制器左下角旋钮用于调整_____。

A.下限值　　　　　　　　　　　　B.幅差

C.延时时间　　　　　　　　　　　D.跳簧刚度

147.图中控制器左上角旋钮用于调整_____。

A.上限值　　　　　　　　　　　　B.下限值

C.幅差　　　　　　　　　　　　　D.跳簧刚度

148.空气压缩机的起停自动控制是用_____检测气压并给出触点信号来控制的。

A.行程开关　　　　　　　　　　　B.时间继电器

C.双位压力继电器　　　　　　　　D.热继电器

149.在浮子式锅炉水位双位控制系统中,当水位从上限水位下降时,给水泵电机的状态是_____。

A.一直通电到下限水位

B.通电到中间水位后,断电到下限水位

C.一直断电到下限水位

D.断电到中间水位后,通电到下限水位

150.在用浮子式锅炉水位双位控制系统中,给水泵电机开始断电停转的时刻为_____。
A.水位达到上限水位　　　　　　B.水位下降到中间水位
C.水位达到下限水位　　　　　　D.水位上升到中间水位

151.图示为淡水柜(压力水柜)自动控制线路,合上QS,当SA向下合自动位置时,该电路能实现_____控制。

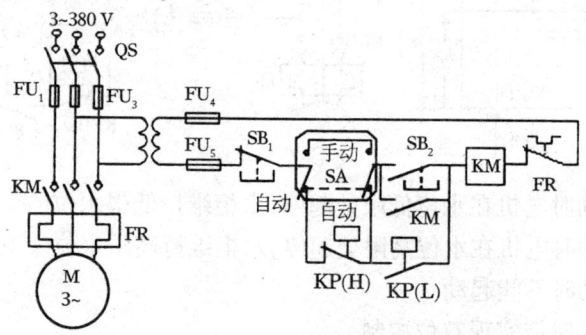

A.两地自动　　　　　　　　　　B.电机连续运转自动起动
C.双位自动　　　　　　　　　　D.依电压大小自动起动

152.如图所示的压力水柜水泵控制线路图,在接线时忘记接入KM常开辅助触头。合上QS,在SA合于自动位置时,则会出现_____。

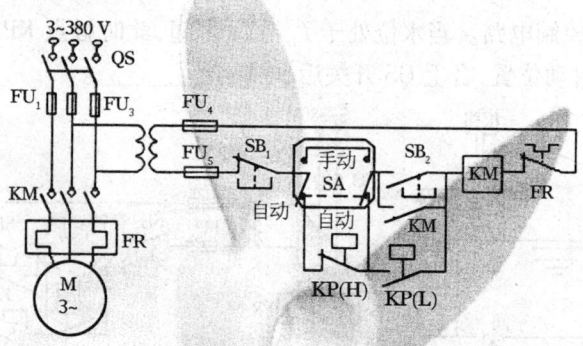

A.水柜水位维持在低限水位　　　B.水柜水位维持在高限水位
C.仍能双位正常控制　　　　　　D.电动机不能起动

153.如图所示的电动机双位控制线路,实现双位控制的元件是_____。

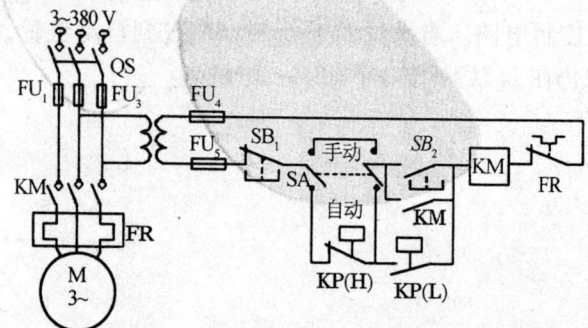

A.接触器 KM B.手动、自动开关 SA
C.SB_1、SB_2 按钮 D.双位压力继电器 KP

154.如图所示的线路中 KM 常开辅助触头因故不能闭合,则会出现手动时电机_____。

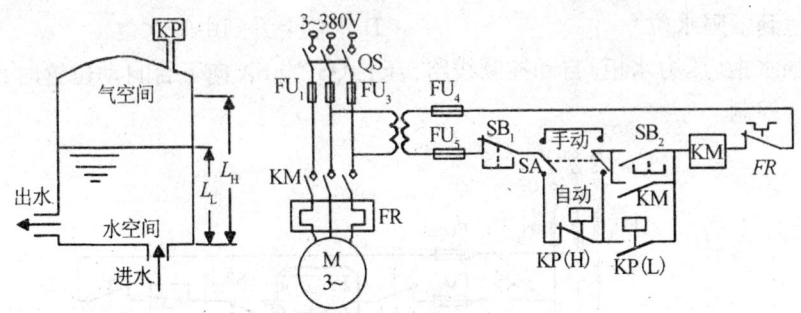

A.只能点动,自动时电机在水位低限处起停,水柜维持低限水位
B.只能点动,自动时电机在水位高限处起停,水柜维持高限水位
C.不能运转,自动时不能起动
D.不能起动,自动时能实现双位控制

155.在被控对象对控制要求不高时,如日用压力水柜,保证柜内水位在 3/4～1/2 的柜高即可,因而常采用最简单易行的控制方法是_____控制。

A.连续 B.双位
C.手动 D.随动

156.如图所示的水位控制电路。当水位处于 L_L 与 L_H 之间,此时触点 KP(L)的状态是_____,若此时 SA 处于自动位置,合上 QS 开关后,电机会_____。

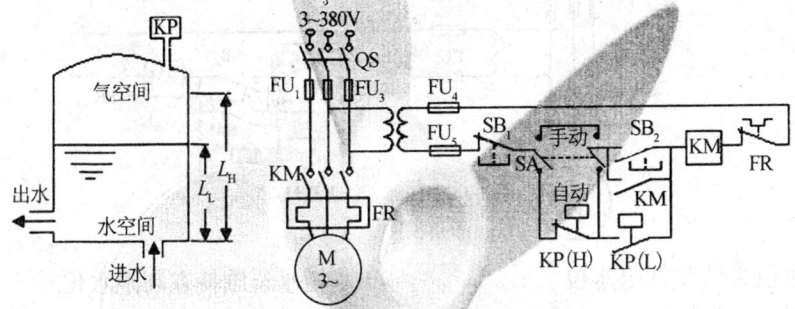

A.断开的;起动 B.断开的;不起动
C.闭合;起动 D.闭合;不起动

157.如图所示的水位控制电路。当水位低于 L_L 时,SA 打到自动位置,合上 QS 开关后电机将_____,若水位仍在 L_L 以下,按一下 SB_1 后,电机将_____。

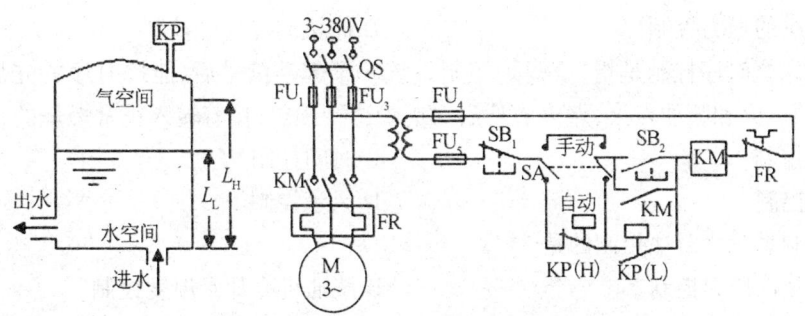

A.立即起动;停机　　　　　　　　B.立即起动;又起动
C.不动;起动　　　　　　　　　　D.不动;不动

158. 如图所示的水位控制电路。若将压力继电器的两个触点位置互换,在水位低于L_L时,将SA合自动位置,在合上QS后,会出现_____。

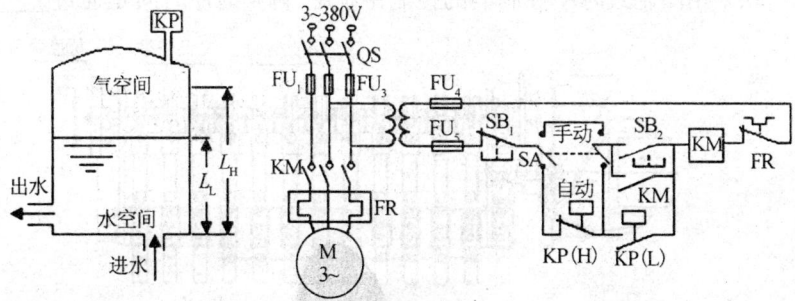

A.电机立即起动,水泵给水,当水位达到L_L时,水泵停
B.电机立即起动,水泵给水,当水位达到L_H时,水泵停
C.电机不能起动
D.电机立即起动,水泵给水,但当水位达到L_H时,水泵仍供水不停

159. 如图所示的水位控制电路。发现给水泵起停频繁,其原因可能是_____。

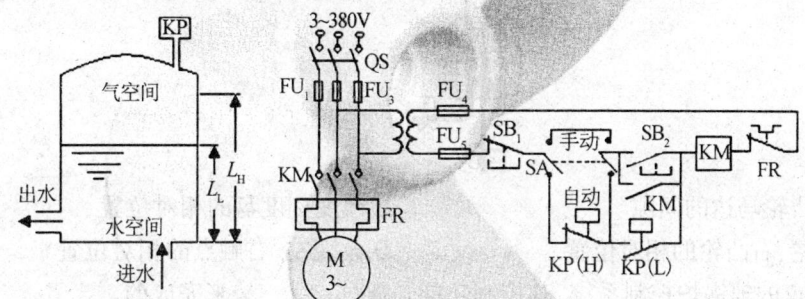

A.压力继电器低压触点KP(L)因故不能闭合
B.压力继电器高压触点KP(H)因故不能打开
C.压力继电器的整定值不合适
D.接触器铁芯端面上的短路铜环断裂

160. 在船上,_____不能使用开关控制。
A.主锅炉的水位控制　　　　　　B.辅锅炉的水位控制

C.空压机的压力控制　　　　　　　　D.冰机制冷温度控制

161. 辅锅炉燃烧时序控制是指,给锅炉控制系统一个起动信号后,能按时序的先后,自动进行预扫风、预点火和喷油点火,点火成功后对锅炉进行预热,接着转入正常燃烧的_____阶段。
    A.负荷控制　　　　　　　　　　　B.时间控制
    C.燃烧控制　　　　　　　　　　　D.风量控制

162. 下列控制系统为时序控制的是_____。
    A.锅炉蒸汽压力控制　　　　　　　B.柴油机冷却水温度控制
    C.锅炉点火燃烧控制　　　　　　　D.燃油黏度控制

163. 以下属于锅炉燃烧时序控制的控制元件的是_____。
    A.传感器　　　　　　　　　　　　B.参考水位罐
    C.信号发讯器　　　　　　　　　　D.测黏计

164. 如图所示,在采用凸轮式时序控制器的控制系统中,调整时序时间是通过_____。

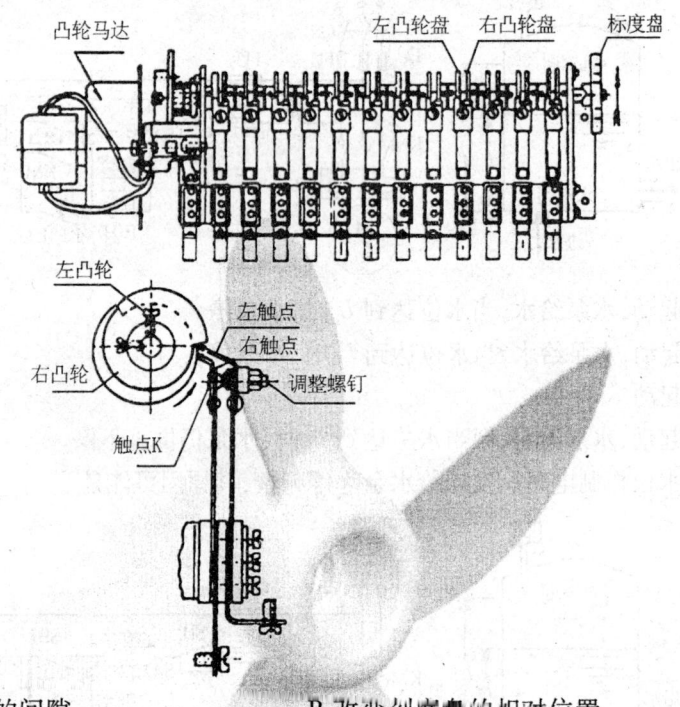

    A.改变凸轮马达的间隙　　　　　　B.改变刻度盘的相对位置
    C.改变左、右凸轮的相对位置　　　D.改变左、右触点的相对位置

165. 采用PLC的辅锅炉控制系统,其控制功能是通过_____来完成的。
    A.硬件　　　　　　　　　　　　　B.电路
    C.软件　　　　　　　　　　　　　D.RC回路

166. 锅炉的时序控制系统由_____组成。
    A.信号发讯器、程序控制器、火焰感受器和执行机构
    B.信号发讯器、程序控制器、火焰感受器和反馈机构
    C.信号发讯器、风门控制器、火焰感受器和执行机构

D.信号发讯器、风门控制器、火焰感受器和反馈机构

167. 在下列控制系统中,不包括程序控制的是_____。
　　A.锅炉的水位控制　　　　　　B.燃油黏度控制
　　C.分油机的控制　　　　　　　D.主机的负荷限制

168. 有触点的时序控制器多采用_____时序控制器。
　　A.时间继电器　　　　　　　　B.凸轮式
　　C.单管延时释放电路　　　　　D.继电器延时通电电路

169. 凸轮式时序控制器主要部件有_____。
　　①凸轮轴;②继电器;③同步电机;④凸轮
　　A.①②③　　　　　　　　　　B.②③④
　　C.①②④　　　　　　　　　　D.①③④

170. _____不是辅锅炉预点火燃烧时序中的内容。
　　A.打开燃油电磁阀　　　　　　B.关闭燃油电磁阀
　　C.关小风门　　　　　　　　　D.点火变压器通电

171. 现代船舶辅锅炉燃烧时序控制采用_____来实现。
　　A.凸轮　　　　　　　　　　　B.链轮
　　C.PLC　　　　　　　　　　　 D.RC 回路

172. 在机舱常用的控制系统中,属于时序控制系统的是_____。
　　A.分油机排渣　　　　　　　　B.锅炉蒸汽压力
　　C.燃油温度　　　　　　　　　D.燃油黏度

173. 如图所示锅炉燃烧时序控制的晶体管延时开关电路,当开关断开一段时间后,晶体管及继电器的状态为_____。

　　A.导通,断电　　　　　　　　B.导通,得电
　　C.截止,得电　　　　　　　　D.截止,断电

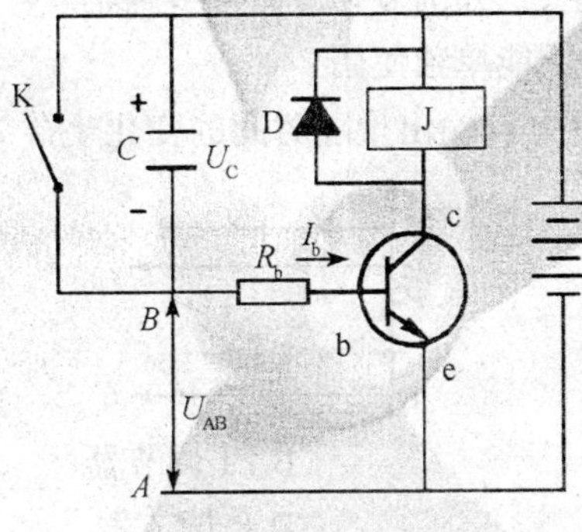

174. 如图所示锅炉燃烧时序控制的晶体管延时开关电路,当开关闭合后,晶体管及继电器的状态为_____。

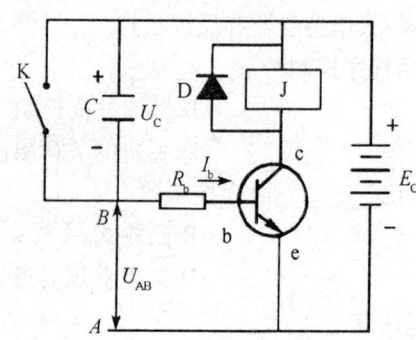

A.导通,断电 B.导通,得电
C.截止,断电 D.截止,得电

175. 在锅炉的燃烧时序控制中,光敏电阻用来监视炉膛内的火焰,其中磨砂玻璃的作用是_____。

A.防止延迟 B.防止误动作
C.阻挡红外线 D.冷却

176. 时序控制在船舶上多用于_____。

A.空压机的自动控制 B.辅锅炉的水位自动控制
C.辅锅炉的燃烧控制 D.主机的起动控制

177. 对于PID调节作用规律,错误的认识是_____。

A.若参数调节得当,可以充分发挥比例调节动作及时、积分调节可以消除静差和微分调节超前控制的优点
B.对于惯性大、迟延大的控制对象,调节器的微分时间和积分时间均应尽可能调小
C.实用中,应以比例调节为主、积分调节和微分调节为辅
D.积分调节和微分调节一般不能单独使用

178. 令调节器输出量为p,输入量为e,输出量随时间的变化规律如图所示,则这是_____。

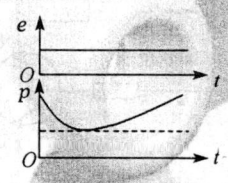

A.PID调节器 B.PI调节器
C.PD调节器 D.P调节器

179. 在PID调节器中,首先起作用的是_____。

A.积分和微分环节 B.比例和微分环节
C.比例和积分环节 D.积分环节

180. 在控制对象惯性很大,且存在迟延的控制系统中,为实现无差调节,控制系统应采用_____调节器。

A.比例 B.比例积分
C.比例微分 D.比例积分微分

181. 图示元件是_____。

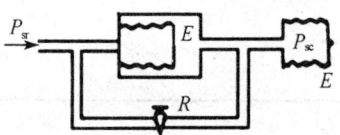

A. 节流盲室   B. 微分气室
C. 比例惯性环节   D. 比例积分环节

182. 节流分压器的特性是_____。

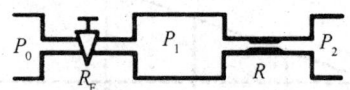

节流分压器结构示意图

A. 比例环节   B. 积分环节
C. 微分环节   D. 惯性环节

183. 有一气路如图所示,其中 P_i 是输入量,P_o 是输出量,这是_____。

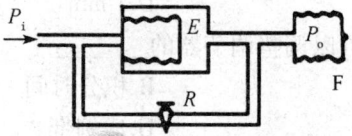

A. 比例环节   B. 积分环节
C. 微分环节   D. 比例惯性环节

184. 节流盲室的节流阀 R,常用来调整调节器的_____。

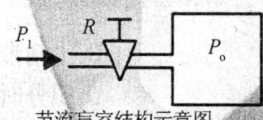

节流盲室结构示意图

A. 积分时间 T_i B. 微分时间 T_d
C. 比例带 PB   D. 幅差

185. 在气动调节器的负反馈回路中采用弹性气容构成的比例惯性环节,可用其整定调节器的_____。

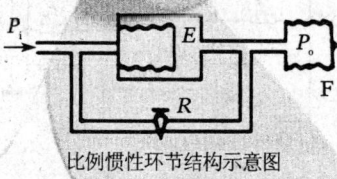

比例惯性环节结构示意图

A. 微分时间   B. 积分时间
C. 比例带   D. 过渡过程时间

186. 在气动调节器中,利用节流分压器作为反馈回路,可以实现_____。
A. 比例作用规律   B. 比例积分作用规律
C. 比例微分作用规律   D. 比例积分微分作用规律

187. 有一台 PI 电动调节器，其动特性如图所示，该调节器目前整定的积分时间是_____。

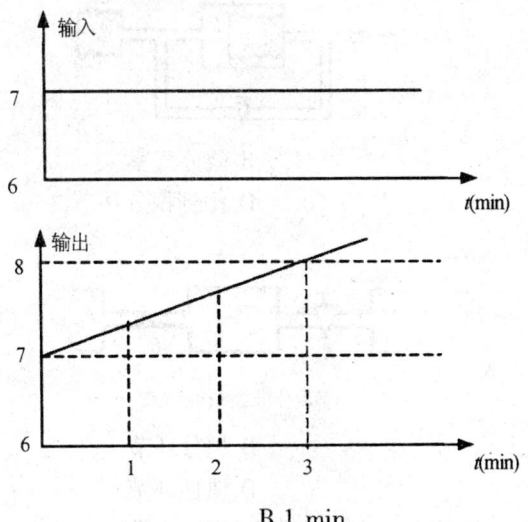

A.0 min B.1 min
C.2 min D.3 min

188. 节流分压器在反馈环节中可以调整调节器的_____。

A.过渡过程时间 B.积分时间
C.微分时间 D.比例带

189. 节流盲室在反馈环节中可以调整调节器的_____。

A.过渡过程时间 B.微分时间
C.比例带 D.积分时间

190. 惯性环节在反馈环节中可以调整调节器的_____。

A.过渡过程时间 B.比例带
C.微分时间 D.积分时间

191. 某电动 PID 调节器如图所示，运算放大器 A_4 起_____作用。

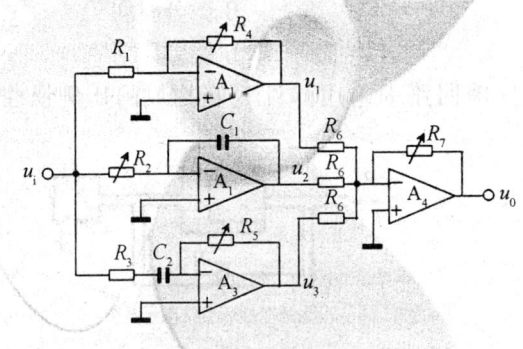

A.加法器 B.比例
C.积分 D.微分

192. 在电动控制系统中，调节器一般做成电路板的形式，其内部电路多数以运算放大器、电阻和电容等元器件组成。下图中运算放大器 A_2 的作用是_____。

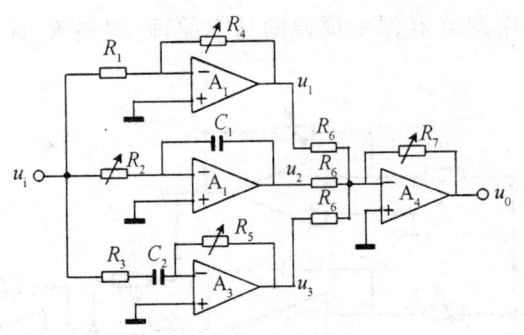

A. 加法器 B. 比例运算
C. 积分运算 D. 微分运算

193. 如图所示为电动 PID 调节器作用规律的基本原理，运算放大器 A_1 实现_____作用。

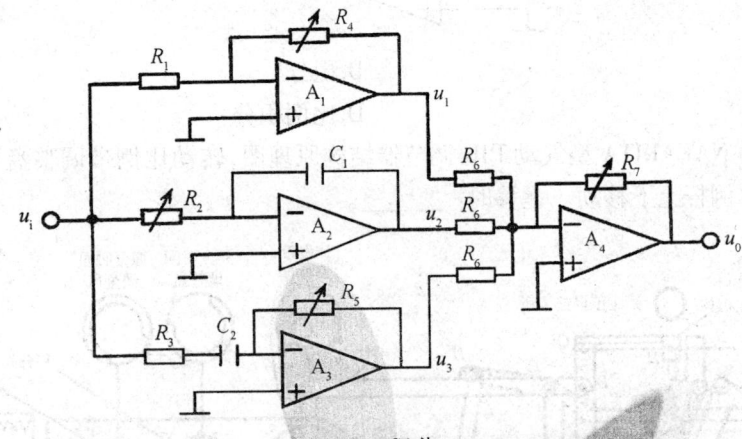

A. 比例 B. 积分
C. 微分 D. 比例积分

194. 如图所示为电动 PID 调节器作用规律的基本原理，调整 R_2 阻值可以调整_____作用强度。

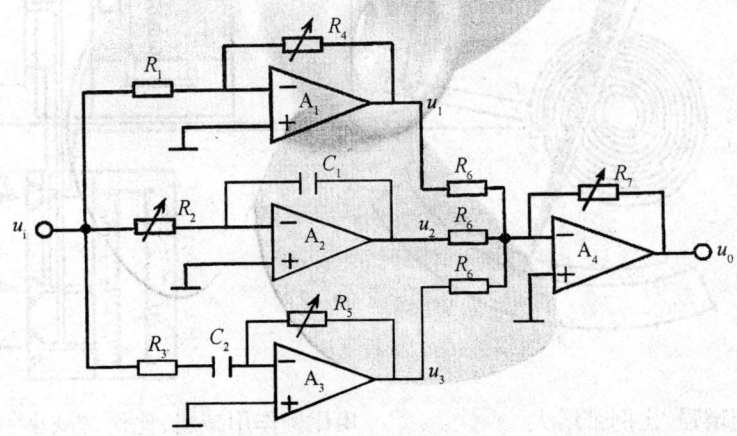

A. 比例 B. 积分
C. 微分 D. 比例积分

195. 如图所示为电动 PID 调节器作用规律的基本原理,调整 R_5 阻值可以调整_____作用强度。

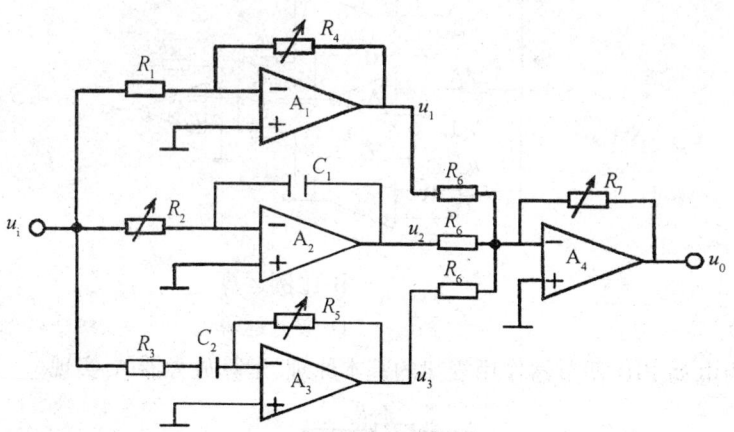

A. 比例 B. 积分
C. 微分 D. 比例积分

196. 如图所示为 NAKAKITA 型气动 PID 调节器结构原理图,转动比例带调整盘可使喷嘴和挡板一起沿着比例杆上下移动。上移时_____。

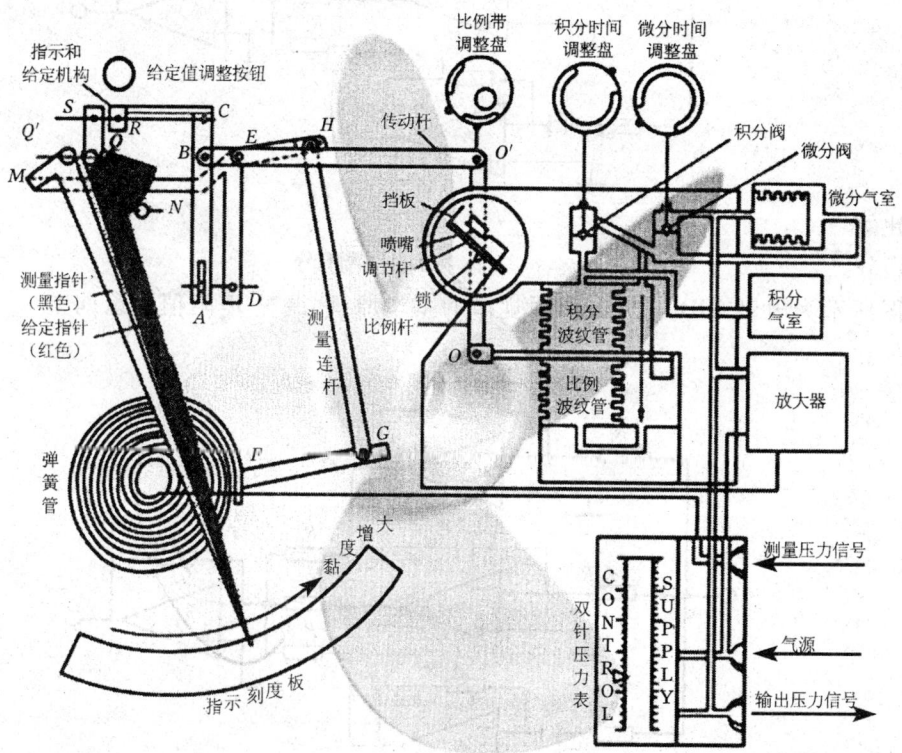

A. 比例作用增强,比例带增大 B. 比例作用减弱,比例带减小
C. 比例作用增强,比例带减小 D. 比例作用减弱,比例带增大

197. 图为 NAKAKITA 型气动 PID 调节器结构原理图,转动比例带调整盘可使喷嘴和挡板一起沿

着比例杆上下移动。下移时_____。

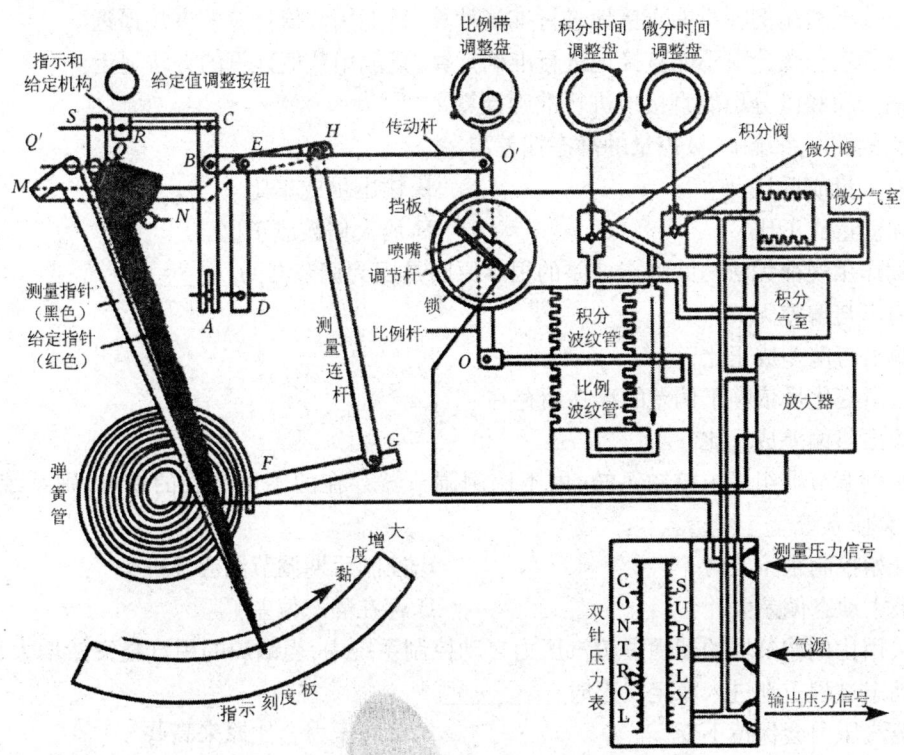

A.比例作用增强,比例带增大 B.比例作用减弱,比例带减小
C.比例作用增强,比例带减小 D.比例作用减弱,比例带增大

198.数字PID调节器反馈控制系统结构框图如下,A/D的作用是把信号_____。

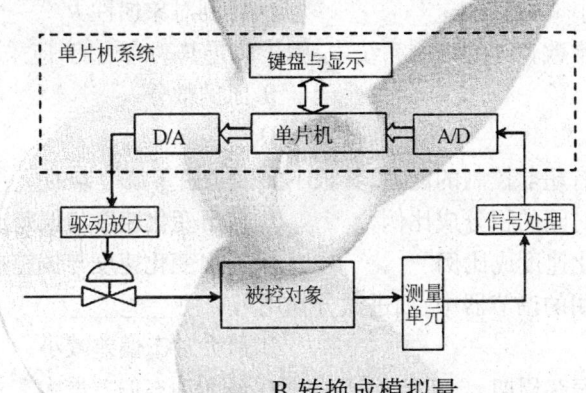

A.转换成数字量 B.转换成模拟量
C.转换成开关量 D.转换成显示量

199.智能调节器面板上的PV表示_____。
A.设定值 B.偏差值
C.测量值 D.反馈值

200.船舶机舱中越来越多的参数控制系统都采用微型计算机进行PID控制。由于计算机只能根据采样时刻的偏差值计算控制量,因此控制规律中的_____。

A.比例项和微分项不能直接地进行准确计算,只能用数值计算的方法逼近
B.积分项和比例项不能直接地进行准确计算,只能用数值计算的方法逼近
C.积分项和微分项不能直接地进行准确计算,只能用数值计算的方法逼近
D.积分项和微分项能直接地进行准确计算

201.在比例控制系统中,被控量的静态偏差与_____。
A.输入量成反比	B.输出量成正比
C.扰动量成正比	D.放大倍数成正比

202.比例作用规律无法消除静态偏差的根本原因是因为调节器的_____。
A.输出与偏差无关
B.输出与偏差成正比
C.输出变化量依赖于偏差的存在而存在
D.输出与偏差成反比

203.用比例调节器组成的控制系统,由于比例调节器存在的不可克服的缺点,则系统受到扰动后,会使系统_____。
A.开始控制很不及时	B.控制后期调节阀会开过头
C.最大动态偏差大	D.存在静态偏差

204.在采用比例调节器的辅锅炉蒸汽压力自动控制系统中,当锅炉的用汽量突然增大后,系统经历动态过程重新进入稳定状态时,_____。
A.蒸汽压力会保持不变	B.蒸汽压力会比原来高些
C.蒸汽压力会比原来低些	D.调节器的输出会比原来小些

205.采用PD调节器的控制系统,应用于_____的系统。
A.系统稳态时不能有静差	B.控制对象放大系数大
C.控制对象惯性小	D.控制对象惯性大

206.在控制对象时间常数较大的控制系统中,为了改善其动态性能,应采取_____调节规律。
A.比例	B.比例微分
C.比例积分	D.双位

207.微分作用规律具有超前控制的能力,其根本原因是由于调节器的_____。
A.输出与偏差随时间的积分成比例	B.输出变化速度与偏差成正比
C.输出与偏差变化速度成比例	D.输出变化速度与偏差成反比

208.在控制系统所采用的调节器中,加进微分作用可以使_____。
A.静态偏差增大	B.最大动态偏差减小
C.增大被控量的振荡周期	D.最大动态偏差增大

209.在采用PD调节器的控制系统中,微分的作用是使系统_____。
A.受到扰动后不会出现偏差	B.能消除静态偏差
C.实现超前控制	D.能消除静态偏差,实现超前控制

210.当微分时间为零时,比例微分调节器则成为_____。
A.积分调节器	B.双位调节器
C.微分调节器	D.比例调节器

211. 有一调节器，其输出不仅取决于偏差的大小，同时与偏差存在的长短有关，这是一台_____调节器。
    A.P   B.PD
    C.PI   D.PID

212. 为了消除由扰动所引起的系统误差，可用_____来代替比例调节器。
    A.微分调节器   B.比例积分调节器
    C.双位调节器   D.比例微分调节器

213. 锅炉水位控制系统采用 PI 调节器，在某一负荷情况下达到平衡，则调节器此时的输入为_____。
    A.零   B.静差值
    C.给定值   D.测量值

214. 当积分时间为_____ min 时，比例积分调节器就成为比例调节器。
    A.0   B.1
    C.100   D.∞

215. 采用 PI 控制的系统，加进积分作用后的比例带要比纯比例调节时_____。
    A.略大   B.略小
    C.不变   D.依调节对象而定

216. 具有比例积分作用的控制系统，若积分时间 T_i 选得太小，则_____。
    A.积分作用太强，准确性降低   B.积分作用太强，稳定性降低
    C.积分作用太弱，稳定性降低   D.积分作用太弱，准确性降低

217. 在采用 PI 调节器的燃油黏度自动控制系统中，当把调节器 T_i 整定为 $T_i \to \infty$ 时，则_____。
    A.稳定性变差   B.静态精度变差
    C.蒸汽调节阀动作频繁   D.最大动态偏差明显增大

218. 比例调节器的优点、缺点分别是_____。
    A.调节超前，不能消除静态偏差   B.调节及时，不能消除静态偏差
    C.消除静态偏差，调节不及时   D.消除静态偏差，调节不能超前

219. 积分作用规律是调节器输出的变化速度与_____。
    A.偏差积分成比例   B.偏差成比例
    C.偏差微分成比例   D.偏差方向成比例

220. 在比例调节器中，若要加入积分作用(其 T_i 不是 ∞)，则此时的比例带 PB 要比纯比例作用时_____，以抵制由于积分作用的加入而产生的系统动态过程_____。
    A.略小一些；超前调节   B.略小一些；振荡倾向
    C.略大一些；超前调节   D.略大一些；振荡倾向

221. 比例积分调节器中，积分作用是以_____方式实现的。
    A.前馈   B.正反馈
    C.复合   D.负反馈

222. 比例积分微分调节器中，微分作用是以_____方式实现的。
    A.前馈   B.正反馈

C. 复合 D. 负反馈

223. 给一台调节器加一个阶跃的输入信号后,先有一个较大的阶跃输出,然后输出逐渐减小,到达某值后,又随时间不断增大,这是_____。
A. 比例调节器 B. PI 调节器
C. PD 调节器 D. PID 调节器

224. 一个调节器当输入阶跃偏差信号时,输出也是阶跃变化信号,该调节器是_____。
A. P 调节器 B. PI 调节器
C. I 调节器 D. PD 调节器

225. 在用比例调节器调节的温度系统中,温度变化到量程最大范围时,调节阀开度只变化了40%,则此比例带 PB 为_____。
A. 250% B. 40%
C. 400% D. 60%

226. 在用比例调节器组成的控制系统中,被控量变化全量程的一半,调节器使调节阀开度变化全行程的 1/4,则调节器的比例带 PB 为_____。
A. 50% B. 100%
C. 150% D. 200%

227. 某采用比例调节作用规律的控制系统,若调节器的比例带调整为 50%,则当偏差的变化达到全量程的 50% 时,_____。
A. 调节阀的开度达到全行程的 100%
B. 调节阀的输出达到全行程的 125%
C. 调节阀的输出达到全行程的 40%
D. 调节阀的输出达到全行程的 50%

228. 在 PD 调节器中,施加阶跃输入信号后,微分时间 T_d 长表示_____。
A. 调节器输出最大值需要时间长 B. 微分作用弱
C. 微分输出消失得快 D. 微分作用保留的时间长

229. 一个 PI 调节器,$PB=100\%$ 时,P 和 I 的输出特性曲线如图所示,则积分时间 T_i 为_____。

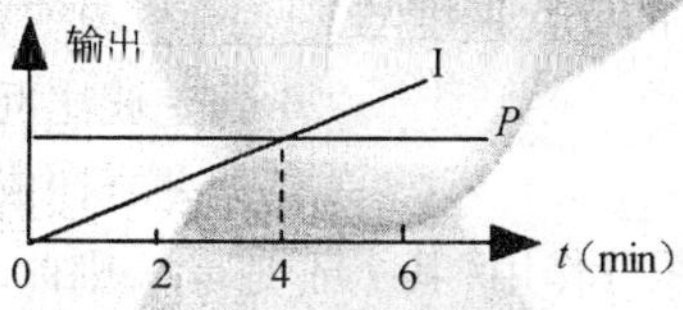

A. 1 min B. 2 min
C. 4 min D. 6 min

230. 在用 PI 调节器组成的控制系统中,通过调整调节器的参数使比例带 PB 增大,积分时间 T_i 减小,则_____。
A. 比例作用强,积分作用强 B. 比例作用弱,积分作用强
C. 比例作用强,积分作用弱 D. 比例作用弱,积分作用弱

231. 有一台 PID 调节器,施加一个阶跃的输入信号后,其输出最后起作用的是_____。
A. 比例项和积分项 B. 积分项和微分项

C.积分项 D.微分项和比例项

232.采用比例调节器的定值调节系统若要减少静态偏差,则需要_____。
A.增大比例带 B.减小放大系数
C.减小比例带 D.减小时间系数

233.在用比例调节器组成的控制系统受到扰动后,被控量振荡激烈,需很长时间才能稳定下来,则应当_____。
A.把控制对象的放大系数调小 B.把控制对象的时间常数调大
C.把比例带 PB 调大 D.把比例带 PB 调小

234.在用比例调节器组成的控制系统中,稳态时静态偏差偏大,则应当_____。
A.减小扰动量 B.及时调整给定值
C.适当减小比例带 D.适当增加比例带

235.在用比例调节器组成的控制系统中,系统受到扰动后,稳态时其静态偏差较大,其可能的原因是_____。
A.扰动量大,比例带 PB 大 B.扰动量小,PB 大
C.扰动量小,PB 小 D.扰动量大,PB 小

236.有两台PD调节器 R_1 和 R_2,其参数整定为 $PB_1>PB_2$,$T_{d1}>T_{d2}$,这表示_____。
A.R_1 的比例作用和微分作用都比 R_2 弱
B.R_1 的比例作用和微分作用都比 R_2 强
C.R_1 的比例作用比 R_2 弱,R_1 的微分作用比 R_2 强
D.R_1 的比例作用比 R_2 强,R_1 的微分作用比 R_2 弱

237.有两台PD调节器 R_1 和 R_2,其参数整定为 $PB_1<PB_2$,$T_{d1}<T_{d2}$,这表示_____。
A.R_1 的比例作用和微分作用都比 R_2 强
B.R_1 的比例作用比 R_2 强,R_1 的微分作用比 R_2 弱
C.R_1 的比例作用和微分作用都比 R_2 弱
D.R_1 的比例作用比 R_2 弱,R_1 的微分作用比 R_2 强

238.在采用PI调节器组成的气缸冷却水温度控制系统中,温度给定值是74 ℃,系统受到扰动后达到稳态时温度表指针指在72 ℃上,其原因可能是_____。
A.比例带 PB 调得太小 B.比例带 PB 调得过大
C.积分时间 T_i 整定得太短 D.积分作用被切除

239.采用PI调节器的控制系统中,为提高运行中控制系统的稳定性,应采取的措施是_____。
A.增加 PB,减小 T_i B.增加 PB,增加 T_i
C.减小 PB,增加 T_i D.减小 PB,减小 T_i

240.采用PI调节器的控制系统受到扰动作用后,若动态过程的振荡较剧烈、消除静差的时间偏长,则应将调节器的_____。
A.$PB\downarrow$,$T_I\uparrow$ B.$PB\uparrow$,$T_I\downarrow$
C.$PB\uparrow$,$T_I\uparrow$ D.$PB\downarrow$,$T_I\downarrow$

241.在采用PID调节器的定值控制系统中,当积分时间 T_i、微分时间 T_d 均减小时,系统可能出现_____。

A.非周期过程 B.振荡趋势增强
C.较大静差 D.稳定性增强

242.在比例、积分、微分三作用调节器中,若积分时间常数和微分时间常数同时增大,则_____。

A.积分作用和微分作用同时增强 B.积分作用和微分作用同时减弱
C.积分作用增强,微分作用减弱 D.积分作用减弱,微分作用增强

243.为了让某PID调节器获得纯比例作用,其积分时间和微分时间的取值应该是_____。

A.T_i=最大值,T_d=最小值 B.T_i=最小值,T_d=最大值
C.T_i=最大值,T_d=最大值 D.T_i=最小值,T_d=最小值

244.有一采用PD调节器组成的控制系统,其参数已经整定合适,现为消除静差要加进积分作用;与原参数相比,则PB应_____,T_d应_____。

A.减小;减小 B.减小;增大
C.增大;减小 D.增大;增大

245.在用PID调节器组成的控制系统受到阶跃扰动后,如果动态过程振荡激烈,其可能的原因是_____。

A.比例带整定得过大 B.积分时间过长
C.微分时间太短 D.微分时间太长

246.在用PID调节器组成的控制系统中,系统受到扰动后,被控量作等幅振荡,且振荡周期较短,其可能的原因是_____。

A.积分阀堵塞 B.微分阀堵塞
C.微分阀全开 D.比例带太大

247._____是先确定一个调节器的参数值PB和T_i,通过改变给定值对控制系统施加一个扰动,现场观察判断控制曲线形状。

A.经验法 B.衰减曲线法
C.临界比例带法 D.反应曲线法

248.在实际工作中,调节器的参数整定方法采用_____。

A.理论计算 B.工程整定
C.反应曲线法 D.临界比例带法

249.在用经验法整定PID调节器参数时,根据控制对象特性确定好初始的参数值PB、T_i和T_d。可参照在实际运行中的同类控制系统的参数值,在试凑过程中,若发现被控量变化缓慢,不能尽快达到稳定值,这是由于_____引起的。

A.PB过小或T_i过长 B.PB过大或T_i过长
C.PB过大或T_i过短 D.PB过小或T_i过短

250.关于调节器参数,说法正确的是_____。

A.PB对控制过程的影响比T_i小
B.T_i值小一些也不要偏大
C.PB和T_i增大会使控制作用减弱
D.PB增大,最大动态偏差偏小

251. 在按衰减曲线法整定PID参数时,先用试凑法整定纯比例控制作用的比例带PB_s,振荡周期T_s,此时衰减比为_____。
   A.1∶1
   B.1∶4
   C.4∶1
   D.2∶1

252. 现要测量的温度范围是40~100 ℃,选用的温度变送器的量程是0~100 ℃,这时需要对变送器进行迁移,迁移后的零点是_____。
   A.100 ℃
   B.40 ℃
   C.0 ℃
   D.-40 ℃

253. 现有一台0~1.0 MPa量程的差压变送器,预测量0.2~1.0 MPa的压力信号,其调节方法是_____。
   A.减小其量程为0~0.8 MPa,再进行正迁移0.2 MPa
   B.减小其量程为0~0.4 MPa,再进行正迁移0.6 MPa
   C.减小其量程为0~0.8 MPa,再进行负迁移0.2 MPa
   D.减小其量程为0~0.4 MPa,再进行负迁移0.6 MPa

254. 有一台量程为0~0.6 MPa的压力变送器,现要测量0.4~1.0 MPa的压力信号,需对变送器进行迁移,其迁移量为_____及迁移方向为_____。
   A.1.0 MPa;负迁移
   B.-0.4 MPa;正迁移
   C.0.4 MPa;正迁移
   D.-1.0 MPa;负迁移

255. 燃油黏度PID控制系统中,测黏计属于_____。
   A.传感器
   B.变送器
   C.执行器
   D.控制器

256. 燃油黏度PID控制系统中,蒸汽调节阀属于_____。
   A.传感器
   B.变送器
   C.执行器
   D.控制器

257. 差动变压器液位最低时,铁芯在中间位置,输出电压为_____。
   A.$2U_1$
   B.最大值
   C.0
   D.平均值

258. 图示为_____,可用于测量_____。

   A.热电阻;主机排烟温度
   B.热电偶;冷却水温度
   C.热电阻;冷却水温度
   D.热电偶;主机排烟温度

259. 图示为_____,可用于测量_____。

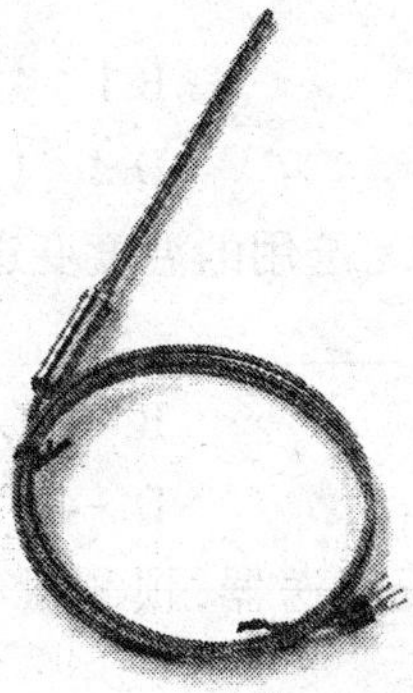

A.热电阻;主机排烟温度　　　　　　B.热电偶;冷却水温度
C.热电阻;冷却水温度　　　　　　　D.热电偶;主机排烟温度

260. 反馈控制系统程序控制的特点是_____。
A.给定值是不变的,系统始终保持被控量在给定值上或附近
B.给定值是变化的,变化规律是不确定的
C.给定值是变化的,变化规律是确定的
D.给定值恒定和变化交替进行

261. 给定值按人们事先安排好的规律进行变化的控制系统是_____。
A.定值控制系统　　　　　　　　　　B.程序控制系统
C.随动控制系统　　　　　　　　　　D.开环控制系统

262. 关于程序控制系统,下列说法正确的_____。
A.系统的给定值是变化的,而且是按人们事先安排好的规律进行变化,则该系统称为随动控制系统
B.逻辑控制也属于程序控制系统
C.系统的给定值是任意变化的,且变化规律是事先无法确定的系统,则该系统称为程序控制系统
D.程序控制系统一定是反馈控制系统

263. 下列是程序控制的是_____。
A.锅炉水位控制　　　　　　　　　　B.柴油机冷却水温度控制
C.锅炉蒸汽压力控制　　　　　　　　D.燃油黏度控制

264. 程序控制可通过_____实现。
①计算机;②单片机;③PLC;④继电器;⑤接触器
A.①②③　　　　　　　　　　　　　B.①②④
C.②③④　　　　　　　　　　　　　D.②④⑤

265. 可编程序控制器具有_____特点。
①软件功能强;②硬件功能强;③查找排除故障复杂;④自我诊断功能;⑤不适用于恶劣环境
A.①②③　　　　　　　　　　　　　B.①②④
C.②③④　　　　　　　　　　　　　D.③④⑤

266.可编程序控制器可采用的编程语言有_____。
①机器语言;②梯形图语言;③汇编语言;④语句表;⑤控制系统流程图
A.①②③　　　　　　　　　　　　　B.①②④
C.②③④　　　　　　　　　　　　　D.②④⑤

267.可编程序控制器按_____的扫描顺序工作。
①与外设通讯;②读入现场信号;③自诊断;④执行用户程序;⑤输出结果
A.①②③④⑤　　　　　　　　　　　B.②①③④⑤
C.③①②④⑤　　　　　　　　　　　D.④①②③⑤

268.主机在备车航行过程中的转速控制属于_____。
A.反馈控制系统　　　　　　　　　　B.定值控制系统
C.程序控制系统　　　　　　　　　　D.随动控制系统

269.燃油供油单元自动控制系统中控制器EPC-50B采用_____取代了常规控制器。
A.PC 机　　　　　　　　　　　　　B.单片机
C.PLC　　　　　　　　　　　　　　D.气动PID调节器

270.随着自动化技术的发展,阀门遥控系统中多采用_____控制电磁换向阀。
A.PC 机　　　　　　　　　　　　　B.单片机
C.PLC　　　　　　　　　　　　　　D.工控机

271.液舱遥测系统中信号处理单元的控制器一般采用_____。
①PC 机;②单片机;③PLC;④工控机
A.①②　　　　　　　　　　　　　　B.①③
C.②③　　　　　　　　　　　　　　D.③④

272.阀门电液分散控制系统的上层控制设备包括_____。
①工控机;②PLC;③单片机;④MIMIC控制板
A.①②③　　　　　　　　　　　　　B.①②④
C.②③④　　　　　　　　　　　　　D.①③④

273.用热电偶检测温度的基本原理是当冷端温度保持恒定时,热端与冷端之间_____。

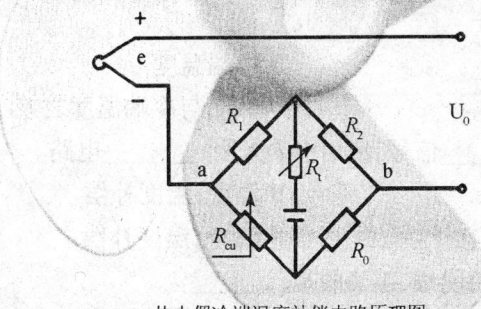

热电偶冷端温度补偿电路原理图

A.热电势随温度升高而升高　　　　　B.热电势随温度升高而降低
C.电阻值随温度升高而增大　　　　　D.电阻值随温度升高而减小

274.热电偶检测温度电路中设置补偿电路的作用是_____。

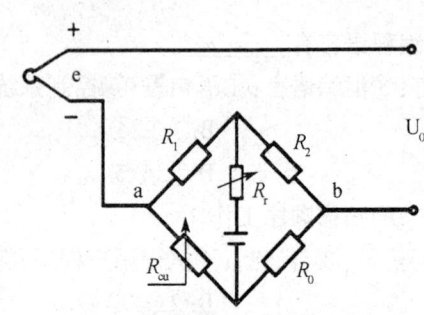

热电偶冷端温度补偿电路原理图

A.提高线性范围 B.提高稳定性
C.便于调零和调量程 D.提高测量精度

275.在用热电阻检测某监视点温度的电路中,采用三线制接法时使_____。

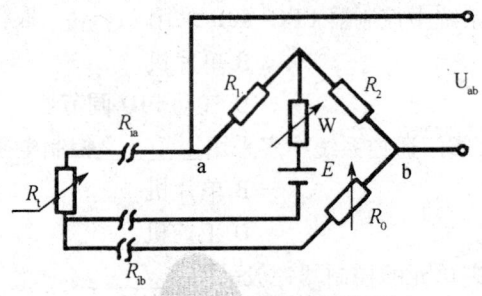

热电阻式三线制测温电桥原理图

A.测温电桥有三根输出线
B.电源增加一根接地线
C.热电阻两根导线同在一个桥臂上
D.热电阻两根导线分别接在两个相邻桥臂上

276.在热电偶中,为保证所检测的温度值不受环境温度的影响,应采取的措施是_____。

A.加装隔离放大器 B.加装光电隔离器
C.加装冷端补偿电路 D.加装抗干扰电路

277.热电偶输出的电势差正比于_____。

A.热端温度 B.冷端温度
C.热端与冷端温度之和 D.热端与冷端温度之差

278.热电偶可以用于检测_____信号,使用中须采用_____电路。

A.温度;三线制 B.温度;温度补偿
C.温差;三线制 D.温差;温度补偿

279.关于热电阻式温度传感器的说法,正确的是_____。

A.利用电阻丝的阻值随温度升高而增大的效应实现温度测量
B.利用电阻丝的阻值随温度升高而减小的效应实现温度测量
C.利用金属热电势随温度升高而增大的效应实现温度测量
D.利用金属热电势随温度升高而减小的效应实现温度测量

280. 现在需要在增压器的后端安装一个热电偶以测量增压器后的主机排烟温度,下面的方案中温度的测量误差最小的是_____。
   A. 安装热电偶时,使用与其匹配的导线连接
   B. 安装热电偶时,在热端和冷端进行补偿
   C. 安装热电偶时,既采用与之匹配的导线连接又对热端进行补偿
   D. 安装热电偶时,既采用与之匹配的导线连接又对冷端进行补偿

281. 金属应变片常用于_____传感器,它根据_____的原理工作。
   A. 压力;压力不同输出电压不同
   B. 温度;温度不同输出电压不同
   C. 温度;温度不同输出电阻不同
   D. 压力;压力不同输出电阻不同

282. 在如图所示的电阻式压力传感器中,当输入的压力信号增大时,滑针在变阻器上的滑动方向为_____,测量电桥输出的电压值变化为_____。

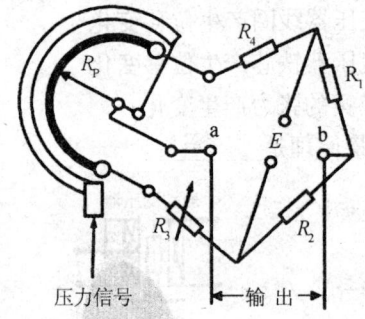

   A. 顺时针;增大
   B. 逆时针;增大
   C. 顺时针;减小
   D. 逆时针;减小

283. 金属应变片式压力传感器中,当压力增加,应变片长度_____,电阻_____。

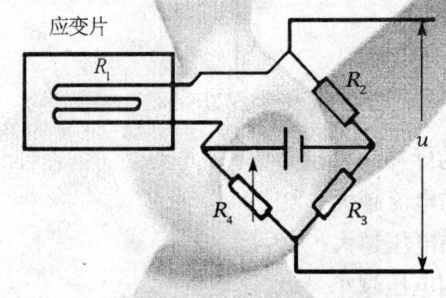

金属应变片式压力传感器原理图

   A. 缩短;变大
   B. 伸长;变小
   C. 缩短;变小
   D. 伸长;变大

284. 变浮力式液位传感器的作用原理是随着液位的变化_____。

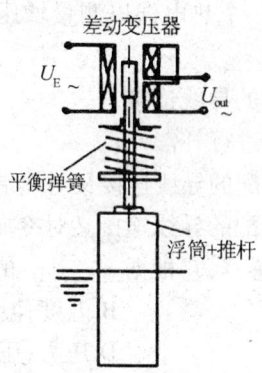

变浮力液位传感器原理图

A. 浮筒的浮力变化,差动变压器铁芯产生位移变化
B. 浮筒的浮力变化,差动变压器线圈产生位移变化
C. 浮筒的重力变化,差动变压器铁芯产生位移变化
D. 浮筒的重力变化,平衡弹簧的张力产生变化

285.变浮力式液位传感器的测量原理是_____。

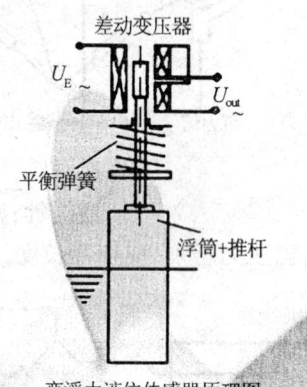

变浮力液位传感器原理图

A. 被测液位越高,输出的脉冲频率越高
B. 被测液位越高,输出的电流越大
C. 被测液位越高,输出的电压越大
D. 被测液位越高,输出的电压越小

286.吹气式液位传感器的量程范围调整是通过节流阀实现的,要求是_____。

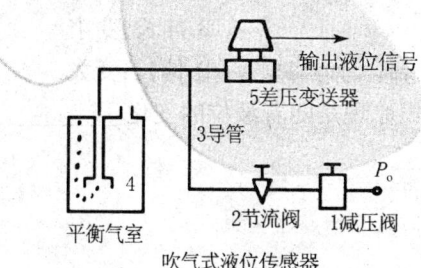

吹气式液位传感器

A.最低液位时,平衡室有微量气泡冒出
B.最低液位时,平衡室有大量气泡冒出
C.最高液位时,平衡室有微量气泡冒出
D.最高液位时,平衡室有大量气泡冒出

287.在变浮力液位传感器中,随着所检测的液位的变化,其输出为_____。
　　A.气压信号的变化　　　　　　　　B.电阻值大小不同
　　C.电压值大小不同　　　　　　　　D.直流电流大小不同

288.在吹气式液位传感器中,随着液位的升高,平衡气室逸出的气泡量及导管压力的变化分别为_____。

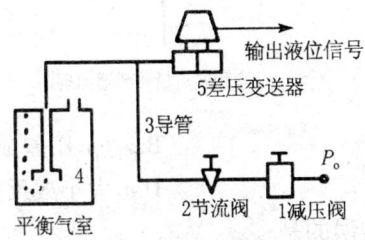
吹气式液位传感器

　　A.增多,增大　　　　　　　　　　B.减少,增大
　　C.增多,减小　　　　　　　　　　D.减少,减小

289.吹气式液位传感器是属于_____液位传感器。
　　A.动态式　　　　　　　　　　　　B.静压式
　　C.静态式　　　　　　　　　　　　D.差压式

290.容积式流量传感器的测量原理是被测介质流量越大,输出的_____。
　　A.电脉冲频率越高　　　　　　　　B.电脉冲频率越低
　　C.电压越高　　　　　　　　　　　D.电压越低

291.容积式流量传感器的基本工作原理是_____。
　　A.孔板前后压差与流量成反比　　　B.孔板前后压差与流量成正比
　　C.齿轮的转速与流量成反比　　　　D.齿轮的转速与流量成正比

292.在容积式流量传感器中,反映流量大小的输出信号是_____。
　　A.直流电压信号的大小　　　　　　B.直流电流信号的大小
　　C.气压信号的大小　　　　　　　　D.脉冲信号频率的高低

293.在容积式流量传感器中,进口流体压力为 p_1,出口流体压力为 p_2,则传感器输出量将与_____。

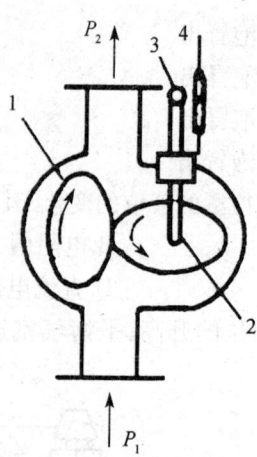

容积式流量传感器原理图

A. p_1-p_2 压差成反比 B. p_1-p_2 压差成正比
C. p_1 大小成正比   D. p_1 大小成反比

294. 关于流量传感器的说法,错误的是_____。
    A. 流量传感器均是将液体的流量成比例地转化为电信号或者气压信号的传感器
    B. 电磁式流量传感器在测量导电液体时,相比测量非导电液体,会有更大的误差
    C. 容积式流量传感器可以测量油和水的流量
    D. 电磁式流量传感器也可以测量水的流量

295. 电磁式流量传感器是根据电磁感应原理来检测流量的,在机舱中可测量_____的流量。
    A. 柴油   B. 润滑油
    C. 海水   D. 制冷剂

296. 硅压力传感器的测量原理是_____。
    A. 传感器电动势成比例变化
    B. 传感器膜片内电阻变化,通过电桥变化为电压信号
    C. 传感器膜片内电容变化,通过电桥变化为电压信号
    D. 传感器膜片变形带动电位器,再通过电桥变化为电压信

297. 在用磁脉冲传感器检测主机转向时,两个磁头布置的位置要相差_____。

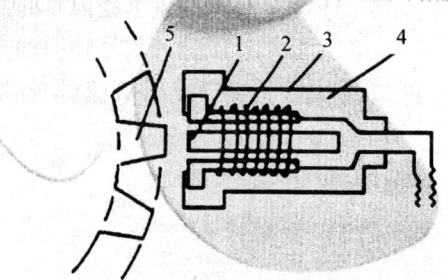

碰头结构原理图
1—永久磁铁;2—软磁芯;3—线圈;
4—非导磁性外壳;5—齿轮

A. 1/4 个齿距   B. 1/2 个齿距

C.1个齿距 D.2个齿距

298.磁脉冲测速装置用以表示转速大小和转向的信号分别是_____。
A.脉冲幅值和极性 B.脉冲幅值和相位
C.脉冲频率和相位 D.脉冲频率和极性

299.用脉冲式转速传感器检测主机转速时,若将两个传感器位置颠倒,则_____。

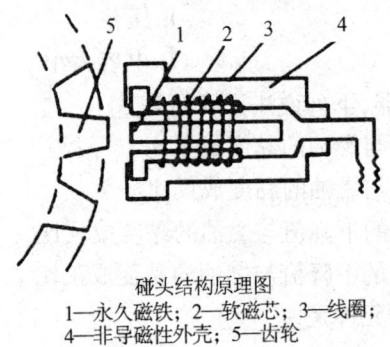

碰头结构原理图
1—永久磁铁；2—软磁芯；3—线圈；
4—非导磁性外壳；5—齿轮

A.转速表指示转速偏低,转向与主机相反
B.转速表指示转速偏低,转向与主机相同
C.转速表指示与主机相同,转向与主机相同
D.转速表指示与主机相同,转向与主机相反

300.磁脉冲式测速装置的工作原理是_____。
A.主机转速越快时,在磁脉冲式测速装置上产生的感应电动势越大
B.主机飞轮上测速齿轮的齿顶和齿槽分别通过测速装置,在其上感应出一系列的脉冲电势,由此来测量转速
C.在主机飞轮上测速齿轮的附近安装两个位置不同的脉冲测速装置,根据这两个装置的相互配合来检测主机转速
D.主机转速越慢时,在磁脉冲式测速装置上产生的感应电流越大

301.磁脉冲式测速装置检测柴油机转向是通过_____。
A.对磁脉冲测速装置的输出进行相敏整流来得到柴油机转向的
B.安装两个不同位置的磁脉冲测速装置,通过两者的配合达到检测转向的目的
C.根据磁脉冲测速装置输出的电动势的方向来检测转向的
D.磁脉冲式测速装置无法检测柴油机的转向,需通过其他附加的装置来完成

302.测黏计是燃油黏度的测量装置,它的工作原理是_____。
A.基于流动燃油的黏性对其中振动杆振动幅度的衰减来进行测量的
B.基于流动燃油的黏性对其中振动杆振动幅度的频率来进行测量的
C.基于流动燃油的温度对其中振动杆振动幅度的衰减来进行测量的
D.基于流动燃油的温度对其中振动杆振动幅度的频率来进行测量的

303.扭矩传感器用来测量主机的轴功率,当推力轴扭矩增大时,两个齿轮的齿顶在轴线方向的位置错开,测量脉冲信号之间形成相位差,正确的说法是_____。
A.扭矩越大,相位差越小 B.扭矩变化,相位差不变

C.扭矩越大,相位差越大 D.扭矩越小,相位差越大

304.EVT-10C 黏度传感器由两部分组成,其为_____。
A.测黏计与放大部分 B.测黏计与单片机变送部分
C.测量部分与气动转换部分 D.测量部分与电路部分

305.EVT-10C 黏度传感器把黏度的变化转换成为_____的变化量送到单片机变送器。
A.感应电流 B.压差
C.感应电动势 D.电容大小

306.关于 EVT-10C 黏度传感器,下列说法正确的是_____。
A.检测线圈内感应电动势与燃油的黏度成正比
B.检测线圈内感应电动势与燃油的黏度成反比
C.检测线圈内感应电动势的下降值与燃油的黏度成反比
D.检测线圈内感应电动势的下降值与燃油的黏度成正比

307.可用于辅锅炉火焰检测的元件是_____。
A.热敏电阻 B.热电阻
C.光电池 D.低熔点合金

308.图为油分浓度探测器原理图,其中电元件为_____。

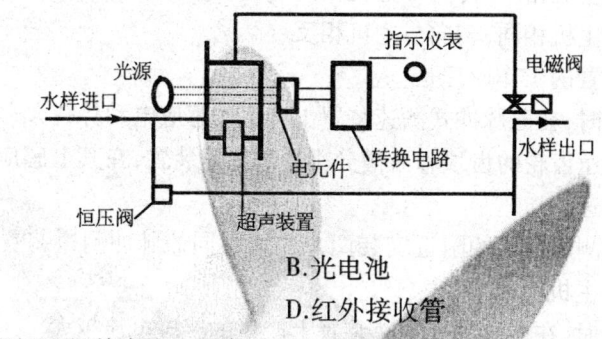

A.光敏电阻 B.光电池
C.紫外线管 D.红外接收管

309.图为波许式烟度计原理图,其中光电元件为_____。

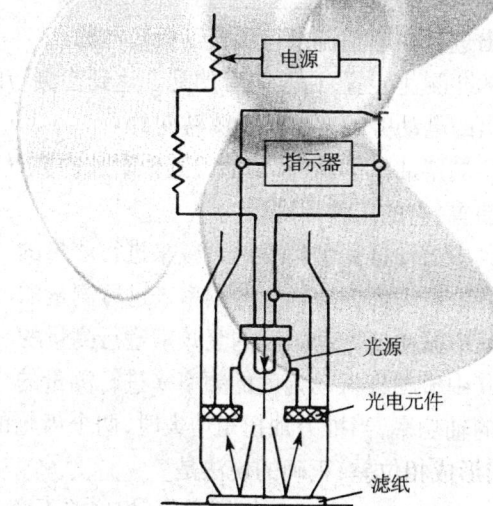

A.光敏电阻 B.光电池
C.紫外线管 D.红外接收管

310.图为_____火焰感受器的控制电路原理。

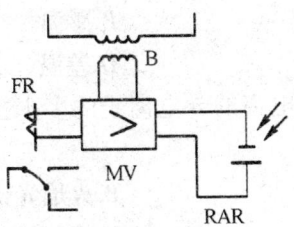

A.光敏电阻 B.紫外线管
C.硒光电池 D.红外接收管

311.图为感烟管式火警探测器原理,当气样中烟雾浓度增大时,测量光电池4产生的电信号_____,基准光电池5产生的电信号_____。

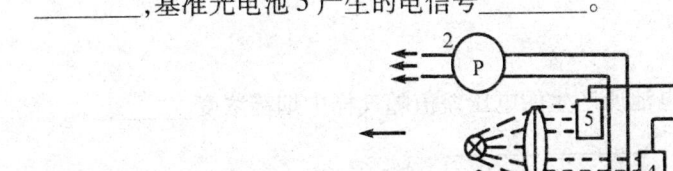

1—集烟管；2—风机；3—光源；4,5—光电池；6—检测电路

A.减小;减小 B.增大;不变
C.减小;不变 D.增大;增大

312.差温式(温升式)火警探测器是在_____大于给定值情况下给出火警信号。

A.温度值 B.烟气浓度
C.温度升高率 D.烟气浓度变化量

313.以下火警探测器中,机理上属于光电效应式探测法的是_____火警探测器。

A.定温式 B.差温式
C.感烟管式 D.离子式

314.以下火警探测器中,机理上采用波纹片(膜、板)感受因温度变化造成环境气压变化的是_____火警探测器。

A.定温式 B.差温式
C.感烟管式 D.离子式

315.火警探测器中,机理上采用温度膨胀系数不同双金属片的是_____火警探测器。

A.定温式 B.差温式
C.感烟管式 D.离子式

316.一种火警探测器是利用火灾前兆的热效应,当温度超过限定值时发出火警信号,称为_____火警探测器。

A.感烟型 B.差温式

C.定温式 D.差定温式

317.利用火灾前期空气急剧热膨胀推动弹性金属波纹膜片接通触点而发出火警信号的是一种_____型火警探测器。

A.定温 B.感温

C.差定温 D.差温

318.利用烟气粒子吸附被放射线电离的导电离子的多少检测_____的火警探测器称为离子_____探测器。

A.烟气浓度；感光 B.火焰光谱；感光

C.烟气浓度；感烟 D.烟气辐射温度；感温

319.感烟式火警探测器有两种，一种基于_____原理，另一种基于_____原理。

A.烟雾浓度不同透光程度不同；烟雾颗粒能吸收空气中被电离的离子

B.烟雾导电随浓度变化；烟雾颗粒在磁场中磁化

C.烟雾透光性；烟雾吸收α射线

D.烟雾顺磁性；烟雾逆磁性

320.感烟管式火警探测器里，两个光电池所产生的电压差值随气样中烟雾浓度_____。

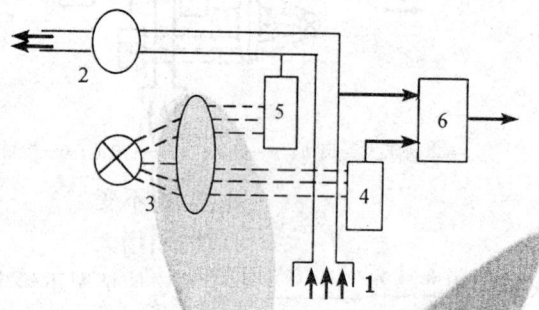

感烟管式火警探测器原理图
1—集烟管；2—抽风机；3—光源；4—测量光电池；
5—基准光电池；6—检测电路

A.增大而减小 B.增大而增大

C.没有对应关系 D.呈指数对应关系

321.感烟管式火警探测器是利用_____来测定烟雾浓度的。

A.烟雾遮光性 B.烟雾吸附性

C.烟雾散射性 D.烟雾电离性

322.关于感温式火警探测器的描述，错误的是_____。

A.感温式火警探测器主要用于外室、走廊和大舱的火情探测

B.感温式火警探测器分为定温式和温升式两种

C.定温式火警探测器是根据监测点的温度是否达到警戒值发出报警的

D.温升式火警探测器是根据监测点的温度升高变化率是否达警戒值发出报警的

323.差定温式火灾探测器是将_____和_____两种探测器组合在一起，提高了火灾监测的可靠性，在船舶中应用较多。

A.定温式；差温式 B.感温式；感烟式

C.差动式;定值式　　　　　　　　　D.差温式;感烟式

324.总线型火警监控系统拥有智能型火警探测器,这种探测器内的核心部件是_____。
A.开关量传感器　　　　　　　　B.数字量传感器
C.微处理器　　　　　　　　　　D.接口电路

325.测量仪表由三个基本环节组成,即_____。
A.比较环节、反馈环节和放大环节　　B.比较环节、反馈环节和测量环节
C.测量环节、反馈环节和放大环节　　D.比较环节、测量环节和放大环节

326.构成自动化仪表的三个主要环节是_____。
A.输入、比较和反馈　　　　　　B.比较、执行和反馈
C.比较、放大和反馈　　　　　　D.比较、指示和反馈

327._____是能反映测量仪表好坏的精确度。
A.基本误差　　　　　　　　　　B.附加误差
C.绝对误差　　　　　　　　　　D.相对误差

328.使用气敏半导体元件检测易燃气体时,若周围空气中有敏感气体存在,半导体的电阻值_____。
A.随气体温度增高而变大　　　　B.随气体浓度增高而变大
C.随气体温度增高而变小　　　　D.随气体浓度增高而变小

329.造水机蒸馏水或锅炉水盐度的测量方法中较常用的是_____。
A.硝酸银滴定法　　　　　　　　B.比重法
C.折射率法　　　　　　　　　　D.电导法

330.在气动调节器中,将比例惯性环节设置在_____回路中,可实现_____作用规律。
A.负反馈;积分　　　　　　　　B.负反馈;微分
C.正反馈;比例　　　　　　　　D.正反馈;积分

331.波纹管在安装到仪表上时,往往采取预压缩的措施,其目的是_____。
A.提高线性度和线性范围　　　　B.增加波纹管的强度
C.减小波纹管的滞后性　　　　　D.降低波纹管的刚度

332.仪表指示的被测参数值与真实值之差定义为_____。
A.绝对误差　　　　　　　　　　B.不灵敏区
C.变差　　　　　　　　　　　　D.精度

333.仪表的绝对误差与该仪表指示值之比的百分数定义为_____。
A.基本误差　　　　　　　　　　B.相对误差
C.回差　　　　　　　　　　　　D.精度

334.仪表的绝对误差与仪表的测量范围之比的百分数称为_____。
A.基本误差　　　　　　　　　　B.绝对误差
C.相对误差　　　　　　　　　　D.回差,变差

335.有一台量程为0~10 MPa,精度为0.5级仪表,其最大绝对误差为_____。
A.0.1 MPa　　　　　　　　　　B.0.05 MPa
C.0.5 MPa　　　　　　　　　　D.0.2 MPa

336. 有一台量程为0~100 ℃, 0.2级的标准温度表,其最大绝对误差为_____。
   A.2 ℃   B.1 ℃
   C.0.2 ℃   D.0.02 ℃

337. 有一台测量水位的仪表,水位最大变化范围为-300~+300 mm水柱,采用1.5级精度的仪表,其最大绝对误差为_____mm水柱。
   A.3   B.6
   C.9   D.12

338. 某轮主机排烟温度表,标称精度为2.0级,量程为0~600 ℃,现读得温度指示值为350 ℃,则其实际温度可能是_____。
   A.343~357 ℃   B.344~356 ℃
   C.341~359 ℃   D.338~362 ℃

339. 仪表本身缺陷所造成的误差叫作_____。
   A.绝对误差   B.变差
   C.基本误差   D.不灵敏区

340. 船舶自动化仪表中,相对误差是能反映测量仪表的_____的。
   A.灵敏度   B.精确度
   C.可靠性   D.可控性

341. 在更换波纹管时,常使用什么方法来得到满意的线性关系?
   A.安装上之后,让波纹管处于自由状态
   B.安装上之后,让波纹管预伸长10%
   C.安装上之后,让波纹管预伸长20%
   D.安装上之后,让波纹管处于预压缩状态

342. 在测量仪表设计中预先都采用一些补偿措施来减小_____。
   A.基本误差   B.附加误差
   C.绝对误差   D.相对误差

343. 由于仪表活动部件存在摩擦、间隙、弹性元件滞后的现象,当输入信号有微小变化时,仪表输出仍然不变,这就是_____。
   A.变差   B.精度
   C.不灵敏区   D.灵敏限

344. 在对气动差压变送器进行维护检查时,发现气动放大器本体上有一小孔,有少量气体流出,可能是_____。
   A.气动放大器内部密封件老化破裂,应解体并更换密封件
   B.气动放大器内部密封件老化破裂,将小孔堵上可继续使用
   C.气动放大器正常工作的泄气
   D.有小小泄漏,需要提高一点气源压力,弥补泄漏,继续使用

345. 电一气信号转换器的结构原理是按_____平衡原理工作。
   A.力   B.力矩
   C.功率   D.位移

346.变送器主要由_____组成。
　　A.测量部分、放大器和反馈部分　　B.调节部分、放大器和反馈部分
　　C.测量部分、调节部分和反馈部分　　D.测量部分、放大器和调节部分
347.船上压力变送器的作用是_____。
　　A.把电信号变为气压信号输出
　　B.把压力信号变为标准的气压信号和(或)电流信号输出
　　C.将气压信号变为电信号输出
　　D.将气信号转变为空气流量输出
348.图为变送器的构成原理,其中放大器的作用是将差值ε放大,并转换成标准的_____输出信号。
　　①直流电压;②直流电流;③力矩;④气压

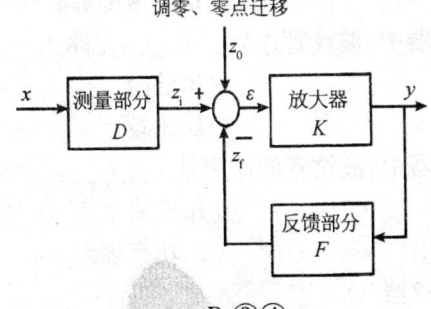

　　A.①②　　　　　　　　　　　　B.③④
　　C.②④　　　　　　　　　　　　D.①④
349.在耗气型气动功率放大器中,由锥阀和球阀组成了放大气路,当输入信号增大时_____。

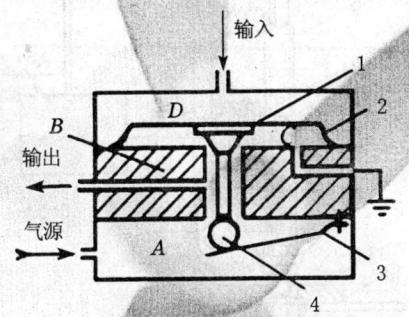

耗气型气动功率放大器结构原理图
1—锥阀;2—金属膜片;3—弹簧片;4—球阀

　　A.锥阀和球阀同时开大　　　　　B.球阀开大,锥阀关小
　　C.球阀关小,锥阀开大　　　　　D.球阀和锥阀同时关小
350.调整气动功率放大器起步压力的主要目的是_____。
　　A.提高放大器与调节单元的匹配性　　B.保证喷嘴挡板机构有满意的线性工作段
　　C.减少放大器的耗气　　　　　　　D.提高放大器的功率
351.如果耗气型气动功率放大器中的弹性元件刚度增大,那么_____。

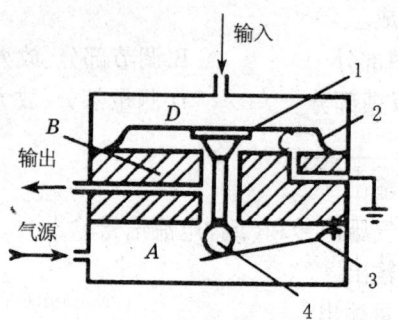

耗气型气动功率放大器结构原理图
1—锥阀；2—金属膜片；3—弹簧片；4—球阀

A.放大倍数增大　　　　　　　B.起步压力增大
C.耗气量增大　　　　　　　　D.灵敏度提高

352.在 QBC 型气动差压变送器中,波纹管作为＿＿＿＿元件。

A.检测　　　　　　　　　　　B.反馈
C.放大　　　　　　　　　　　D.比较

353.在 QBC 型气动差压变送器中,波纹管的作用是＿＿＿＿。

A.测量　　　　　　　　　　　B.反馈
C.迁移　　　　　　　　　　　D.功率放大

354.图为 QBC 单杠杆差压变送器,则＿＿＿＿。

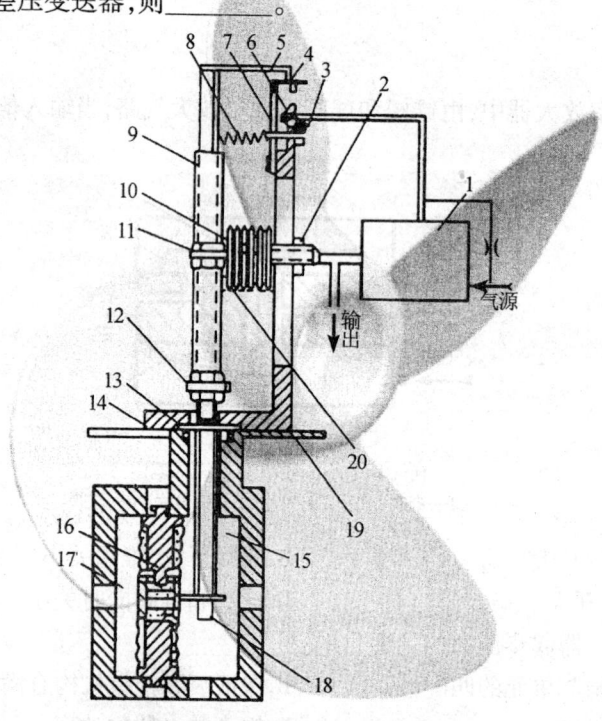

QBC型单杠杆差压变送器结构原理图

1—放大器；2—锁紧螺钉；3—迁移螺钉；4—顶针；5—顶针架；6—喷嘴；7—挡板；8—迁移弹簧；9—主杠杆；10—反馈波纹管；11—锁紧螺母；12—静压误差调节螺母；13—密封簧片；14—支架；15—正压室；16—膜盒；17—负压室；18—锁紧螺母；19—底板；20—量程调节支点；21—硬芯；22—基座

A.15 为正压室,其压力增大时,输出压力增大

B.17 为负压室,其压力增大时,输出压力增大

C.17 为正压室,其压力增大时,输出压力增大

D.15 为负压室,其压力减小时,输出压力增大

355.对于差压变送器,放大系数和量程的关系为_____。

A.放大系数增大,量程减小　　　　B.放大系数增大,量程增大

C.放大系数减小,量程减小　　　　D.放大系数增减,量程不变

356.在单杠杆差压变送器中,放大系数 $K_单$ 和量程的关系为_____。

A.$K_单$ 增大,量程减小　　　　B.$K_单$ 与量程没有关系

C.$K_单$ 增大,量程减小　　　　D.$K_单$ 减小,量程不变

357.气动差压变送器(标准气压信号为 0.02~0.1 MPa)的零点是指_____。

A.变送器输出为 0 时的输入值

B.变送器输入为 0.02 MPa 时的输出值

C.变送器输出为 0.02 MPa 时的输入值

D.变送器输入为 0 时的输出值

358.若要减小 QBC 型单杠杆差压变送器的量程,则应_____。

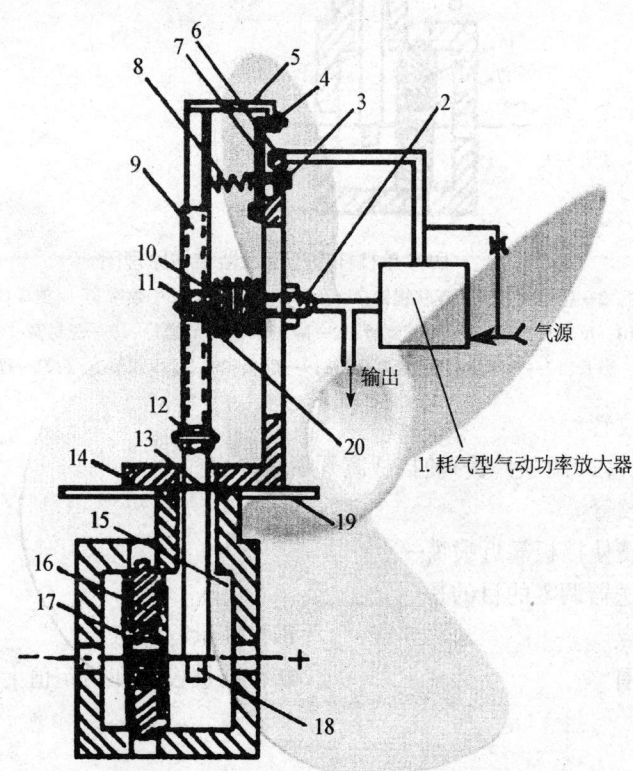

QBC 单杠杆差压变送器结构原理图
1—放大器;2—锁紧螺钉;3—迁移螺钉;4—顶针;5—顶针架;6—喷嘴;7—挡板;8—迁移弹簧;9—主杠杆;10—反馈波纹管;11—锁紧螺母;12—静压误差调节螺母;13—密封簧片;14—支架;15—正压室;16—膜盒;17—负压室;18—锁紧螺母;19—底板;20—量程调节支点;21—硬芯;22—基座

A.上移反馈波纹管　　　　　　　　B.进行正迁移

C.下移反馈波纹管　　　　　　　　D.进行负迁移

359.有一量程为 0~1.0 MPa 的 QBC 单杠杆差压变送器（标准气压信号为 0.02~0.1 MPa），零点调好后，增大输入压力，当 $P_入 = 0.9$ MPa 时，$P_出 = 0.1$ MPa。为使量程符合要求，应当_____。

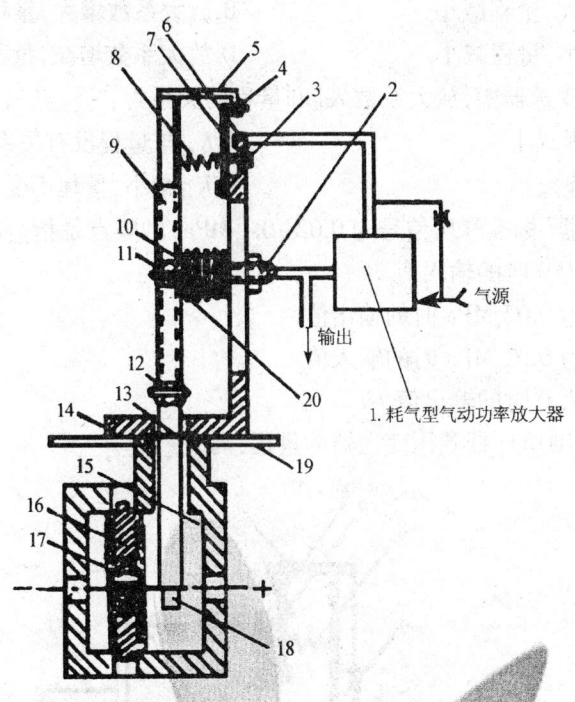

QBC 单杠杆差压变送器结构原理图

1—放大器；2—锁紧螺钉；3—迁移螺钉；4—顶针；5—顶针架；6—喷嘴；7—挡板；8—迁移弹簧；9—主杠杆；10—反馈波纹管；11—锁紧螺母；12—静压误差调节螺母；13—密封簧片；14—支架；15—正压室；16—膜盒；17—负压室；18—锁紧螺母；19—底板；20—量程调节支点；21—硬芯；22—基座

A.下移反馈波纹管

B.调整迁移弹簧（即调零弹簧）使挡板离开喷嘴一点

C.上移反馈波纹管

D.调整调零弹簧使挡板靠近喷嘴一点

360.单杠杆差压变送器调零的目的是_____。

A.校对量程起点　　　　　　　　B.校准量程终点

C.校准量程范围　　　　　　　　D.校准被控量在给定值上

361. 有一台量程为 20~100 ℃ 的 QBC 单杠杆差压变送器(标准气压信号为 0.02~0.1 MPa),在测试时得到的数据为输入 20 ℃ 时 $P_{出} = 0.02$ MPa,100 ℃ 时 $P_{出} = 0.09$ MPa 应当首先调节_____。

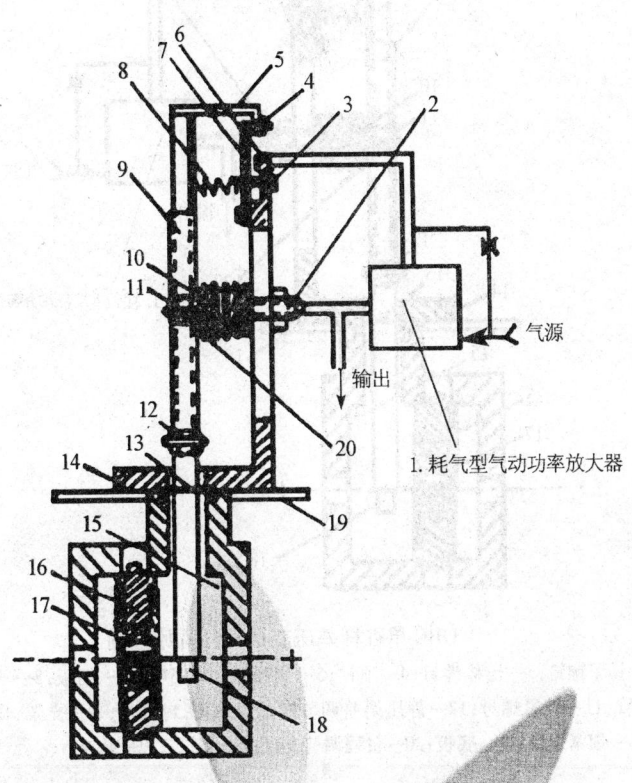

QBC 单杠杆差压变送器结构原理图

1—放大器;2—锁紧螺钉;3—迁移螺钉;4—顶针;5—顶针架;6—喷嘴;7—挡板;8—迁移弹簧;9—主杠杆;10—反馈波纹管;11—锁紧螺母;12—静压误差调节螺母;13—密封簧片;14—支架;15—正压室;16—膜盒;17—负压室;18—锁紧螺母;19—底板;20—量程调节支点;21—硬芯;22—基座

A. 上移反馈波纹管　　　　　　　　B. 下移反馈波纹管
C. 调整迁移弹簧,使挡板离开喷嘴　　D. 调整迁移弹簧,使挡板靠近喷嘴

362. QBC 型单杠杆差压变送器调零和调量程时,错误的做法是_____。

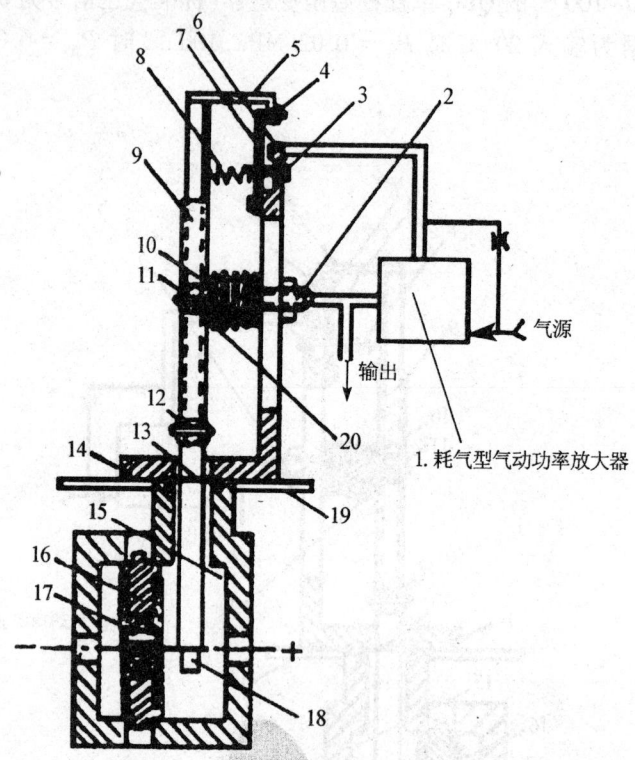

QBC 单杠杆差压变送器结构原理图

1—放大器；2—锁紧螺钉；3—迁移螺钉；4—顶针；5—顶针架；6—喷嘴；7—挡板；8—迁移弹簧；9—主杠杆；10—反馈波纹管；11—锁紧螺母；12—静压误差调节螺钉；13—密封簧片；14—支架；15—正压室；16—膜盒；17—负压室；18—锁紧螺母；19—底板；20—量程调节支点；21—硬芯；22—基座

A.输入为零时,应使输出为 0.02 MPa

B.先调零点再调量程,并反复多次

C.扩大量程时应上移反馈波纹管

D.先调量程再调零点,反复多次

363.QBC 单杠杆差压变送器无迁移使用,当正负压室压差为 0 时,变送器输出压力为 0,说法正确的是_____。

A.该变送器输出正确,无须调整

B.该变送器此时输出压力偏高,需要调整迁移弹簧

C.该变送器此时输出压力偏高,需要调整调零弹簧

D.该变送器此时输出压力偏低,需要调整调零弹簧

364.若测量压力 P 的范围是 0.6~1.0 MPa,而选用的压力变送器的量程为 0~1.0 MPa,这需要对变送器进行迁移,迁移后的零点为_____。

A.$P=-0.6$ MPa　　　　　　　　B.$P=0$

C.$P=0.6$ MPa　　　　　　　　　D.$P=1.0$ MPa

365.对变送器迁移的错误理解是_____。

A.迁移后量程起点改变　　　　　　　　B.迁移后量程终点不变

C.迁移后量程终点改变　　　　　　　　D.迁移后量程不变

366.若 QBC 型单杠杆差压变送器没有输入而输出却大于 0.02 MPa 时,其原因可能是_____。

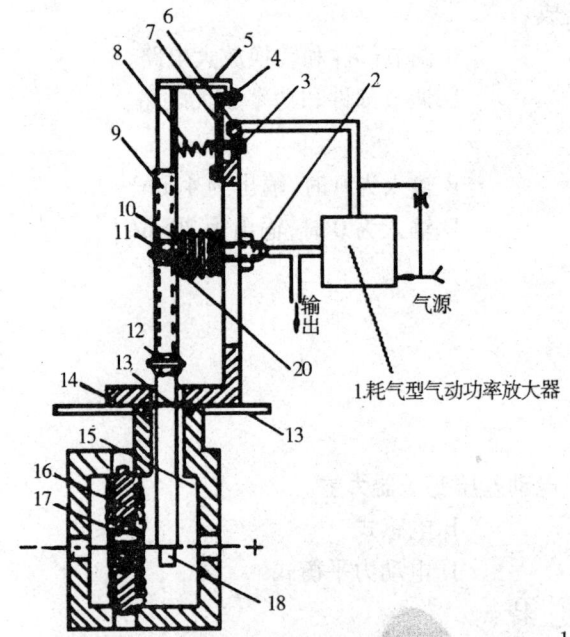
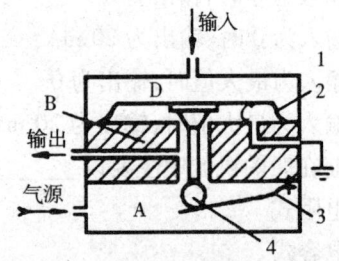

QBC单杠杆差压变送器结构原理图

1—放大器；2—锁紧螺钉；3—迁移螺钉；4—顶针；5—顶针架；
6—喷嘴；7—挡板；8—迁移弹簧；9—主杠杆；10—反馈波纹管；
11—锁紧螺母；12—静压误差调节螺母；13—密封簧片；14—支架；
15—正压室；16—膜盒；17—负压室；18—锁紧螺母；19—底板；
20—量程调节支点；21—硬芯；22—基座

耗气型气动功率放大器结构原理图
1—锥阀；2—金属膜片；3—弹簧片；4—球阀

A.恒节流孔脏堵　　　　　　　　　　B.气源管路漏气

C.喷嘴脏堵　　　　　　　　　　　　D.反馈波纹管刚性大

367.现有一台 0~1.0 MPa 量程的差压变送器,打算测量 0.6~1.0 MPa 的差压信号,其调节方法是_____。

A.减小其量程为 0~0.6 MPa,再正迁移 1.0 MPa

B.减小其量程为 0~0.4 MPa,再正迁移 0.6 MPa

C.减小其量程为 0~0.6 MPa,再负迁移 1.0 MPa

D.减小其量程为 0~0.4 MPa,再负迁移 0.6 MPa

368.如果有一差压变送器,其测量范围为 0~1.6 MPa,打算检测 -0.4~0.4 MPa 压力,应_____。

A.先把量程压缩到 0~0.8 MPa,再正迁移 0.4 MPa

B.先把量程压缩到 0~0.8 MPa,再负迁移 0.4 MPa

C.先把量程压缩到 0~0.4 MPa,再正迁移 0.4 MPa

D.先把量程压缩到 0~0.4 MPa,再负迁移 0.4 MPa

369.1511 型电容式差压变送器由_____组成。

①测量部件;②转换放大电路;③调零、调量程电位器

A.① B.②
C.③ D.①②

370.电动差压变送器主要由_____组成。

A.测量部件和转换放大电路 B.调节部件和转换放大电路
C.测量部件和功率放大电路 D.调节部件和功率放大电路

371.电动差压变送器的零点是指_____。

A.输入为0时,输出为0 B.输入为0时,输出为4 mA
C.输入为最大值时,输出为最大值 D.输入为0时,输出为20 mA

372.电动差压变送器的量程是指_____。

A.输入为0时,输出为0

B.输入为0时,输出为20 mA

C.输入为最大值时,输出为0

D.输入为最大值时,输出为20 mA

373.目前在船舶机舱中主要以_____电动差压变送器为主。

A.电阻式 B.电感式
C.电容式 D.电动力平衡式

374.电容式差压变送器结构具有_____特点。

①无机械传动与调整装置;②采用差动电容作为检测元件;③采用变介质电容作为检测元件;④测量部分全封闭焊接;⑤转换放大部分全封闭焊接

A.①②③④ B.②③④⑤
C.①②④⑤ D.①②③⑤

375.图为电动差压变送器的参数调整机构,a 和 b 分别用于调整_____。

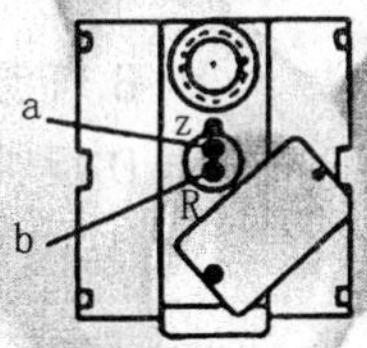

A.零点和阻尼 B.零点和量程
C.量程和零点 D.阻尼和量程

376.电位计式记录仪用来记录已转化成_____的信号。最常用的电位计式记录仪基本上都是采用_____零位平衡系统的伺服记录仪。

A.电流;闭环 B.电压;闭环
C.电流;开环 D.电压;开环

377.x-y 函数记录仪是一种最常用的通用笔式记录仪。其工作原理为记录纸_____,由_____套零位平衡伺服系统驱动两个互相垂直的记录笔。

A.固定不动;1 B.固定不动;2
C.跟随移动;1 D.跟随移动;2

378. 交流执行电动机的转向取决于_____。
　　A.控制电压与励磁电压的相位关系　　B.控制电压的大小
　　C.励磁电压的大小　　D.励磁电压的频率

379. 交流执行电动机转速的快慢取决于_____。
　　A.控制电压的相位　　B.励磁电压的相位
　　C.控制电压的幅值大小　　D.励磁电压的幅值大小

380. 交流伺服电动机的转速和转向通常取决于_____。
　　A.控制电压的大小和相位　　B.控制电压的大小和频率
　　C.励磁绕组的电压和相位　　D.励磁绕组的电压和极性

381. 交流伺服电动机控制绕组电压大小的变化,可实现对伺服马达的_____控制作用。
　　A.转向　　B.转速
　　C.相位　　D.频率

382. 交流测速发电机,输出电压的有效值 U_2 的大小及频率 f 与转速 n 的关系是_____。
　　A.U_2 与 n 成正比　　B.U_2 与 n 成反比
　　C.f 与 n 成正比　　D.f 与 n 成反比

383. 交流伺服电机转速快慢的调节是通过_____实现的。
　　A.控制电压的大小　　B.控制电压的相位
　　C.励磁电压的大小　　D.励磁电压的相位

384. 直流伺服电动机的励磁绕组和电枢绕组由_____电源供电,通常采用_____控制。
　　A.1个;励磁　　B.1个;电枢
　　C.2个;励磁　　D.2个;电枢

385. 气动薄膜调节阀属于_____。

气动薄膜调节阀结构原理图
1—上膜盖；2—硬芯；3—膜片；4—下膜盖；5—推杆；6—弹簧；
7—弹簧座；8—调节螺母；9—标尺；10—阀杆；11—压板；12—调节阀

　　A.比例环节　　B.比例积分环节

C.积分环节 D.比例微分环节

386.气动薄膜调节阀在控制系统中属于_____。
A.测量单元 B.调节单元
C.执行机构 D.控制对象

387.气动薄膜调节阀依据什么原理工作?

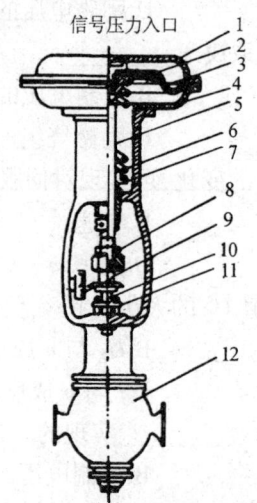

气动薄膜调节阀结构原理图
1—上膜盖；2—硬芯；3—膜片；4—下膜盖；5—推杆；6—弹簧；
7—弹簧座；8—调节螺母；9—标尺；10—阀杆；11—压板；12—调节阀

A.力矩平衡原理 B.力平衡原理
C.位移平衡原理 D.杠杆平衡原理

388.气动薄膜调节阀的输入输出信号分别是_____。

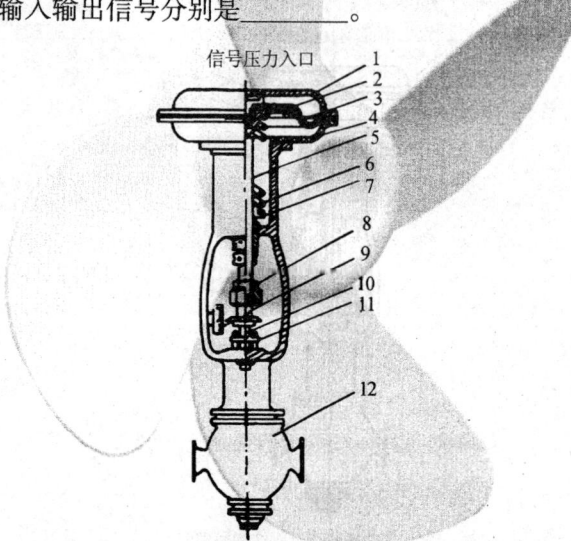

气动薄膜调节阀结构原理图
1—上膜盖；2—硬芯；3—膜片；4—下膜盖；5—推杆；6—弹簧；
7—弹簧座；8—调节螺母；9—标尺；10—阀杆；11—压板；12—调节阀

A.位移,位移 B.压力,位移

C.位移,压力 D.压力,压力

389.气动薄膜调节阀,可以近似看成_____。
A.比例环节 B.微分环节
C.积分环节 D.惯性环节

390.对于气开式气动薄膜调节阀,当输入的控制信号增大时,则_____。
A.金属膜片向上弯曲 B.金属膜片向下弯曲
C.调节阀开度增大 D.调节阀开度减小

391.当控制信号增大时,气动薄膜调节阀的开度减小,这是_____。
A.气开式调节阀 B.正作用式调节阀
C.气关式调节阀 D.反作用式调节阀

392.气动薄膜调节阀的输出信号是_____。
A.压力 B.位移
C.电压 D.电流

393.如图所示带阀门定位器的气动执行机构,当输入增大时,挡板与上喷嘴和下喷嘴的距离分别为_____。

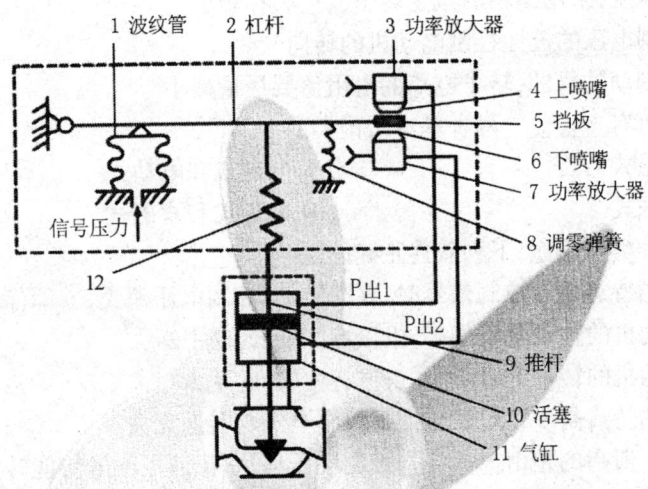

A.靠近、远离 B.远离、靠近
C.远离、远离 D.靠近、靠近

394.交流伺服电动机的特点是_____。
A.转动惯量小,转子电阻小,控制电流改变转速,控制电压改变转向
B.转动惯量大,转子电阻大,控制电流改变转速,控制电压改变转向
C.转动惯量小,转子电阻大,控制电流改变转速,控制电压改变转向
D.转动惯量小,转子电阻大,控制电压改变转速,控制电压相位改变转向

395.交流伺服电机的转子导体的电阻比普通鼠笼式异步电机转子导体的电阻_____。
A.小 B.大
C.相同 D.无要求

396.交流伺服电动机的转子制成空心杯形式是为了_____。

A.减小起动电流 B.减小电机的体积和质量
C.减小转动惯性,便于迅速起动 D.拆装方便轻松

397.交流伺服电动机有两个定子绕组,励磁和控制绕组在空间位置上相差_____。
A.180° B.120°
C.60° D.90°

398.一般交流伺服电动机转子的特点是_____。
A.转子细长,转动惯量小,电阻大 B.转子细长,转动惯量大,电阻小
C.转子细长,转动惯量小,电阻小 D.转子细长,转动惯量大,电阻大

399.交流执行电动机控制绕组上所加的控制电压消失后,电动机将_____。
A.在机械摩擦作用下,转动几周后停止
B.减速并继续运行
C.保持原转速运行
D.立即停止

400.下列对交流伺服电动机的叙述中,正确的是_____。
A.电机就是两相异步电动机,故需要两绕组通电起动,但可以单相绕组通电运行
B.为提高响应速度,采用细长的鼠笼转子或空心杯转子
C.可以通过控制电压的极性控制电动机的转向
D.为达到快速制动的目的,转子电路的电阻值要尽量减小

401.直流伺服电动机有_____两种基本结构类型。
A.电动式和永磁式 B.电磁式和电动式
C.电磁式和机械式 D.电磁式和永磁式

402.关于伺服电机种类和用途,下列叙述正确的是_____。
A.伺服电动机的特点是有控制信号时,立即转动,控制电压消失,立即停转
B.交流伺服电动机的转子电阻很小,机械特性硬,起动力矩大
C.直流伺服电动机的转子电阻很大,机械特性软,起动力矩大
D.伺服电动机的特点是一定负载转矩下控制电压与转速无关

403.液压伺服马达一般指的是由_____控制液压马达,把液压油的势能转换成机械能。
①伺服马达;②伺服放大器;③液压控制阀;④电液伺服阀
A.①②③ B.①②④
C.②③④ D.①③④

404.电液伺服阀由_____组成。
①力矩马达;②柱塞马达;③液压放大器;④反馈机构
A.①②③ B.①②④
C.②③④ D.①③④

405.电液伺服系统输入的电信号一般都_____。
A.比较大 B.比较小
C.中等 D.无法判断

406.液控伺服阀主要是指电液伺服阀,它在接收_____信号后,相应输出调制的流量和压力,

最常用的是_____伺服阀。
A.电气模拟;电液压力
B.电气模拟;电液流量
C.电气数字;电液压力
D.电气数字;电液流量

407.图为_____。

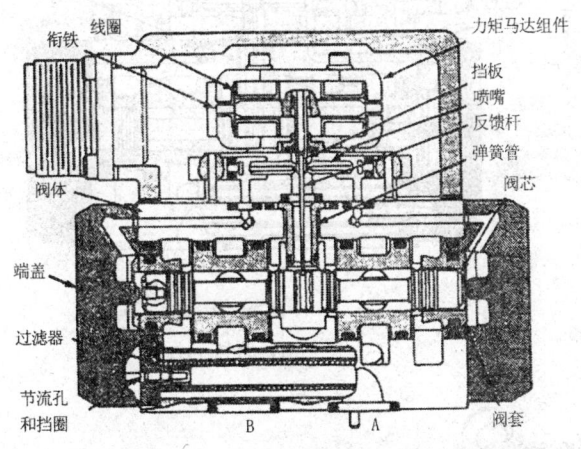

A.伺服马达
B.伺服放大器
C.液压控制阀
D.电液伺服阀

408.图中力矩马达的作用是将_____信号转换为_____。

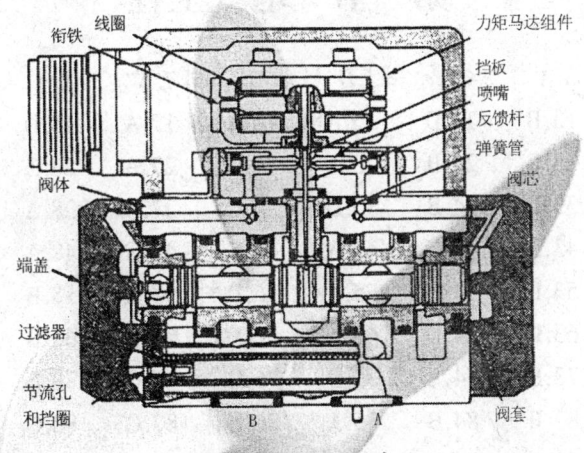

A.力矩或力;流量
B.电;压力
C.压力;力矩或力
D.电;力矩或力

409.图中反馈机构的作用是使输出的_____与输入的_____信号成比例。

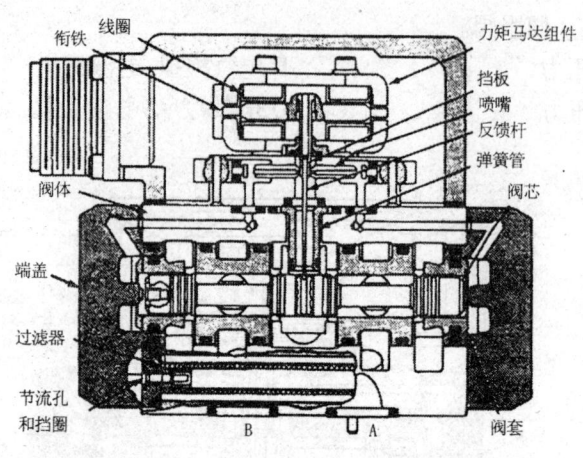

A.力矩;压力　　　　　　B.流量;电
C.压力;力矩　　　　　　D.力矩;电

参考答案

第一节　电气工程

1.A	2.B	3.A	4.A	5.D	6.D	7.A	8.B	9.B	10.D
11.B	12.D	13.B	14.D	15.A	16.A	17.A	18.D	19.B	20.C
21.B	22.C	23.C	24.B	25.A	26.C	27.A	28.C	29.C	30.B
31.C	32.A	33.D	34.B	35.D	36.C	37.A	38.A	39.B	40.A
41.A	42.A	43.B	44.C	45.A	46.C	47.C	48.A	49.C	50.C
51.A	52.B	53.D	54.D	55.B	56.D	57.A	58.B	59.D	60.C
61.C	62.D	63.D	64.D	65.A	66.D	67.B	68.B	69.D	70.C
71.C	72.A	73.B	74.A	75.D	76.C	77.C	78.B	79.C	80.B
81.C	82.C	83.B	84.B	85.A	86.B	87.C	88.C	89.B	90.B
91.B	92.D	93.B	94.B	95.D	96.D	97.A	98.D	99.D	100.D
101.B	102.B	103.C	104.D	105.B	106.C	107.C	108.A	109.A	110.A
111.A	112.C	113.B	114.B	115.A	116.B	117.B	118.D	119.D	120.B
121.C	122.C	123.A	124.C	125.D	126.C	127.C	128.C	129.C	130.A
131.B	132.C	133.C	134.A	135.C	136.C	137.A	138.B	139.B	140.C
141.A	142.B	143.D	144.C	145.B	146.D	147.B	148.C	149.C	150.A
151.A	152.C	153.D	154.B	155.C	156.C	157.D	158.D	159.B	160.A
161.C	162.A	163.C	164.A	165.C	166.C	167.D	168.C	169.A	170.C
171.B	172.D	173.C	174.A	175.D	176.C	177.C	178.C	179.B	180.C
181.A	182.C	183.B	184.C	185.C	186.B	187.B	188.B	189.D	190.A

191.A	192.A	193.D	194.B	195.C	196.B	197.D	198.D	199.A	200.D
201.B	202.A	203.A	204.A	205.D	206.A	207.A	208.A	209.B	210.A
211.A	212.C	213.A	214.B	215.D	216.A	217.C	218.B	219.A	220.D
221.B	222.A	223.A	224.A	225.D	226.D	227.A	228.A	229.B	230.B
231.B	232.D	233.D	234.A	235.A	236.B	237.A	238.C	239.A	240.A
241.A	242.B	243.A	244.B	245.C	246.C	247.B	248.A	249.D	250.A
251.D	252.B	253.B	254.D	255.C	256.D	257.B	258.C	259.A	260.D
261.A	262.B	263.D	264.A	265.D	266.D	267.C	268.A	269.D	270.B
271.C	272.B	273.A	274.B	275.C	276.C	277.D	278.D	279.B	280.B
281.C	282.A	283.D	284.D	285.C	286.C	287.D	288.B	289.C	290.C
291.C	292.C	293.B	294.B	295.B	296.C	297.B	298.C	299.A	300.C
301.D	302.B	303.B	304.C	305.B	306.C	307.A	308.A	309.A	310.C
311.C	312.B	313.D	314.A	315.B	316.D	317.A	318.D	319.B	320.C
321.D	322.B	323.A	324.D	325.C	326.C	327.D	328.B	329.C	330.C
331.D	332.D	333.C	334.B	335.B	336.A	337.C	338.C	339.B	340.A
341.B	342.A	343.A	344.B	345.C	346.B	347.D	348.C	349.A	350.A
351.A	352.B	353.D	354.A	355.B	356.A	357.C	358.D	359.A	360.B
361.A	362.B	363.B	364.D	365.C	366.A	367.A	368.B	369.D	370.D
371.D	372.D	373.B	374.B	375.C	376.C	377.D	378.C	379.A	380.D
381.C	382.A	383.C	384.C	385.D	386.C	387.B	388.A	389.D	390.D
391.C	392.C	393.A	394.B	395.A	396.A	397.A	398.C	399.D	400.B
401.B	402.B	403.C	404.B	405.C	406.A	407.C	408.C	409.B	410.B
411.C	412.B	413.C	414.D	415.C	416.B	417.A	418.C	419.C	420.A
421.C	422.B	423.A	424.D	425.D	426.B	427.B	428.D	429.D	430.A
431.B	432.A	433.D	434.B	435.D	436.D	437.D	438.A	439.B	440.D
441.A	442.D	443.B	444.B	445.B	446.D	447.D	448.C	449.C	450.A
451.C	452.D	453.B	454.D	455.A	456.B	457.B	458.C	459.B	460.D
461.A	462.A	463.B	464.A	465.C	466.B	467.C	468.B	469.B	470.D
471.A	472.C	473.A	474.A	475.B	476.A	477.D	478.B	479.B	480.D
481.B	482.B	483.B	484.C	485.C	486.D	487.B	488.C	489.C	490.D
491.C	492.C	493.A	494.C	495.A	496.C	497.B	498.C	499.D	500.C
501.B	502.D	503.B	504.A	505.B	506.D	507.C	508.B	509.A	510.D
511.C	512.D	513.C	514.C	515.A	516.A	517.C	518.A	519.D	520.A
521.A	522.A	523.C	524.B	525.D	526.A	527.D	528.B	529.C	530.A
531.C	532.C	533.C	534.B	535.D	536.A	537.C	538.C	539.C	540.B
541.C	542.B	543.D	544.B	545.C	546.A	547.B	548.C	549.C	550.D
551.B	552.B	553.B	554.B	555.A	556.B	557.B	558.C	559.B	560.B
561.A	562.C	563.A	564.B	565.B	566.C	567.D	568.C	569.C	570.B

571.A	572.B	573.A	574.D	575.A	576.A	577.B	578.C	579.B	580.A
581.A	582.C	583.C	584.A	585.B	586.A	587.A	588.D	589.A	590.B
591.B	592.B	593.B	594.A	595.B	596.D	597.C	598.B	599.B	600.C
601.D	602.C	603.A	604.A	605.D	606.B	607.B	608.A	609.B	610.C
611.C	612.A	613.D	614.C	615.D	616.B	617.B	618.D	619.C	620.A
621.A	622.D	623.A	624.C	625.C	626.A	627.B	628.D	629.D	630.A
631.A	632.B	633.D	634.C	635.B	636.A	637.B	638.D	639.C	640.C
641.B	642.C	643.A	644.B	645.A	646.D	647.A	648.D	649.A	650.C
651.C	652.A	653.C	654.A	655.B	656.D	657.C	658.D	659.A	660.B
661.C	662.A	663.D	664.A	665.D	666.B	667.B	668.B	669.C	670.C
671.D	672.D	673.A	674.C	675.B	676.B	677.A	678.D	679.C	680.D
681.D	682.A	683.A	684.A	685.A	686.A	687.B	688.B	689.D	690.C
691.A	692.C	693.A	694.C	695.B	696.B	697.D	698.A	699.B	700.D
701.C	702.C	703.C	704.D	705.B	706.C	707.A	708.B	709.C	710.D
711.C	712.D	713.A	714.D	715.D	716.A	717.D	718.A	719.C	720.A
721.B	722.C	723.C	724.B	725.B	726.A	727.C	728.A	729.C	730.B
731.D	732.C	733.D	734.D	735.A	736.B	737.B	738.C	739.C	740.C
741.D	742.C	743.A	744.D	745.C	746.B	747.A	748.B	749.D	750.A
751.A	752.C	753.A	754.C	755.A	756.C	757.D	758.C	759.C	760.B
761.A	762.B	763.C	764.B	765.D	766.C	767.B	768.A	769.C	770.C
771.B	772.B	773.A	774.C	775.C	776.A	777.D	778.D		

第二节　电子技术

1.C	2.D	3.B	4.A	5.A	6.C	7.A	8.A	9.B	10.A
11.B	12.B	13.A	14.C	15.A	16.B	17.A	18.C	19.C	20.B
21.C	22.B	23.C	24.C	25.A	26.B	27.A	28.A	29.B	30.A
31.B	32.B	33.C	34.D	35.B	36.B	37.C	38.C	39.B	40.A
41.D	42.A	43.B	44.B	45.B	46.A	47.B	48.C	49.B	50.C
51.D	52.B	53.D	54.C	55.A	56.C	57.A	58.C	59.B	60.B
61.D	62.A	63.D	64.C	65.C	66.A	67.D	68.A	69.D	70.A
71.C	72.B	73.B	74.A	75.C	76.D	77.B	78.C	79.A	80.C
81.D	82.C	83.A	84.A	85.D	86.C	87.D	88.B	89.A	90.B
91.B	92.B	93.A	94.B	95.B	96.B	97.C	98.D	99.A	100.D
101.B	102.C	103.B	104.D	105.D	106.D	107.B	108.D	109.A	110.A
111.C	112.B	113.D	114.C	115.A	116.D	117.A	118.B	119.C	120.A
121.B	122.A	123.A	124.C	125.D	126.A	127.D	128.B	129.C	130.A
131.B	132.B	133.A	134.A	135.B	136.A	137.B	138.B	139.D	140.A

141.B	142.C	143.D	144.A	145.B	146.A	147.A	148.C	149.A	150.A
151.C	152.D	153.C	154.C	155.B	156.A	157.D	158.C	159.D	160.A
161.C	162.D	163.C	164.C	165.C	166.C	167.C	168.D	169.B	170.B
171.B	172.A	173.D	174.A	175.C	176.B	177.C	178.C	179.D	180.D
181.C	182.B	183.A	184.D	185.B	186.D	187.B	188.B	189.A	190.D
191.C	192.A	193.B	194.D	195.D	196.D	197.C	198.B	199.A	200.C
201.A	202.C	203.D	204.D	205.D	206.A	207.B	208.D	209.D	210.A
211.A	212.C	213.A	214.A	215.C	216.C	217.A	218.C	219.B	220.B
221.D	222.B	223.C	224.A	225.C	226.B	227.D	228.D	229.D	230.D
231.A	232.B	233.C	234.A	235.D	236.A	237.C	238.A	239.C	240.C
241.A	242.C	243.D	244.D	245.C	246.A	247.D	248.A	249.B	250.B
251.A	252.B	253.D	254.B	255.D	256.D	257.C	258.D	259.A	260.C
261.C	262.D	263.B	264.C	265.C	266.D	267.C	268.C		

第三节　控制工程

1.A	2.A	3.A	4.D	5.D	6.B	7.C	8.C	9.C	10.B
11.A	12.D	13.A	14.B	15.C	16.B	17.B	18.C	19.A	20.D
21.A	22.D	23.D	24.B	25.D	26.B	27.A	28.A	29.A	30.A
31.A	32.A	33.D	34.B	35.D	36.A	37.C	38.A	39.A	40.D
41.B	42.B	43.D	44.D	45.A	46.C	47.A	48.A	49.C	50.A
51.C	52.B	53.D	54.C	55.A	56.D	57.C	58.B	59.A	60.C
61.A	62.D	63.B	64.A	65.B	66.D	67.C	68.C	69.D	70.B
71.B	72.A	73.D	74.B	75.C	76.D	77.C	78.A	79.A	80.D
81.C	82.C	83.B	84.C	85.C	86.B	87.A	88.A	89.B	90.B
91.D	92.A	93.D	94.C	95.A	96.A	97.B	98.C	99.D	100.C
101.A	102.C	103.A	104.A	105.D	106.D	107.A	108.C	109.A	110.D
111.B	112.C	113.B	114.D	115.B	116.C	117.B	118.B	119.D	120.A
121.D	122.C	123.C	124.D	125.A	126.A	127.C	128.C	129.C	130.C
131.D	132.C	133.B	134.C	135.B	136.D	137.A	138.B	139.C	140.C
141.C	142.D	143.C	144.B	145.B	146.B	147.C	148.C	149.C	150.C
151.C	152.A	153.D	154.A	155.B	156.B	157.C	158.A	159.C	160.A
161.A	162.C	163.C	164.C	165.C	166.A	167.A	168.B	169.D	170.A
171.C	172.A	173.D	174.B	175.C	176.C	177.B	178.A	179.B	180.D
181.C	182.D	183.D	184.D	185.A	186.A	187.B	188.B	189.D	190.B
191.A	192.C	193.A	194.B	195.C	196.C	197.D	198.A	199.C	200.C
201.C	202.D	203.D	204.C	205.D	206.B	207.C	208.B	209.C	210.D
211.C	212.B	213.A	214.D	215.A	216.B	217.B	218.B	219.B	220.D

221.B	222.D	223.D	224.A	225.A	226.D	227.A	228.D	229.C	230.B
231.A	232.C	233.C	234.C	235.A	236.C	237.B	238.D	239.C	240.B
241.B	242.D	243.A	244.D	245.D	246.B	247.B	248.B	249.C	250.C
251.C	252.B	253.A	254.C	255.A	256.C	257.C	258.C	259.B	260.C
261.B	262.C	263.D	264.A	265.B	266.D	267.C	268.D	269.C	270.C
271.C	272.B	273.A	274.D	275.D	276.C	277.D	278.B	279.A	280.D
281.D	282.B	283.D	284.A	285.C	286.C	287.D	288.B	289.C	290.A
291.D	292.D	293.B	294.B	295.C	296.C	297.A	298.C	299.D	300.B
301.B	302.C	303.C	304.C	305.C	306.D	307.C	308.B	309.B	310.C
311.C	312.C	313.C	314.B	315.A	316.B	317.D	318.C	319.A	320.B
321.A	322.B	323.A	324.C	325.A	326.C	327.D	328.B	329.C	330.B
331.B	332.C	333.B	334.C	335.B	336.C	337.C	338.B	339.C	340.B
341.D	342.B	343.C	344.C	345.B	346.A	347.B	348.C	349.C	350.B
351.B	352.B	353.C	354.A	355.A	356.C	357.C	358.B	359.C	360.A
361.B	362.B	363.D	364.C	365.B	366.C	367.B	368.B	369.B	370.A
371.B	372.D	373.C	374.C	375.B	376.B	377.B	378.A	379.C	380.A
381.B	382.B	383.A	384.C	385.B	386.C	387.B	388.B	389.A	390.C
391.C	392.B	393.A	394.D	395.B	396.C	397.D	398.A	399.D	400.B
401.D	402.A	403.C	404.D	405.B	406.B	407.D	408.D	409.B	

第一节　电气工程

1.A。规定正电荷的移动方向为电流的实际方向,即负电荷(电子)移动的反方向。

2.B。电位的单位是焦耳/库仑(J/C),称为伏特,简称伏(V)。常用的单位还有千伏(kV)、毫伏(mV)和微伏(μV)。

3.A。电动势的规定方向是由低电位(负)端指向高电位(正)端,与电压的方向相反。由于电源内存在电源力,正电荷不能通过电源内部由高电位(正)端回到低电位(负)端。但当电源与外部负载电路接通时,正电荷可在电场力的作用下通过外电路由高电位端向低电位端移动,从而形成电路电流。电动势的方向是在电源的内部由低电位端指向高电位端的方向。

4.A。电能的国际单位制为焦耳(J),工程上常以千瓦·小时(kW·h)作为电能的单位,1 kW·h的电俗称"1度电"。

5.D。电路就是电流的通路,它是为了某种目的,将一些电气元件或设备按一定的方式组合而成的。一个完整的电力系统电路大致可以归纳为电源、负载及中间环节三个基本组成部分。

6. D。电气设备在使用中,对电压、电流和功率都有一定的限制,如超过一定范围,电气设备会因不能承受而损坏,如使用中参数过低,则电气设备的作用就不能充分发挥。所以电气设备在设计时就要考虑好使用的条件和环境,既要保证能安全使用,又要充分发挥设备的作用,额定值就是设备使用效率最高,效果最好的参数值。

7. A。电压是衡量电场力对电荷做功能力的物理量。

8. B。非电场力(非静电力)是指作用于电荷上的与电场力的作用方向相反的力,如发电机绕组导体切割磁场时产生的分离正、负电荷的力,电池的化学反应所产生的分离正、负电荷的力,电源内所产生的这种非电场力又称电源力。电动势是衡量电源力对电荷做功的能力。

9. B。电流的大小用电流的强度(简称电流)来衡量。电流强度在数值上等于单位时间通过导体横截面的电荷量。在国际单位制中,电流单位是库仑/秒,称为安培,简称安(A)。常用的大电流单位有千安(kA),常用的小电流单位有毫安(mA)和微安(μA)。

10. D。$1\ A = 10^{-3}\ KA = 1000\ mA = 10^6\ \mu A$。

11. B。$1\ V = 1000\ mV = 10^6\ \mu V$。

12. D。电功率单位是瓦,常用的单位还有千瓦(kW)和兆瓦(MW)。

13. B。规定正电荷的移动方向为电流的实际方向,也即负电荷(电子)移动的反方向。

14. D。电源通过导线与负载连接,即构成一个完整的电路,电源的电动势在电源的正、负输出端产生电压,接通负载后,即在电路中产生电流,而电流在有阻力的电路中又产生电压降。因此电流、电压、电动势即为电路的基本物理量。因超导的存在,理论上无电阻时,仍可能构成电路(如理想的 LC 电路),所以电阻并不属于电路的基本物理量。

15. A。当电压的实际方向不能确定时,同样可以设参考方向。但是在电源以外的电路中,电流总是从高电位流向低电位,电压和电流的方向是互相关联的,因此,当两者的方向均不能确定时,假设了电流的参考方向也就关联地设定了电压的参考方向。

16. A。根据电源开路电压等于电源电动势、短路时的电路特征和欧姆定律,可知:$r_0 = E/I_S = U_0/I_S = 12\ V\ /30\ A = 0.4\ \Omega$。

17. A。实际导体电阻与温度的关系大多是金属导体的电阻随温度的增加而增大。

18. D。需承载固定大小的电流 0.3 A 时,电阻的实际功率 $P = I^2R = 0.3^2 \times 100 = 9(W)$;所选择的电阻额定功率应该不小于 9 W。

19. B。根据电源开路电压等于电源电动势、短路时的电路特征和欧姆定律,可知:$r_0 = E/I_S = U_0/I_S = 16\ V\ /40\ A = 0.4\ \Omega$。

20. C。在使用电路公式时,应先统一使用国际标准制单位计算,再单位换算。电阻的功率 $P = I^2R$ 可知,$I_N = \sqrt{\dfrac{P_N}{R}} = \sqrt{2.5/1000} = 5 \times 10^{-2}(A) = 50(mA)$

21. B。电阻的功率 $P = I^2R$ 可知,$I_N = \sqrt{\dfrac{P_N}{R}} = \sqrt{5/500} = 0.1(A)$;$U_N = I_N R = 0.1 \times 500 = 50(V)$。

22. C。$1\ M\Omega = 10^3\ k\Omega = 10^6\ \Omega$。

23. C。金属一般都是良导体。导电性能最强的是银,其次是铜、铝、钨、铁。锰铜和康铜电阻率较大,常用于制作线绕电阻器、电炉丝等。高压电线一般采用价格较便宜、密度小的铝线。此外,石墨、人体、大地以及酸、碱、盐的水溶液等也都是导体,只是导电性要相对较弱一些,即其电阻率要大一些。导体材料不同,其电阻率不同。一般说来,电阻率是由导体材料所决定的。

24. B。导体电阻 R 的大小与导体材料的电阻率成正比,与导体的长度成正比,与导体的横截面积成反比。阻丝烧断后,去掉烧断部分重新接入电路再使用,因长度变短,阻值减小,因电源电压不变,由 $P=U^2/R$,势必超额定功率工作。

25. A。在国际单位制中,电阻的单位是 V/A,称为欧[姆](Ω)。

26. C。电阻功率 $P_N=U_N I_N$ 和欧姆定律 $I_N=U_N/R$ 可知 $R=U_N^2/P_N$,根据此公式计算可知 C>D>B>A;C 最大。

27. A。欧姆定律表达式 $U=IR$ 适用于电压和电流参考方向相同的电路计算。

28. C。欧姆定律表达式 $U=-IR$ 中的"−"表示电路电压和电流参考方向相反,故该表达式适用于 C 选项电路。

29. C。当开关未闭合时,电路 AB 两点间的电阻无穷大,电路电流为零。开关两侧的 A 点与 B 点的电压是开路电压,等于电源电动势 $E=12$ V。因电路电流为零,根据欧姆定律 $I=U/R$ 可知 $U_{BC}=IR=0$ V。

30. B。根据电阻功率 $P=U^2/R$ 公式,220 V、100 W 的灯泡,误接在 110 V 的电源上时,因电压为额定电压的 1/2,实际功率变成额定功率的 1/4,即 25 W。

31. C。电压的参考方向为 U 箭头标识的方向或从"+"指向"−",电流的参考方向为 I 箭头标识的方向。当电路中电压与电流的参考方向不同时,在欧姆定律表达式中用"−"表示,两者相同是用"+"表示,"+"也可不标注。

32. A。根据基尔霍夫定律可知,串联时空载电压等于各蓄电池电动势之和,即 $U_0=12\times 2$ V $=24$ V;由电阻串联特征可知,内阻等于各蓄电池内阻之和 12 R_0。

33. D。直流发电机的额定电压为 220 V 与灯泡(负载)的额定电压相等,灯泡不会过电压或过载;又因负载功率总和小于发电机额定功率,发电机也不过载,所以发电机、灯泡、其他直流负载均能正常工作。

34. B。根据全电路欧姆定律,$I=E/(R+r_0)=115/(20+0.5)=5$(A),电炉子的端电压为 $U=IR=5\times 20=100$(V)。

35. D。根据基尔霍夫电流定律可知,两台发电机输出的电流之和等于总负载的电流。两台发电机的电流大小并没有固定的关系,各种情况都有可能。

36. C。根据基尔霍夫电压定律,开关闭合时,内阻电压降为 $U_r=12$ V-10 V$=2$ V,R_L 上的压降为 10 V,电流 $I=U/R=10/2=5$(A)。由欧姆定律:$R_0=U_r/I=2/5=0.4$(Ω)。

37. A。SA 接触不良形成电路中 M、N 两点间不通,此时电压表测量的示数为电源开路电压,与开关 SA 打开时所测的读数相同(12 V)。

38. A。根据欧姆定律 $I=E/(R+R_0)$,当 R 增大时,由于 E、R_0 不变,电路电流会减小,即电流表读数减小。电流减小,内阻的电压降 U_{R0} 变小,$U_R=E-U_{R0}$ 中被减数变小,电阻端电压 U_R 会变大,电压表读数增大。

39.B。根据欧姆定律 $I=E/(R_L+R_0)=230/(0.1+2.2)=100(A)$。
40.A。根据基尔霍夫电流定律,若电路中有多根导线连接在同一个节点上,则流进节点的总电流一定等于流出节点的总电流。
41.A。根据欧姆定律 $I=E/(R_L+R_0)$,$U=ER_L/(R_L+R_0)$ 可知 A 所示的电源内阻最小。
42.A。$U_{AB}=V_A-V_B=(V_A-V_C)-(V_B-V_C)=U_{AC}-U_{BC}=0(V)$。
43.B。$U_{AB}=U_{AC}-U_{BC}=-U_{CA}-U_{BC}=-5-25=-30(V)$。
44.C。由基尔霍夫电压定律:$U_{BC}+U_{AB}+U_{CA}=0$,得 $U_{BC}=-(U_{AB}+U_{CA})=-(12+12)=-24(V)$。
45.A。由基尔霍夫电压定律:$U_{BC}+U_{AB}+U_{CA}=0$,得 $U_{BC}=-(U_{AB}+U_{CA})=-U_{AB}-U_{CA}=U_{BA}-U_{CA}=0(V)$。
46.C。开关 S 打开时,如图电路段没有接通,电流 I 为 0。S 闭合时,如下图所示,A 点接零电位,根据欧姆定律:$I_1=U/R=2/2=1(A)$,$I_2=[0-(-2)]/2=1(A)$。由基尔霍夫电流定律 $I=I_1-I_2$ 可知 $I=0(A)$。

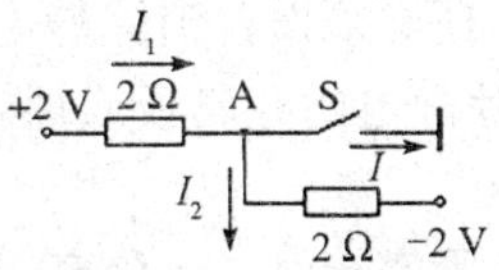

47.C。由基尔霍夫电压定律:$U_{BC}+U_{AB}+U_{CA}=0$,$U_{AB}=-(U_{CA}+U_{BC})=-U_{CA}-U_{BC}=-U_{CA}+U_{CB}=-50+20=-30(V)$。
48.A。由基尔霍夫电流定律:$-I_1+I_2+I_4-I_3=0$ 得 $I_4=5+3-2=6(A)$。
49.C。基尔霍夫第一定律(电流定律)。
50.C。由基尔霍夫电流定律:$I_1+I_2-I_4-I_3=0$ 得 $I_3=1+(-1)-4=-4(A)$。
51.A。由基尔霍夫电流定律:$I_1+I_2-I_4-I_3=0$ 得 $I_4=2+(-1)-4=-3(A)$。
52.B。根据欧姆定律 $I_L=V_A/R_L=240/4=60(A)$;由基尔霍夫电流定律:$I_{E2}+I_{E1}=I_L$,得 $I_{E2}=60-30=30(A)$,所以两台发电机输出功率相同。
53.D。基尔霍夫电流定律(简称 KCL)指出,任一瞬时,流入一个节点的电流之和等于流出该节点电流之和,则任一瞬时,一个节点上的电流的代数和等于零,若取流向节点的电流为正值,流出节点的取负值。交流电路中,I 表示有效值,因储能性元件存在,基尔霍夫电流定律表达式不一定适用于交流电路有效值计算。
54.D。基尔霍夫电压定律(简称 KVL)指出,在任一瞬时,沿任一回路、以任一方向(顺时针或逆时针)绕行一周,回路中各段电压的代数和恒等于零。交流电路 U 表示的是电压有效值,因储能性元件存在,基尔霍夫电压定律表达式不一定适用于交流电路有效值计算。
55.B。基尔霍夫电流定律指出,任一瞬时,流入一个节点的电流之和等于流出该节点电流之和,则任一瞬时,一个节点上的电流的代数和等于零。仅 B 符合。
56.D。基尔霍夫电流定律:$I_5=I_1+I_2+I_3-I_4=3+2-4-3=-2(A)$。
57.A。基尔霍夫电流定律:$I_5=-I_1+I_2+I_3+I_4=-4-2+1-3=-8(A)$。
58.B。基尔霍夫电流定律指出,任一瞬时,流入一个节点的电流之和等于流出该节点电流之和,则任一瞬时,一个节点上的电流的代数和等于零,$I_E+I_B+I_C=0$。

59. D。配电装置是对电源即发电机发出的电能、电力网和电力负载进行保护、分配、转换、控制和检测的装置。

60. C。我国民用运输船舶多采用柴油发电机组作为船舶主电源。

61. C。船舶发电设备与用电设备之间的距离很短,相互影响大;当电网某一点发生短路(特别是动力设备),就可能直接影响发电站的运行,"船舶电网的短路电流很小"这种说法是明显错误的。

62. B。配电装置是对电源即发电机发出的电能、电力网和电力负载进行保护、分配、转换、控制和检测的装置。可见选项 B 说法明显错误。

63. D。船舶电力系统的特点:①船舶电气设备的工作条件比较复杂,工作环境比较恶劣;②船舶电站容量相对较小;③船舶发电设备与用电设备之间的距离很短,相互影响大。

64. D。船舶电网的容量小,电站单机容量也小。世界各国对电压等级的选用与本国陆上电制参数一致,使船舶电气设备具有通用性。例如,美国、韩国、日本采用 450 V、60 Hz 的电制,而我国和俄罗斯等均采用 400 V、50 Hz 的电制。

65. A。船舶除了安装避雷装置外,还必须设置消除静电的装置。由生活居住区进入货油舱区前,手应触摸专设的用来消除静电的金属板或裸露金属棒,以防止人体带静电进入危险区。

66. D。任何两种不同物质的摩擦、紧密接触——分离、受压、受热或感应都能产生正负电荷分离的静电现象。液体的流动、过滤、搅拌、喷雾、飞溅、冲刷、灌注、剧烈晃动等过程,都可能产生十分危险的静电。人体和衣着也会产生危险的静电。穿脱毛衣料与合成纤维衣物时,由于摩擦和接触——分离所产生的静电电压可高达数千伏至数万伏,足以引燃周围爆炸性气体。电气设备的绝缘降低或接地故障会形成漏电电流或短路,而不是静电。

67. B。船舶甲板上的斜拉索具、活动吊杆、金属舱口盖和输油管路均有可靠的金属接地连接,这种接地是常见的消除静电装置之一。

68. B。工作人员进入货油舱区前,手应触摸专设的金属板的目的是及时泄放静电。C、D 措施的目的是减少产生静电积聚,A 的目的是为了预防火灾、爆炸事故。

70. C。油船预防静电起火,油舱工作人员应穿防静电工作服、工作鞋的措施正确。

71. C。向货油舱注入惰性气体主要是降低氧气浓度,防止火灾,不是为了减少静电的措施。

72. A。作为油船上工作人员,不允许在这些有危险的区域拉临时电线或安装临时设备;不允许使用带电缆的便携照明或普通手电筒,应使用合格的防爆照明器。在油船及散装化学品液货船上禁止挂彩灯。油船上,室外场所使用万用表的行为可视同在危险区域拉临时电线或安装临时设备,是不允许的。

74. A。对油船的电力系统要求:(1)不论是直流或单相、三相交流电力系统,都必须是对地绝缘的系统。

75. D。接油管时,应先接接地电缆,后接油管,以防积累静电。

76. C。电容交流电路的电压 u 和电流 i 关系有:频率相同、电流超前电压 90°。

77. C。$U = \sqrt{U_R^2 + U_L^2}$

78. B。在纯电阻正弦交流电路中,电阻两端的电压与流过电阻值电流的相位差为 0°。

79. C。在某个频率 f_0，会出现 $X_L = X_C$，此时由于 $\dot{U}_L$ 和 $\dot{U}_C$ 大小相等，方向相反，$\dot{U}_L + \dot{U}_C = 0$，电路呈现纯电阻性，电路的阻抗值 $Z=R$，电流达到最大值，且能量全部被电阻消耗，Q_L 和 Q_C 只是相互补偿，即电感与电容之间交换能量，但电源与电感、电容之间不发生能量互换，此时称电路发生谐振。频率 f 增加，X_L 增加，而 X_C 减小；当电源频率大于谐振频率时，$X_L > X_C$，RLC 串联电路呈电感性。

80. B。由图可知，电流的有效值 $I = i_{max}/\sqrt{2} = 7.07$ A，电容两端电压有效值 $U = IX_C = 7.07 \times 10 = 70.7$（V）。

81. C。电容量增大或电源频率升高都会引起容抗 X_C 的降低。在直流电路中，由于 $f=0$，则容抗 $X_C = \infty$，即相当于开路。在交流电路中，若 f 增加，X_C 就减小，而 $I = U/X_C$ 就增加，所以电容具有隔直通交的特性。

82. C。在交流电路中，若 f 增加，X_C 就减小，而 $I = U/X_C$ 增加。

83. B。$X_C = \dfrac{1}{\omega C} = \dfrac{1}{2\pi f C}$，在交流电路中，在电压一定时，若 f 越低，X_C 就越大，而 $I = U/X_C$ 越小。

84. B。只在纯电感交流电路中，$\dot{U}$ 比 $\dot{I}$ 超前 90°。

85. A。纯电感元件在交流电路中不消耗电源能量，为储能元件。在纯电感交流电路中，$\dot{U}$ 比 $\dot{I}$ 超前 90°，功率因数为 0。

86. B。感抗 X_L 的大小不仅与线圈的自感系数 L 成正比，而且与电源的频率 f 也成正比。电感量的增大或电源频率的增加都会引起感抗 X_L 的增加。在交流电路中，在电压一定时，若 f 增加，X_L 就增加，而 $I = U/X_L$ 就减小。

87. C。在交流电路中，若 f 增加，X_L 就增加，而 $I = U/X_L$ 就减少；反之，在电压一定时，频率越低，感抗 X_L 越小，而通过的电流越大。

88. C。电阻属于耗能元件，电容、电感为储能元件，变压器为电路的中间环节。

89. B。在 RLC 串联交流电路中，电感 L 和电容 C 都是储能元件，本身不消耗电能，也不产生热能或有功功率。

90. B。电压 u 与电流 i 之间的相位差 φ 可从电压三角形得出，即 $\varphi = \arctan \dfrac{U_L - U_C}{U_R} = \arctan \dfrac{X_L - X_C}{R}$ 可见，φ 角的大小是由电路（负载）的参数决定的。如果 $X_L > X_C$，即 $\varphi > 0$，则总电压 u 比电流 i 超前 φ 角，电路呈电感性；如果 $X_L < X_C$，即 $\varphi < 0$，则总电压 u 比电流 i 滞后 φ 角，电路呈电容性；图示电路中，$X_C = 0$，电压 u 比电流 i 超前。

91. B。在交流电路中，若 f 由 50 Hz 变 60 Hz 时，X_L 增加，X_C 减小，R 支路的灯亮度不变，C 所在支路的电流增加，灯变亮，L 所在支路的电流变小，灯变暗，也就是 $D_2 > D_1 > D_3$。

92. D。在某个频率 f_0，会出现 $X_L = X_C$，此时由于 $\dot{U}_L$ 和 $\dot{U}_C$ 大小相等，方向相反，$\dot{U}_L + \dot{U}_C = 0$，电路呈现纯电阻性，电路的阻抗值 $Z=R$，电流达到最大值，且能量全部被电阻消耗，Q_L 和 Q_C 只是相互补偿，即电感与电容之间交换能量，但电源与电感、电容之间不发生能量互换，此时称电路发生谐振。由于该电流经过电感和电容，假如谐振时的容抗、感抗较大，U_L 和

U_C 之间虽然相等，又互相抵消，但可能会比电源电压 U 大很多。

93. B。处于谐振状态的 RLC 串联交流电路中，若 f 增加，X_L 增加，X_C 变小，电路将呈现出电感性。

94. B。RL 串联交流电路中 $U=\sqrt{U_R^2+U_L^2}$，代入计算电源电压 $U=50$ V。

95. D。RL 串联交流电路中 $U=\sqrt{U_R^2+U_L^2}$，代入计算 $U_L=80$ V。

96. D。RL 并联正弦交流电路中，$I=\sqrt{I_L^2+I_R^2}=5$ A。

97. A。RLC 串联交流电路在某个频率 f_0 发生谐振时，会出现 $X_L=X_C$，此时由于 $\dot{U}_L$ 和 $\dot{U}_C$ 大小相等，方向相反，$\dot{U}_L+\dot{U}_C=0$，电路呈现纯电阻性，总阻抗值最小，电流最大。

98. D。R 和 L 串联交流电路中，$I=U/Z$，$Z=\sqrt{R^2+X_L^2}$，可知电流与端电压关系式为 $I=U/\sqrt{R^2+X_L^2}$。

99. D。在直流电路中，电压和电流之间没有相位差，功率因数等于 1。直流功率 P、电压 U 及电流 I 之间的计算公式为 $P=UI$。

100. D。电动机、电抗器等均属于感性负载，在供电系统中广泛使用。所以在一般情况下供电系统的功率因数总是小于 1 的原因是用电设备多属于感性负载。

101. B。纯电感属于储能元件，纯电感电路的功率因数为 0，即最低。

102. B。$S=UI=|Z|I^2=\sqrt{P^2+Q^2}$，电阻和电抗之比为 4∶3，可知功率因数为 0.8，$P=4$ kW，$Q=3$ kVar。

103. C。功率因数只与电路元件的参数有关，与供电电源无关。

104. D。纯电感、电容元件在交流电路中不消耗电源能量，为储能元件。功率因数低的原因主要是由于电感性负载的存在。

105. B。提高功率因数最常用的方法有两种：一种是在电站或变电站内用无功发电机（同步补偿机）或电力电容器，对电网进行集中补偿；另一种就是在电感性负载端并联电容器，进行单个负载的分散补偿。

106. C。在日光灯电源两端并上电容器，通过开关选择接入和切除电容。

107. C。交流电路电功率的计算公式 $P=UI\cos\varphi$。纯电阻负载的功率因数 $\cos\varphi=1$，感性或容性等其他性质负载 $\cos\varphi<1$，所以 $P=UI$ 适用于纯电阻交流电路。

108. A。将一纯电容 $C=96$ mF 并接到电路中，电路的功率因数提高，但是原负载的工作状态不变，即加至负载上的电压和负载的有功功率不变，瓦特计的读数为 2 kW。

109. A。采用并联电容器的方法提高了电路的功率因数，即：总电压与总线路电流之间的相位差变小；但是原负载的功率因数并没有变化。

110. A。正弦交流电每秒变化的次数称为正弦交流电的频率，周期与频率的关系是互为倒数，即 $f=\dfrac{1}{T}$。

111. A。正弦交流电每秒钟所经历的角度称为角频率，用 ω 表示，因为正弦交流电每秒变化 f 次，每变化一次经历 2π 电弧度，所以 $\omega=2\pi f=\dfrac{2\pi}{T}$。

112. C。正弦交流电周期与频率的关系是互为倒数。

113. B。一般所讲的正弦电压或电流的大小都是指它的有效值,船用配电板上的交流电流表、电压表的读数都是指有效值。

114. B。正弦交流电周期与频率的关系是互为倒数。

115. A。三相对称电势中各相到达其正幅最大值的顺序与转向有关,将这一顺序规定为相序。若磁极顺时针转,则相序为 U_2,称为正相序;若磁极逆时针转,则相序为 n,称为负相序。

116. B。交流电三相电势最大值相同,角频率相同,并且在相位上互差120°说明是三相对称电势;从图中可见按 $e_A \to e_B \to e_C$ 顺序依次达到最大值,说明为正相序电源。

117. B。若将发电机的三个末端 X、Y 和 Z 接在一起,再从始端 A、B 和 C 对外供电,如图所示。这种连接方法称为星形(或"Y"形)连接。三个末端相连的那一点称为中点或零点,用 N 表示,从中点引出的导线称为中线。由于对称状态下,该线电位为 0,所以也称零线。从三相的三个始端引出的三根线 A、B 和 C 称为相线或火线。星形连接的特点是可以获得两种电压:一种是发电机每相组两端的电压,即火线与中线之间的电压,称为相电压,其有效值用 E_T、I_T 和 E_T 表示,相电压的正方向从火线指向中线;另一种为火线与火线之间的电压,称为线电压,其有效值用 I_T、φ_T 和 n 表示,下标字母顺序表示线电压的方向。

120. B。若将发电机或变压器三相绕组中的始端同另一端的末端顺序相连,然后从三角形的顶点引出三相电,这种接法称为三角形连接。三角形连接时,其线电压与相电压相等,故只能提供一种电压。

121. C。一般三相发电机三相绕组是对称的,所以各相电压、线电压相等,各相间相位差为 120°,星形连接的相量图如下图所示。显然,线电压 I_T,而 φ_T 相位超前相电压 $\varphi_T \propto I_T$ 30°。三相对称三角形连接的负载,三个线电流的大小相等,为相电流的 $\sqrt{3}$ 倍;三个线电流分别在相位上较其对应的相电流滞后 30°电角。

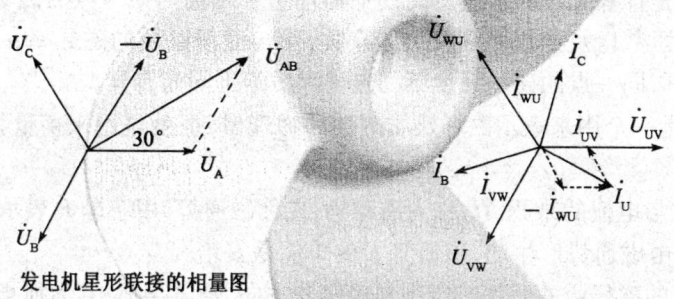

发电机星形联接的相量图　　三相对称电阻负载D形连接时的相量图

122. C。用 U_1 表示线电压,U_p 表示相电压,接成星形时则有 U_2,可见发电机的相电压 U_p = 6.3 kV/1.732≈3.64 kV;接成三角形连接时,线电压等于相电压。

123. A。磁铁的内部与周围空间存在磁场,常用磁力线(或称磁感应线)来描述磁场。磁力线是无头无尾的空间闭合回线,用磁力线的疏密表示磁场的强弱,用磁力线的方向表示磁场的方向。产生磁场的最理想的方法是用铁磁材料做成一定形状的铁芯,将励磁线圈绕在铁芯上,这是为了用较小的励磁电流能获得所需要的集中强大的磁通,因为铁芯比周围空气或其他非磁性材料的磁导率高得多,所以励磁电流激励的磁通绝大部分聚集在铁芯内。这种主要由铁磁材料组成的、磁力线集中通过的闭合路径,工程上称为磁路。

124．C。磁通 Φ 是穿过某一截面 S 的磁力线总数,在均匀磁场中,磁通等于磁感应强度与垂直于磁感应强度 B 的某一面积的乘积。磁通 Φ 的单位要根据电磁感应定律 $e = N\dfrac{d\Phi}{dt}$ 来确定,在国际单位制(SI)中,磁通的单位为伏·秒,称为韦伯(Wb),1 Wb = 1 V·s。

126．C。磁铁的磁力线是经磁铁内部并通过周围空间而闭合,其磁力线方向规定,在磁铁内部是由 S 极指向 N 极的方向,外部是由 N 极指向 S 极的方向。磁力线不可能交叉,磁力线任一点的切线方向即为该点的磁场方向。

129．C。磁导率 μ 的国际单位制单位为亨/米(H/m),亨(H)是电感的单位,为欧姆·秒(Ω·s)。由实验测出,真空的磁导率 $\mu_0 = 4\pi \times 10^{-7}$ H/m 是一个常数。对非磁性材料而言 $\mu \approx \mu_0$,$\mu \approx 1$,差不多不具有磁化的特性,而且每一种非磁性材料的磁导率 S 虽然小,但都是常数。在磁性材料中,μ 不是常数,而是随着 H 的变化而变化,当达到磁饱和后,μ 接近真空中的磁导率 μ_0。

130．A。电流产生磁场,并用磁场强度 H 表示,与磁场媒质的磁性无关。但磁感应强度是与磁场媒质的磁性有关的。当线圈内的媒质不同时,则磁导率 μ 不同,在同样电流值下,同一点的磁感应强度的大小就不同,线圈内的磁通也就不同了。介质中某点的磁感应强度 B 是磁场强度 H 与介质磁导率 μ 之积,即 $B = \mu H$。

131．C。铁磁材料的磁导率 $\mu \gg \mu_0$,或其相对磁导率 $\mu_r \gg 1$,可达数百、数千乃至数万之值。

132．C。磁感应强度 B 是表示磁场内某点磁场强弱和方向的物理量。磁通 Φ 是穿过某一截面 S 的磁力线总数。电流流过线圈时在线圈内产生磁场,其磁感应强度 B 的方向与电流的方向之间符合右手螺旋定则。形成的磁场构成一个闭环回路,用 H 来表示该回路的磁场强度,是计算磁场时所引用的一个物理量。磁场内某一点的磁场强度 H 只与电流大小、线圈匝数以及该点的几何位置有关,而与磁场媒质的磁导率 μ 无关,就是说在一定电流值下,同一点的磁场强度不因磁场媒质的不同而有异。

133．C。磁导率,是一个用来表示磁场媒质磁性的物理量,也就是用来衡量物质导磁能力的物理量。

134．A。线圈匝数与电流的乘积 NI,称为磁动势,或称磁通势,用字母 F 表示,则有 $F = NI$;可见,磁通就是由磁通势产生的,磁通势 F 的单位是安培。

136．C。电流产生的磁场由右手螺旋定则来确定其方向,通电导体中,大拇指表示电流方向;通电线圈中,大拇指表示磁场(磁力线)方向。

137．A。电流产生的磁场由右手螺旋定则来确定其方向。

140．C。电流产生的磁场由右手螺旋定则来确定其方向。当导体与磁力线之间有相对切割运动时,在导体中就产生感应电动势,感应电动势的方向用右手定则确定。载流导体在磁场中受力的方向可由左手定则确定。由楞次电流磁通方向用右手螺旋关系来确定楞次电流和感应电动势的方向。

141. A。用右手螺旋定则可确定其磁通方向是从左到右。
142. B。电流的周围空间存在磁场,产生磁场的根本原因是电流,这就是电流的磁效应。电荷没有形成电流时并不会产生磁场,可知选项 A、D 错误。当电流方向与磁场磁力线方向相同或相反时,$F = BIl\sin\alpha = 0$,电流是不受力的。可知选项 C 错误。
143. D。电流的周围空间存在磁场,产生磁场的根本原因是电流,这就是电流的磁效应。
144. C。载流导体在磁场中会受到电磁力的作用,称为电流在磁场中的力效应。这个力叫作电磁力,用字母 F 表示。
145. B。载流导体在磁场中受力的方向可由左手定则确定:伸平左手,拇指与四指垂直,让磁力线从掌心穿入,四指指向电流方向,则拇指为载流导体的受力方向。
149. C。载流导体在磁场中会受到电磁力的作用,称为电流在磁场中的力效应。
150. A。当载流直导体与磁场方向间夹角为 α 时($0° < \alpha < 90°$),则其受力为 $F = BIl\sin\alpha$ (N)。可见,互相垂直($\alpha = 90°$)时受力最大。
156. C。当导体切割磁力线时,在导体中就产生感应电动势,这种感应电动势常被称为切割电动势或旋转电动势。当导体垂直于磁场方向运动时,感应电动势 e 的大小与导体处的磁感应强度 B、导体在磁场中的有效长度 l 和导体与磁场的相对切割线速度 v(m/s) 三者的乘积成正比,即 $e = Blv$,感应电动势的方向用右手定则确定。
157. D。电磁感应定律:只要穿过线圈的磁通有变化就在线圈中产生感应电动势,与变化磁通的来源无关。运动的导体切割磁力线或穿过线圈的磁通发生变化都会在导体中产生电动势。
159. B。根据磁性材料的磁滞回线形状,主要分为三种类型,分别是软磁材料、硬磁材料和矩磁材料。软磁材料具有磁滞回线狭窄,剩磁和矫顽力小。
160. A。永磁材料也称硬磁材料,具有磁滞回线宽,剩磁和矫顽力大的特点。
161. C。矩磁材料具有磁滞回线狭窄,接近矩形,但剩磁大,而矫顽力却小,磁稳定性也好,如镁锰铁氧体、铁镍合金等材料。
162. A。当磁铁向上运动时,线圈磁通减少,则楞次电流磁通与穿过线圈的磁通方向相同,反抗减少。因此可根据穿过线圈磁通的方向和磁通的变化趋势来确定楞次电流磁通的方向,由楞次电流磁通方向用右手螺旋关系来确定楞次电流和感应电动势的方向。
163. C。当由于通过线圈本身的电流及其所产生的磁通 φ 发生变化而在线圈中引起的感应电动势,称为自感电动势 e_L,这种现象称为自感现象。自感电动势 e_L 的大小和方向同样用式 $e = -N\dfrac{\mathrm{d}\varphi}{\mathrm{d}t}$ 确定。
164. A。当导体与磁力线之间有相对切割运动时,在导体中就产生感应电动势。只有导体两端通过媒介连接构成闭合的回路时才会产生电流。
165. B。自感电动势是电流的变化而引起的,而且是反抗电流的变化。
166. C。自感电动势是电流的变化而引起的,而且是反抗电流的变化。开关 S 闭合时电流增大,e_L 为负值,即 e_L 的实际方向与电流的方向相反,可见线圈的自感电动势极性是上正下负;断开时电流减小,则 e_L 为正值,与电流同方向,线圈的自感电动势极性是上负下正,以反抗电流的减小。

167. D。一个线圈电感 L 的大小可用在线圈中通入单位电流所能产生的磁通链的多少来衡量。电感 L 表明一个通电线圈产生磁通的能力,它与线圈的匝数 N、几何尺寸、形状以及附近的介质的导磁性等有关。

170. C。一个密绕的长线圈,其截面积为 $S(m^2)$,长度为 $l(m)$,匝数为 N,介质的磁导率为 $\mu(H/m)$,则电感为 $L = \dfrac{\mu S N^2}{l}$ (H)。当这些因素固定不变时,则线圈的电感 L 就是一个常数,比如空芯线圈或线圈中的磁媒质为非磁性材料,μ 是一个常数,L 也是一个常数;而铁芯线圈或线圈中的磁媒质为磁性材料,则 μ 就不是一个常数,L 也不是一个常数。

171. B。功率因数的提高,能使发电设备的容量得到充分利用,同时也能使线路和发电机绕组的功率损耗得到大量减少。从对电源的利用效率来看,要求负载的功率因数越高越好。

172. D。提高功率因数的基本原则是必须保证原负载的工作状态不变,即加至负载上的电压和负载的有功功率不变。

173. C。功率因数的提高,能使发电设备的容量得到充分利用,同时也能使线路和发电机绕组的功率损耗得到大量减少。电动机是负载,因加至负载上的电压不变,电动机的效率和绕组的功率损耗都不变。

174. A。并联电容器后,电感性负载的电压及元件参数并未改变,负载的电流和功率因数都没有变化,线路的有功功率不变,这是因为电容器是不消耗电能的。因负载有功功率不变,船舶电网导线短,可以忽略导线功率损耗,所以电源输出有功功率也不变。在电感性负载上并联了电容器以后,减少了电源与负载之间的能量互换,线路总电流的无功分量减小,同时,发电机绕组的功率损耗因电流 I 减小而减小。

175. B。由于并联电容后,电压与线路电流之间的相位差变小,即总的功率因数变大了。

177. C。电阻在交流电路中也是耗能元件,且功率随时间变化。

178. C。$S = P/\cos\varphi = 4/0.8 = 5 (kVA)$。

179. B。由 $S^2 = P^2 + Q^2$ 计算得 $Q = 3 (kVar)$。

180. C。三相同步发电机采用旋转磁极式结构时主磁极装设在转子上,电枢装设在定子上。所以旋转磁极式三相同步发电机的定子也可称之为"电枢"。

181. A。无论是隐极式转子还是凸极式转子同步发电机,其磁极均以 N—S—N—S 极顺序排放,励磁绕组的两个出线端分别接到固定在转轴上彼此绝缘的两个滑环上或旋转整流器的直流侧上,以产生磁极主磁通。可见励磁绕组中的电流是直流。

183. B。电力发电机基本上都采用 Y 连接,我国船舶柴油同步发电机的定子绕组一般也是接成 Y 形,频率为 50 Hz。电机的磁极对数由 $p = 60f/n$ 计算得 6。

184. C。交流同步发电机转子的转速 n 与定子旋转磁场的转数 n_0 相同。

185. C。转极式同步发电机结构的特点是主磁极装设在转子上,电枢装设在定子上;转枢式同步发电机则定子为磁极,转子为电枢。

186. B。4 极同步发电机可知磁极对数 $p=2$,由 $p = 60f/n$ 计算得 $n = 1\,500$ r/min。

187. B。圆周运动时,离心力大小等于质量乘以转速的平方除以圆周半径,所以转速较低时其离心力较小。低速柴油机的转速较低(1 000 r/min 及以下),通常把发电机的转子做成凸极式的。

188. B。要改变同步发电机的频率,则必须调整原动机的转速。

189. D。按结构不同,同步电机可分为旋转电枢式和旋转磁极式。

190. A。空载特性曲线反映了发电机空载时输出端电压与励磁电流之间的关系。

191. A。若定子绕组输出端开路,即为同步发电机的空载运行。可见其电枢电流为零。

192. A。发电机在空载运行时,定子绕组输出端开路,定子电枢电流为零。

193. D。自励同步发电机要达到正常自励起压,必须满足三个条件:必须要有足够大的剩磁电压,以使自励回路导通;必须适当整定自励回路阻抗,使励磁特性与空载特性配合恰当,正好相交在正常空载额定电压;使自励系统成为正反馈系统,剩磁电压所产生的励磁电流的磁化方向与剩磁方向相同。

194. B。我国《钢质海船入级规范》规定:发电机从空载至满载,功率因数保持为额定值,主发电机的静态电压变化率应在±2.5%以内,应急发电机的静态电压变化率应在±3.5%以内。

195. C。船舶电力系统的基本参数是指电流种类(电制)、额定电压和额定频率的等级。

199. A。船舶电力系统参数采用与陆上一致,好处是便于接用岸电。海上航行时存在着高温、潮湿、盐雾、霉菌、振动、倾斜等不良因素,影响船舶电气设备的寿命及动作的可靠性。因此要求船舶电站的发电机、电气元件应当进行"三防"处理(防潮、防霉菌、防盐雾),并具有抗振、抗倾斜的性能,以保证电站运行的可靠性。

200. D。频率取决于同步发电机转子的转速和磁极对数。

201. B。在感性负载和纯电阻负载时,外特性是下降的,这是由电枢反应的去磁作用和漏阻抗压降这两个因素所引起的。在容性负载(功率因数角超前)时,主要由于电枢反应的增磁作用,发电机的外特性是上升的。在输出电压和输出电流相同情况下,感性负载Ⅱ所需的励磁电流最大。

202. A。同步发电机的电枢磁场不仅与主磁极磁场速度相等,且方向相同,两者相对静止,做同步旋转。

203. A。同步发电机常用额定容量S_N(VA,kVA,MVA)来表示发电机的输出能力。同步发电机的额定容量一定,当所带负载的功率因数越低时,$P=S_N\cos\varphi$ 变小,即:发电机所能发出的有功功率就越小。

204. A。当 $\dot{I}$ 与 $\dot{E}_0$ 同相位时的电枢反应为交轴电枢反应;当 $\dot{E}_0$ 超前 $\dot{I}$ 90°时的电枢反应为直轴去磁电枢反应,使发电机电压大为降低;当 $\dot{E}_0$ 比 $\dot{I}$ 落后 90°时的电枢反应为直轴增磁电枢反应,使发电机电压不降反升。同步发电机带上纯电阻性负载时,电枢电流 $\dot{I}$ 与电动势 $\dot{E}_0$ 同相位,其电枢反应为交轴反应。

205. D。交流异步电动机负载为电感性负载,$\dot{E}_0$ 较 $\dot{I}$ 相位超前 0°~90°。带交流异步电动机时,发电机的电枢反应既有直轴去磁反应又有交轴反应。

206. A。交流发电机组带电容性负载时,当 $\dot{E}_0$ 比 $\dot{I}$ 落后 0°~90°,电枢反应为直轴增磁电枢反应。

207. A。对单机运行的发电机组,减小励磁电流会使电网电压下降。
208. A。同步发电机空载运行时,电枢电路是开路,电枢电流为零,所以空载电动势是由主磁极磁通产生的。
209. B。自励发电机在起动后、输出端断开的情况下利用本身的剩磁,通过磁电作用而建立起电压。
210. A。发电机无论是隐极式转子还是凸极式转子,其磁极均以 N—S—N—S 极顺序排放,励磁绕组的两个出线端分别接到固定在转轴上彼此绝缘的两个滑环上或旋转整流器的直流侧上,以产生磁极主磁通。
211. A。一般发电机自带冷却风扇。直流电机风扇用于定子和转子之间的通风,异步电机风扇通过定子表面的风槽通风冷却,即空冷;船舶高压发电机绝大多数采用水冷却方式。
212. C。电机进行能量转换时总是要有能量损耗,能量损耗将引起电机发热和效率降低,同时还会引起电机的温度上升。若电动机温度不超过所用绝缘材料的最高允许温度,绝缘材料的寿命可达 20 年以上;反之,绝缘材料易老化、变脆,大大缩短电动机的寿命。为防止电机运行中温升过高,发电机需要冷却。
213. A。为了防止发电机绕组绝缘在潮湿、盐雾、霉菌等影响下受损,在同步发动机内部需要安装空间加热器,在发电机停止运行时空间加热器通电工作,发动机运行时由连锁开关控制断电、停止加热。
214. B。发电机空间加热器的作用是防止发电机绕组绝缘在潮湿、盐雾、霉菌等影响下受损。
215. D。为了保证供电质量,电压调整必须满足两个基本技术指标——静态(稳态)指标和动态(瞬态)指标的要求。
216. A。励磁自动调整装置的作用为:①在船舶电力系统正常运行工况下,维持电网电压在某一容许范围内;②在船舶同步发电机并联运行时,合理地分配发电机间的无功功率;③在船舶电网发生短路故障时,有强行励磁功能,加速短路后恢复速度,保持电力系统运行的稳定性和继电器保护装置动作的可靠性。
219. A。发电机现带上一定大小的感性负载,电枢反应既有直轴去磁反应又有交轴反应,会造成输出电压低于空载电压,为保持端口电压额定应增大励磁电流。
220. D。在容性负载或功率因数角超前时,由于电枢反应的增磁作用,发电机的外特性曲线是上升的。
221. B。在感性负载和纯电阻负载时,由电枢反应的去磁作用和漏阻抗压降这两个因素,同步发电机外特性是下降的。感性负载的功率因数 $\cos\varphi$ 越小,去磁作用越强,外特性下降越快。在容性负载或功率因数角超前时,由于电枢反应的增磁作用,发电机的外特性是上升的。可见图中 B 为纯阻性负载所对应的同步发电机的外特性。
222. A。在容性负载或功率因数角超前时,由于电枢反应的增磁作用,为保持端电压保持不变,励磁电流将减小,故③的励磁电流表示数最小。发电机输出的有功功率、端电压保持不变时,功率因数越大,线电流越小,故在①时发电机线电流表的示数最小。
223. A。同步发电机在额定转速和一定的负载功率因数下,为保持端电压基本不变,励磁电流 I_f 随负载电流 I 而变化的关系 $I_f=f(I)$ 称为调节特性。
224. A。外特性表示发电机的转速为同步转速,励磁电流和负载功率因数保持不变时,发电机的端电压(相电压)与电枢电流之间的关系。由于电枢电流等于负载总电流,也可以说:发电机的端电压随负载电流变化而变化的特性称为同步发电机的外特性。

226.D。同步发电机在额定转速和一定的负载功率因数下,为保持端电压基本不变,励磁电流 I_f 随负载电流 I 而变化的关系 $I_f=f(I)$ 称为调节特性。可见,同步发电机的调节特性是在原动机转速、发电机端电压和负载功率因数都一定的情况下测得的。

228.A。在容性负载或功率因数角超前时,主要由于电枢反应的增磁作用,发电机的外特性是上升的。

229.B。根据发电机的外特性,为维持同步发电机的输出电压恒定,随着输出电流的增大,在感性负载时应增大励磁电流;在容性负载时,应减小励磁电流。

230.B。同步发电机的负载(感性)功率因数由 0.6 上升到 0.8,电枢反应的去磁反应减小,如果保持原来的励磁电流会使发电机输出电压升高。为了保持发电机输出电压不变,励磁绕组中电流须减小。

231.B。船舶同步发电机并联运行时,待并发电机组与运行发电机组之间必须满足如下条件:①待并发电机的电压有效值 U_2 与运行发电机的电压有效值 U_1 相等,即 $U_2 = U_1$。②待并发电机的频率 f_2 与运行发电机的频率 f_1 相等,即 $f_2 = f_1$。③待并发电机电压的相位 δ_2 与运行发电机电压的相位 δ_1 一致,即 $\delta_2 = \delta_1$。④待并发电机电压的相序与运行发电机的相序相同。

232.D。由于船舶发电机在安装时已经对发电机的相序及电网的相序进行了测定,保证了相序一致的条件,通常船舶发电机的并联运行时,并不检测相序条件。

234.A。一般在进行并车操作时,调节使两侧电压接近,可以认为电压差为零,这样相位差 δ 的变化就是由频率差引起的。相位一致时 $\delta = 0°$,则 $\Delta U = 0$,合闸冲击电流最小。

237.A。一般并车操作时,电压差不得超过额定电压的 10%,相位差小于 15°,频差小于 0.5 Hz。

239.A。同步指示器(同步表)是一种电磁式仪表。表盘上标有快、慢方向的指示箭头,并在 12 点钟处标有一根红线,指针转到这个位置上表示同相位。

240.A。同步表又称为整步表(同步指示器、同期表)。相位一致时 $\delta = 0°$,则 $\Delta U = 0$,合闸冲击电流最小。

241.A。由于指针旋转的速度就是频差 $f_s = f_2 - f_1$,指针转一圈的时间就是频差周期 T_s($T_s = \frac{1}{f_s}$),因此,我们可以根据刻度盘上指针转动的快慢来调整待并发电机的转速(频率),使它每转一圈在 3~5 s 之间,此时 $f_s = 1/T_s = 1/(3~5) = 0.33~0.2(\text{Hz})$,指针转动的方向表示待并发电机的频率比母线频率快或慢。

242.B。待并发电机的频率比电网运行机组频率稍高(约 0.3 Hz),此时可看到整步表的指针沿顺时针"快"方向缓慢转动。

243.A。待并发电机的频率比电网运行机组频率低,可看到整步表指针向"慢"方向旋转。

244.B。整步表指针顺时针旋转表示待并发电机的频率比电网运行机组频率稍高,这种情况下待并机一并上就能立即分担一点负荷,同时不易造成电网运行机组逆功率。所以,实船并车时要求整步表指针最好顺时针旋转。

246.C。已经并联运行一段时间的两台发电机组已稳定工作,根据并联电路的特征一定有各发电机组输出的电压和频率相等、相位一致。各支路发电机组的电枢电流可以不相等。

247.B。同步表只供并车使用,通常是按短时工作制(15~20 min)设计制造。因此,并车完毕后,须将同步表切除。

248.A。灯光明暗法的亮、暗闪烁速度只能表示频率差的大小,而无法指示频率差的正、负,无法判断出频差的方向。灯光的亮度反映出电压(相位)差的大小。

249.D。灯光旋转法并车,既能判断出频差的大小,也能判断出频差的方向。因是交流电,电压差的方向是变化的,电压有效值的大小通过电压表判断。无法通过灯光旋转法判断电流差或电压差的大小。

250.D。当频率相等、初相位一致、电压不相等时,两台发电机并车瞬间将在两机组间产生一个无功性质的环流、对两台发电机起到均压作用。当两台并联运行发电机的电势不相等,而频率、相位相等时;则在两机组之间将产生一个无功性质的环流,其结果将使电势较高的发电机输出无功功率增大,而电势较低的发电机输出无功功率减少。

251.D。灯光明暗法并车相位一致时,即$\delta=0°$,则$\Delta U=0$,灯熄灭,表示相位一致;$\delta=180°$,则ΔU最大,灯泡最亮。δ从$0°~360°$变化,灯的亮度从暗~最亮~暗闪烁变化。

254.D。采用"灯光旋转法"并车,中间的指示灯熄灭,也即对接相的灯灭,表示相位一致(相角重合),可以合闸投入发电机。

255.C。手动操作同步发电机并车步骤如下:①起动待并机的原动机,使其加速到大致接近额定转速。②通过主配电板上的电压表观察待并机的电压,看是否接近额定电压(一般可不必进行调整,因有自动调压器的作用)。③接通同步表(同步表选择开关置待并机位置),检测电网和待并发电机的差频大小和方向。并据此对待并发电机转速进行调整,使差频小于允许值。精确调节待并机的原动机转速,使待并发电机的频率比电网频率稍高(约0.3 Hz),此时可看到同步表的指针沿顺时针"快"方向缓慢转动,一般3~5 s转动一圈。④观察同步表指示的相位差,在将要到达"相位一致"时,即同步表指针转到上方11点位置时,立即按下待并机的合闸按钮,此时ACB立即自动合闸,待并发电机投入电网运行。合闸后,断开同步表的开关。

257.B。当待并发电机的频率低于电网频率时,同步表指针沿着逆时针的方向旋转,这就表示发电机的频率比电网频率"慢"了,此时应操作调速装置使待并机增速。

258.C。将同步发电机投入并联运行时,最理想的合闸要求是当待并机合闸的瞬间,该发电机的电流为零。

260.D。整步操作也就是"同步操作",也有用"同步并联操作""并网操作""并列操作""同步并联"等术语。整步操作实际就是调整电压、频差和相位差条件把发电机并入电网所进行的操作。

261.A。实际并车时,除相序外,其他条件不可能做到完全一致,而且必须有一定的频差才能快速投入并联运行。并车时频差不是越小越好。

265.D。灯光明暗法连接的三个灯不同时明暗,表明灯三灯电压不能同时为最大或零,说明待并机与电网相序不一致。

266.D。当手柄向"慢"方向操作时,减小调速器的弹簧预紧力,则调速特性向下平移,油门

第二章 电气、电子和控制系统

开度将减小,原动机转速变慢。

267. C。只有两机调速器的调速特性曲线的斜率一致,才能使两机之间的功率能够按容量成比例分配。

268. A。柴油机的转速 n(或频率 f)与柴油机输出功率 P 之间的关系,称为调速器的调速特性。转速 n(或频率 f)是随负荷有功功率 P 的增加而下降,称为下倾的有差调速特性。转速不随负荷有功功率 P 而变化,称为无差调速特性。由于船用发电机组调速器一般均采用有差特性的,原动机的调速器可以实现发电机组转速的调整。

269. D。由于船用发电机组调速器一般均采用有差特性的,负载增加时在调速器的作用下机组油门开度增加,转速(频率)沿特性曲线下降。

270. B。自动调频调载装置是协助原动机调速器对电网电压的频率和有功功率进行调整的装置。自动调频调载装置不能改善调速器的动态性能,当动态过程结束,系统稳定后,由于调速器的有差特性及其不一致性等原因,船舶电力系统的频率和有功功率分配就会出现静差,自动调频调载装置只是根据这个静差来进行校正。

271. C。为了使发电机组能稳定地并联运行,船用发电机组调速器一般均采用有差特性的;要使两机之间的功率能够按容量成比例分配,两台发电机调速特性曲线的斜率一致是最为理想的。

272. B。两台同步发电机并联运行,如果只将一台发电机组油门增大,而另一台未做任何调节,则会导致发电机转速增加,承担的有功功率增加,另一台发电机分担的有功功率较少,转速将增加,电网频率上升。

274. B。要进行负载的转移和分配,需调节调速控制开关,即原动机的调速器;为保持电网的频率稳定,在转移负载时,必须同时向相反方向调节两机组的调速控制开关。

297. B。应急配电板的功能是控制和监视应急发电机组的工作状况,并向应急用电设备供电。应急配电板通常只有发电机控制屏和负载屏。发电机控制屏上装设监视发电机运行的仪表,如电压表(带开关)、电流表(带开关)、功率表和频率表等(很少有装功率因数表和励磁电压、电流表的)、发电机断路器,发电机和系统的继电保护,以及其他诸如电站自动控制设备等。负载屏上主要设置馈电开关,也有设置负载电流表的。

298. C。应急配电板通常只有发电机控制屏和负载屏,应急配电板上面安装的电器仪表与主配电类似,只是应急发电机不需要并联运行而无需逆功率继电器和同步表。

299. A。应急配电板的功能是控制和监视应急发电机组的工作状况,并向应急用电设备供电。它与应急发电机组安装在同一舱室内,一般位于艇甲板层。

300. C。船舶应急电站由应急配电板和应急发电机组组成。

301. D。当船舶发生火灾或其他灾害引起主电源供电失效时应急发电机组应能自动起动和自动连接于应急配电板,尽快地承载额定负载,最长时间不得超过 45 s。

302. B。主配电板通过供电开关(EMCB)和联络开关(ABTS)连通应急配电板;应急电网平时可由主配电板供电,只有在主发电机发生故障或检修时才由应急发电机组供电。

303. B。通常,主配电板通过供电开关(EMCB)和联络开关(ABTS)连通应急配电板,联络开关与应急配电板的主开关之间设有电气连锁,以保证主发电机向电网供电(即主网不失电)时应急发电机组不工作。一旦主电网失电,联络开关自动断开,应急发电机组的自动起动装置经延时确认后,自动起动应急发电机组,并自动合闸向应急电网供电。

304. C。当主电网恢复供电时,应急发电机主开关立即自动断开,联络开关自动闭合,应急电网恢复由主电网供电,应急发电机组经延时自动停车。

305. B。应急电网平时可由主配电板供电,只有在主发电机发生故障或检修时才由应急发电机组供电。

307. A。平时需要检查和试验应急发电机组时,可把应急发电机工作方式选择开关置于试验位置,此时应急发电机组只能进行空载运行试验;进行效能试验时应将主配电板上的应急配电板供电开关(EMCB)分闸,使应急发电机组自动起动,并自动合闸向应急电网供电。

308. A。当主电网恢复供电时,应急发电机主开关立即自动断开,联络开关自动闭合,应急电网恢复由主电网供电,应急发电机组经延时自动停车。

309. A。应急发电机组应该具有独立的冷却装置和燃油供给单元,并设有满足规范要求的起动装置。

310. C。应急发电机的起动方法有自动起动或手动起动。

311. C。一旦主电网失电,给应急供电的联络开关跳闸,经应急发电机组的自动起动装置确认后,自动起动应急发电机组,并合闸向应急电网供电。平时需要检查和试验应急发电机组时,可把应急发电机工作方式选择开关置于试验位置,可使应急发电机起动试运行,但保持脱离电网状态。

312. B。应急发电机手动起动按钮所在位置为应急发电机间,一般设置在应急发电机的机旁控制屏或应急配电板控制屏上。

313. D。应急发电机在进行定期检查时,主要检查应急发电机的油位和水位、起动和运转性能及供电试验等。

315. B。平时需要检查和试验应急发电机组时,可把应急发电机工作方式选择开关置于"试验"位置,此时应急发电机组在延时一段时间(45 s内,一般设为20 s左右)后,应能自动起动,并建立起电压。但因主电网有电并在向应急电网供电,所以此时只能进行空载运行试验;如需进行效能试验,则在有关人员了解情况后,将主配电屏上的应急配电板供电开关(EMCB)分闸,使应急发电机组自动起动,并自动合闸向应急电网供电。

316. D。为保证发电机正常工作,在它附近不应有水、油及污物堆积,不能有腐蚀性气体,以免损伤发电机绕组绝缘。在防潮防尘的同时,要注意不能影响发电机的正常通风冷却。要经常清洁通风过滤网及通风孔道内的灰尘污物,保持畅通无阻。冷却空气的温度不得过低,以免绕组及其他导电器件上凝结水珠。应急发电机的原动机气缸盖上也没有示功阀,启动前通常不需盘车。

317. A。应急发电机进行能效(效能)实验时,须将主配电屏上的应急配电板供电开关(EMCB)分闸,使应急发电机组自动起动,并自动合闸向应急电网供电。应急发电机的能效实验通常每个月进行一次,需做好相关记录。

318. D。应急发电机间的布局是否合理显然不是应急发电机的日常检查内容。

319. B。在直流电动机中电磁力矩的方向和转向相同,是拖动转矩。电磁转矩 T 正比于电枢电流 I_a 及每极磁通 Φ,其计算公式为 $T=K_T\Phi I_a$ 式中,K_T 是与电机结构有关的常数,称为转矩常数。

320. C。根据电磁感应定律,感应电势的大小正比于每极的磁通 Φ 及电枢转速 n,其计算公式可以表示为 $E=K_E\Phi n$。

321. D。发电机电枢有了电流以后,电流与磁场相作用,线圈每个边的导体产生电磁力 $F=BIl$ 和电磁转矩,根据左手定则可判断电磁转矩在发电机正常运行时是阻力矩;在直流电动机中电磁力矩的方向和转向相同,是拖动转矩。无论发电机还是电动机,运行时都有电磁转矩,但性质不同。电动机在旋转的过程中,电枢线圈也切割磁场而产生电动势,根据右手定则可以证实,该电动势的方向总是与电流方向相反,故称电动机的电动势为反电动势。

322. B。根据电磁感应定律,直流发电机感应电势的大小正比于每极的磁通 Φ 及电枢转速 n,其计算公式可以表示为 $E=K_E\Phi n$ 式中,K_E 是与电机结构有关的比例常数,称为电势常数。当发电机电枢线圈接通负载时,在电动势的作用下产生电枢电流,故称发电机的电动势为电源电动势。转子电磁转矩性质是阻转矩。

323. A。根据电磁感应定律,直流电机感应电势的大小正比于每极的磁通 Φ 及电枢转速 n。

324. A。直流发电机感应电势的大小正比于每极的磁通 Φ 及电枢转速 n。

325. C。安培定律:当载流直导体与磁场方向垂直时,载流导体受力的大小与载流导体所在处的磁感应强度的大小、载流导体电流的大小和载流导体在磁场中的有效长度三者的乘积成正比。由此可知:直流电机的电磁转矩正比于电枢电流及每极磁通。

326. C。通常采用调节励磁电流可以改变直流发电机的每极的磁通,达到调节直流发电机的电动势。

328. D。自励发电机的自励起压条件是:①发电机要有剩磁。若剩磁消失,可用外电源充磁。②励磁电流磁场与剩磁场方向相同。这与并励绕组和电枢电路的连接极性及电枢的转动方向有关。在固定转动方向下,主要决定于两并联电路的连接极性。③励磁电路的电阻要小于建压临界电阻。励磁电阻过大或发生断路时,不能自励建立正常电压。当然转速过低,空载特性曲线变低也使两曲线的交点变低,而无法建立起正常的电压。

329. C。直流发电机感应电势的大小正比于每极的磁通 Φ 及电枢转速 n。在转速不变的情况下,将其主磁通减少 15%,则此时的空载电压降低 15%,此时的空载电压为 $400-15\%\times 400=340(V)$。

331. D。复励直流电机主磁极上既有并励绕组又有串励绕组,其他励磁方式的直流电机只有一个励磁绕组。并励绕组导线细、匝数多、电阻大,励磁电流远小于电枢电流;串励绕组导线粗、匝数少、电阻极小。

332. D。①他励电机:励磁绕组电路与电枢电路互相独立,励磁电流由独立电源提供。②并励电机:励磁绕组电路与电枢电路并联。③串励电机:串励绕组与电枢绕组串联,电枢电流即为励磁电流。④复励电机:主磁极上既有并励绕组又有串励绕组。

333. C。直流电机所有部件可分为固定不动的定子部分和可以转动的转子部分。电机的定子部分由基座、端盖、电刷装置、主磁极和换向磁极组成,为电机提供磁场;转子部分由电枢铁芯、电枢绕组、换向器、风扇和转轴等组成。

334. B。直流电机的换向磁极又叫附加磁极,用于减小电枢绕组换向时火花,改善换向性能。

335.B。在定子主磁极之间设置换向极,用于改善换向,换向极绕组与电枢绕组串联,由电枢电流所产生的换向极磁场与电枢绕组电流所产生的交轴电枢磁场方向相反。它不仅用来抵消或削弱电枢磁场,而且使处于换向的绕组切割换向极磁场以产生可抵消电流换向引起的感应电动势,达到减少换向火花的目的。

336.A。直流电机主磁极由主磁极铁芯和通电产生主磁场的励磁绕组组成。各主磁极的励磁绕组串联相接,但要使其沿定子圆周上产生的磁场交替呈现N极和S极。绕组和铁芯之间用绝缘材料制成的框架相隔,铁芯通过螺栓固定在磁轭上。换向极铁芯尺寸比主极小,安装在两个主磁极之间。换向极的作用是抵消电枢反应,改善换向,减少电刷下,因电磁原因而引起的换向火花。

337.C。他励直流发电机:励磁绕组电路与电枢电路无关,励磁电流取自其他的直流电源。

338.C。换向器又叫整流子。对于发电机,它将电枢元件中的交流电变为电刷间的直流电输出,对于电动机,它将电刷间的直流电变为电枢元件中的交流电输入。换向器套装在电机轴上,由很多换向铜片组成。可见只有直流电机才需要具有换向器装置。

339.B。直流电机的定子由主磁极、换向磁极、机座、端盖和电刷装置等组成。转子由电枢铁芯、电枢绕组、换向器、转轴和风扇等组成。

340.A。直流电机主磁极的励磁电流有多种供给方式。对于直流发电机而言,励磁方式分他励和自励;自励包括串励、并励和复励。

341.B。直流电机存在电刷和换向器的滚动摩擦,换向器与电刷是直流电机的易损部件,故障率最高,维护量最大。

342.A。直流电机的定子由主磁极、换向磁极、机座、端盖和电刷装置等组成;其他电机为交流电机,不需换向,在结构上不带有换向极。

344.B。主磁极:主极铁芯由薄钢板冲片叠成,用螺栓固定在机壳内,用以构成工作磁路的一部分,其上绕有励磁绕组。励磁绕组中通入直流励磁电流产生主磁通。直流电机定子的主磁极作用是产生主磁场。

345.C。直流发电机就励磁方式而言,分为他励和自励两大类。他励发电机的励磁电流是由独立的电源供给,不受发电机的电压和电流的影响;自励发电机的励磁电流是由发电机的电枢电路提供,因而励磁电流受电枢电流和电压的影响。他励直流发电机的电压变化率相对最小。

346.B。复励发电机主磁极上有两个励磁绕组,其中一个和电枢回路并连(称并励绕组),另一个和电枢回路串联(称串励绕组)。当串励绕组产生的磁势和并励绕组产生的磁势方向相同时,称为积复励。当串励绕组产生的磁势和并励绕组产生的磁势方向相反时,称为差复励。可见并励绕组的电流比串励绕组的电流大许多,励磁时起主要作用。复励直流发电机,剩磁正常,但不能起压,可能原因是并励绕组反接。

347.D。他励发电机的励磁电流是由独立的电源供给,不受发电机的电压和电流的影响。

348.C。图示的符号是常开通电延时闭合符号,具体意义是常开延时闭触点。

349.A。图示符号是接触器的常闭辅助触点。

350.A。图示符号是常闭按钮触点符号。

351.A。时间继电器延时触头的图形符号,A表示时间继电器常开通电延时闭合触点,在其线圈通电后延时闭合,断电后立即断开。
352. B。B 表示时间继电器延时断开动合触点,该常开触点在其线圈通电后立即闭合,断电后延时断开。
353. D。图示为复合按钮,即一常开、一常闭的双层按钮符号。
354. A。图示是欠压继电器线圈的电路符号。
355. B。图示为按钮的动断(常闭)触头符号。
356. A。框架式空气断路器的栅片式灭弧装置与对接式触头配合,既可拉长电弧,又可利用灭弧栅片将电弧分割成短弧,获得较好的灭弧效果。灭弧栅能借助电磁力将电弧吸入栅片内,将电弧拉长并冷却。自动空气断路器有三个灭弧罩,分别对应断路器的三相动、静触头。其作用是使灭弧罩内的电弧迅速熄灭,以保护触头不被电弧灼伤或熔焊;同时各相电弧在各自的灭弧罩内,不会产生三相弧光短路,提高了断路器的使用寿命和工作的可靠性。灭弧装置随断路器的结构而异,采用较多的是灭弧罩加磁吹线圈结构。要想提高空气断路器的断流容量,必须具有强灭弧性能,通常采用复式灭弧原理,即具有去离子栅片和灭焰栅,以减小断开断路器时的飞弧区域。当开关断开时,强大的电流以电弧的形式进入灭弧栅片,利用复式灭弧栅片将长弧隔离成多段短弧缩小飞弧距离,使电弧迅速降温熄灭。
357. C。船用万能式自动空气断路器的触头系统一般由 2~3 组触头以及多组辅助触点组成。触头一般包括主触头、副触头(又称预接触头)、灭弧触头和多组辅助触点(多组常开、常闭触点),其中:主触头、副触头、弧触头用于通断主电路;辅助触点用于控制电路中,以指示空气断路器的通断状态。
362. A。分励脱扣器可用于远距离遥控断路器迅速分闸。它是由操作人员或继电保护发出指令后执行断路器跳闸。分励脱扣器的电磁线圈正常情况下不通电,当需要自动断路器分闸操作时,才给分励脱扣器一个控制电压,使其瞬间动作跳闸。
363. B。船用万能式自动空气断路器是具有短路、过载、欠压多种保护的非频繁操作的开关装置,常用作发电机的主开关、供电总开关,通常简称为船舶发电机主开关。
366. A。通常,船用万能式自动空气断路器自身不能实现逆功率检测。
367. A。自动空气断路器的失压脱扣器用于欠压、失压保护。
368. D。自动空气开关的过流脱扣器用于短路、过载保护。
369. D。船舶采用的空气断路器有三种合闸操作方式,即手柄合闸、电动机合闸和电磁铁合闸方式。不论哪一种操作方式,均要首先使贮能弹簧贮能,并使自由脱扣机构"再扣",然后利用弹簧的贮能快速合闸,使合闸的时间与操作无关,仅与断路器内部机构有关。
370. D。分励脱扣器可用于远距离遥控断路器迅速分闸。
371. D。船用万能式自动空气断路器是具有短路、过载、欠压多种保护的非频繁操作的开关装置。
372. D。船舶重要负载是指那些与船舶航行、货物的保存、船舶及人身安全有关的电气设备。这些设备要求工作可靠,如:舵机、锚机、消防泵、消防自动喷淋系统、无线电电源板、电罗经、航行灯控制箱、苏伊士运河灯等采用主配电板直接供电方式。
373. B。某些重要的负载如舵机、航行灯控制箱等采用两路独立馈电线供电。

375. C。不经过分配电板,直接由主配电板供电的方式是为了提高重要负载的供电可靠性,满足规范要求。

376. C。主机的两台冷却水泵通常采用分段汇流排供电方式。船上不少用电设备有两台或两台以上,每一段汇流排上接一台设备,当某一段汇流排上的线路发生故障又未能及时排除时汇流排上的自动开关动作将两段汇流排分开,保证重要设备的另一台尚能继续工作,提高重要负载工作的可靠性。锚机一般由主配电板直接供电;舵机、航行灯采用两路馈电线供电方式。

378. C。船舶重要设备除在正常条件下由主电网供电外,还须备有在应急情况下的应急电源供电。例如舵机、航行灯和通信之类设备都分别有独立的馈电线与主电网及应急电网相连。可见舵机属于应急供电设备之一。

379. A。分段汇流排供电方式是船舶重要负载的馈电方式之一。

380. D。船舶应急电源系统由蓄电池组、应急配电板和应急发电机组等组成。应急发电机组提供应急电源,蓄电池组通常作为小应急电源。

381. C。当船舶主发电机组故障造成船舶主汇流排失电,应急发电机组自动起动,建压后应急发电机主开关自动合闸供电。

384. C。一般规范都规定客船和500总吨以上的货船应设有独立的应急电源。它可以是发电机,也可以是蓄电池组。作为应急电源使用的发电机称为应急发电机。对于设立大应急、小应急电源的船舶,大应急是由采用应急发电机实现的,小应急电源采用蓄电池组实现。

385. D。在装有主电源、大应急、小应急的船舶电站中,当大应急起动成功后,小应急应自动退出。

387. B。小应急照明由蓄电池组供电,与主、应急照明系统之间有电气连锁;馈线上不设开关;它应能连续供电30 min以上。临时应急照明必须采用蓄电池组供电,并应保证当主电网及应急电网失电或者电压降至40%额定值时能自动接通,主电网及应急电网电压恢复时能自动切断。

388. A。枝状配电方式的每一馈电线均由主配电板直接引出,并且是各自独立的,它只向一个分配电板或一个用电设备供电。

389. D。环状配电方式的主馈电线是一个环形闭合回路,它经过串接在主馈电线路上的各个分线盒供电给用电设备或分配电板。

390. D。环状配电方式的主馈电线是一个环形闭合回路,它经过串接在主馈电线路上的各个分线盒供电给用电设备或分配电板。

391. C。混合式接线是放射式和树干式混合的接线方式,即一部分分配电箱或负载采用放射式接线,另一部分则采用树干式接线或多级放射式接线。

392. C。放射式结线的所有馈电线均出自主配电盘,并且各自独立,它只向一个分配电盘或用电设备供电。

393. A。三相三线绝缘系统中动力系统与照明系统采用变压器隔离,两者之间没有电的直接联系,因此,即使照明系统的绝缘电阻下降也不会影响动力系统,且当系统发生单相接地时,不会影响三相电压之间的对称关系,系统仍可短时工作。因绝缘性能相对较好,

第二章 电气、电子和控制系统

安全可靠,三线绝缘系统被目前大多数船舶所采用。

394.B。目前我国大多数船舶采用的电网线制是三相三线绝缘系统,也就是中性点不接地的三相三线制系统。

397.A。船舶电网根据其所连接的负载性质,可分为动力电网、照明电网、应急电网、小应急电网等。动力电网主要向船舶动力负载供电。船舶动力负载主要是船舶各种机械的电力拖动设备,一般约占总用电量的70%,船舶动力负载具体包括:甲板机械,如舵机、锚机、绞缆机、起货机、舷梯绞车、吊艇机等;舱室机械,如各类油泵、水泵、空压机、冷冻机、通风机、空调设备等;电力推进船舶或特种工程船舶使用的推进电动机及生产机械用电设备。

398.C。船舶应急电站由应急配电板和应急发电机组、蓄电池等组成。

399.D。三相绝缘系统中照明线路的负载需采用双保险丝进行保护。

400.B。三相绝缘系统发生单相接地故障称谓潜伏性故障,允许短时运行2 h。主电网绝缘电阻较高,便于测量对地绝缘,三相照明系统与动力系统无直接电的联系,相互影响小但需用照明变压器。

401.B。三线绝缘系统是船舶配电系统普遍采用的线制。系统对地绝缘,较安全、可靠,供电连续性好,发生单相接地不形成短路,不会影响三相线间电压的对称关系,只是使接地相电压变为零,而非接地相电压升到线电压值,但仍可维持电气设备短时工作。

404.B。三相交流电制的配电方式,包括三线绝缘系统、中性点接地的四线制和利用船体作为中性线回路的三线系统。

405.C。如图所示的配电系统属于三线绝缘系统。

407.C。船用所有电缆都应是滞燃型或防火型的。

408.C。电气设备采用何种防护等级,是由电气设备的安装位置决定的,各安装位置中电气设备防护等级的最低要求按国家有关标准或IEC92-201要求。

410.B。对船用电气设备提出的所谓三防(防湿热、防霉菌和防盐雾油雾)要求,基本上是针对绝缘材料而言。而构成电气设备的材料中,绝缘材料是最薄弱的环节,电气设备的使用寿命很大程度上决定于绝缘材料的寿命。

411.C。当所用的绝缘材料确定后,电气设备的最高容许温度就确定了,这样,在一定的环境温度下,电气设备就有一个与所用绝缘等级相对应的最高容许温升,称为温升限值。它是制造厂确定额定容量和额定电流的主要依据,并标志在产品的铭牌上。

412.B。许多电气设备的损坏往往是由于绝缘材料的热击穿而引起的。因为每一种绝缘材料都有一个耐热的极限温度,超过这个极限温度将加速绝缘材料的老化,过早地失去绝缘性能;严重时会使绝缘材料迅速灼烧而引发短路或火灾。所以在使用中,电气设备中的最热点温度不能超过其绝缘材料的最高允许温度。

414.D。便携式兆欧表简称兆欧表(俗称摇表)主要用来测量和检测电气设备、电气线路和电缆的绝缘电阻。

415.C。船用电缆、绕组等电气设备(电机、电器、电热器等)工作在潮湿、霉菌、盐雾、油雾和温度较高(如锅炉舱等)等恶劣的环境条件下,要使船用电气设备能保持良好的绝缘状态,要求船用电缆、绕组等具有较高耐热等级,和防湿热、防盐雾、防霉菌功能的绝缘材料。

416.B。对船用电气设备提出的所谓"三防"(防湿热、防霉菌和防盐雾油雾)要求,基本上是针对绝缘材料而言。

417.A。船用电气设备在潮湿、霉菌、盐雾、油雾等恶劣的环境条件下要能保持良好的绝缘状态。

418.C。对船用电气设备提出的所谓"三防"要求是指防湿热、防霉菌和防盐雾油雾。

419.C。按照各种绝缘材料的最高容许温度将其划分为7个耐热等级,分别为Y、A、E、B、F、H、C级等,各等级的最高容许工作温度依次为90、105、120、130、155、180和180以上(℃)。

421.C。绝缘材料的耐热等级E级包括有机填料的塑料、高强度漆包线、乙酸乙烯漆包线、玻璃布、油性树脂漆、以再生纤维素纸和布为基础的层压制品等。

422.B。棉纱、丝、纸及其组合物经高强绝缘漆或环氧树脂处理后,其绝缘等级可提高。用植物油改良天然树脂漆、虫胶等浸渍或覆盖过的棉纱、丝、再生纤维素、聚酰胺为基础的纺织品、纸、纸板、木质板,如漆布、漆丝、漆包线等绝缘材料的耐热等级为A级,以未浸渍过的棉纱、丝、再生纤维素、醋酸纤维素和聚酰胺为基础的纺织品、纸、纸板、木质板、低燃点的塑料等为Y级。

423.A。当铁磁体被反复磁化时由于磁滞原因而引起的功率损耗称为磁滞损耗。单位铁磁体内的磁滞损耗与反复磁化的回线面积成正比,和磁场交变的频率f成正比。

424.D。在交流铁芯线圈中,处于交变磁通下的铁芯内的功率损耗称为铁损,包括铁芯中的磁滞损耗和涡流损耗。

427.B。交流电器的铁芯通常是用硅钢片叠压而成,目的是减少涡流损耗。交流电器铁芯通常是用相互绝缘的钢片叠制而成,把涡流限制在狭而长的路径内可增加涡流路径的电阻,如果普通钢中含有少量的硅(0.8%~4.8%),则由于电阻率的提高可进一步减小涡流。

429.D。变压器存在两部分损耗,一个是绕组导线电阻通过电流后产生的损耗,称为铜损;一个是铁损,包括由磁滞现象引起铁芯发热,造成的磁滞损耗;由交变磁通在铁芯中产生的感应电流(涡流)造成的涡流损耗。

430.A。涡流也有可利用的一面,例如电磁感应炉就是利用在金属中产生的涡流热效应来冶炼金属;电磁灶利用涡流来加热,有些仪表和电气设备中利用涡流来产生制动或阻尼力矩等。

431.B。在变压器原、副边绕组匝数比一定时,原边电流与副边电流成正比。

432.A。单相变压器有 $U_2 = \dfrac{N_2}{N_1} U_1 = \dfrac{U_1}{K}$,$K$ 为变压器原、副边绕组的匝数比,也称为变压比或变比。升压变压器是使电压升高,即原边电压低于副边电压,原绕组匝数 N_1 少于副绕组匝数 N_2。

433.D。只要保证了额定电压和额定容量,变压器用作降压或升压均可。

434.B。根据变压器负载运行的磁势平衡方程式 $\dot{I}_1 N_1 + \dot{I}_2 N_2 = \dot{I}_0 N_1$,在忽略空载电流 $\dot{I}_0$ 时,原、

副边绕组中电流的大小关系为 $I_1N_1 \approx I_2N_2$，也就是 $I_1 = \frac{N_2}{N_1}I_2 = \frac{1}{K_u}I_2$，$K_u > 1$，所以副边电流大。

435. D。变压器的作用包括变压（改变电压等级）、变流（改变电流等级）和阻抗匹配。

437. D。变压器 $U_2 = \frac{N_2}{N_1}U_1 = \frac{U_1}{K}$ 代入可知输出空载电压 20 V。

438. A。变压器 $U_2 = \frac{N_2}{N_1}U_1 = \frac{U_1}{K}$ 代入可知 $K = 440/110 = 4$。

439. B。副边接电阻 $R = 10\ \Omega$ 时，由欧姆定律计算可知副边电流 11 A，$I_1 = \frac{N_2}{N_1}I_2 = \frac{1}{K_u}I_2$，可知原边电流 $I_1 = 5.5$ A。

440. D。变压器一次侧的等效阻抗模，为二次侧所带负载的阻抗模的 K^2 倍。

441. A。变压器副边开路时副边电流为 0，因变压器原边绕组铜损和铁损，原边存在很小的电流。

442. D。对于理想变压器，当副边开路时，其原边电流和输入的视在功率均为 0。

443. B。变压器的铁芯采用硅钢片制成，这是为了减少铁损中的涡流损耗。

446. D。变压器运行时如果原边绕组断路，将会造成电路不通、电流为零，不可能是空载电流过大。

448. B。变压器接交流电源，空载时也会有损耗，这种损耗的大部分是铁损，因为空载时副边电流为零，原边电流也很小，所以铜损 I^2R 也很小。

449. C。额定容量 S_N 是指变压器的额定视在功率，单位为伏安（VA）或千伏安（kVA）。

450. A。干式变压器的冷却介质是空气。

451. C。绕组的同名端取决于绕组的绕向，三相变压器或多绕组的单相变压器的出线端，一般都用"﹡"或"·"标志出同名端。

452. D。根据楞次定律，$E = 4.44f N\Phi m$，两个完全相同的交流铁芯线圈，分别工作在电压相同而频率不同（$N_1 = N_2$、$E_1 = E_2$），$f_1 < f_2$ 时 $\varphi_1 > \varphi_2$。

454. D。为了避免变压器油可能带来的火灾隐患，目前船舶电力系统中都采用干式变压器。

455. A。三相变压器原、副边的电功率传递是通过磁耦合完成的。

456. B。三相变压器电压的变比为 K，当三相变压器的原、副边接成 Y/Y 形时，则原、副边线电压之比为 K。

457. B。如图所示的电气器件是 1 个"V"形连接的三相变压器组。

458. D。在采用三相三线制供电系统的低压交流船舶中，电压为 380 V 或 440 V，不直接提供提供 220 V 的电压，因此，需要通过照明变压器向 220 V 负载提供电源。照明变压器为三相变压器，二次侧采用三角形接法，采用三相三线向照明系统供电。

459. B。在船舶电力系统和控制系统中，变压器主要应用于照明、应急照明、厨房照明、控制电源以及各种仪用互感器中；三相变压器不仅作为电力变压器实现三相电源的变换，而且也可利用不同连接组别所得到的副边不同的相位，以获得六相、十二相交流电压，用以驱动多相超大型交流电动机，也可用于六相、十二相整流，获得更平滑的直流电压。

三相变压器一般用作照明变压器、移相变压器。

460.D。负序(逆序)继电器也是一种检测电网相序的装置,当岸电相序正确、三相电压对称时,负序继电器的输出电压为 0,岸电箱开关可以合闸供电,当相序不一致或断一相线时,负序继电器有电压输出,岸电箱开关就合不上闸。负序继电器是用来防止接岸电时,相序接错或一相断线形成电动机单相运行的继电保护装置。

462.A。当岸电为三相四线制时,需将岸电的中性线接在岸电箱上接船体的接线柱上。只有船体与岸电中性线相连后,才可接通岸电。

467.B。由岸电箱上相序测定器指示岸电与船电间相序,当两个指示灯的亮暗关系与岸电箱上标志相一致时,说明岸电相序与船电相序一致。否则即相序不一致。若为负序继电器,则当相序不一致时,岸电箱的开关合上即跳闸。

468.B。无论是绕线式三相异步电动机还是鼠笼式三相异步电动机在工作时,其转子绕组电路都是闭合的回路。

469.B。三相交流异步电动机的绕组额定电压为 220 V,即相电压为 220 V,选项中只有 B 符合。

470.D。船用起货机的拖动电动机通常采用交流三速鼠笼式异步电动机,其定子上有两套绕组:一套为 4 极,称为高速绕组;另一套是变极绕组,16 极低速是三角形(△)接法,8 极中速是双星形(YY)接法,从△改接成 YY 属于恒功率调速。

471.A。船用电动机使用最多的类型是三相交流异步电动机。

472.C。与直流电动机相比,三相交流异步电动机的优点运行可靠、结构简单和易于维护保养,但调速性能差些。

473.A。单相电机一般功率较小,一般使用在家庭中或船舶船员生活使用的风扇、冰箱等;而工业使用一般为三相电机。海水泵、空压机或舵机等功率较大,一般使用三相交流电动机,厨房设备则一般使用单相交流电动机。

475.B。同步电动机具有功率因数高、功率范围广、过载能力强等优点,同步电机在船上通常作为大型推进装置使用。

476.A。按转子结构的不同,三相异步电动机分为鼠笼式和绕线式两大类。

477.D。异步电动机定、转子之间气隙很小,中小型电机一般为 0.2~2.0 mm。气隙的大小直接关系到电动机的运行性能。一般而言,气隙愈小,电机磁路的磁阻就小,因而减小了励磁电流,提高了电动机运行时的功率因数。但是,过小的气隙不仅造成电机加工和装配的困难,而且运转时容易发生定转子之间的摩擦和碰撞,可见空气隙越小,转子转速越高是错误的。

478.B。三相异步电动机铭牌的功率因数值是指电动机额定运行时的功率因数,一般在 0.8~0.9 之间,空载时功率因数很低,约为 0.2~0.3。

479.B。三相异步电动机每相绕组的额定电压为 220 V,现接在 380 V 电源上,接法应采用 Y 形连接。

480.D。绕线式异步电动机的转子三相绕组通常接成星形,与定子绕组磁极对数相同。

481.B。三相异步电动机铭牌上标明:电压 220 V/380 V、接法△/Y,两种接法分别在额定电压下运行时,电动机的相电流和额定功率相同,线电压和线电流不同。

482.B。在额定电压额定功率下,两种接法每相绕组的电流相同,即 $I_{\triangle p}=I_{Yp}$,根据两种不同接法线电流与相电流的关系:$I_{\triangle l}=\sqrt{3}I_{\triangle p}$,$I_{Yl}=I_{Yp}$,△形接法线电流大。

483.B。在额定工况时,两种接法 $I_{\triangle p}=I_{Yp}$,根据两种不同接法线电流与相电流的关系:$I_{\triangle l}=\sqrt{3}I_{\triangle p}$,$I_{Yl}=I_{Yp}$,可见 $I_Y=I_\triangle/\sqrt{3}$。

484.C。额定电流 $I_N(A)$:电动机额定电压下带额定负载运行时,电机的线电流。

485.C。额定功率 $P_N(kW)$:指额定运行时,电动机轴上输出的机械功率。

486.D。三相异步电动机的定子由基座、定子铁芯、定子绕组、端盖和接线盒等组成。

489.C。在电源反接制动时,电动机的转差率为 $s=\dfrac{-n_0-n}{-n_0}=\dfrac{n_0+n}{n_0}>1$。

490.D。三相异步电动机带载工作时,其转子绕组上由于有电磁感应,故有电流。

491.C。由旋转磁场理论,对于在空间相距90度的两个绕组,只要它们产生时间上不同相的脉动磁势,电机气隙中就将形成椭圆形旋转磁场,使转子获得转矩而旋转。由此可以判断电机能转,电动机旋转的方向与旋转磁场的方向相反,为逆时针旋转。

492.C。三相异步电动机的旋转方向与三相交流电源的相序有关。

493.A。鼠笼式异步电动机转子电流与转差率的关系是转差率 s 大时,电机转速低,反抗电势小,因而电流大。

494.C。三相异步电动机的定子绕组沿定子铁芯内圆周均匀而对称分布,三相对称交流电加在三相异步电动机的定子端,将会产生旋转圆形磁场。

495.A。异步电动机处于电动状态运行时,其转子转速 n 将始终小于旋转磁场的同步转速 n_0。转子与旋转磁场"异步"转动,异步电动机的由此命名。转差 n_0-n 的存在是异步电动机运行的必要条件。转差的相对值称为转差率,即 $s(\%)=\dfrac{n_0-n}{n_0}\times 100\%$,起动瞬间 $n=0,s=1$,空载时,n 接近与旋转磁场(同步转速)n_0,s 接近 0。

497.B。当三相异步电动机转子以转速 n 恒速旋转时,旋转磁场以 $\Delta n=n_1-n=sn_1$ 的相对速度切割转子绕组,在转子绕组中产生的感应电动势的频率 $f_2=\dfrac{p\Delta n}{60}=\dfrac{psn_1}{60}=sf_1$,可见,此时转子感应电动势的频率 f_2 与定子频率 f_1 不相等,而是随着转差率 s 的变化而变化。当转子静止(起动瞬间或堵转)时,$n=0$,$s=1$,则 $f_2=f_1$,即转子静止时转子感应电动势频率与定子感应电动势频率相等;当转子接近于同步转速(空载情况)时,$n\approx n_1$,$s\approx 0$,则 $f_0\approx 0$;当电动机正常运行时,转子转速 n 接近同步转速,转差率 s 很小,一般在 0.01~0.06 之间,因此,转子电动势的频率很低,约为(0.5~3)Hz。转子电流频率等于转子电动势频率,可见,异步电动机感应电流的频率在空载运行时最低;在堵转运行时最高。

498.C。当 $n<n_0$ 时,$0<s<1$,异步电动机处于电动运行状态;当 $n>n_0$ 时,$s<0$,异步电动机处于再生制动状态,也称回馈制动。

499.D。三相异步电动机之所以能转动起来,是由于定子旋转磁场与转子电流作用产生电磁转矩。

501.B。当三相异步电动机转子以转速 n 恒速旋转时,旋转磁场以 $\Delta n=n_1-n=sn_1$ 的相对速度切割转子绕组,在转子绕组中产生的感应电动势的频率 $f_2 = \dfrac{p\Delta n}{60} = \dfrac{psn_1}{60} = sf_1$,转子电流频率与感应电动势频率相等,可见转子电流频率 $f_2 = s \times f_1$。

502. D。如果定子绕组所接电源的频率为 f,则旋转磁场每分钟的转速 n_1 为 $n_1 = \dfrac{60f}{p}$;旋转磁场的转速 n_1 称为同步转速,取决于定子绕组所接的电源的频率以及绕组的磁极对数。

503. B。当 $n = 0$ 时,$s = 1$,异步电动机处于堵转状态(或电动机起动的瞬间)。

504. A。$n_1 = \dfrac{60}{p} = 60 \times 60/2 = 1\,800$ r/min。

505. B。电动机额定运行时的功率因数,一般在 0.8~0.9 之间,空载时功率因数很低,一般为 0.2~0.3。

506. D。如果与异步电动机一样,将最大电磁转矩 T_m 与额定电磁转矩 T_N 之比称为过载倍数,用 λ 表示,可得 $\lambda = 2$。

507. D。三相异步电动机轻载运行时,三根电源线突然断一根,三相异步电动机缺相运行,因轻载电动机继续运转,但电流增大,电机发热。

508. B。三相异步电动机的功率 $P = 3U_p I_p \cos\varphi$,带额定负载运行时,需保持 P 不变,由于电源电压降低,势必使电动机定子电流增大超过额定电流,绕组发热量增大,电动机过载。

510. D。随着三相异步电动机负载转矩增大,转差率和定子电流都将变大。

511. C。因国内电网频率为 50 Hz,由 $n_1 = \dfrac{60f}{p}$ 可知电机转速将降低,因转速降低会使电机反电动势变小,电流增大,绕组铜损增加,电机易发热。

512. D。三相异步电动机轻载运行时功率因数低于额定功率因数。

513. C。电动机的转速随转矩的增加而略有下降,电磁转矩 $T \approx K \dfrac{sR'_2 U_1^2}{R'^2_2 + (sX'_{2\sigma})^2}$ 式中,T 为异步电动机电磁转矩,R'_2、$X'_{2\sigma}$ 分别是从定子侧看到的等效转子的电阻和漏感,s 为转差率;U_1 为电源电压。曲线如下图:从图中可以看出,三相异步电动机在空载与额定负载之间运行时,其转矩 T 与转差率 s 的关系近似成正比。

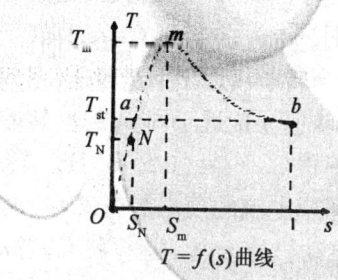

$T = f(s)$ 曲线

515. A。电动机的机械特性仅反映了电动机本身的电磁转矩(或输出转矩)与转速之间的关系,当电动机轴上带负载运行时,其实际输出转矩将主要取决于负载转矩的大小。

516. A。三相交流鼠笼式异步电动机的机械特性为硬特性。

517. C。三相异步电动机的电磁转矩与电源电压大小平方成正比。

518. A。三相交流异步电动机转速变化,转差率 s 越大,切割磁力线的速度越快,转子感应大电动势越大。

519. D。旋转磁场的转速 n_0 称为同步转速 $n_0 = \dfrac{60f}{p}$。

522. A。国际电工委员会对电气设备的防护标准有具体的规定,用"IP××"表明防护等级。IP 后面第一位数字表示防外部固体侵入等级,第二位数字表示防水液侵入等级。

523. C。第一位特征数字表示的防护等级 0 表示无防护。

524. B。电气设备的 IP 等级是指防外物和水入侵等级。

525. D。安装于露天甲板上的电动机,其防水等级至少应该是防猛烈海浪。

527. D。一般而言,气隙愈小,电机磁路的磁阻就小,因而减小了励磁电流,提高了电动机运行时的功率因数。

528. B。直流电机的基本结构,定子部分由基座、端盖、电刷装置、主磁极和换向磁极组成,为电机提供磁场;转子部分由电枢铁芯、电枢绕组、换向器、风扇和转轴等组成。

530. A。直流电机主磁极由主磁极铁芯和通电产生主磁场的励磁绕组组成。各主磁极的励磁绕组串联相接,但要使其沿定子圆周上产生的磁场交替呈现 N 极和 S 极。绕组和铁芯之间用绝缘材料制成的框架相隔,铁芯通过螺栓固定在磁轭上。换向极铁芯尺寸比主极小,安装在两个主磁极之间。换向极的作用是抵消电枢反应,改善换向,减少电刷下,因电磁原因而引起的换向火花。

531. C。电动机的起动是指电动机接通电源,从静止状态加速到某一稳定转速的过程。起动时,应先通励磁电流,而后加电枢电压,并且一般不能加额定电压直接起动。直流电动机起动方法有两种:一是降压起动,二是电枢回路中串电阻起动。因电源通常是公用的,电压是稳定,所以常采用在电枢电路串电阻起动。

535. D。要改变电动机的转向,需改变电动机电磁转矩的方向。根据左手定则,电动机的转动方向取决于磁场方向和电枢电流方向。因此,实现电动机反转的方法之一是改变励磁电流的方向,而保持电枢电流的方向不变;方法之二是改变电枢电流的方向,而保持励磁电流的方向不变。对于并励及他励电动机,只需将励磁绕组的两引出线对调,或者将电枢绕组的两引出线对调,即可改变电动机的转向。若同时改变磁场方向和电枢电流方向,则电动机转向不变。

540. B。根据左手定则判断,在直流电动机中电磁力矩的方向和转向相同,是拖动负载的转矩;而在发电机中,电磁力矩的方向和转向相反,与拖动转矩也相反,为制动转矩。

541. C。额定功率指额定运行时,电动机轴上输出的机械功率。

542. B。平复励直流发电机的输出电压基本不变,为了使他励和并励式直流发电机在额定负载时端电压基本不变,应采用平复励发电机(与之并联)。

547. B。并(或他)励电动机由于电枢电阻很小,转速随负载的变化不大,其转速变化率仅为 3%~8%,故为硬机械特性。串励电动机由于串励磁通随负载的增加而增加,从而使转速随负载的增加而迅速下降,空载转速非常高,机械特性比较软。

549. D。直流电机调速方法有串电阻 R_c 调速,调电枢电压 U 调速、调励磁 I_f 调速三种。

550. D。直流电动机起动瞬间反电动势为零。

552. B。直流电动机起动瞬间反电动势为零,由欧姆定律计算可知起动电流为 220/0.5 = 440(A)。

554. B。Y-△降压起动法适用于正常运行时电动机定子绕组为三角形连接(即定子每相绕组额定电压为电网线电压)的异步电动机,且负载为轻载或空载启动的拖动系统。采用 Y 形连接降压启动,定子每相绕组上电压降低为 △ 形连接直接启动时的 $\dfrac{1}{\sqrt{3}}$ 倍。

555. A。电机到底接成什么接法,可以在电机铭牌上读出,实际就是通过每相绕组实际承受电压值和电压线电压值关系来确定。"Y"形连接的三相异步电动机线圈承受电压值为线电压值 $\dfrac{1}{\sqrt{3}}$,只能接成"Y"形,如果接成△形,电机绕组承受电压值和电压线电压值相等就会过电压。所以"Y"形连接的三相异步电动机不可采取 Y-△换接降压起动。

557. B。绕线式异步电动机通常采用转子回路串电阻起动。

558. C。异步电动机的起动转矩与电源电压的平方成正比,所以在定子绕组降压 $\dfrac{1}{\sqrt{3}}$ 的情况下起动,电动机的起动转矩也将减小为直接起动时的 $\dfrac{1}{3}$。

559. C。电动机起动电流大。一台变压器或发电机同时为几台较大容量的异步电动机供电时,应对各电动机的起动时间和顺序进行安排。不能同时起动,应由容量大到小逐台起动。

560. D。恒功率负载特性:负载转矩与其角速度的乘积基本保持不变,即 $T_L \times n =$ 定值,即该负载功率不变,常用 $T_L = \dfrac{k}{n}$ 表达,其中 k 为比例系数。常见的有机床切削加工、电缆卷筒或造纸卷筒等负载。

561. A。常用的短路保护措施有:在电路中装设自动空气断路器(又称自动空气开关)、熔断器(俗称保险丝)等。因为是利用电流热效应,熔断器与被保护设备串联。

562. C。具有磁力起动器起动装置的电动机,其失压(欠压)保护是通过接触器本身的电磁机构与起动按钮来实现的。

563. A。在电动机正常工作时,如果电源电压消失,电动机将会因失压而停止运行。在一般情况下,这不会对电动机造成损害。但如果电源电压又突然恢复正常时,将会出现两个方面的问题:一是在操作或维修人员毫无准备的情况下如果电动机起动运转,很可能造成人身事故和设备损坏;二是对于电网来说,如果许多电机同时起动(称自起动),则由于它们的起动电流远大于正常运行时的额定电流而出现不允许的过电流和线路电压降,使电气设备不能正常运行。失压保护的目的正是为防止出现上述两方面问题而设置的保护。

564. B。三相异步电动机不设逆序保护。

565. B。互锁指多种运动状态的生产机械或多个生产机械往往存在着相互制约的关系。比如,对正在进行正转的电动机,要求电动机闭锁其反转控制,反之亦然。为实现电动机的正反转控制一个实例,线路中的正转接触器常闭触头和反转接触器线圈串联,同样反转接触器常闭触头和正转接触器线圈串联构成了电动机正反转电气互锁控制环节,用于防止正、反转接触器同时动作。互锁控制不属于单台运行电动机的保护环节。

566.C。常用的短路保护措施有:在电路中装设自动空气断路器(又称自动空气开关)、自恢复保险丝、熔断器(俗称保险丝)等。

567.D。三相异电动机的基本保护环节常见的有短路保护、过载保护、欠压、失压保护及缺相保护。

568.C。一些设备起动电流很大,如三相异步电动机起动电流是额定电流的5~7倍,因此,选择熔体时必须考虑设备的特性。单台直接起动电动机:熔体额定电流≥(1.5~2.5)×电动机额定电流。

569.C。配电变压器低压侧:熔体额定电流=(1~1.2)×变压器低压侧额定电流。在接地线路中、三相四线制的中性线路中、直流电动机的励磁回路中不允许接入熔断器。

571.A。交流接触器触点系统是接触器的执行部分,包括主触点和辅助触点。主触点的作用是接通和切断主回路,控制较大的电流,一般为数安到数百安。而辅助触点是接在控制回路中,其额定电流一般为5~10 A,以满足各种控制方式的要求。

572.B。直流接触器接到直流电源上,当电压恒定时,电流也恒定,所以磁势恒定,即直流接触器的电磁铁是一恒磁势元件。

573.A。交流电压接触器或继电器的线圈铁芯和衔铁由硅钢片叠成,以减少铁损,为了消除工作时的振动和噪声,交流电压继电器或接触器的电磁铁芯上必须装有短路环。

574.D。交流接触器一旦短路环断裂或脱落时,一通上电,在铁芯与衔铁处就会有"吱吱"的响声。

575.A。直流接触器、继电器吸合以后,往往串接经济电阻来减小工作电流(但仍能保持吸合)、延长使用寿命。

579.B。过电流继电器用作电动机过载运行时的过电流保护,也可以用于其他自动控制电路。它的吸引线圈匝数不多,串在主电路中。

582.C。通电后电动机不转且有嗡嗡声的原因有:①定、转子绕组有断路(一相断线)或电源一相失电;②绕组引出线始末端接错或绕组内部接反;③电源回路接点松动,接触电阻大;④电动机负载过大或转子卡住;⑤电源电压过低;⑥小型电动机装配太紧或轴承内油脂过硬;⑦轴承卡住。

583.C。两相保险丝烧断电机绕组都没有电流通过,电动机不会发出嗡嗡的声音。

584.A。单相异步电动机若只有工作绕组接单相交流电源,因交流电流产生的磁场,运转中的电机能够运行,但因停电后,励磁消失,电机无法自行起动。

585.B。三相交流异步电动机运行时,任一相断线(或失电),会造成单相运行,此时三相异步电动机为了得到同样的电磁转矩,定子电流将大大超过其额定电流,导致电机发热烧坏,缺相运行的电机,还伴随着剧烈的电振动和机械振动。在无保护装置或保护装置失效时电机存在烧毁危险。

586.A。三相交流异步电动机运行时,任一相断线(或失电),会造成单相运行,此时三相异步电动机为了得到同样的电磁转矩,定子电流将大大增加。

587.A。三角形连接三相异步电动机若进线一相断路,通电后电动机发出嗡嗡的声音,但不能运转,不能产生起动转矩。

588. D。热继电器是利用过载时的热效应来使保护电器动作以实现保护的。一般热继电器的发热元件串接在三相主电路的任意两相之中,在任一相发生断路(缺相)故障时,必然导致另两相电流的大幅度增加,在这种情况下热继电器会因电流过大动作,又起着缺相保护的作用。

589. A。因热继电器热惯性较大,对于三相异步电动机不能起到短路保护的作用。

590. B。一般热继电器的发热元件串接在三相主电路的任意两相之中(应至少使用两个热元件),在任一相发生断路(缺相)故障时,必然导致另两相电流的大幅度增加,在这种情况下热继电器又起着缺相保护的作用。

592. B。热继电器是靠流入热元件的电流产生热量,使有不同膨胀系数的双金属片发生形变。

593. B。一般热继电器的发热元件串接在三相主电路的任意两相之中,所以发热元件流过的电流是三相异步电机的线电流。

596. D。当通过发热原件的电动机电流超过允许值时,使双金属片受热变形弯曲。

597. C。在额定频率之下,以保持 U/f 恒定进行变频调速。当频率在较高范围时,因主磁通 Φ_m 基本不变,故电动机的最大转矩 T_m 不变,为恒转矩的调速方式;但当频率较低时,因定子绕组的阻抗压降的存在,按 U/f 恒定的控制将使电动机的主磁通略有减小,从而导致电动机的电磁转矩有所减小。

598. B。三相异步电动机改变转差率的调速包括:转子串电阻调速和改变定子电压的调速。

599. B。转子串电阻调速只适用于绕线式异步电动机。

605. D。异步电动机定子绕组极对数的改变可通过采用可变极双速绕组或多套不同极对数的定子绕组来实现。

606. B。由 $n = \dfrac{60f_1}{p}(1-s)$ 公式可知,三相异步电动机的转速除了与磁极对数、转差率有关外,还与电源频率有关。

607. B。在确保 $\dfrac{E_1}{f_1}$ 为常数的降低频率调速过程中,最大转矩保持为常数,与频率无关,并且最大转矩对应的转速降相等,也就是不同频率的各条机械特性是近似平行的,硬度相同。

608. A。在额定频率之下,以保持 U/f 恒定进行变频调速。当频率在较高范围时,因主磁通 Φ_m 基本不变,故电动机的最大转矩 T_m 不变,为恒转矩的调速方式;但当频率较低时,因定子绕组的阻抗压降的存在,按 U/f 恒定的控制将使电动机的主磁通略有减小,从而导致电动机的电磁转矩有所减小。

610. C。在进行电机调速时,保持电机中每极磁通量 Φ_m 为额定值不变。如果磁通太弱,没有充分利用电机的铁芯,是一种浪费;如果过分增大磁通,又会使铁芯饱和,从而导致过大的励磁电流,严重时会因绕组过热而损坏电机。

611. C。静止式变频装置的输入是三相恒频、恒压电源,输出则是频率和电压均可调的三相交流电。

612. A。一个变频调速系统主要由静止式变频装置、交流电动机和控制电路三大部分组成。

617.B。如果保持电源电压 U_1 为额定值,降低电源频率 f_1,则随着 f_1 下降,气隙每极磁通 Φ_m 增加。电动机磁路本来就刚进入饱和状态,Φ_m 增加,则磁路过饱和,励磁电流会急剧增加,电机的功率因数下降,负载能力减小,甚至导致无法正常运行。

619.C。三种不同调速方式的机械特性。显然,恒 E_1/f_1 控制的稳态性能最好,可以获得和直流电机一样的线性机械特性。

620.A。在正弦波供电时,按不同规律实现电压-频率协调控制可得不同类型的机械特性。恒压频比(U_1/f_1=恒值)控制最容易实现。

621.A。带定子压降补偿的恒压频比控制特性适当地提高了最大转矩 T_m,以增强带载能力。

622.D。三相异步电动机变频调速具有特点:①从基频向下调速,为恒转矩调速方式;从基频向上调速,近似为恒功率调速方式;②调速范围大;③机械特性较硬,静差率小,相对稳定性好;④运行时转差率小,损耗较小,效率高;⑤频率可以连续调节,变频调速为无级调速。

623.A。变频调速与变极调速相似,都是通过改变定子旋转磁场的同步转速来实现的。在电源频率可连续、大范围变化的前提下,可以实现对电动机平滑、大范围的调速。

624.A。高低压配电板确保电力的分配,低压配电板为变压器、变频器和推进电机提供控制用电,6.6 kV 高压电由配电板通过推进器专有的变压器,输出到变频器。

628.D。船舶高压电力系统的电压等级在 1~15 kV 之间。

633.D。电力推进系统中的螺旋桨驱动设备是电动机,不可能是电喷柴油机。

634.C。船舶高压断路器的操作机构必须同时具备电动和手动操作的功能。

637.B。船舶高压电力系统中使用较多的高压断路器类型主要是真空断路器和六氟化硫断路器。

638.B。利用真空作为触头间的绝缘与灭弧介质的断路器称为真空断路器。

642.C。交流推进电机的控制或调速依赖变频技术,要求向交流电机供电的电源能够同时改变电压和频率。

643.A。当高压变压器空载投入电网时,由于变压器铁芯磁通的饱和以及铁芯材料的非线性特征,会产生很大的励磁涌流,其幅值可达到其额定电流的数倍。高压电力系统中的高压变压器容量较大,可能与船舶高压发电机容量相当,所以其合闸冲击电流可能会引起船舶高压发电机跳闸。为了防止这种现象发生,高压变压器往往采用预充磁方式合闸,以减少冲击电流。

650.C。对高压电力系统的保护要求:系统中任何接地故障应有视觉和听觉报警。高电阻接地方式的最大特点是当电力系统发生单相接地故障时,可以继续带接地故障运行 2 h,但也可以选择定时或快速跳闸,情况严重时要跳闸。

652.A。船舶高压电力系统为了保证在维修时操作人员的人身安全,在船舶主发电机高压断路器与高压汇流排之间,还有在高压汇流排连接断路器的两端,以及在变压器的断路器与高压汇流排之间,都串联了隔离开关。

653.A。为了确保维修操作人员的人身安全,使其正在接触的线路无电,船舶高压电力系统供配电线路上还安装了多处接地开关。

655.B。接地开关的一端与母线(线路)相连,另一端与接地点可靠相连。

658.D。在打开开关柜之前,必须将接地开关接地,接地之前船舶高压主开关必须在隔离位置,因此船舶高压主开关检修的流程通常为,将船舶高压主开关放到隔离位置,接地开关合闸,打开开关柜,方可检修船舶高压断路器。检修完毕后,首先关闭开关柜,断开接地开关,将船舶高压主开关放到工作位置。开关位置与接地开关和柜门之间都有电气或机械连锁,以防止误操作。尽管如此,操作人员也要按照操作流程逐步操作。

659.A。测量电气设备绝缘电阻时,应根据设备额定工作电压的大小选用不同等级的兆欧表。船用高压发电机的电压超过1 000 V,所以选择1 000 V以上兆欧表。

660.B。船舶高压发电机只在做备用机时进行检修,以保证船舶电站供电的连续性。检修船舶高压发电机前,必须将发电机组方式选择开关打到"手动"位置,防止发电机组误启动。断开船舶高压发电机主开关,关闭励磁电源,合上接地开关,打开发电机外壳,才能进行检修。

662.A。检修高压发电机时,操作人员必须佩戴绝缘手套,穿绝缘鞋。

664.A。在船舶高压设备上工作,应确保配电屏相应的断路器处于断开位置,除用机械锁确定不能合闸外,一定要在相应开关上挂上"禁止合闸"的警告牌,并在维修结束后设备可以正常工作时及时取下。

669.C。船舶高压电力系统的变压器、电流互感器、电压互感器、断路器等一般要求安装在完全封闭的开关柜中。当需要带电操作某些设备时,要严格按照安全操作规程,佩戴绝缘手套、穿绝缘鞋、使用专用的绝缘工具进行。

670.C。船舶高压电力系统的安全操作包括船舶高压发电机、高压断路器、高压隔离开关和高压接地开关操作。

673.A。只有当断路器断开后,才能进行断开船舶高压隔离开关的操作,由于有机械或者电气的连锁,断路器在合闸位置时,无法分断船舶高压隔离开关。同样,必须先合上船舶高压隔离开关,之后才允许合上断路器。检修完毕后,首先关闭开关柜,然后断开接地开关,将船舶高压主开关放到工作位置。

674.D。船舶高压主开关检修的流程通常为将船舶高压主开关放到隔离位置,接地开关合闸,打开开关柜,方可检修船舶高压断路器。

690.C。仅当接地开关处于分闸位置时,高压断路器才能从试验位置移至工作位置,防止接地开关处于闭合位置时关合高压断路器。

694.C。在停电维修某段线路和设备时,应合上相应的接地开关,以保证被维修线路和设备可靠的接地,防止线路上积累的电荷对维修操作人员的影响,或者在断路器意外合闸时,由于线路三相接地,造成三相短路,使断路器立即跳闸。

697.D。船舶高压开关柜的"五防"措施成了船舶高压电力系统安全生产的重要措施之一。船舶高压开关柜的五防措施指:①防止误分、合高压断路器;②防止带负荷分、合隔离开关;③防止带电挂(合)接地线(接地开关);④防止带接地线(接地开关)合高压断路器;⑤防止误入带电间隔。

701.C。在停电维修船舶高压电力系统某段线路和设备时,断电、应合上相应的接地开关,以保证被维修线路和设备可靠的接地,防止线路上积累的电荷对维修操作人员的影响,或者在断路器意外合闸时,由于线路三相接地,造成三相短路,使断路器立即跳闸。只有

C 讲到合接地开关。

707. A。船舶照明系统与陆地照明系统不同，一般分为主照明、应急照明、临时应急照明和航行灯信号灯照明几种类型。

708. B。船舶正常照明系统又称为主照明系统，分布在船舶内外各个生活和工作场所，提供各舱室和工作场所以足够的照度。

709. C。每一照明分路必须有过载和短路保护；照明分电箱每一容量大于 16 A 的最后分路的供电灯点应不超过 1 个；每一容量小于或等于 16 A 的最后分路的供电灯点数根据供电电压的不同应分别为 50 V 及 50 V 以下电路不超过 10 点，51~120 V 电路不超过 14 点，121~250 V 电路不超过 24 点；对直接用灯泡或灯管组成的嵌入式反光照明，只要电流不超过 10 A，则灯点数可不受限制。

710. D。在某些工作场所，可装以两管或三管日光灯，采用三相供电，并分别接到不同的相线上。这样，由于三相电压的相位不同，灯管的亮暗时间先后不同，基本上可以消除闪烁的感觉，同时有利于三相功率平衡，照明可靠。

711. C。临时应急照明必须采用蓄电池组供电，并应保证当主电网及应急电网失电或者电压降至 40% 额定值时能自动接通，主电网及应急电网电压恢复时能自动切断。

712. D。临时应急照明系统应能发挥作用。它的灯点少，无照度要求，灯具涂以红漆标志。

718. A。根据使用场合的不同，船舶灯具的结构可分为保护型、防水型和防爆型等。

719. C。航行灯灯泡一般为 60 W 的双丝白炽灯，应急照明系统不得采用荧光灯为光源。

720. A。防爆型：用于可能积聚易燃易爆气体和有关危险区域，其密封性能最好。用于装有易燃性物体和存在爆炸性气体的舱室，如蓄电池室、油漆贮藏室、分油机室、舱底花铁板之下和油舱的第二类区域。

722. C。荧光灯的起动电压较高，一般采用灯丝预热，高压击穿起动，起动后需用镇流器限流。

723. C。根据使用场合的不同，船舶灯具的结构可分为防护型、防潮型、防水型和防爆型。

724. B。主配电板上照明汇流排直接向各照明分电箱供电，然后由照明分电箱向邻近舱室或区域的照明灯具供电；照明电压一般为交、直流 110 V 或 220 V；所有照明灯具均设有控制开关。可见，通常是几个邻近舱室的棚顶灯共同使用一个供电支路。

725. B。驾驶室设置专用的航行灯控制箱或控制板，由主配电板和应急配电板两路供电。航行灯灯泡一般为 60 W 的双丝白炽灯。每盏灯具都为双套，其中一个作备用，可在控制箱上进行切换。不同的航行灯一般使用航行灯控制箱或控制板上共同的故障蜂鸣报警器。

726. A。船舶照明器一般由分配电板(箱)引出单相支路供电。人行通道、梯道出入口、机炉舱、舵机舱等处的主照明，供电方式是至少分两个独立的支路供电。

728. A。船舶每一防火区至少需有两路独立照明馈电，其中一路可为应急照明。

729. C。航行灯控制箱的电源应直接由主配电板和应急配电板二路供电或者由应急电源及临时应急电源二路供电，电源可自动转换或者手动转换，转换开关设在控制箱内。

730. D。我国《钢质海船入级规范》有明确规定，客船和 500 总吨以上的货船，重要舱室、处所，如走道、出入口、梯道、机炉舱、公共场所及旅客超过 16 人的客舱等处照明，至少应由两个最后分路供电,其中一路不能供电时,另一路仍能保持上述处所必要的照明,两个分路的灯点以交错布置为好。

733.D。两个双联开关装设在两处,每一处的开关均可独立地控制灯的开关。若用两个单联开关相并联替换 S_1、S_2,则不能实现两地任意关灯的功能,即电路功能将改变。

735.A。在两个地方均能独立地控制同一盏灯,电路中需要串联两个双联开关控制。

737.B。大型船舶的广告灯、招牌射灯、装饰(效果)灯集中受控,航行中必须关闭。

738.C。临时应急照明系统可以通过模拟正常照明供电断开来测试。

739.C。在检修某些特殊部位,例如辅锅炉内部、柴油机曲拐箱、压载舱、储水柜等地方时,需用临时照明时,必须使用带有安全网罩的 36 V 以下的低压行灯。

740.C。对普通照明及可携式灯具应测量线路的绝缘电阻(在正常情况下大于 0.5 MΩ)、检查灯头接线是否老化和开断、对于室外灯具应检查其水密性能与锈蚀,凡有损坏的应及时更换。

741.D。船舶对外的灯光信号分为航行灯、信号灯和通信闪光灯等。

742.C。还规定应急照明不可兼作正常照明,并规定除驾驶室及救生艇、筏存放处的舷外照明外,应急照明电路中不得设就地开关。

744.D。船用电缆防护套的主要功能是用来保护电缆内部,以免遭受机械损伤,同时防止水、盐雾、油、生物、火灾、霉菌、各种腐蚀等的破坏,以保持长期稳定的电气性能。常用的材料是橡皮和塑料。

745.C。绝缘层的作用是将各导电部分隔离以防止接地或相间短路。

746.B。船用电缆按用途可分为船用电力电缆(分类代号 C)和船用电信电缆(分类代号 CH)两类。按电缆的绝缘材料可分为橡皮绝缘电缆和塑料绝缘电缆两类。橡皮绝缘又分天然橡胶(无代号)、丁苯-天然橡胶(代号 X)和丁基橡胶(代号 XD)三种。塑料绝缘电缆主要是指聚氯乙烯电缆(代号 V)。按护套类型可分有金属丝编织电缆、铅包电缆和非燃性橡皮套管电缆三类。

751.A。电缆敷设的走向应该避免受潮气或凝水的影响。对于易燃、易爆和有腐蚀性气体影响场所,照明电缆应敷设在金属管道内,且贯穿舱壁处应密封,其他电缆原则上不得穿过。例如:油漆储藏室、蓄电池室等。

752.C。下列电缆之间应尽量远离敷设:① 主干电缆与应急干线馈电电缆;② 电力推进系统的主电路电源电缆与励磁电缆;③ 机舱以外的重要辅机的主干电缆和备用机组馈电电缆;④ 具有不同允许工作温度的电缆。

753.A。主干电缆与应急干线馈电电缆之间应尽量远离敷设。

755.A。电缆的载流量是确定导体截面积的主要依据,主要由绝缘材料的长期允许工作温度、环境温度、工作制和敷设条件等决定。选择电缆时,其芯线截面积通常是根据电缆的实际(即计算)负载电流来选择,但该电流应小于电缆的最大安全(或允许)载流量。

756.D。船用电气设备在潮湿、霉菌、盐雾、油雾等恶劣的环境条件下,要能保持良好的绝缘状态。对船用电气设备提出的所谓"三防"(防湿热、防霉菌和防盐雾油雾),船用电缆需采用专用的船用电缆。

757.D。电缆芯线截面是由它所载电流的大小决定的,电缆的允许最大载流量应大于该电缆的最大可能工作电流,以保证温升不超过允许值。根据最大工作电流可选择电缆截面。

758.C。蓄电池的容量表示蓄电池存储电能的能力,酸性蓄电池的容量一般是以10 h放电率的安培小时(Ah)作为单位,碱性蓄电池是以8 h放电率的安培小时(Ah)作为单位。

760.B。船用蓄电池可分为酸性蓄电池(又称铅酸蓄电池)和碱性蓄电池两大类。

762.B。放电时,蓄电池电压立即降低到2.0~1.95 V,然后逐步缓慢下降,到1.9 V后,很快就降到1.8~1.7 V,这时蓄电池已经"放完",不可继续放电,否则会腐蚀铅板。

763.C。对于碱性蓄电池,充放电是否终了,主要根据电压判断。一般每个蓄电池电压上升到1.4~1.8 V时,而且继续充电1 h内不变,即认为充电终了。放电时,则每个蓄电池电压降低到规定的放电终止电压时,即认为放电终了。根据产品规格不同,放电终止电压一般在0.5~1.0 V范围内。

764.B。酸性蓄电池充电终了的特征是:电解液比重为1.285,单个电池电压为2.4~2.6 V,有大量气泡逸出。充电完成后,将加水盖旋上就可以使用了。

766.C。在正常充电之后,再用10 h放电率的1/2或3/4的电流进行充电1 h,然后停止1 h,再放再充,如此反复进行,直到充电装置刚一合闸就发生强烈气泡为止,这种充电称为过充。

767.C。分段恒流充电法。在充电初期,蓄电池用较大电流充电,当蓄电池发生气泡,电压上升到2.4 V左右时,改用第二阶段较小电流充电。此法既不浪费电力,又较省时间,对延长电池寿命也有利,是目前船舶上常用的充电方法。

768.A。一般每年或使用过50~100次充放电循环,应更换一次电解液,要注意保持排气胶管畅通,定期打开气塞排气,防止气体聚集太多而造成蓄电池膨胀。

769.C。采用此法时,整流设备(充电机或整流器)处于工作状态,它与蓄电池并联供电,一方面向蓄电池组充电,以补充蓄电池组已放出的容量及自放电的消耗,另一方面还给直流负载供电。采用这种方法充电,蓄电池的寿命比充放电制长,蓄电池容量与充放电制比也可选用较小些,整个设备使用效率高,但这种方法所供给的电流中有脉动交流成分,电路内要装滤波装置,并需自配电压调整器以限制高于负载允许的电压。

770.C。船上主要使用镉-镍碱性蓄电池,其总的化学反应方程式如下:

$$Cd + 2KOH + 2Ni(OH)_3 \underset{充电}{\overset{放电}{\rightleftharpoons}} Cd(OH)_2 + 2KOH + 2Ni(OH)_2$$
$$(正极)\ (电解液)\ (负极) \qquad\qquad (正极) \qquad (电解液)\ (负极)$$

从上式可以看出,电解液只作电流的传导体,其浓度不起变化,因而碱性蓄电池不能根据电解液的比重来判断蓄电池充放电的程度,只能根据电压的变化来判断蓄电池充放电的程度。

771.B。对于碱性蓄电池,充放电是否终了,主要根据电压判断。一般每个蓄电池电压上升到1.4~1.8 V时,而且继续充电1 h内不变,即认为充电终了。

772.B。蓄电池型号相同、充电电流值一致的条件下通常使用串联充电方法。

773.A。船用酸性蓄电池的电解液一般是相对密度为1.285的稀硫酸。

774.C。铅蓄电池到了充电终期,正负极板上的硫酸铅绝大部分变为二氧化铅和绒状铅。这时再继续充电,充电电流只能起分解水的作用,结果在正负极板上均有气泡剧烈地冒出,正极板上冒出氧气,负极板上冒出氢气。氢气是易燃、易爆气体。

775. C。平时注意盖好注液孔的上盖,以防止船舶航行时电解液溢出,或海水、粉尘等外物进入到蓄电池里,必须保持上盖的气孔畅通。

776. A。铅蓄电池在充足电时继续充电只能起分解水的作用,结果在正负极板上均有气泡剧烈地冒出,正极板上冒出氧气,负极板上冒出氢气,通风不良,会导致氢气浓度升高,引起爆炸。

777. D。蓄电池电解液为强酸或强碱性物质,一旦眼睛接触到电解液,立即用大量的生理盐水冲洗至少 15 min,然后就医。

778. D。配置调整用酸性电解液的正确操作方法是:戴橡胶手套和防护眼镜,选择盛放器皿,将硫酸慢慢倒入蒸馏水中,使用比重计测量电解液的比重。如果将蒸馏水导入到浓硫酸中,因为溶解过程中释放出大量的热量,将会使硫酸溶液沸腾飞溅出容积,容易造成事故。

第二节　电子技术

1. C。如果在硅或锗的单晶体中掺入硼(或其他三价元素),半导体中就会形成大量的空穴。这种以空穴导电作为主要导电方式的半导体称为空穴半导体或 P 型半导体。其中空穴是多数载流子,自由电子是少数载流子。在硅或锗的单晶体中掺入磷(或其他五价元素),可使自由电子的数目大量增加。这种半导体为电子型半导体或 N 型半导体。

6. C。半导体就是它的导电能力介于导体和绝缘体之间的材料,例如硅、锗、硒及许多金属氧化物和硫化物等。完全纯净的、具有晶体结构的半导体,称为本征半导体。由于其载流子数目极少,其导电性能很差;但是随着温度升高,载流子的数目增多,半导体的导电性能也就变好;如果在本征半导体中掺入微量的杂质(某种元素),其导电能力明显改变。

7. A。实际导体电阻与温度的关系大多是金属导体的电阻随温度的增加而增大。半导体的导电能力随温度升高而降低。

9. B。PN 结加正向电压时,电阻值很小,PN 结导通;加反向电压时,电阻值很大,PN 结截止,这就是 PN 结的主要特性:单向导电性。

10. A。普通的 PN 结用光线照射时并不会产生电动势,因回路没有电压差,故电流表的读数为零。

11. B。PN 结的单向导电性:在电压低于 PN 结的反向工作峰值电压的情况下只有 P 端接的电位高于 N 端时,PN 结才能导通,只有选项 B 符合要求。

12. B。当外加反向电压超过一定数值(U_{BR})时,反向电流将突然增大,PN 结被反向击穿,这种击穿称为电击穿。晶体二极管所加的电压高于反向击穿电压时,二极管会导通。

13. A。此图中 D 的正极电位比负极电位高,D 导通,电压表的读数是 D 的管压降(0.5 V)。

14. C。此图中,二极管的正极电位比负极电位高,处于导通状态,U_o 等于串联的两只二极管的管压降,由基尔霍夫电压定律可知 $U_o = 2 \times 0.7$ V = 1.4 V。

15. A。当二极管承受正向电压小于某一数值时还不足以克服 PN 结内电场对多数载流子运动的阻挡作用,这一区段二极管正向电流很小,接近于 0,称为死区。死区电压的大小与二极管的材料有关,并受环境温度影响。通常,锗管为 0.1~0.3 V;硅管为 0.5~0.8 V。

16. B。晶体管具有电流放大作用。
17. A。为了起稳压作用,稳压管必须工作在反向电压下,稳压管两端电压极性不能接错。
18. C。稳压管工作在反向电压下且二极管导通的只有 C 符合,根据基尔霍夫电压定律可知 C 电路的输出电压为 5.8+0.2=6.0(V)。
19. C。稳压管工作于反向击穿区,在此区间,电流虽然在很大范围内变化,但稳压管两端电压变化很小。可见,稳压管的稳压功能通常是利用 PN 结的反向击穿特性实现的。
20. B。各种晶体管都分成基区、发射区和集电区,分别引出基极 B、发射极 E 和集电极 C。每个晶体管都有两个 PN 结。基区和发射区之间的结称为发射结,基区和集电区之间的结称为集电结。
21. C。根据基尔霍夫电流定律可知:$I_E = I_B + I_C$。
24. C。放大能源来自放大电路中直流电源。
25. A。晶体管的"电流放大作用"实质上就是基极电流对比它大一两个数量级的集电极电流有"控制作用"。把基极电流的微小变化能够引起集电极电流较大变化的特性称为晶体管的电流放大作用。
26. B。NPN 管的电压正常是 $V_C > V_B > V_E$,三极管放大或饱和状态时 $V_B - V_E$ 的电压是 0.6 V,截止状态时,电压差接近为 0。
27. A。对拆下来时的三极管为 NPN 管时,任意测三极管的两个脚,当发现固定红笔接的一脚不动,用黑笔分别接另外两脚时,万用表有约 0.6 V 电压降显示。反过来对调表笔,黑笔固定的一脚不动,用红笔分别接另外两脚时,万用表显示无穷大(1XXX 或 OL);即可确定:固定的一脚确定是 B 极。
28. A。晶体管工作在放大状态时,发射结处于正向偏置,集电结处于反向偏置。
29. B。当 $U_{CE} < U_{BE}$ 时,集电结处于正向偏置;晶体管工作于饱和状态。在饱和区,I_B 的变化对 I_C 的影响较小,两者不成正比,放大区的 $\bar{\beta}$ 不能适用于饱和区。饱和时,发射结也处于正向偏置。
30. A。$I_B = 0$ 的曲线以下的区域称为截止区。PNP 型晶体管各极电位可知,当 $V_C > V_B > V_E$ 时,晶体管的发射结和集电结均处于反向偏置,工作状态为反向截止。

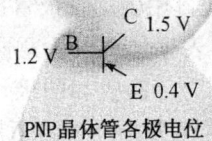

PNP 晶体管各极电位

31. B。晶体管工作在截止状态时,$I_B = 0$,此时,它的发射结电压小于其死区电压或反向偏置。
35. B。当晶体管交替地工作在截止和饱和导通状态时,集—射极间相当于一个开关,并且是相当于受基极电流 I_B 控制的开关,如同受线圈电流控制的继电器触点一样。
36. B。晶体管处于饱和状态时集电结处于正向偏置,发射结也处于正向偏置。
37. C。根据晶体管图形符号中的箭头方向可知该晶体管是 NPN 型,发射结(1~2)作为信号输入端。

39. B。对放大电路可分为静态和动态两种情况来分析,静态是放大电路没有输入信号时的工作状态;而动态是有输入信号时的工作状态。静态分析要确定放大电路的基极电流 I_B、集电极电流 I_C 和集—射极电压 U_{CE}。放大电路的质量与静态值的关系甚大。一般用改变电阻 R_B 的值来调整的 I_B 大小。

43. B。所谓失真,就是输出信号的波形不能复现原有输入信号的波形,引起失真的原因有很多,但最基本的是由于静态工作点不合适或信号太大,使放大电路的工作范围超出了晶体管特性曲线上的线性范围,这种失真通常就称为非线性失真。因此,要放大电路不产生非线性失真,必须要有一个合适的静态工作点,一般应选在交流负载线的中点。如果由于静态工作点设置不合适而出现饱和失真,说明晶体管基极静态输入电流偏大;为了改善失真波形应该减小晶体管基极静态输入电流。

44. B。晶体管基本放大电路中,测试发现静态工作点已经设置在放大区中央部分,但同时出现截止和饱和失真;这说明输入的信号幅度过大。

46. A。闸管分单向晶闸管、双向晶闸管。单向晶闸管有阳极 A、阴极 K、控制极 G 三个引出脚。晶闸管的外形有螺栓式和平板式两种,不管哪种形式,都是具有三个 PN 结的四层结构。

47. B。为使晶闸管关断,必须使其阳极电流减小到一定数值以下,这只有用使阳极电压减小到零或反向的方法来实现。

49. B。欲使晶闸管导通需具备两个条件:①应在晶闸管的阳极与阴极之间加上正向电压。当晶闸管承受反向电压时,不论门极是否有触发电流,晶闸管都不会导通;②应在晶闸管的门极与阴极之间也加上正向电压和电流。即当晶闸管承受正向电压时,仅在门极有触发电流的情况下晶闸管才能开通。

55. A。晶闸管的好坏判别最简单的方法是看看 AK 间有没有短路,晶闸管一般是不容易坏的,一般只要没短路就可使用,但是具体情况需具体分析。

56. C。如果是大功率晶闸管,用肉眼即可判断出控制极,即外形最小的为控制极。用万用表测量该极与其他两极,不通的是 A 极;相反,导通(虽然有电阻)的是 K 极。

57. A。检测较大功率晶闸管时,需要在万用表黑笔中串接一节 1.5 V 干电池,以提高触发电压。

59. B。先用万用表 R×1 k 挡(数字式万用表用二极管挡,且表棒与指针式万用表相反使用)测量三脚之间的阻值,用红、黑两表笔分别测任意两引脚间正反向电阻直至找出读数为数 10 Ω 的一对引脚,该两脚分别为控制极和阴极,但尚不能判断出哪个是控制极,哪个是阴极,可以肯定的是所剩的一脚为阳极。再将万用表置于 R×10 k 挡(数字式万用表仍用二极管挡,且表棒与指针式万用表相反使用),用手指捏住阳极和另一脚,且不让两脚接触,黑表笔接阳极,红表笔接剩下的一脚,如表针向右摆动,阻值读数为 10 Ω 左右,说明红表笔所接为阴极,不摆动则为控制极。

62. A。理想运算放大器有两个输入端分别为反相输入端和同相输入端。

63. D。集成运算放大器的几个重要参数为:①开环放大倍数 A_{uo} 高,高达 80 dB～140 dB,在具体运算电路中将其认为就是无穷大;②差分信号输入电阻 r_{id} 高,高达 $10^5 \sim 10^{11}$ Ω,在具体运算电路中也被认为就是无穷大;③输出电压的内阻 r_o 低,仅几十欧姆到几百欧姆,输出基本就是较为理想的信号源;④共模抑制比 K_{CMR} 高,高达 70 dB~130 dB,由于 K_{CMR} 是衡量差动放大电路放大差模信号和抑制共模信号的能力,所以该值越大,说明同样差模开环放大倍数的共模放大倍数越小,共模抑止效果越好。要使运算放大器稳定工作于线性区,必须引入深度负反馈,使得差分输入电压($u_+ - u_-$)最接近于 0。

64.C。反相比例运算电路的输入信号 u_i 经输入端电阻 R_1 送到反相输入端,而同相输入端通过电阻 R_2 接"地"。

66.A。最大输出电压 U_{OPP} 是集成运算放大器最常用的主要参数之一,也就是能使输出电压和输入电压保持不失真关系的最大输出电压,一般是比电源电压少 1.5 V 左右。

68.A。凡是接触器(或继电器)利用它自己的辅助触头来保持线圈吸合的,称之为自锁(自保),这个触头称为自锁(自保)触头,它起着自锁(自保)作用。电动机的起停控制线路中,常把起动按钮与被控电机的接触器常开触点相并联称之为自锁控制。

70.A。因起动按钮没有并联接触器的常开触头,按钮松开后接触器的线圈立即断电,串联在主电路中的接触器常开主触头断开,电机停止,所以此电路可实现电动机点动控制。

71.C。为多台电动机设计顺序起动控制线路时,常由先起动的电机接触器的常开触点控制一时间继电器,而时间继电器的常开延时闭触点串入下一个待起动电机的接触器线圈回路中;此控制环节称之为连锁控制。

72.B。电动机控制线路中两个常开(起动)按钮并联、两个常闭(停止)按钮串联后接入接触器线圈线路中,这是两地控制。

74.A。电路使用了两个接触器 KM_1 和 KM_2,KM_2 线圈只有在 KM_1 线圈通电,KM_1 常开辅助触头闭合并按 SB_3 之后才能得电。由此推断:该电路可实现按顺序控制起动两台电机,属于连锁控制环节。

77.B。当按下起动按钮 1SB 时,线路接通,接触器 KM 线圈有电,故其常开主触头闭合,电动机接通电源而直接起动,同时与 1SB 并联的 $1KM_1$ 常闭辅助触头也闭合,保持电动机连续运行。

78.C。电路中 SB_1 是停止按钮,SB_2 与 KM 常开辅助触头并联,构成自锁连续控制,双层 SB_3 实现点动控制。

88.B。RS 触发器最大的作用是具有存储或记忆的功能。

89.A。D 触发器具有在时钟脉冲上升沿触发的特点。

90.B。在反馈控制系统中,调节单元根据偏差的大小和方向,输出一个控制信号。

91.B。在自动控制系统中,执行机构的输入是调节器输出的控制信号。

92.B。在反馈控制系统中,为使控制对象正常运行而要加以控制的工况参数是被控量。

94.B。测量单元一般包含两部分,即传感器和变送器,传感器用于对物理量进行检测,变送器则将传感器的输出转换为调节器能够接收的信号。测黏计用于燃油黏度检测,属于测量单元。

95.B。测量单元的作用是检测被控量的实际值,并把它转换成统一的标准信号,该信号称为被控量的测量值。在反馈控制系统中,输入量是被控量,输出量是反馈信号的环节是测量变送环节。

96.B。在反馈控制系统传递方框图中,前一环节的输出就是后一环节的输入,系统的输出又经反馈通道送回到系统的输入端。这样,控制系统就形成了一个封闭的控制回路,称为闭环系统,反馈控制系统必定是闭环系统。如果在闭环系统的某处把回路断开,那么该系统就由闭环系统变成了开环系统。开环系统不再是反馈控制系统,没有反馈环节。

98.D。执行机构接受调节单元输出的控制信号,并将该信号转换为作用到控制对象的实际控制作用。在柴油机气缸冷却水温度控制系统中,其执行机构是三通调节阀。

99.A。在反馈控制系统中,被控量的给定值 r 和测量值 z 进行比较,得到偏差值 $E=r-z$。

100.D。如果在闭环系统的某处把回路断开,那么该系统就由闭环系统变成了开环系统。

101.B。执行机构接受调节单元输出的控制信号,并将该信号转换为作用到控制对象的实际控制作用。调节阀是反馈控制系统的执行机构,接受调节单元的输出信号控制。

103.B。在自动控制系统中,可编程控制器(PLC)属于控制单元。

104.D。可编程序控制器与一般的计算机控制系统一样,也具有中央处理单元(CPU)、存储器、输入/输出模块(I/O)、通信接口和电源等部分。

105.D。可编程序控制器的总线多为基板形式,并采用紧凑的无槽位限制的模块化结构,其模块一般包括电源模板、CPU 模板、各种输入输出模板。

106.D。可编程序控制器的 CPU 模块完成下述各项工作:①接收用户从编程器输入的用户程序,并将它们存入用户存储区;②用扫描方式接收源自被控对象的状态信号,并存入相应的数据区;③用户程序的语法错误检查,并给出错误信息;④系统状态及电源系统的监测;⑤执行用户程序,完成各种数据的处理、传输和存储等功能;⑥根据数据处理的结果,刷新输出状态表,以实现对各种外部设备的实时控制和其他辅助工作(如显示和打印等)。在可编程序控制器中,CPU 模块主要用来完成执行用户程序。

107.B。在一个中型或大型可编程序控制器 CPU 模块里,不仅有 CPU 集成芯片,而且还有一定数量的 EPROM 和 RAM。

108.D。在可编程序控制器的存储器中,用 EPROM 存储用户程序(系统的操作系统)。

109.A。在系统软件的管理下,PLC 按图中所画的扫描顺序工作。合上电源后,它首先进行自诊断,包括检查 PLC 硬件本身是否正常,将监控定时器复位等。

110.A。可编程序控制器在执行用户程序阶段,CPU 逐条解释和处理用户程序,程序执行以后得出的运算结果,立即送至内存中输出信号状态缓冲区。

113.D。可编程序控制器输入/输出模块(I/O 模块)的主要作用之一是信号电平的转换,I/O 模块具有较大的适应性,可以直接与传感器相连。

114.C。PLC 的数字量输出接口有三种形式,即继电器输出、晶体管输出和晶闸管输出。

116.D。模拟量输入模块主要由 A/D 转换部件、模拟切换开关、补偿电路、恒流源、光隔离部件、逻辑电路组成。

117.A。数字量输出模块将 PLC 内部信号电平转换成过程所要求的外部信号电平,可直接用于驱动电磁阀、接触器、小型电动机、灯和电动机启动器等。

122.A。梯形图中的每个逻辑行,要以左母线为起点、右母线为终点(有时允许省略右母线)。在一个逻辑行中,各种符号应从左到右横向排列。一行结束,才能自上而下再排列下一行。

123.A。可编程序控制器梯形图中 c. 盒表示其他指令。例如:定时器、计数器或者数学运算

第二章 电气、电子和控制系统

指令。触点代表逻辑输入条件,有常开、常闭两种,它们可以是 PLC 内输入继电器的触点、开关、按钮或者内部条件等。

127. D。对 PLC 的编程有两种方法:一种方法是采用上述的编程器进行编程,但由于编程器体积小,所能显示的信息有限,适用于编程人员或管理人员在生产现场对 PLC 进行管理维护;另一种方法是采用 PC 机编程界面,在个人计算机上接入适当硬件,安装软件包,并通过编程电缆与 PLC 的通信接口相连,即可在 PC 机上对 PLC 编程。编程界面有两种工作方式,即编程工作方式和监控工作方式。编程工作方式的主要功能是输入新的控制程序,或者对已有的程序进行编辑。监控工作方式是对运行中的可编程序控制器的工作状态进行监视和跟踪。

135. B。SV 为设定值。

137. B。I0.0:表示停止;I0.1:表示启动,Q0.0 表示接触器。

138. B。对于采用变距桨的船舶主推进装置,主机负荷的大小取决于主机的转速和螺旋桨的螺距。所以其负荷控制应该是同时控制主机转速和螺旋桨螺距。在自动负荷控制的变距桨主机遥控系统中,自动负荷控制是根据检测实际负荷与设定负荷的比较并自动调整桨叶角的位置,从而与主机预定的功率相适应。

139. D。船舶电站为了提高供电的质量,在电站中大多安装有自动调频调载装置。自动调频调载装置与调速系统相似,只是它的控制信号是频率差与功率差的合成信号经放大、判别(增减速判别、是否固定偏差判别)后控制伺服电机,以调节原动机的油门的开度来调节发电机原动机的转速。

140. A。船舶电站运行时电压和频率参数是供电质量的重要指标,需维持稳定,电站的电流和功率参数随负载变化而变化。

143. D。船舶自动化电站的功能包括:发电机组操作方式的选择、发电机组的自动起动、自动准同步并车、自动恒频及有功功率自动分配、自动恒压及无功功率自动分配、自动分级卸载、重载询问、重要负载分级起动、自动解列、巡回检测及保护。

144. A。船舶电站不能自动调节电压调差特性和调速特性。

146. A。船舶电站中各台主发电机组一般都是采用互为备用的原则,备用机组的燃油、压缩空气备好、有预热和预润滑、无阻塞、操作选择开关置"自动"位置则认为机组已进入"备好"状态。

147. A。当装置接到解列指令后,进入解列程序,此时如电网总负载大于在网发电机的 85% P_N,则自动取消解列指令;反之则进入负载转移控制,当负载转移到 $10\%P_N$ 以下时,延时 1 min 后发出分闸信号,解列成功。若在负载转移过程中,在网发电机负载大于 85% P_N 时,自动取消解列指令,重新进入原来的调频调载工况。

151. C。当需要起动大负载时,应先询问运行发电机(电网)功率贮备是否满足其用电和起动要求,若不能满足时,则应先起动备用发电机组并车后才允许该负载接入电网。

152. D。当出现下述任一条件时,自动控制系统就应发出"增机"指令,起动备用机组。①经延时判断,确认运行机组重载;②运行机组的滑油压力低;③运行机组冷却水出口温度高;④电网突然断电;⑤经重载询问,贮备容量不够;⑥正要起动的备用机组阻塞;⑦备用机组起动失败或合闸失败。

157. D。自动化电站中,1#运行,2#备用,3#手动,现1#重载,2#启动故障,则系统会报警且提示机组"已经用完"。

158. C。自动电站中对于备用机组的起动必须安排一个顺序,通常是在控制系统中设置固定的顺序,可按机组的编号依次循环。例如一个具有三台发电机组的自动电站按1-2-3-1的循环来决定备用机组的起动;或手动设定顺序。

164. C。自动并车装置检测待并发电机电压与网上的运行发电机电压的频率差,并根据频差的大小和方向自动地对待并发电机组发出调频信号,使待并发电机组频率与网上的运行发电机频率接近,减小频差,创造合闸条件。由频差方向来控制发电机组的加速与减速。

165. C。由于主开关在接到合闸信号到主触头闭合需要一定的动作时间(称固有动作时间),要使主开关在相角差δ=0时闭合,就必须提前某一个相角或者提前某一个时间发出合闸信号,提前的相角或者提前的时间要求等于主开关的固有动作时间。

167. C。只要满足同步条件,无论是从正频差或是负频差进入相角重合,都允许发出合闸指令。所不同的是,正频差投入发电机会略带上一点负载;而负频差投入发电机可能会出现逆功状态。负载和逆功的程度由投入瞬间的频差大小决定,频差越大、功率的进出越多。有的设计对自动同步装置提出附加"正频差投入"功能。正常情况下,并车时采用正频差合闸。

177. C。船舶电站在正常工作时需要经常调整电站中发电机原动机的转速,以保持电网频率的稳定和各发电机按比例(当容量不相等时)或均匀(当同容量时)分配有功负载。要使两机之间的功率能够按容量成比例分配,只有两特性曲线的斜率一致。由于调速器特性总是存在一定的差别,为了使电网频率不致随负载变化过大,又要使功率稳定的分配,特性曲线的下降率应在3%左右,不超过5%,以保证有功分配偏差在10%以内。当两机的调速特性相差很大、一台调速器或调速马达损坏时,在负荷变化太快时会造成负荷相差很大。

178. C。船舶电站交流发电机组单机运行时为保持电网电压和频率稳定,最好采用无差调节,并联运行时为保持各发电机按比例(当容量不相等时)或均匀(当同容量时)分配有功负载要采用有差调节。

179. D。调整原动机转速及机组的负荷需要根据转速(频率)和负载(功率)的信号,来实现调节。自动调频调载装置的基本环节都是由频率变换器、有功功率变换器、有功功率分配器和调整器等组成。

181. C。自动调频调载装置是协助原动机调速器对电网电压的频率和有功功率进行调整的装置。自动调频调载装置不能改善调速器的动态性能,当动态过程结束,系统稳定后,由于调速器的有差特性及其不一致性等原因,船舶电力系统的频率和有功功率分配就会出现静差,自动调频调载装置只是根据这个静差来进行校正。为使自动调频调载装置避开动态过程,一般采用延时来实现。

182. B。频率变换器将频差 Δf 变换为相应的与频差成正比的直流电压信号,送到调整系统去进行综合比较。

183. A。为保证船舶电站的电压为给定水平,需配置自动励磁调整装置,也就是自励恒压

第二章 电气、电子和控制系统

装置。

184. D。在船舶发电机自励恒压系统中,励磁装置的基本功能是保证电压为给定水平;具有一定的强行励磁能力;合理地分配并联运行发电机间的无功功率。

185. B。可控相复励励磁系统的无功功率均衡措施尽管引入调差作用会降低电压调整率,但是能够使发电机并联运行稳定,所以被广泛采用。

194. D。电极 3 用于危险低水位报警,如果 3#电极出现结水垢严重和露出水面一样,会导致水位低报警。

195. D。若电极 2 在连接处断开,当锅炉水位低于高水位时电极 1 即露出水面,此时整流电路 1Z、2Z 失电,3JY 延时失电,3JY₁ 常闭触头闭合,接触器 1CJ 动作,水泵电机补水,锅炉保持高水位。

202. C。若 3#电极与壳体短路,2Z 一直整流充电、4JY 保持有电,导致锅炉失水时不会报警,也不会自动停炉。

203. D。若 3#电极结满水垢,因水垢的电阻很大,造成交流整流电路 2Z 断路,4JY 失电,发失水报警,不能起动锅炉。

207. B。电极 2 与外壳短路,水位下降到低水位时整流电路 1Z 在低水位电极 2 露出水面时,1Z 仍然正常整流充电,3JY 线圈不会断电,其常闭触头 3JY₁ 仍然保持断开,1CJ 线圈无电,电机仍然保持停止状态(不补水)。

208. D。若 1#电极结垢严重,锅炉补水到高位时,电极 1 因水垢电阻大,无法导通电路,交流整流 1Z 不能正常工作给与 3JY 并联的 RC 充电,3JY 线圈一直无电,其常闭触头 3JY₁ 仍保持闭合,1CJ 线圈不断电、电机不停止,导致锅炉满水。

210. A。若 3JY 线圈断路,则其常闭辅助触头 3JY₁ 将保持常闭,在"自动"时,电路中 1CJ 线圈一直有电,水泵电机一直运转,锅炉满水。

213. A。扭动调整螺钉 6 可改变给定弹簧 5 的预紧力,可调整蒸汽压力的给定值,电位器可通过改变测量电位器 4 的倾斜角度,可调整比例作用强弱。

214. A。锅炉进行所谓的"高火燃烧",是指燃烧时喷油量和送风量都最大。即是风门开大、回油阀关小或关闭。

215. C。当蒸汽压力上升到正常上限值时,一个压力检测开关闭合,另一个压力检测开关断开,再次起动风门电机把风门关得最小。它同轴带动的回压阀开得最大(或关闭一个燃油电磁阀,使一个油头喷油工作)。这时,喷油量和送风量都是最小的,即锅炉进行所谓的"低火燃烧"。

223. C。在平衡状态下锅炉负荷增加,锅炉用汽量增加,蒸汽压力将下降,对炉膛的送风量和喷油量将增加。由于比例作用调节存在静态偏差,在到达新平衡态时汽压比原来低些。

225. C。若给定弹簧断裂,弹簧失去作用,相当于给定值调到了最小,锅炉蒸汽压力高于给定值压力,此时调节器将使风门关得最小,回油阀开得最大。

226. B。辅锅炉上常用的火焰感受器有光敏电阻、光电池和紫外线灯泡等。

227. D。在 PLC 控制的自动锅炉燃烧控制系统中,是电动控制,日常维护检查需要注意输出继电器的寿命,检查控制系统外部电气、继电器触头、滑动接触器的状况。电池一般 5 年更换一次,不需经常更换。因不是气动控制,不需检查气压或经常测量输出电压。

277

229. D。当水位低于设定的低水位值时 I1.4 常开触头断开,因高位的 I1.3 常闭触点也是断开的,M7.0 失电。

230. D。根据控制系统接受的扰动途径,可以分为两种情况:一种情况是外部扰动不变,改变给定值(如随动控制);另一种情况是给定值不变(定值控制),改变外部扰动。可见锅炉燃烧自动控制系统中的风门控制系统是属于随动控制系统。

231. A。燃油供给泵的压力由压力变送器 PT 检测,用于控制器分析判断供给泵的状态。

232. B。燃油温度均由温度传感器 TT(Pt100)检测,由控制器 EPC-50B 按照事前设定的 PI 控制规律调节加热器的加热量,从而实现燃油温度自动控制。

233. C。控制器 EPC-50B 有 4 个不同级别的操作模块,分别为基本级、扩展级、高级扩展级和全自动级。基本级即本地操作面板,是基本配置,可实现"柴油－重油"转换控制、燃油加热控制、报警控制、油泵自动切换控制、自动滤器控制及 OP 上相关状态和测量值的信息显示等功能,其他级则扩展为可远程控制。

234. A。EVT-20C 黏度传感器在钟摆 1 内还内置了一个温度传感器 Pt100 用于检测钟摆内的温度,供微机用来校正和补偿黏度测量中由温度变化引起的误差。

236. A。Pt100 温度传感器是热电阻式温度传感器,它根据热电阻材料的电阻率随温度的增加而增加的原理工作的。

238. A。温度传感器检测的是燃油温度,它的故障时会引起温度控制方面的故障报警,不会引起燃油黏度高的故障报警。

248. A。任何环节输出量的变化均取决于输入量的变化以及该环节的特性,而输出量的变化不会直接影响输入量,这叫信号传递的单向性。

254. B。在控制系统传递方框图中,符号"⊗"是一个比较环节(它不是一个独立环节,而是调节器中的一个组成部分,为清楚起见,单独画出),它对被控量的给定值 r(旁标"+"号)和测量值 z(旁标"－"号)进行比较,得到偏差值 $e=r-z$,作为调节器的输入值。可见"⊗"是一个比较算子。

255. D。被控对象也就是传递方框图中的控制对象,扰动量是控制对象的输入量,具体包含两类:基本扰动和外部扰动;其输出量是被控量。

259. A。测量单元的作用是检测被控量的实际值,并把它转换成统一的标准信号,该信号称为被控量的测量值。

260. C。测量单元一般包含两部分,即传感器和变送器。

263. B。随动控制系统给定值是某个参数的函数,这个参数的变化是任意的,不可能按事先安排好的规律来描述。对随动控制系统来说,其主要扰动是给定值的变动。

264. C。在定值控制系统中,给定值是不变的。当系统受到扰动后,被控量的测量值会离开给定值出现偏差,控制系统的作用是逐渐消除偏差,使被控量最终回到原来的给定值上或给定值附近。机舱中大多数运行参数的自动控制系统均属于定值控制系统。双位式作用规律、比例作用规律、比例积分作用规律、比例微分作用规律、比例积分微分作用规律控制的系统都是定值控制。

265. C。在主机遥控系统中,起动、换向和制动一般都是逻辑控制,属开环控制系统。

267. C。对定值控制系统来说,给定值是不变的,其主要扰动是控制对象的负荷变化。

268.C。控制器输出只按给定值变化,说明没有反馈环节,所以系统是开环系统。

第三节 控制工程

1.A。调节单元是指具有某种调节作用规律的调节器。在柴油机转速控制系统中,调节单元是电子调速器。

3.A。自动控制不具有对故障设备进行修复的作用。

5.D。反馈有正反馈和负反馈之分。正反馈是指加强系统输入效应的反馈,它使偏差 e 增大;而负反馈是指减弱系统输入效应的反馈,它使偏差 e 减小。显然,按偏差进行控制的系统必定是一个负反馈控制系统。在定值控制系统中为了能使被控量稳定在给定值上或附近,通常采用闭环负反馈控制系统。

8.C。反馈控制系统必须有四个最基本的环节,即控制对象、测量单元、调节单元和执行机构。

19.A。热电偶式传感器适用于检测高温的场合,例如应用于主机排气温度的测量等。热电阻式传感器在船上常用于测量冷却水温度和轴承温度等。

21.A。热电偶式传感器适用于检测高温的场合,具有简单、可靠、精度高并适于远距离传送温度信号等优点。

24.B。金属导体在外界力的作用下,会产生机械变形,其电阻值也将随着发生变化,这种现象称为金属电阻的应变效应。金属应变片常见的有丝式、泊式、薄膜式三种,常用于船舶机舱有关设备的压力监测上。

25.D。压力传感器用于将压力信号转换为监视报警系统能够接收的电信号。

26.B。弹簧管和波纹管是弹性敏感元件,常用于船舶机舱有关设备的压力检测。

28.A。电磁式流量传感器是根据电磁感应原理来检测流量的,所以只适用于测量导电液体的流量。柴油是绝缘体,不选用电磁式流量传感器。

30.A。转速传感器主要用来检测主机的转速和转向、发电原动机转速和透平转速等。磁脉冲式转速传感器属于非接触式测速装置,它没有运动部件,不会发生磨损,具有使用寿命长、检测精度高的特点。

31.A。电磁感应式压力检测器由弹性元件和差动变压器组成。

32.A。数字式 PID 调节器是以微处理器为核心,具有丰富的运算控制功能和数字通信功能。

33.D。燃油黏度控制系统是定值控制系统,可采用气动 PID 调节器。

35.D。在 PLC 编程语言中,控制系统流程图同样是一种图形式语言,类似于逻辑功能图,用逻辑功能图表达一个控制过程。

40.D。定值调节器输出总是跟随给定值变化,最终等于或接近给定值;给定值减小(增大)时,其输出值随之减小(增大)。

41.B。比例作用规律是指调节器的调节器的输出变化和输入变化是成比例的,$\Delta p_{出} = -\dfrac{\Delta p_{测} \cdot F_{测} \cdot l_2}{F_{反} \cdot l_3} = K \cdot \Delta p_{测}$,其中比例系数为 $K = -\dfrac{F_{测} \cdot l_2}{F_{反} \cdot l_3}$;可见,气动比例调节器测量值增大时,因测量值增大,输出反向变化,即输出减小。

42. B。比例调节器是受到扰动以后,重新回到平衡时存在静差;气动比例调节器的输出与测量值的关系式是 $\Delta p_{出} = -\dfrac{\Delta p_{测} \cdot F_{测} \cdot l_2}{F_{反} \cdot l_3} = K \cdot \Delta p_{测}$;当测量值减小时,经系统调节平衡后,稳定值比原来减小。

44. D。在电动控制系统中,一般采用伺服电机,伺服电机常用的有两相电容异步伺服电机或三相交流伺服电机。

47. A。比例作用规律的优点是调节阀的开度能较及时地反映控制对象负荷的大小。

48. A。NAKAKITA 气动调节器中,比较环节是通过位移平衡原理实现的。

50. A。在船舶机舱中常用的调节器作用规律有:双位作用规律、比例作用规律、比例积分作用规律、比例微分作用规律、比例积分微分作用规律等五种。

52. B。比例积分作用规律,是指调节器的输出量随输入量做比例积分变化。所谓积分作用规律是指调节器的输出与输入的积分成比例,也就是说调节器是一个积分单元,即 $p(t) = S_0 \int e(t) \cdot dt$。具有积分作用规律的调节器具有消除静态偏差的能力,这是积分作用规律的突出优点。

53. D。时间常数 T 就是反映控制对象惯性大小的一个重要的动态参数。从对控制对象施加阶跃扰动的瞬间开始,被控量以最大的变化速度变化到新稳态值所需时间就是时间常数 T。

54. C。多容控制对象的飞升曲线中:τ_0 叫纯迟延,是从扰动开始到物质或能量流量达到控制对象所需的时间。τ_c 叫容积迟延,容积迟延是指物质或能量流量达到控制对象起始到被控量开始变化的这段时间。

55. A。PID 调节器最适用于对惯性大、迟延大的控制对象进行无差控制。

56. D。把比例、积分和微分作用组合在一起,则构成比例积分微分作用规律,即 PID 作用规律。在 PID 作用规律中,仍以比例作用为主,吸收积分作用能消除静态偏差以及微分作用能实现超前控制的优点,功能最为完善。从图中动态过程曲线可看出调节器(2)和(4)存在静态偏差,没有积分作用;调节器(1)反应明显滞后,动态偏差过大,没有微分作用效果。

57. C。从图中的动态过程曲线来看,(4)的动态偏差很小,说明调节器有微分作用,系统稳定后存在静态偏差,说明调节器没有积分作用;故(4)是采用 PD 调节器。

59. A。辅锅炉燃烧时序控制是指,给锅炉控制系统一个起动信号后,能按时序的先后,自动进行预扫风、预点火和喷油点火,点火成功后对锅炉进行预热,接着转入正常燃烧的负荷控制阶段。

61. A。双位式作用规律的特点是对应被控量的高限和低限,调节器只有两个输出状态(逻辑 0 和逻辑 1)。双位式压力调节器和浮子开关可以实现双位控制。

62. D。在船舶机舱中,还应根据被控对象的特点,避免采用微分作用。如机舱中的锅炉水位等液位控制系统中,就不宜采用 PD 调节器或 PID 调节器。这是因为微分作用对干扰信号比较敏感,随船舶的摇摆,微分作用会使给水调节阀的开度忽而大开,忽而大关,造成水位的大起大落,不利于对水位的稳定控制。蒸汽压力控制一般也不使用 PID 调节器控制。
63. A。在参数控制系统中,常采用闭环控制的目的是稳定被控量。
64. A。按给定值变化规律反馈控制系统可分为定值控制系统、程序控制系统和随动控制系统。
65. B。随动控制系统给定值是某个参数的函数,这个参数的变化是任意的,不可能按事先安排好的规律来描述。
66. B。按偏差进行控制的系统必定是一个负反馈控制系统。
67. C。在定值控制系统中,给定值是不变的。当系统受到扰动后,被控量的测量值会离开给定值出现偏差,控制系统的作用是逐渐消除偏差,使被控量最终回到原来的给定值上或给定值附近。
74. B。衰减率是指在衰减振荡中,第一个波峰值减去第二个同相波峰值除以第一个波峰值;定值控制系统动态过程的衰减率 $0<\varphi<1$,则该动态过程是衰减振荡过程。
75. C。用来衡量定值控制系统快速性的指标是过渡过程时间、上升时间和峰值时间。
76. D。用来衡量定值控制系统稳定性指标是衰减率和振荡次数。
77. C。静态偏差 ε 是指动态过程结束后,被控量新稳态值与给定值之间的差值。ε 越小说明控制系统的稳态精度越高。
78. A。在四种输入信号中,阶跃扰动对控制系统的影响是最为不利的,控制系统如果能抵御阶跃扰动,那么对其他形式的扰动也就容易克服了。另外,阶跃扰动也基本符合实际的扰动形式。
79. A。为分析控制对象的特性,其输入信号常采用阶跃扰动的形式,这一方面符合控制对象的工作实际。同时阶跃扰动对控制对象的工作是最不利的。
81. C。反馈控制系统衰减率为 $\varphi=0$ 时是等幅振荡过程,$0<\varphi<1$ 时是衰减振荡过程,$\varphi=1$ 时是非周期过程。
83. B。衡量控制系统的精确性指标:最大动态偏差、静态偏差和超调量。
84. C。快速性指标:过渡过程时间、上升时间和峰值时间。
87. A。最大动态偏差是指在衰减振荡中第一个波峰的峰值与给定值的差值,它是动态精度指标。
92. A。超调量 σ_p 是指动态过程中,第一个波峰值减去新稳态值与新稳态值之比的百分数,$\sigma_p=0$ 说明系统的动态过程为非周期过程。
93. D。随动控制系统中,快速性指标除超调量外,通常还用到上升时间和峰值时间。
100. C。YT-1226 型压力调节器中,给定弹簧调整的是压力开关的下限值,用 P_L 表示,幅差调整旋钮用于调整幅差 ΔP,压力开关的上限值 P_H 等于下限值 P_L 加上幅差 ΔP,即 $P_H = P_L + \Delta P$。因此,压力开关的上限值是通过调整幅差来设定的。若要保持下限值不变、提高压力的上限值,应保持给定弹簧不动,增大幅差弹簧的预紧力。
101. A。减小 YT-1226 型压力调节器给定弹簧的预紧力可调低给定的下限值,上限值随之降低,可实现锅炉降压运行;使给定弹簧或幅差弹簧预紧力增大,都会使锅炉的上限压力升高。
103. A。YT-1226 型压力调节器中,给定弹簧调整的是压力开关的下限值,幅差调整旋钮用于调整幅差,压力开关的上限值 P_H 等于下限值 P_L 加上幅差 ΔP,即 $P_H = P_L + \Delta P$。若要提高压力的下限值,应增大给定弹簧的预紧力。

104.A。YT-1226型压力调节器中,当作用螺钉与幅差弹簧盘之间存在一定的间隙,幅差弹簧对杠杆不起作用。若调整该螺钉使其间隙增大,则幅差变小,上限值减小。

106.D。温度继电器的感温包是温度传感器,属于测量单元,船舶制冷系统的自动控制中被控对象是冷库。温度继电器的感温包应置于冷库之中。

107.A。电阻感温包应测量的是冷库的温度,回风口的回风温度接近冷库实际温度;新风口、库门口和热货处均不能真实地反映冷库温度。

109.A。温度继电器的幅差调整旋钮上标记有10个格的刻度挡,对应的幅差范围为 3~5 ℃。幅差调整旋钮所调的格数 d 时,幅差(温度) Δp 可根据下式进行估算。$\Delta p = 3+(5-3) \times d/10$;但由于刻度精度比较低,实际使用时应该进行实验测定或现场调整。

110.D。在整定温度继电器时,温度的下限是 60~100 ℃,上限温度=下限温度+幅差,可知上限温度的最低值为 60+3=63 ℃,最高值为 100+5=105 ℃;上限值为 63~105 ℃。

111.B。电子式温度控制器多用于监控被控对象的温度变化来进行控制,根据传感器的种类不同,分为电阻式温控器和热电偶式温控器。

112.C。温控器通过感温包内的压力来控制的,温度低时,压力低,当压力低于某一值时,温控器里的触点就会断开。

113.B。电-气信号转换器输出气动信号,常作为气动薄膜调节阀气动控制信号。

114.D。若是采用电动仪表或计算机控制时,只要将电信号经电-气转换器或电-气阀门定位器转换成标准的 0.02~0.1 MPa 气压信号,即可与气动执行器配用。

115.B。在电动控制系统中,对应被控量的满量程,其统一的标准电流信号是 0~10 mA 或 4~20 mA,使用 4~20 mA 居多。

119.D。阀门定位器的作用是消除由膜片阀内的阀杆所引起的滞后现象。这种滞后现象的产生是由于填料太紧或流动阻力太大而使其摩擦力过大所造成的。它适用于调节阀与调节器或计算器之间距离较远的场合以及波纹管容量较小的系统中。

120.A。阀门定位器实质上可看作是一个比例调节器,其设定值是来自调节器的阀位信号,而输出则是阀杆的实际位置。

121.D。阀门定位器实质上可看作是一个比例调节器,其设定值来自调节器的阀位信号,而输出则是阀杆的实际位置。因此,通过阀门定位器总可以使阀杆控制在希望的位置,可消除不稳定性,具有较高的动作精度。

122.C。比例阀常用于气压信号的隔离跟随。当输出端 2 的气压信号与输入端 5 相等时,阀芯(阀膜片)处于平衡状态。当有控制信号时,说明输入端的气压信号大于或低于输出端的气压信号,阀门打开,使输入端信号等于输出端。

123.D。联动阀是与门阀,其逻辑功能是 $C = A \cdot B$,只要 A 和 B 中有一个没有输入信号,C 就没有输出信号。

127.C。在用 PID 调节器组成的控制系统受到扰动后,达到稳态时存在静态偏差的原因是积分作用失去作用,可能积分阀堵塞造成的。

128.C。有两台 PID 调节器,它们施加相同的阶跃输入信号后,输出规律如图所示,经比较可

第二章 电气、电子和控制系统

看出与调节器2相比,调节器1的比例作用强、积分作用弱和微分作用强,即:$PB_1<PB_2$,$T_{i1}>T_{i2}$,$T_{d1}>T_{d2}$。

129.A。当测量值增大时,为保持给定值不变,调节器的将使输出减小,比例杆上的喷嘴与挡板的距离将增大。

132.C。除了气动和常规电动控制系统之外,船舶机舱中也广泛采用电子PID调节器都采用进行控制。电子PID调节器以微型计算机为控制系统的核心部件。在计算机控制系统中,调节器的作用规律是采用软件编程来实现的,称为调节器作用规律的数字实现。

133.B。采用单片机系统作为控制单元的数字PID调节器,单片机只能接收数字信号,可知其输入信号为模拟信号时需经模数(A/D)转换电路转换。

136.D。采用双位作用规律调节器的控制系统中,其控制特点是按被控量的上、下限值控制。

139.C。图示控制器为压力开关,可实现双位控制。

140.C。浮子式辅锅炉水位控制系统中,两个永久磁铁是同极性的;当水位在允许的上、下限内波动时,调节板不动作。

141.C。把调节板上的上下销钉均插在离浮子杆最近的孔中时,浮子开关将使低水位提高、高水位变低,每次补水量减少。负荷不变时,导致锅炉给水泵电机需要频繁起停补水。

148.C。空气压缩机的起停自动控制是用双位压力继电器检测气压并给出触点信号来控制的。

151.C。淡水柜(压力水柜)自动控制线路,合上QS,当SA向下合自动位置时,电路通过压力开关的触头KP(H)和KP(L)能实现双位自动控制。

152.A。在接线时忘记接入KM常开辅助触头,在水位低于下限水位时,KP(L)闭合,电机起动补水,但当水位上升,水柜压力高于下限压力时,KP(L)断开,因电路无自保触头,水泵电机停止。如果在热继电器没有动作、电路设备正常时,水柜水位维持在低限水位,电机起停频繁。

160.A。使用开关可以实现双位控制,不能实现给定值恒定的控制。由于船用主锅炉往往需要保持稳定的汽压,一般都采用定值控制方案,因此不能使用开关控制。

161.A。辅锅炉燃烧时序控制是指,给锅炉控制系统一个起动信号后,能按时序的先后,自动进行预扫风、预点火和喷油点火,点火成功后对锅炉进行预热,接着转入正常燃烧的负荷控制阶段。

163.C。辅锅炉燃烧时序控制采用的主要元部件:信号发讯器和时序控制元件。

166.A。锅炉的时序控制系统由信号发讯器、时序控制器及火焰传感器和执行机构组成。

167.A。锅炉的水位控制是双位控制或定值控制。

170.A。锅炉起动前,先合上电源总开关;若锅炉水位在危险低水位以下,则要向锅炉补足水,否则锅炉不能起动;把"自动/手动"转换开关转到"自动"位置,使燃油系统的温度、压力控制系统处于自动状态;做好这些工作以后,可按动锅炉起动按钮,则燃烧时序控制系统开始自动投入工作。这时控制系统自动起动油泵和风机,关闭燃油电磁阀,并将风门开得最大以大风量进行预扫风;预扫风过程结束后,控制系统会自动关小风门,点火变压器通电进行预点火。

171.C。现代船舶辅锅炉燃烧时序控制采用PLC来实现。

173. D。当开关K断开时,电源向电容充电。在一段时间内晶体管基极的充电电流较大,晶体管保持导通,继电器J保持通电。随着电容的充电,电容两端电压不断升高,充电电流不断减小,晶体管集电极电流不断减小(最后处于截止状态),经延时后继电器J断电释放。

174. B。开关K闭合时,电容被旁路,晶体管立即导通,继电器J通电动作。

182. A。节流分压器又称节流通室,它由可调气阻 R_F、流通气室和恒气阻 R 串联而成。节流分压器的特性是比例环节。

184. A。节流盲室的节流阀 R,常用来调整调节器的积分时间。

185. A。在调节器中,利用比例惯性环节作为反馈回路,可实现比例微分作用规律,通过改变气阻 R 可调整调节器的微分时间。

186. A。在调节器中,利用节流分压器作为反馈回路,可实现比例作用规律,可调气阻可用来调整调节器的比例带。

187. D。积分时间 T_i 的物理意义是,在给 PI 调节器输入一个阶跃偏差信号时,积分输出等于比例输出所需的时间就是积分时间 T_i。

191. A。电动 PID 调节器,运算放大器 A_1、A_2 和 A_3 分别实现比例、比例积分和微分作用,运算放大器 A_4 起加法器作用。调整 R_4、R_2、R_5 的阻值可以分别调整比例、积分和微分的作用强度。

196. C。上移时,传动杆 BO' 左右移动相同的距离,即输入偏差相同的情况下,挡板开度变化要大,比例作用增强,比例带减小;反之,下移时,比例作用减弱,比例带将增大。

198. A。A/D 是模数转换器,它的作用是把模拟量转换成数字量。

199. C。智能调节器面板上的 PV 表示(当前)测量值。

200. C。微型计算机进行 PID 控制,控制规律中的积分项和微分项不能直接地进行准确计算,只能用数值计算的方法逼近。

201. C。在比例控制系统中,被控量的静态偏差与扰动量成正比。

202. C。当控制对象受到扰动后,在比例调节器的控制作用下,被控量不能完全回到给定值上,只能恢复到给定值附近。被控量的稳态值与给定值之间必定存在一个较小的静态偏差,这是比例作用存在的固有的、不可克服的缺点。比例作用之所以存在静态偏差是由于调节器的输出与输入之间存在一一对应的硬性关系,从 $p(t)$ 与 $e(t)$ 的关系式 $p(t) = Ke(t)$ 可以清楚地看出,调节器的输出变化将依赖于偏差的存在而存在。

205. D。因为微分作用能实现超前控制,具有抵制偏差出现的能力,因此 PD 调节器应用于控制对象惯性大的系统。

206. B。在控制对象时间常数较大的控制系统中,为了改善其动态性能,应采取比例微分调节规律。

210. D。在 PD 调节器上有两个旋钮,一个是比例带 PB 调整旋钮,另一个是微分时间 T_d 调整旋钮。如果把微分时间旋钮调整到 $T_d = 0$,相当于切除微分作用,这时调节器就成为纯比例调节器。

211. C。比例积分作用规律,是指调节器的输出量随输入量做比例积分变化。按这种规律制造的调节器叫比例积分调节器

第二章 电气、电子和控制系统

213. A。调节器的输入是被控量的偏差值 $e(t)$，采用 PI 调节器在某一负荷情况下达到平衡其静态偏差为零。

214. D。积分时间是衡量积分作用强弱的参数，它具有时间（秒或分）的量纲。从上式中可见，若 T_i 小，在比例积分作用规律中，积分输出的部分 $\frac{1}{T_i}\int e(t)\mathrm{d}t$ 增大，积分作用强；若 T_i 大，则积分输出部分小，积分作用弱。

215. A。在比例积分调节器上，如果把积分时间 T_i 整定到 ∞，它相当于切除积分作用，而成为纯比例调节器。如果控制系统采用纯比例调节器，可整定一个最佳比例带 PB，使控制系统动态过程保持最佳状态。如果调节器要加进积分作用（其 T_i 不是 ∞），则此时比例带 PB 要比纯比例调节器的比例带 PB 大一些，以抵制由于积分作用而使系统动态过程振荡倾向的增加。

216. B。比例积分作用的控制系统若积分时间 T_i 选得太小，积分作用太强。在整定 T_i 值时，切忌把 T_i 值整定太小，否则由于积分作用太强，系统动态过程振荡激烈，被控量长时间稳定不下来，这是很不利的。如果 T_i 值不能进行准确地整定，那么选取 T_i 值时，要宁大勿小。

217. B。把调节器 T_i 整定为 $T_i \to \infty$ 时，相当于切除了积分作用，系统静态精度变差。

219. B。积分作用规律是调节器输出的变化速度（调节阀开度的变化速度）与偏差成比例。

221. B。比例积分调节器中，积分作用以正反馈方式实现的。

224. A。比例作用规律（P）是指调节器的输出量 $p(t)$ 与输入量 $e(t)$ 成比例变化。

225. A。比例带 PB（或比例度 δ），是指调节器的相对输入量与相对输出量之比的百分数，即：$PB(\delta) = \frac{e/X_{i\,\max}}{p/X_{0\,\max}} \times 100\% = \frac{X_{0\,\max}}{X_{i\,\max}} \cdot \frac{e}{p} \times 100\% = \frac{R}{K} \times 100\%$ 式中，e 是被控量的变化量（偏差值），$X_{i\,\max}$ 是被控量允许变化的最大范围，叫全量程。被控量的变化量与全量程的比值 $e/X_{i\,\max}$ 是调节器的相对输入量，p 是调节器的输出量，$X_{0\,\max}$ 是输出量的最大变化范围，$p/X_{0\,\max}$ 是调节器的相对输出量；$R = X_{0\,\max}/X_{i\,\max}$ 称为量程系数，在单元组合仪表中，$R = 1$。这样，$PB = 1/K \times 100\%$，显然，比例带 PB 与放大倍数成反比。

232. C。采用比例调节器的定值调节系统若要减小静态偏差，需要增大比例作用，即减小比例带。

247. A。经验法又叫现场试凑法，即先确定一个调节器的参数值 PB 和 T_i 通过改变给定值对控制系统施加一个扰动，现场观察判断控制曲线形状。

248. B。所谓整定方法就是确定调节器 PB、T_i 和 T_d 的方法。它可以通过理论计算来确定，但误差太大。目前，应用最多的还是工程整定法，如经验法、衰减曲线法、临界比例带法和反应曲线法。

252. B。所谓迁移是指根据实际需要将变送器量程的起点由零迁到某一数值。迁移后，量程的起点和终点都改变了，但量程保持不变。若迁移后起点为正值，称为正迁移，即变送器的零点增大了。若迁移后起点为负值，称为负迁移，即变送器的零点减小了。测量的温度范围是 40~100 ℃，可见需要迁移后零点是 40 ℃。

253. A。需在迁移前，先把压力变送器的量程减小为 0 ~ 0.8 MPa，再把压力变送器的零点由

$p_\text{入}=0$,正迁移至 $p_\text{入}=0.2$ MPa。

257.C。差动变压器是由一个初级线圈、两个线径和圈数都相等的次级线圈以及活动铁芯等组成的。初级线圈加上交流电源成为一个激磁绕组。次级线圈之间采用反向串联连接,它们分别安排在支架的上下两侧。铁芯在弹性元件控制下,在线圈骨架内产生与压力大小成正比的位移。差动变压器的初级与次级之间的互感系数将随铁芯的位移变化而变化,铁芯处于中间位置时,通过两个次级线圈的磁力线是相等的,其感应电势是等量的,由于两个次级线圈采用反相连接,差动变压器的输出电势为零。

258.C。热电阻通常采用"三线制"接法来实现对环境温度变化的补偿,在船上常用于测量冷却水温度和轴承温度等。热电偶是由两种不同的金属导体把其端点焊接在一起,并插入护套制成的。焊接端称为热端,与导线连接端称为冷端。热电偶式传感器一般使用两根线输出热电势,适用于检测高温的场合,例如应用于主机排气温度的测量等。

260.C。程序控制系统给定值的变化是按人们事先安排好的规律进行变化,一般给定值是一个时间函数,如柴油机在高负荷区加速过程的转速控制。

264.A。程序控制可通过计算机、单片机或PLC实现。

266.D。目前PLC常用的编程语言有四种,梯形图编程语言、指令语句表编程语言、控制系统流程图编程语言以及高级语言。

268.D。主机在备车航行过程中的转速控制属于随动控制系统。随动控制系统给定值是某个参数的函数,这个参数的变化是任意的,不可能按事先安排好的规律来描述。

270.C。阀门遥控系统中多采用PLC控制电磁换向阀。PLC的各种输出控制器件往往是电磁阀、接触器、继电器,驱动能力比PC机、单片机和工控机大。

276.C。由于冷端温度是随室温变化的,若热端测量温度不变而环境温度升高,则因热、冷端之间的温差减小使热电势 e 也减小,影响测量精度。为了消除冷端温度变化对测量精度的影响,可采用冷端温度补偿,加装冷端补偿电路。

282.A。在如图所示的电阻式压力传感器中,当输入的压力信号增大时,滑针在变阻器上的滑动方向为顺时针,测量电桥输出的电压值随输入压力增大而增大。

283.D。当测量压力增大时,应变片要弯曲变形,栅状金属丝被拉长,使其电阻值增大。电桥失去平衡并输出一个与测量压力成比例的电压信号。

286.C。吹气式液位传感器是属于静压式液位传感器,调整节流阀使液位在最高位置时,从平衡气室中有微量气泡逸出,使得导管中压力始终与平衡气室压力相等。

289.B。吹气式液位传感器是属于静压式液位传感器。

292.D。在容积式流量传感器中,反映流量大小的输出信号是电脉冲信号频率的高低。

297.A。为了检测主机的转向,需安装两个磁头,且它们之间错位1/4齿距,使两个磁头所产生的脉冲信号在相位上相差1/4周期。

303.C。转矩传感器用来检测主机的有效功率(轴功率)。它的工作原理是轴的扭矩与轴的扭转角成比例。当推力轴扭矩增大时,两个齿轮的齿顶在轴线方向的位置错开,通过检测这个相位差来反映主轴所受扭矩的大小,显然相位差越大,扭矩也就越大。

304.B。EVT-10C型黏度传感器由测黏计和单片机变送器两部分组成。

305.C。测黏计是燃油黏度的测量装置,它把燃油黏度的变化转换成为感应电动势的变化量送到单片机变送器。

306.D。由于燃油具有黏性,燃油的摩擦阻力将会衰减振动杆振动的振幅,进而衰减感应电动势的幅值。黏度越大,这种衰减量就越大;反之,黏度越小,这种衰减量也越小。于是,检测线圈内感应电动势的下降值是与燃油的黏度成正比。

308.B。此电元件不需要外接电源产生电动势,受光照产生电动势输出,可见它是光电池。

310.C。光电池是一种半导体材料,它是利用有光照射后在两极间产生电压的原理工作的。采用 RAR 型硒光电池作为光敏元件。

311.C。感烟管式火警探测器原理,当气样中烟雾浓度增大时,测量光电池 4 产生的电信号减小,基准光电池 5 产生的电信号不变。

325.A。测量仪表都是由三个基本环节,即放大环节、反馈环节和比较环节组成的。

326.C。构成自动化仪表的三个主要环节是比较、指示和反馈。

328.D。气敏半导体元件需要在加热电阻丝通电加热下保持对空气中氧可逆吸附所需的温度,即加热电阻丝上电压不变,保持温度恒定,则气敏半导体的氧吸附量保持不变,从而在清洁的空气中,半导体的电阻值不变。若周围空气中有敏感气体存在,由于气体分子把阳离子吸附在导体表面上,半导体的电阻值就随气体浓度增高而变小。

329.D。盐度计的基本原理在于:水溶液的导电性将随其含盐量的增加而增加,即含盐量越多,导电性越好。造水机蒸馏水或锅炉水盐度的测量方法中较常用的是电导法。

330.B。在调节器中,利用比例惯性环节作为负反馈环节,可实现比例微分作用。

332.A。仪表指示的被测参数值与真实值之差定义为绝对误差。

335.B。在工程上,通常用仪表的精度等级来表示仪表的准确度。精度与基本误差的定义是相同的,只是在表示上用级来代替百分号。

339.C。基本误差 δ_0 是指仪表的最大绝对误差(最大指示误差)与仪表的测量范围(量程)之比的百分数,即:$\delta_0 = \dfrac{\Delta \max}{A'} \times 100\%$ 基本误差是衡量仪表好坏的一个重要指标,它是在校验仪表时,用精度很高的测试仪器测定出来的。基本误差是由于仪表结构中的间隙、摩擦、刻度不均或分度不准等原因所造成的误差,即为仪表本身缺陷所造成的误差。

344.C。在对气动差压变送器进行维护检查时,发现气动放大器本体上有一小孔,有少量气体流出,可能是正常工作的泄气。

347.B。船上压力变送器的作用是把压力信号变为标准的气压信号和(或)电流信号输出。

349.B。在耗气型气动功率放大器中,当输入压力增大时,克服金属膜片和弹簧片的刚度,使阀杆下移,开大球阀关小锥阀,这样由 A 室进入 B 室的空气量增加,而由 B 室经锥阀排入大气量减少,B 室的压力即放大器输出压力增大,且输出的空气流量大大增加。反之,当输入压力减少时,B 室压力即放大器输出压力会降低。

350.B。功率放大器只能进行流量放大,而不能进行压力放大,则喷嘴挡板机构输出气压信号 0.02 MPa 就为放大器的起步压力。线性工作段只占喷嘴挡板机构静特性曲线很小的一段;在这段仪表能获得较高的灵敏度、精度和工作的稳定性。如果起步压力调得过低或过高,将使放大器工作在非线性段,曲线平坦,且各点斜率差别很大,仪表灵敏度降低,工作不稳定。因此,调整好起步压力是重要的。起步压力一般通过调换刚度不同的金属膜片,或改变弹簧片的预紧力来实现。

351. B。耗气型气动功率放大器中弹性元件的刚度或间隙或预紧力增加,则起步压力增大。

355. A。单杠杆差压变送器的输出压力 $P_出$ 与输入压差 ΔP 之间的关系式:$P_出 = \dfrac{F_膜 \cdot l_1}{F_反 \cdot l_2}\Delta P = K_单 \cdot \Delta P$ 式中,$K_单 = \dfrac{F_膜 \cdot l_1}{F_反 \cdot l_2}$,称为单杠杆差压变送器的放大系数。可见,差压变送器的输出压力 $P_出$ 与输入压差 ΔP 成比例关系,即差压变送器的特性是比例环节。

356. C。在单杠杆差压变送器中,$K_单$ 减小,则量程增大;$K_单$ 增大,则量程减小。

358. C。在单杠杆差压变送器中,上移反馈波纹管,l_2 增大,$K_单$ 减小,则量程增大;下移反馈波纹管,l_2 减小,$K_单$ 增大,则量程减小。

369. D。电动差压变送器将被测量的物理量转化为 4~20 mA 的标准电流输出信号,目前在船舶机舱中主要以电容式电动差压变送器为主。电容式差压变送器的基本组成成测量部件和转换放大电路两部分。

371. B。电动差压变送器的零点是指输入为零(最低值)时,输出为 4 mA。

372. D。电动差压变送器的量程是指输入为最大值时,输出为 20 mA。

378. A。交流执行电动机的转向取决于控制电压与励磁电压的相位关系。

379. C。伺服电动机在控制系统中是用作驱动控制对象的执行元件,它的转矩和转速受电压信号的控制。电动机的转速和转动方向随着电压信号的大小和极性变化而灵敏、准确地变化,在自动控制系统中有着非常广泛的应用。常用的伺服电动机有交流和直流两种。交流执行电动机转速的快慢取决于控制电压信号的大小。

380. A。交流伺服电动机在一定负载转矩下,控制电压越高,则转速也越高;在一定控制电压下,负载增加,转速下降。控制电压 U_2 的相位不同,电机的转向不同。

382. A。交流测速发电机的输出电压 U_2 和励磁电压 U_1 的频率相同,U_2 的大小和发电机的转速 n 成正比。测速发电机的功能是将机械转速信号转换为电压信号,它的类型有直流测速发电机和交流测速发电机。一般要求输出电压与转速成正比,$U_2 = Kn$,并保持稳定。

384. D。直流伺服电动机的结构类同于一般的他励直流电动机,只是造型细长以利于减小转动惯量。它的励磁绕组和电枢分别有两个独立电源供电,通常采用电枢控制,即励磁电压 U_1 一定,建立的磁通也是定值,控制电压 U_2 加在电枢上。

385. A。气动薄膜调节阀属于比例环节。

386. C。气动薄膜调节阀在控制系统中属于执行机构。

387. B。气动薄膜调节阀依据力平衡原理工作的。

390. C。气开式调节阀是指,没有输入控制信号时,调节阀处于全关状态;当输入的控制信号增大时,调节阀开度增大。气关式调节阀是指,没有输入控制信号时,调节阀处于全开状态,当输入的控制信号增大时,调节阀开度减小。

393. A。带阀门定位器的气动执行机构,当输入增大时,挡板与上喷嘴靠近和下喷嘴远离。

394. D。交流伺服电动机的特点是转动惯量小,转子电阻大,控制电压改变转速,控制电压相位改变转向。

398.A。一般交流伺服电动机转子的特点是转子细长,转动惯量小,电阻大。
405.B。电液伺服系统输入的电信号一般都比较小。
408.D。力矩马达的作用是将电信号转换为力矩或力。

第三章

电气电子设备的维护与修理

第一节 电工安全知识

1. 关于船上触电，下列哪种说法是正确的？
   A. 只有接触火线才会触电
   B. 因为船上采用的是三相绝缘系统，因此只有同时接触两相电才会触电
   C. 接触中性线不会触电
   D. 船上一般没有火线和零线之分，接触任意一相都可能导致触电

2. 弧光触电发生在_____情况下。
   A. 直流电压
   B. 交流电压
   C. 低电压
   D. 高电压

3. 人体电阻最大的情形是_____。
   A. 皮肤干燥
   B. 皮肤湿润
   C. 皮肤潮湿
   D. 浸入水中

4. 下列属于间接触电的是_____。
   A. 电源中性点不接地的单相触电
   B. 跨步电压触电
   C. 双线触电
   D. 弧光触电

5. 触电形式中，_____属于间接触电。
   A. 双线触电
   B. 电源中性点不接地的单相触电
   C. 电源中性点接地的单相触电
   D. 接触电压触电

6. 致命电流，通常规定为_____。
   A. 40 mA
   B. 50 mA
   C. 30 mA
   D. 60 mA

7. 船用三相绝缘电源系统，下列触电方式中对人体造成危害最大的是_____。
   A. 双线触电
   B. 单线触电
   C. 单相触电
   D. 接地触电

8. 按照我国对安全电压的分类，露天铁甲板环境，安全电压为_____。
   A. 65 V
   B. 12 V

C.24 V   D.36 V

9.关于船舶安全用电的说法,正确的是_____。
   A.安全电压一律为 36 V
   B.皮肤潮湿时人体电阻显著下降,故禁止湿手触摸电气设备
   C.电气工具平时应挂在电气设备的防护栏杆上,以便于修理时使用
   D.电气设备着火,应使用泡沫灭火剂带电灭火

10.我国根据发生触电危险的环境条件将安全电压界定为三个等级,高度危险的建筑物中其安全电压为_____V。
   A.2.5   B.12
   C.36   D.65

11.可携式船舶工作照明灯,其安全电压不超过_____V。
   A.50   B.36
   C.24   D.12

12.下列预防触电措施中,不正确的是_____。
   A.加强安全用电教育,严格操作规范
   B.一般禁止带电检修
   C.穿着合格的绝缘胶底鞋
   D.三相四线制系统中,可以单相接触维修电网线路,但应注意尽可能单手接触带电体

13.不允许用湿手接触电气设备,主要原因是防止_____。
   A.造成电气设备的锈蚀   B.损坏电气设备的绝缘
   C.触电事故   D.损坏电气设备的防护层

14.为适应船舶的倾斜、摇摆的条件,减少电动机故障和延长其使用寿命,电机装置在船舶上的安装方式一般采用_____安装。
   A.全部直立   B.全部首尾向卧式
   C.左右横向卧式   D.直立或首尾向卧式

15.监视和检测货油舱气体含氧量的电路,应采用_____电路。
   A.本质安全型   B.小功率型
   C.防护型   D.接地保护型

16.油船危险区原则上不允许安装电气设备,若必须安装,应使用_____。
   A.本质安全型   B.小功率型
   C.防护型   D.接地保护型

17.监视和检测货油舱油位的电路,应采用_____电路。
   A.本质安全型   B.小功率型
   C.防护型   D.接地保护型

18.下列哪条不符合安全用电规则?
   A.空中作业时根据情况带或不带安全带
   B.不使用钢卷尺测量带电物体长度
   C.如果有大电容检查维修前应对大电容放电

D.带电操作前,必须征得负责人同意

19.下列哪条不符合安全用电规则?
A.带电操作时尽量用一只手接触带电设备和操作
B.使用四氯化碳清洗电机等电气设备
C.穿安全鞋
D.带电操作时需两人进行

20.下列哪条不符合安全用电规则?
A.工作前把衣服扣扣好 B.工作时扎紧裤脚
C.工作时带上金属手表 D.穿安全鞋

21.下列不符合安全用电规则的是_____。
A.带电操作时,尽量用一只手接触带电设备和操作
B.带电操作时,需两人进行
C.带电操作时,两人同时对同一电器操作
D.带电操作前,必须征得负责人同意

22.关于船舶电气安全用具,说法错误的是_____。
A.电气安全用具分为绝缘安全用具和一般安全防护用具两大类
B.电气安全用具使用前应进行检查,某些用具应定期进行电气和机械试验
C.验电笔属于防护安全用具
D.安全用电不仅应遵循安全用电规则,还应正确使用电气安全用具

23.下列哪条不符合安全用电规则?
A.夏天或密闭空间等其他易致人体出汗的场合,在使用电焊、通风、照明等电气设备时应特别注意触电危险
B.为保障设备的连续供电,保险丝容量可加大
C.如果有大电容检查维修前应对大电容放电
D.带电操作前,必须征得负责人同意

24.在安全用电规则中,下列做法不正确的是_____。
A.工作完毕后,应检查清点工具,不要遗留
D.高空作业应先申请,获批准后方可进行
C.换熔丝时,一定要先拉断开关,并换上规定容量的熔丝,可用铜丝代替
D.禁止用湿手或在潮湿的地方使用电器或开启开关

25.在安全用电规则中,下列做法正确的是_____。
A.在带电设备上使用钢卷尺等金属尺进行测量工作
B.可以使用四氯化碳作为清洁剂
C.单靠梯子高度不够时,可以把两个梯子接在一起使用
D.在维修和检查有大电容的电气设备时,应将电容器充分放电,必要时可先予短接

26.关于安全用电规则,下列说法错误的是_____。
A.36 V以上的电器外壳必须安全接地
B.在修理任何线路及线路上的电器时,应切断电源,并挂上警告标示牌

C.检查电路是否带电,只能用万能表、验电笔和校验灯
D.带电作业,无须经轮机长批准

27.关于电气安全用具,下列说法错误的是_____。
A.安全用电规则的遵循,很大部分要依赖电气安全用具
B.所有的电气安全用具,不用定期进行电气和机械试验
C.电气安全用具分为绝缘安全用具和一般安全防护用具两大类
D.电气安全用具使用前应进行检查

28.在维修机舱辅机电动机之前采取的电气安全隔离措施中,正确的是_____。
A.断开控制箱电源开关并挂维修警告牌
B.将机旁的停机按钮锁住
C.不得将控制箱内控制线路上的熔断器取下
D.将其电源分配电箱断电

29.在进行电气设备安装或维修操作时,为了防止触电事故的发生,叙述错误的是_____。
A.进行电气设备的安装或维修操作时,要严格遵守停电操作的规定
B.必须在安装或维修设备的供电开关上悬挂"正在检修,禁止合闸!"的警告牌
C.在带电部位邻近处进行安装或维修设备时,必须保证有可靠的安全距离
D.预先与值班人员约定被安装或维修电气设备的送电时间

30.在进行电气设备安装或维修操作时,为了防止触电事故的发生,叙述错误的是_____。
A.只要电气设备在不运行状态,不必采取停电措施进行电气设备的维修
B.必须采取停电措施并在安装或维修设备的供电开关上悬挂"正在检修,禁止合闸!"的警告牌
C.在带电部位邻近处进行安装或维修设备时,必须保证有可靠的安全距离
D.不可以与值班人员约定被安装或维修电气设备的送电时间

31.在进行电气设备安装与维修操作时,为了防止触电事故的发生,叙述错误的是_____。
A.任何电气设备在不确定是否有电的情况下,应认为有电,不能随便接触电气设备
B.必须采取停电措施并在安装或维修设备的供电开关上悬挂"正在检修,禁止合闸!"的警告牌
C.在带电部位邻近处进行安装或维修设备时,必须要求邻近的所有带电设备停止供电
D.不可以与值班人员约定被安装或维修电气设备的送电时间

32.用于船舶电力系统的电压互感器原边额定电压有不同大小的等级,然而副边的额定电压通常均为_____。
A.100 V   B.380 V
C.230 V   D.24 V

33.关于电流互感器,下列说法错误的是_____。
A.电流互感器是依据电磁感应原理制成的
B.电流互感器原边绕组匝数远小于副边绕组匝数
C.在使用过程中,将原边绕组串接与被测主电路中
D.原边绕组与测量用的电流表相连接

34.对于电流互感器,下列说法错误的是_____。
   A.一次侧是实际电流,二次侧是固定范围,电流与之配套,显示的是实际电流
   B.它相当于可控电流源,所以副边不能开路
   C.它相当于变压器的空载运行状态,使用时副边不能短路
   D.用两个电流互感器就能测出三相绝缘系统的交流电流

35.主配电盘上的电流互感器副边额定电流为_____;与电流表配套使用时,电流表的读数表示发电机的_____。
   A.5 A 或 1 A;线电流   B.3 A;相电流
   C.3 A;线电流   D.5 A 或 1 A;相电流

36.电流互感器的特点是:原绕组匝数比副绕组匝数_____;比较导线截面积,原绕组比副绕组_____。
   A.多;粗   B.多;细
   C.少;粗   D.少;细

37.电流互感器副边线圈不允许_____,在电流互感器的副边不应装设_____保护。
   A.开路;过电压   B.开路;熔断器作短路
   C.短路;熔断器作短路   D.短路;接地

38.电流互感器二次侧开路导致_____,很危险。
   A.一次侧电流突然变大   B.二次侧电流突然增大
   C.二次侧电压突然增大   D.一次侧电压突然增大

39.电压互感器在实际使用中,以下做法错误的是_____。
   A.副边接高电压   B.副边外壳必须接地
   C.高压侧需接熔断器   D.副边不可短路

40.主配电盘上的船用电压互感器与电压表配套使用,电压表刻度盘的刻度是按发电机线电压值给定。若该电压表读数接近满刻度,互感器副绕组实际的电压值应是接近_____。
   A.100 V   B.380 V
   C.400 V   D.220 V

41.电压互感器的特点是:原绕组匝数比副绕组匝数_____;比较导线截面积,原绕组比副绕组_____。
   A.多;粗   B.多;细
   C.少;细   D.少;粗

42.船舶上常用的电压互感器的副边标准额定电压为_____,当 $N_1/N_2 = 1\,000/10$ 时,电压互感器可测量的最大电压为_____。
   A.100 V;1 000 V   B.500 V;5 000 V
   C.100 V;10 000 V   D.50 V;50 000 V

43.电压互感器原、副边线圈都不允许_____,在电压互感器原、副边都应装设_____保护。
   A.开路;过电压   B.短路;熔断器作短路
   C.接地;接地   D.接地;漏电

44._____的主要作用是将大电压、大电流按比例变成小电压、小电流,使测量仪表消耗的功率

大幅减少,使仪表继电保护装置生产标准化,且扩大了仪表的使用范围。
  A.变压器 B.互感器
  C.电压互感器 D.电流互感器

45.下列说法错误的是_____。
  A.电压互感器的副边绕组及外壳必须接地
  B.电流互感器的原边绕组是并接于被测电路中的
  C.电压互感器低压侧一般均为 100 V
  D.电流互感器副边一般均为 0~5 A

第二节　维护保养与修理

1.为避免无刷发电机组并车运行中出现无功分配不均的情况,应_____。
  A.定期检查无功分配情况
  B.检查是否构成多机并联运行的均压线接通
  C.定期调整发动机的调速器
  D.确保单机运行的各台发电机的调压特性为一致

2.单台发电机过载致主开关跳闸,造成全船断电,应立即采取的措施是_____。
  A.起动备用机组 B.先查明故障原因
  C.立即向电网送电 D.更换主开关后,再向电网供电

3.单台发电机运行中出现欠压保护跳闸,造成全船断电,应立即采取的措施是_____。
  A.起动备用机组 B.先查明故障原因
  C.立即向电网送电 D.更换主开关后,再向电网供电

4.关于兆欧表使用中,不正确的是_____。
  A.兆欧表有三个接线柱,线路(L)、接地(E)、屏蔽(G)
  B.测量 500 V 以下的设备,选用 2 500 V 的兆欧表
  C.将兆欧表水平且平稳放置,将 E、L 两端开路,以约 120 r/min 的转速摇动手柄,观测指针是否指到"∞"处
  D.将 E、L 两端短接,缓慢摇动手柄,观测指针是否指到"0"处,检查完好才能使用

5.以下兆欧表的使用方法,正确的是_____。
  A.测量前,应先对仪表进行开路试验和短路试验
  B.E 接被测对象的导体;L 接设备外壳或与被测导体绝缘的另一相导体
  C.测试线可使用普通绞线或者双股线代替
  D.可以直接使用兆欧表测量电子线路板的绝缘电阻

6.关于兆欧表的使用,下列各项表述中不正确的是_____。
  A.仪表的接线柱与被测试物设备间连接的导线,可以用单股线,也可以用双股绝缘线和绞线
  B.若被测试物连有电源,在测试前必须将电源切断;否则,不但影响测量结果,对测试人员及仪表都很危险
  C.在测量较高电阻时,保护环应接于被测试物两端最内层的绝缘层,以消除因漏电而引起的读

数误差

D.测量电气设备绝缘电阻时,应根据设备额定电压的大小选用不同等级的兆欧表

7.岸电主开关的空气断路器不能单独完成_____保护。
A.失压
B.过载
C.短路
D.逆相序

8.自动空气断路器在使用一定次数后,或触头表面发现有毛刺、颗粒等应清理,以保持接触良好,当触头磨损至原来厚度的_____时,应予更换。
A.1/2
B.1/3
C.1/4
D.1/5

9.手动、自动操作断路器均不能闭合,正确的查找方法是_____。
A.检查失压脱扣线圈是否损坏
B.检查辅助触头是否正常
C.检查分闸按钮是否正常
D.检查灭弧触头是否正常

10.当发电机带正常负载,在起动电动机时自动开关立即分闸,其可能原因是过电流脱扣器_____。
A.瞬时动作整定电流太小
B.瞬时动作整定电流太大
C.长延时整定值太小
D.长延时整定值太大

11.框架式自动空气断路器可手动分闸而不能电动分闸,若故障点在分闸控制电路,可按住配电板上_____按钮,用万用表测量_____和分励脱扣器线圈的外部接线端子来确认。
A.分闸;欠压脱扣器线圈
B.分闸;过压脱扣器线圈
C.合闸;欠压脱扣器线圈
D.合闸;过压脱扣器线圈

12.框架式自动空气断路器电动合闸时,按下按钮后主开关毫无反应而手动方式合闸正常,则可认为故障点在合闸控制电路。可一边按_____按钮,一边用万用表测量_____是否到达断路器的相应接线端子来确认。
A.分闸;合闸信号
B.分闸;分闸信号
C.合闸;合闸信号
D.合闸;分闸信号

13.以下故障中可能造成发电机主开关合闸使用过程中跳闸的是_____。
①主触头烧坏;②脱扣机构老化,钩不住;③失压线圈串联电阻过大,④失压脱扣器反力弹簧作用力过大
A.①②③
B.③④
C.②③④
D.①③④

14.以下可能造成发电机主开关合闸使用过程中跳闸的是_____。
①失压脱扣器的衔铁钩不住脱扣轴;②脱扣机构老化,钩不住;③失压线圈串联电阻过大;④失压脱扣器反力弹簧作用力过大
A.①②
B.③④
C.①④
D.①②③④

15.手动、自动操作自动空气断路器均不能闭合,以下正确的查找方法是_____。
A.检查灭弧触头是否正常
B.检查辅助触头是否正常
C.检查分闸按钮是否正常
D.检查失压脱扣线圈是否有电压

16.手动、自动操作自动空气断路器均不能闭合,正确的查找方法是_____。
   A.检查失压脱扣线圈是否损坏　　　　　B.检查辅助触头是否正常
   C.检查分闸按钮是否正常　　　　　　　D.检查灭弧触头是否正常

17.发电机主开关合闸后容易跳闸的故障原因可能是_____。
   A.失压脱扣器锁扣机构老化
   B.失压脱扣器因回路断开故障不能正常吸合
   C.储能电机线路烧毁
   D.主触头因接触电阻过大而过热

18.在_____时,需要对电动机进行解体与装配。
   A.清理风机的风叶等电机外部　　　　　B.更换接线盒
   C.更换润滑油、拆换轴承　　　　　　　D.改变Y-△接法

19.解体电机在抽出转子前,_____。
   A.在转子下面气隙和绕组端部垫上厚纸板,以免抽出转子时碰伤铁芯和绕组
   B.在转子轴上的一端或两端加套钢管接长
   C.可以直接用手抽出
   D.必须用起重设备吊住转子

20.交流电动机解体维修的原因有_____。
   A.电动机运行的电流比平时大　　　　　B.电动机起动次数过多
   C.电动机绝缘降低严重　　　　　　　　D.电动机轴承需要加油

21.交流电动机的解体维修中,不需要有_____。
   A.端盖的拆装　　　　　　　　　　　　B.轴承的拆装
   C.定子铁芯拆装　　　　　　　　　　　D.定子进烘箱加热以提高绝缘

22.确认轴承完好后,将新的润滑脂用手指从轴承的一边向另一边挤压,让润滑脂挤进轴承,并从另一边挤出一部分,抹去挤出的部分。润滑脂不能加得太多,过多会导致运转中轴承发热等弊端。一般3 000 r/min的电动机加轴承室空间的_____左右。
   A.1/4　　　　　　　　　　　　　　　　B.1/3
   C.1/2　　　　　　　　　　　　　　　　D.2/3

23._____是拆装后的电动机在投入使用前需要检查的项目之一。
   A.测量绕组绝缘电阻　　　　　　　　　B.起动电动机与电源容量的配合
   C.测量空载电流　　　　　　　　　　　D.负载试验与温升的测定

24.电动机的装配过程是拆卸的逆运行,即后拆的先装。下列装配过程错误的说法是_____。
   A.使用装配工具,用力不可太猛,以防扭断螺钉或端盖耳攀
   B.旋紧轴承盖与端盖螺钉必须对称上紧,分几次到位,不要损伤止口
   C.螺帽下的弹簧垫不得舍弃,以防松动
   D.使用铁锤等硬金属敲打轴承、端盖等物,确保紧固

25.交流电动机在装配时特别需要注意的是_____。
   A.不要将异物或小零件遗忘在电动机内部
   B.轴承在风扇后装

C.螺帽下的弹簧垫必须都是带锁紧的

D.端盖安装时需用铁锤等工具

26.交流电动机的安装中,不需要有_____。

　　A.端盖的装配　　　　　　　　　　B.轴承的装配

　　C.风叶的装配　　　　　　　　　　D.整个电机进烘箱加热以提高绝缘

27.船用电机的维护保养或维修应达到相应的标准。我国标准要求电机绕组的冷态绝缘电阻应不低于_____MΩ,热态绝缘电阻不低于_____MΩ。

　　A.1;5　　　　　　　　　　　　　　B.1;2

　　C.5;2　　　　　　　　　　　　　　D.5;1

28.电机因受潮而抽芯烘干后上浇漆的工艺要求是_____。

　　A.电动机烘干,然后待温度冷却到70 ℃左右时,浇上绝缘漆即可

　　B.电动机烘干,然后待温度冷却到70 ℃左右时,浇上绝缘漆后再烘干

　　C.电动机烘干到70 ℃左右时,浇上绝缘漆即可

　　D.电动机烘干到70 ℃左右时,浇上绝缘漆后再烘干

29.电机因浸入海水后的处理过程中,解体后首先是_____。

　　A.电动机烘干

　　B.电动机绕组拆卸重绕

　　C.电动机浸入淡水,反复浸泡清洗,然后烘干

　　D.电动机浸入清洁剂池中,反复清洗,然后用淡水清洗后再烘干

30.电机接地故障的测量方法有几种,但是_____不能检测该故障。

　　A.利用万用表欧姆低阻挡检查绝缘电阻

　　B.兆欧表检查

　　C.用地气灯测试方法

　　D.用电流表测试方法

31.当绝缘电阻低于0.5 MΩ时,必须进行烘干处理,提高电机的绝缘。烘干的方法很多,但_____不是常用的方法。

　　A.LED 灯烘干法　　　　　　　　　B.烘箱烘干法

　　C.主机或锅炉废热风烘干法　　　　D.电流烘干法

32.当绝缘电阻低于0.5 MΩ时,必须进行烘干处理,提高电机的绝缘。烘干的方法很多,在常用的方法中,下列说法错误的是_____。

　　A.若电动机被海水浸泡而引起绝缘下降,最好马上用电流烘干法

　　B.有的电动机绝缘老化或绕组损坏而绝缘降低,烘干不能使绝缘提高,这时必须更换绕组或采取其他措施

　　C.电动机干燥的温度与电机的绝缘等级有关

　　D.利用锅炉或主机的废热热风吹入电机进行干燥。这种方法既简单又节省能源

33.电动机绕组因绝缘破坏的接地测试方法很多,但除肉眼直接观察外,还应配以合适的仪器,如_____等。

　　A.万用表　　　　　　　　　　　　B.电流表

C.漏电毫安表　　　　　　　　　D.绝缘兆欧表、电机故障检测仪

34.电动机因绝缘破坏所造成的接地,船舶就地采取烘干的处理方法是_____。
　A.烘箱烘干　　　　　　　　　B.红外线灯泡烘干
　C.电流烘干　　　　　　　　　D.空载试运行烘干

35.电动机运行时轴承过热的主要原因是_____。
　A.电动机与负载间联轴器未校正,或皮带过紧
　B.电动机过载或频繁起动
　C.电动机风扇故障,通风不良
　D.电源电压过高或不平衡

36.电动机空载运行时电动机过热甚至冒烟的原因有_____。
　A.熔丝至少两相熔断
　B.定子绕组故障(相间、匝间短路;定子绕组内部连接错误)
　C.过流继电器调得过小
　D.电机装配中,转子装反,使定子铁芯未对齐,有效长度减短

37.通电后电动机嗡嗡响不能起动,不可能的原因是_____。
　A.电源缺相　　　　　　　　　B.电源电压太低
　C.转子卡住　　　　　　　　　D.热继电器整定值太小

38.电动机运行时振动较大,不可能的原因是_____。
　A.转子不平衡　　　　　　　　B.电源电压过低
　C.铁芯松动　　　　　　　　　D.电动机地脚螺丝松动

39.日常工作中应定期对电机做简单保养并做记录,具体有_____。
　A.拆卸轴承检查　　　　　　　B.绝缘和工作电流检查
　C.定子绕组加热检查　　　　　D.电机外壳漏电检查

40.三相异步电动机的定子绕组相间短路会导致_____。
　A.通电后电动机不转,然后熔丝烧断
　B.通电后电动机不转,但无异响,也无异味和冒烟
　C.通电后电动机不转且有嗡嗡声
　D.电动机运行时响声不正常,有异响

41._____不是电动机绕组常发生的故障。
　A.绝缘降低　　　　　　　　　B.短路
　C.绝缘升高　　　　　　　　　D.断路

42.选用船用电缆时,性能要求不包括_____。
　A.绝缘性能好　　　　　　　　B.防潮防腐蚀性能好
　C.抗振与抗机械损伤能力强　　D.抗压与抗拉能力强

43.接触器的拆卸步骤不包括_____。
　A.拆卸灭弧罩　　　　　　　　B.拆卸主触点
　C.拆卸短路环　　　　　　　　D.拆卸静触点

44.下列关于三相异步电动机所用软启动器和变频器特点的叙述中,不正确的是_____。

A.变频器输出不但改变电压而且同时改变频率
B.软启动器实际上是个调压器,输出只改变电压而不改变频率
C.变频器和软启动器只是同一种设备的不同名称,功能完全相同
D.变频器具备所有软启动器功能,但它的价格比软启动器贵,结构也复杂

45.软启动器是一种电机控制装置,下列对其叙述中不正确的是_____。
A.软启动器建立在电力电子技术基础上,集电机软启动、软停车、轻载节能和多种保护功能于一体
B.软启动器主要构成是串接于电源与被控电机之间的三相反并联晶闸管及其电子控制电路
C.软启动器控制三相反并联晶闸管的导通角,使被控电机的电源电压按不同的要求而变化
D.软启动器均采用可调式自耦变压器原理调整电机启动电压

46.下列关于更换继电器注意事项的叙述错误的是_____。
A.核对新继电器的型号和损坏继电器是否一致
B.新继电器线圈的工作电流要与损坏继电器线圈的工作电流相同
C.新继电器线圈的控制电压要与损坏继电器线圈的控制电压相同
D.更换时,打开继电器放松条及卡簧,按照拔下一个更换一个的原则,逐个更换

47.接触器安装不包括_____。
A.安装衔铁   B.安装支架
C.安装主触点   D.安装短路环

48.控制设备中的电源断路器中,电磁脱扣器的瞬时动作整定电流大于负载电路的正常工作时的_____。
A.额定电流   B.峰值电流
C.平均电流   D.最小电流

49.电源开关应该_____。
A.水平安装   B.垂直安装
C.倒立安装   D.任意安装

50.如果控制系统中主要是交流电动机,而直流电动机或直流负载的容量比较小时,也可以全选用交流接触器进行控制,但是触头的额定电流应_____。
A.适当大一些   B.适当小一些
C.小得多   D.相等

51.在电气原理图中所有的触点均表示"正常状态",所谓正常状态是指_____。
A.各种电器在正常工作时的状态
B.接触器的线圈未加电压
C.按钮、行程开关被正常压下
D.温度或压力继电器的参数处于正常范围

52.电气控制线路装配的一般步骤中,最后应_____。
A.画出接线图
B.连接电源、电动机等控制板外部的导线
C.根据电路图检验控制板内部布线的正确性

D.通电试验

53.安装完毕的控制电路板,需在一人操作一人监护下通电试车,具体步骤中描述错误的是_____。
   A.出现故障按下急停按钮
   B.热继电器按照电动机的额定电流整定好
   C.先检查控制电路后检查主电路
   D.通电试车后,断开电源,先拆除电动机负载线,再拆除三相电源线

54.关于电路板、电子元器件的焊接与装配,下列叙述不正确的是_____。
   A.电路板(PCB)由两部分组成:一部分是由绝缘材料制造的底板,另一部分是铺设在底板上,由导电箔(通常为铜)构成的线路
   B.将电气元件焊接到电路板上,首先器件需要具备良好的可焊性,其次电路板上焊件表面必须清洁,以便焊锡能够很容易地吸附融合在焊件上
   C.电子器件的安装插脚通过焊盘穿过电路板,然后在电路板上用电烙铁加热插脚和焊锡,将器件牢固地焊接在电路板上
   D.焊接时,需要使用合适的助焊剂,最常用的是酒精

55.关于电路板、电子元器件的焊接与装配,下列叙述正确的是_____。
   ①电路板(PCB)由两部分组成:一部分是由绝缘材料制造的底板,另一部分是铺设在底板上,由导电箔(通常为铜)构成的线路;②焊接用的工具是电焊机;③焊接时,需要使用合适的助焊剂,最常用的是酒精;④将电气元件焊接到电路板上,焊件要加热到熔锡温度,但也要考虑焊件能够承受的温度,有的集成电路不能长时间处于较高温度,这就要求焊接时控制焊件的温度和焊接时间
   A.②③   B.①②
   C.①④   D.①③

56.关于电路板、电子元器件的焊接与装配,下列叙述正确的是_____。
   ①电路板(PCB)由两部分组成:一部分是由绝缘材料制造的底板,另一部分是铺设在底板上,由导电箔(通常为铜)构成的线路;②电子器件的安装插脚通过焊盘穿过电路板,然后在电路板上用电烙铁加热插脚和焊锡,将器件牢固地焊接在电路板上;③焊接用的工具是电焊机;④焊件要加热到熔锡温度,不需要考虑焊件能够承受的温度
   A.①②   B.②③
   C.②④   D.①④

57.图为变压器同名端测试电路,若 K 闭合的瞬间毫安表的指针正偏则_____。

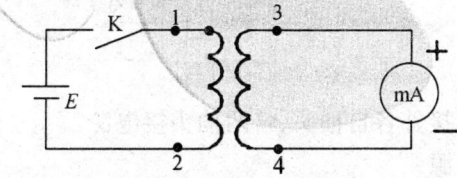

变压器绕组极性的测定

   A.1 与 3 为同名端,2 与 4 为同名端

B.1与3为异名端,2与4为异名端
C.1与4为同名端,2与3为同名端
D.1与2为异名端,3与4为异名端

58.图示为变压器原边的两个绕组,每个绕组的额定电压为110 V,如今要接到220 V交流电源上,需将两个线圈_____连接,_____端子短接。

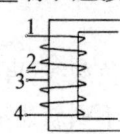

A.并联;1、3   B.串联;1、4
C.并联;2、3   D.串联;2、4

59.图示为变压器原边的两个绕组,每个绕组的额定电压为110 V,如今要接到220 V交流电源上,需_____连接,并判断其同名端为:_____同名。

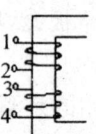

A.并联;1、4   B.串联;1、4
C.并联;1、3   D.串联;1、3

60.图中是利用直流法测量单相变压器的同名端。1、2为原绕组的抽头,3、4为副绕组的抽头。当开关闭合时,直流电流表反偏说明_____。

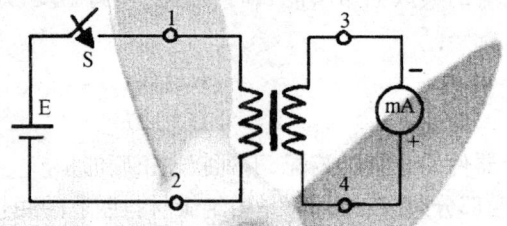

A.1、2两个端为同名端   B.1、4两个端为同名端
C.1、3两个端为同名端   D.3、4两个端为同名端

61.如图变压器有两个原绕组,每个原绕组额定电压均为110 V,副绕组额定电压为6.3 V,给灯泡供电,灯泡的额定电压也为6.3 V。现电源电压为220 V,应_____,才能保证灯泡正常工作。

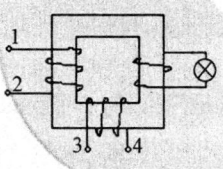

A.分别将1、3短接,2、4短接并各自抽头,将两抽头接电源
B.将2、3短接,1和4接电源
C.将1、3短接,2和4接电源
D.使用其中一个原绕组接电源即可

302

62. 变压器绕组的同名端可通过实验的方法来判别。如图所示为交流测定法接线图,当一侧绕组加上交流电压时(通常加在高压侧),若电压表所测 A、a 之间的读数高于所加的电压,该读数为两个绕组中的感应电势之和,说明这两个绕组为_____,即被连接的两端(图中 X 和 x)为_____。

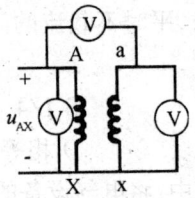

A. 反向串联;异名端
B. 反向串联;同名端
C. 正向串联;同名端
D. 正向串联;异名端

63. 如图所示为采用交流法进行变压器同名端判别的接线图,关于同名端,下列叙述正确的是_____。

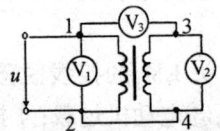

A. 若 1 和 3 之间电压表 V_3 的读数为 V_1 和 V_2 的读数之和,说明图中 2 和 4 为同名端
B. 若 1 和 3 之间电压表 V_3 的读数为 V_1 和 V_2 的读数之和,说明图中 1 和 3 为同名端
C. 若 1 和 3 之间电压表 V_3 的读数为 V_1 和 V_2 的读数之差,说明图中 1 和 3 为同名端
D. 若 1 和 3 之间电压表 V_3 的读数为 V_1 和 V_2 的读数之差,说明图中 2 和 4 为异名端

64. 某电动势为 E 的电源,内阻为 R,向负载 R_L 供电。设 $U、I$ 分别为电源端电压、电源电流;若当负载开路时,则式子_____成立。

A. $U=E, I/E=R$
B. $U=0, I=0$
C. $U=E, I=0$
D. $U=0, I=E/R$

65. 设一负载(例如电灯)两端不慎短路,下列说法最恰当的是_____。

A. 负载因过流而烧坏
B. 负载过功率工作
C. 不会对负载造成寿命损伤
D. 不会对线路造成寿命损伤

66. 船舶照明系统的故障通常由_____造成。

①短路;②断路;③接地

A. ①
B. ②
C. ③
D. ①②③

67. 当用电设备的绝缘严重老化后,可能产生_____。

A. 短路
B. 失压
C. 过载
D. 逆功率

68. 中性点接地的三相四线制系统,中性点接地线属于_____接地。

A. 工作
B. 保护
C. 工作接地或保护
D. 屏蔽

69. 关于船舶电气设备接地的叙述中,错误的是_____。

A. 只要能保证接地可靠,对工作接地线截面积无具体要求

B. 工作接地线不得用裸线

C. 工作接地和保护接地不得共用接地线

D. 工作电压不超过 50 V 的电气设备,一般不必设保护接地

70. 按照我国《钢质海船入级规范》要求,平时不载流的工作接地线,其截面积应为载流导线截面积的_____,但不应小于 1.5 mm²。

A. 1/2　　　　　　　　　　　　　　B. 1/4

C. 2 倍　　　　　　　　　　　　　　D. 相等

71. 在中性点接地的三相四线制的系统中,将电气设备的金属外壳接到中线上,称为_____。

A. 避雷接地　　　　　　　　　　　　B. 保护接零

C. 屏蔽接地　　　　　　　　　　　　D. 保护接地

72. 下图为船用电气控制箱的工作原理图,值班人员在手动操作时发现,在按下起动按钮时电动机能起动,松手后起动按钮正常复位后电动机即停转,几次操作现象相同,可能的故障原因是_____。

①并联在按钮 SBT 两端的自锁触头 KM_1 的接线脱落;②接触器 KM 线圈得电后,接触器的 KM_1 常开辅触点已松脱,不能吸合;③电动机过载;④接触器 KM 线圈故障烧毁

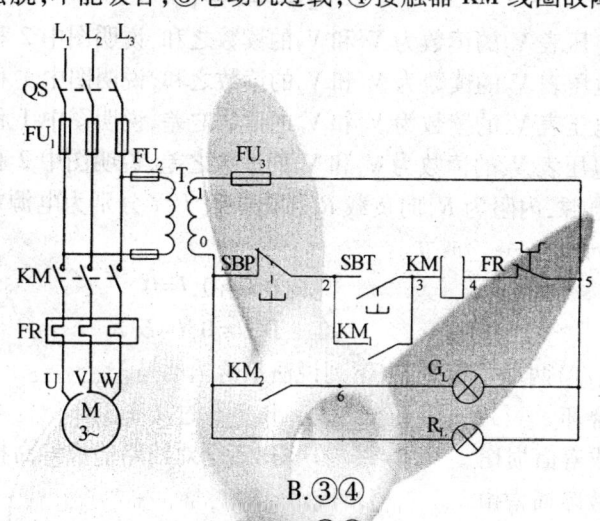

A. ①②　　　　　　　　　　　　　　B. ③④

C. ②④　　　　　　　　　　　　　　D. ①④

73. 下图为船用电气控制箱的工作原理图,值班人员发现其运行中突然停止运行时,可能的故障原因是_____。

①接触器的 KM_1 常开触点故障卡死;②电动机在过载情况下,热继电器 FR 动作;③接触器的 KM 的常开主触点熔焊烧死;④电动机出现单相运行导致热继电器 FR 动作

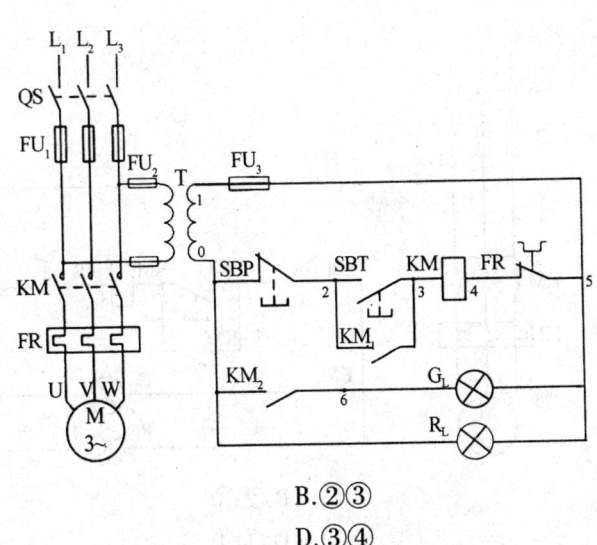

A. ①② B. ②③
C. ②④ D. ③④

74. 下图为船用电气控制箱的工作原理图,值班人员发现其运行中突然停止运行时,复位热继电器后系统重新运行,但经较短时间运行后又突然停止运行,可能的故障原因是_____。
①电动机已过载;②接触器的 KM_1 常开触点故障卡死;③热继电器整定值不对,需进行测试和校验;④接触器 KM 线圈故障烧毁

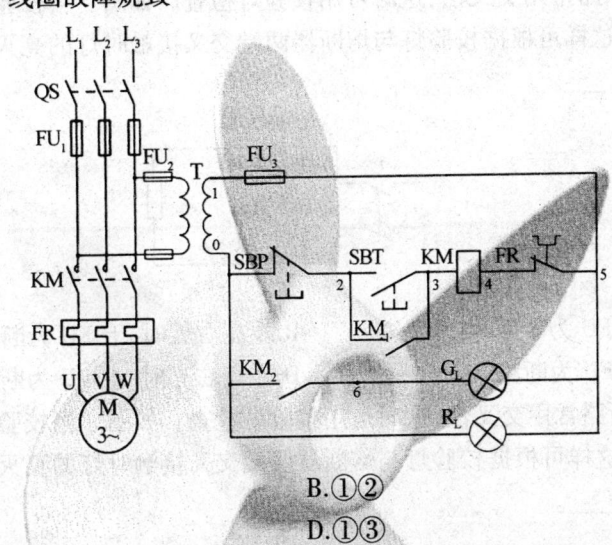

A. ②③ B. ①②
C. ③④ D. ①③

75. 下图为船用电气控制箱的工作原理图,值班人员欲手动操作起动按钮使其起动运行时,发现系统无任何反应,同时电源指示灯 RL 也不亮,可能的故障原因是_____。
①电动机已出现过过载故障,而热继电器未复位;②系统电源开关未合闸;③控制电路熔断器烧毁;④并联在按钮 SBT 两端的自锁触头 KM_1 的接线脱落

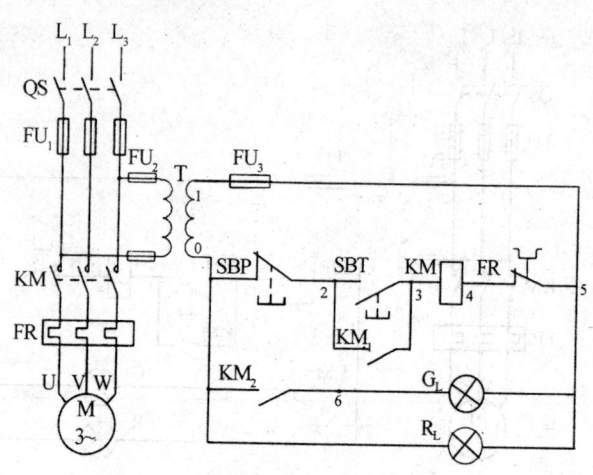

A.①②
B.②③
C.②④
D.①④

76. 电气线路中,发生的_____故障现象最为明显。
   A.短路
   B.过载
   C.缺相
   D.接地和绝缘低

77. 船上检查熔断器断路常用交叉法,这时可用校验灯检查。如图。当校验灯与电源构成闭合回路时,校验灯亮。这样可根据校验灯与熔断器两端交叉接触时灯的亮灭,找出断点;两灯左右交叉接触,若_____。

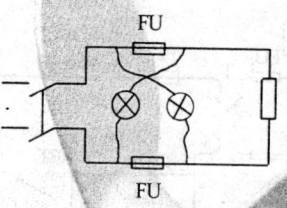

A.左亮右灭时,下 FU 为断路
B.左亮右灭时,上 FU 为断路
C.左亮右亮时,下 FU 为断路
D.左亮右亮时,上 FU 为断路

78. 船上检查熔断器断路常用交叉法,这时可用校验灯检查。如图。当校验灯与电源构成闭合回路时,校验灯亮。这样可根据校验灯与熔断器两端交叉接触时灯的亮灭,找出断点;两灯左右交叉接触,若_____。

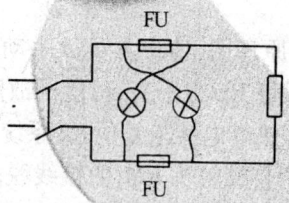

A.左亮右亮时,下 FU 为断路
B.左灭右亮时,下 FU 为断路
C.左亮右亮时,上 FU 为断路
D.左灭右亮时,上 FU 为断路

79. 船舶发电机单机运行中发生某重要负载单相接地故障,则该发电机的主开关_____。
   A.立即因短路电流而脱扣
   B.立即因接地保护而脱扣

C.如无过电流而延时脱扣 D.如无其他故障而不脱扣

80.在三相三线制的船舶电网中,电气线路中一点接地时,电气设备尚可正常运行,若再有另一点接地,就形成_____故障。
A.多点接地、间接短路 B.主电网严重短路
C.多点绝缘接地故障 D.三相电压不平衡

81.照明网络发生单相接地故障后,有可能通过_____快速找到故障点。
A.分断断电查找法
B.逐个断电查找法
C.询问故障发生时使用电器的有关人员
D.切换供电变压器

82.船舶照明系统接地故障引起的原因一般是_____引起的。
A.负载过载 B.操作失误
C.电缆线老化破损碰地 D.接头松动

83.下列配电方式中,出现单相接地即可形成短路的是_____。
A.三线绝缘系统
B.中性点接地的三相四线系统
C.直流双线绝缘系统
D.三线绝缘系统与中性点接地的三相四线系统都有可能

84.为了监视电网的单相接地,主配电板上设有绝缘指示灯,正常时这三盏灯应_____。
A.全不亮 B.全亮且亮度一样
C.一盏亮 D.两盏一样亮

85.照明网络接地故障查找步骤错误的是_____。
A.首先打开配电板式兆欧表测量照明网络,兆欧表指示此时为0
B.在主配电板前,逐个拉掉照明配电开关,查看兆欧表指示是否恢复正常值
C.拉区域开关的次序为:甲板照明区—机舱照明区—船员居住区—驾驶台通导设施
D.在分配电箱前,运用便携式兆欧表查找二次配电网络

86.船舶照明系统的接地故障,一般可用_____兆欧表进行检查;小应急照明系统的接地故障,可使用_____兆欧表检查。
A.250 V;50 V B.500 V;50 V
C.500 V;100 V D.1000 V;250 V

87.船舶电网绝缘电阻监测通常采用_____。
A.手摇式兆欧表 B.配电盘式兆欧表
C.指示灯 D.万用表欧姆挡

88.船舶配电盘上绝缘指示灯用来监视船舶电网绝缘,若电网一相接地则_____。
A.三盏灯全灭 B.三盏灯全亮
C.一盏灯灭,其余两灯比平时亮 D.一盏灯亮,其余两灯灭

89.用地气灯监视电力系统的绝缘,无接地情况,三灯所承受的电压均为_____,所以三灯亮度相同。

A.线电压　　　　　　　　　　　　B.相电压
C.零电压　　　　　　　　　　　　D.正电压

90.用地气灯监视电力系统的绝缘,如其中一只灯熄灭,其余两只比平时亮,说明_____。

A.一只灯泡烧毁　　　　　　　　B.单相接地
C.双相接地　　　　　　　　　　D.三相接地

91.在船舶电站中,配电板上装有_____用来监视电网的接地,还装有_____用来检测电网的绝缘电阻值。

A.相序测定仪;摇表　　　　　　B.绝缘指示灯;配电板式兆欧表
C.兆欧表;绝缘指示灯　　　　　D.摇表;相序测定仪

92.装在船舶主配电板负载屏的三只接成星形且中点接船壳的灯泡,是_____。

A.相序测定仪　　　　　　　　　B.绝缘指示灯
C.岸电投入指示灯　　　　　　　D.主发电机投入指示灯

93.船舶主配电板负载屏上大多装有如图所示的灯光指示装置,图中三个灯的作用是_____。

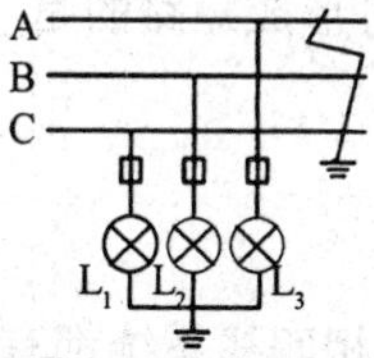

A.监视电网相序　　　　　　　　B.单相接地监视
C.监视发电机绝缘　　　　　　　D.监测负载绝缘

94.配电板式兆欧表法适用于_____带电测量对地绝缘。

A.中性点接地的三相四线制　　　B.船体做中线的三相系统
C.三相绝缘系统　　　　　　　　D.中性点接船体的三相系统

95.配电板式兆欧表法适用于三相绝缘系统_____测量对地绝缘。

A.带电　　　　　　　　　　　　B.不带电
C.断电　　　　　　　　　　　　D.停电

96.船舶配电板上大多装有绝缘指示灯以监视_____的单相接地。

A.负载　　　　　　　　　　　　B.电网
C.发电机　　　　　　　　　　　D.岸电

97.对于新建造的船舶,要求用于电力、电热和照明的绝缘配电系统均应设有_____监测绝缘电阻,且能在绝缘电阻异常低时发出_____报警信号的绝缘电阻监测报警器。

A.连续;光、电　　　　　　　　B.断续;光、电
C.连续;声、光　　　　　　　　D.断续;声、光

98.某白炽灯泡正通电点燃时测其端电压为200 V。查看其铭牌,标有:220 V、60 W。则该灯泡在_____。

A.额定功率下工作
B.额定电流下工作
C.额定电压下工作

D.200 V 电压条件下可以安全运行,不损伤其寿命

99.照明线路检修时进行如图所示的测试,当开关 S 分别打开和闭合时,电压表的读数分别是_____。

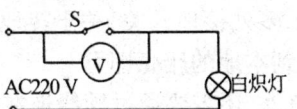

A.0 V、220 V　　　　　　　　　　B.220 V、0 V
C.0 V、0 V　　　　　　　　　　　D.220 V、220 V

100.白炽灯灯泡不发光,可能的原因有_____。
　A.镇流器不配套　　　　　　　　B.灯座或开关触点接触不良
　C.电源电压过高　　　　　　　　D.环境温度太低

101.日光灯灯管不发光,可能的原因有_____。
　A.日光灯灯管安装时方向插错　　B.启辉器损坏
　C.电源电压过高　　　　　　　　D.环境温度太低

102.日光灯灯管两端发黑,可能的原因有_____。
　A.灯管老化　　　　　　　　　　B.启辉器损坏
　C.灯丝断裂　　　　　　　　　　D.环境温度太低

103.照明分电箱中支路熔断器是否故障熔断,常用"试灯"的"亮/暗"检查,例如要检查熔断器 FU_2,图_____是正确快捷的方法。

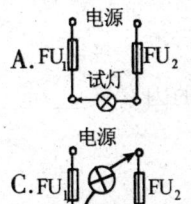 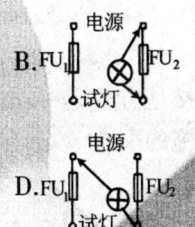

104.打开日光灯,日光灯点亮能工作,但发现其镇流器有噪声,且声音较大,分析其原因,可能是_____。
　A.启辉器已损坏　　　　　　　　B.电源电压太低
　C.镇流器质量不佳　　　　　　　D.日光灯灯丝已断

105.船舶照明控制系统的短路检查一般采用_____。
①根据图纸确定短路的大体方位;②依次断开并联支路寻找故障支路;③用万用表检查故障支路确定故障点
　A.①　　　　　　　　　　　　　B.②
　C.③　　　　　　　　　　　　　D.①②③

106.为了确保维修人员正在接触的线路无电,高压供配电线路上安装了多处接地开关。下列说法中不正确的是_____。
　A.接地开关(三相)的一端与母线相连,另一端与接地点可靠相连
　B.接地开关设有灭弧装置,可以带负载分合闸

C.在停电维修某一段线路和设备时,合上相应的接地开关,能保证被维修线路和设备可靠的接地,防止线路上电荷积累

D.在断路器意外合闸时,由于线路三相接地,短路电流会使断路器立即跳闸

107.船舶高压供配电线路上安装了多处接地开关,关于接地线,下列说法中正确的是_____。

A.由于全船为钢结构,各处接到本地的船壳即可

B.各处接地线除接到钢结构上外,还需要通过导线连在一起

C.全船接地线用要求的导线连接在一起,在一个可靠接地点接地

D.全船的接地线与本地的零线接在一起,由各处共同的零线再接在一起

108.船舶高压的电力系统中的三相接地开关_____接地指示信号,与主开关_____。

A.配有;互锁 B.不需要;互锁

C.配有;无关 D.不需要;无关

109.船舶高压电力系统中性点的接地方式是一项综合性技术问题,必须考虑的因素有_____。

A.电力系统供电的安全性、连续性和可靠性

B.欠压保护

C.逆功率保护

D.过载保护

110.船舶高压电力系统中性点的接地方式是一项综合性技术问题,必须考虑的因素有_____。

A.短路保护

B.过电压保护和绝缘技术措施的配合

C.并车保护

D.欠频保护

111.船舶高压电力系统中性点的接地方式是一项综合性技术问题,必须考虑的因素有_____。

A.欠电压保护和绝缘技术措施的配合

B.欠压保护

C.保护的构成和断路器跳闸方式

D.逆功率保护

112.船舶高压电力系统中性点的接地方式是一项综合性技术问题,必须考虑的因素有_____。

A.欠频率保护和绝缘技术措施的配合

B.欠压保护

C.互锁保护

D.配电网和线路结构

113.船舶高压电力系统中性点的接地方式是一项综合性技术问题,其中,中性点不接地方式的缺点是当一相接地时另外两相相对地电压升高,最大至_____。

A.相电压的$\sqrt{3}$倍 B.线电压的$\sqrt{3}$倍

C.相电压的$\sqrt{2}$倍 D.线电压的$\sqrt{2}$倍

114.电力系统中性点的接地方式是一项综合性技术问题,首要考虑的因素是_____。

A.电力系统供电的安全性 B.继电保护的构成

C.配电网和线路的结构 D.绝缘的检测

115.消弧线圈接地方式是利用电抗器的感性电流_____,可使接地电流大为减少。
   A.补偿电网的无功功率 B.补偿电网的容性电流
   C.提高发电机的功率因数 D.提高主开关保护动作的灵敏性

116.金属编织护套切割后,应在切割处包以2~3层塑料带扎紧,以防_____。
   A.芯线绝缘损坏 B.芯线外表损坏
   C.编织护套松散 D.编织护套影响工作

117.目前电缆芯线端部处理广泛采用_____。
   A.冷压铜接头 B.销状接头
   C.环状接头 D.销状或环状接头

118.导线连接后,必须恢复绝缘。绝缘带一般选用宽度为_____的,其宽度适中,包缠也比较方便。
   A.10 mm B.15 mm
   C.20 mm D.25 mm

119.使用便携式兆欧表测量电缆绝缘电阻方法错误的是_____。
   A.船用电缆额定电压在500 V以下,选用500 V或1 000 V级别的摇表
   B."L"端接电缆的接线端,"G"端接保护外壳,"E"端接电缆内层绝缘包层
   C.手摇手柄,由慢到快,以120转/分为宜,并保持匀速
   D.接线柱与被测电缆连线应用单股线分开连接

120.船舶应急照明系统应_____进行一次效能试验。
   A.1周 B.1月
   C.半年 D.1年

121.关于铅蓄电池进行过充电的说法,错误的是_____。
   A.蓄电池放电至极限电压后,2天没有及时充电,必须进行过充电
   B.蓄电池已放电至极限电压以下,必须进行过充电
   C.以最大电流放电超过10小时,必须进行过充电
   D.蓄电池电解液加水后,必须进行过充电

122.状态良好的铅蓄电池充电终了的标志是_____。
   A.电解液的比重达1.20
   B.单个电池的电压达2 V
   C.电解液中出现了大量的气泡,单个电池的电压达2.5 V
   D.电解液的比重达1.20并出现了大量的气泡

123.遇到_____情况时,应进行过充电。
   A.每月定期一次检查的
   B.酸性蓄电池放电电压达到1.8 V
   C.电解液内混有杂质的
   D.电解液液面降低较多的

124.遇到_____情况时,应进行过充电。
   A.极板硫化,充电时电解液比重不易上升

B.放电时,电解液比重下降较快

C.电解液液面降低较多

D.对于经常不带负荷的蓄电池,每月进行一次充放电的

125.遇到_____情况时,应进行过充电。

A.当蓄电池电解液液面降低

B.蓄电池已放电至极限电压以下

C.在充电完毕后,电解液比重超过正常值

D.经常不带负荷的蓄电池,定期充、放电

126.在_____应对蓄电池进行过充电。

A.蓄电池极板抽出检查之后　　　　B.每次充电时均

C.当电解液液面降低时　　　　　　D.每周检查蓄电池时

127.对于铅蓄电池必须进行过充电的说法,错误的是_____。

A.极板硫化

B.电解液的液面降低

C.蓄电池已放电到极限以下

D.蓄电池放电后搁置1~2昼夜未及时充电

128.关于铅蓄电池进行过充电的说法,错误的是_____。

A.蓄电池一周没有使用,必须进行过充电

B.蓄电池已放电至极限电压以下,必须进行过充电

C.以最大电流放电超过10 h,必须进行过充电

D.如果蓄电池板抽出检查,清除其附着的沉淀物后,必须进行过充电

129.单个铅蓄电池在放电状态的电压正常时应保持在_____V;假若电压下降到约_____V时,即需要重新充电。

A.2.1;1.9　　　　　　　　　　　　B.2.0;1.8

C.1.2;1.0　　　　　　　　　　　　D.1.0;0.7

130.当单个铅蓄电池的电压降到_____V时,应及时充电。

A.1.5　　　　　　　　　　　　　　B.2

C.1.7~1.8　　　　　　　　　　　　D.1

131.铅蓄电池电解液的液面会降低,主要原因是_____。

A.充电时,电解液会溅出来

B.放电时,电解液会溅出来

C.充放电时,会产生气体或蒸发,使电解液中的水分减少

D.因经常进行过充电

132.铅蓄电池电解液液面降低,补充液时通常应加_____。

A.盐酸　　　　　　　　　　　　　　B.碱

C.纯水　　　　　　　　　　　　　　D.稀硫酸

133.有关铅酸蓄电池充电结束时的叙述,错误的是_____。

A.正极板是二氧化铅　　　　　　　B.负极板是铅

C.电解液是水　　　　　　　　　　D.电解液是硫酸

134.船用酸性蓄电池的电解液,在放电过程中,比重_____,而在充电过程中,比重_____。
A.降低;降低　　　　　　　　　　B.升高;降低
C.不变;不变　　　　　　　　　　D.降低;升高

135.酸性蓄电池充电终了的标志是_____。
①充电时电解液中出现大量气泡;②电解液相对密度达 1.28~1.31;③单个电池电压达 2.5~2.7 V;④单个电池电压达 1.8 V 以下;⑤电解液相对密度达 1.2
A.①②③　　　　　　　　　　　　B.①②④
C.①③⑤　　　　　　　　　　　　D.①④⑤

136.船用酸性蓄电池的电解液在放电过程中比重_____;充电过程中,比重_____。
A.降低;降低　　　　　　　　　　B.降低;升高
C.升高;降低　　　　　　　　　　D.不变;不变

137.根据电解液的浓度来判定蓄电池充放电程度,适用于_____。
A.酸性蓄电池和碱性蓄电池　　　　B.碱性蓄电池
C.铅蓄电池　　　　　　　　　　　D.镉-镍电池

138.铅蓄电池如果充足了电,则其电解液比重正常在_____。
A.1.20 以下　　　　　　　　　　 B.1.18 左右
C.1.20　　　　　　　　　　　　　D.1.28~1.30 之间

第三节　电气设备的保护与故障诊断

1.船舶电网保护不设_____保护。
A.短路　　　　　　　　　　　　　B.过载
C.负序　　　　　　　　　　　　　D.逆功率

2.船舶电网的保护主要是_____保护。
A.过载、欠压　　　　　　　　　　B.过载、逆功率
C.过载、短路　　　　　　　　　　D.欠压、短路

3.船舶主发电机承受的电流在 1.1 倍额定电流时,允许的运行时间为_____。
A.1 h　　　　　　　　　　　　　 B.2 h
C.3 h　　　　　　　　　　　　　 D.4 h

4.图为船舶电网部分单线图、现图中各空气开关均合闸供电:当 a 点发生特大短路电流,应先动作的空气开关是_____。

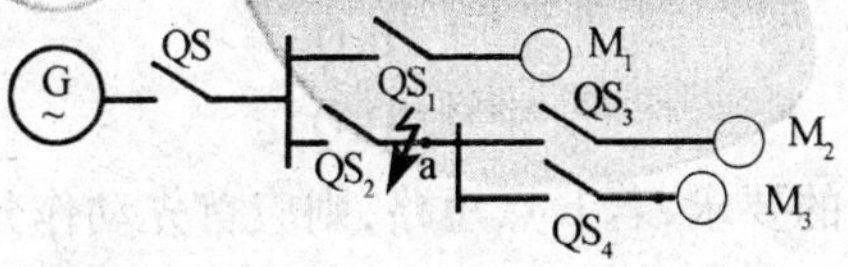

A.QS　　　　　　　　　　　　　　B.QS_1
C.QS_2　　　　　　　　　　　　D.QS_4

5. 图为船舶电网部分单线图,现图中各空气开关均合闸供电、当 a 点发生特大短路电流时应先动作的空气开关是_____。

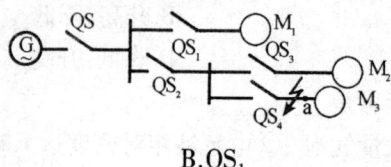

  A.QS   B.QS_1
  C.QS_2 D.QS_4

6. 图为船舶电力系统短路保护的单线示意图,若对各级保护装置的动作整定值按电流原则予以整定,则应有_____。

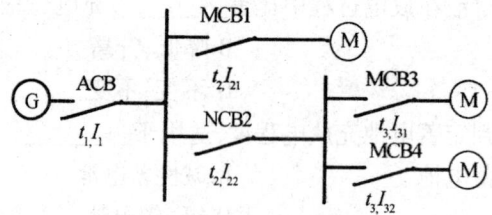

船舶电力系统短路保护示意图

  A.$I_1>I_{21}>I_{22}$ B.$I_1>I_{22}>I_{32}$
  C.$I_{31}>I_{22}>I_1$ D.$I_1>I_{22}>I_{21}$

7. 如图所示,若 a 点短路,根据选择性保护的要求,则应首先动作分断的断路器是 Q_6,若由于 Q_6 故障未断开,则后备保护_____应断开。

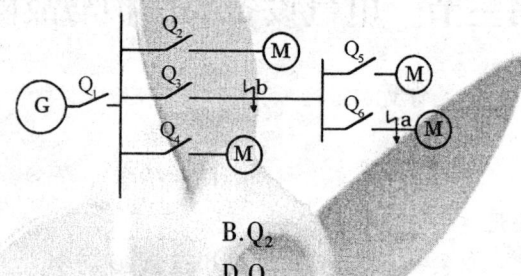

  A.Q_5 B.Q_2
  C.Q_3 D.Q_1

8. 如图所示,根据选择性保护的要求,若 a 点短路,则应首先动作分断的断路器是_____。

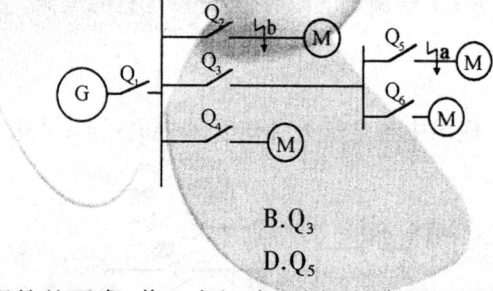

  A.Q_6 B.Q_3
  C.Q_1 D.Q_5

9. 如图所示,根据选择性保护的要求,若 b 点短路,则应首先动作分断的断路器是_____。

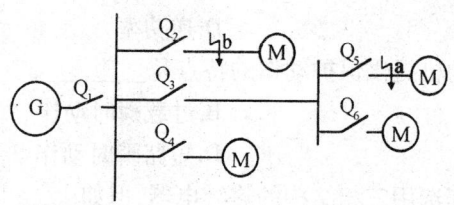

A.Q_1 B.Q_3
C.Q_2 D.Q_4

10.如图所示,若a点短路,根据选择性保护的要求,则应首先动作分断的断路器是Q_5,若由于故障,Q_5未断开,则后备保护_____应断开。

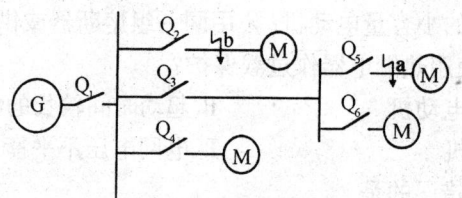

A.Q_6 B.Q_2
C.Q_3 D.Q_1

11.如图所示,若b点短路,由于故障,Q_2未断开,则后备保护_____应断开。

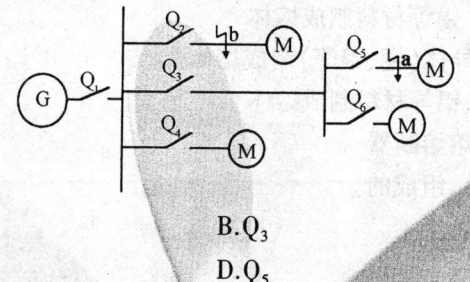

A.Q_1 B.Q_3
C.Q_4 D.Q_5

12.如图所示,若a点短路,由于故障,Q_5未断开,而是Q_3断开,这样就部分失去了继电保护的_____。

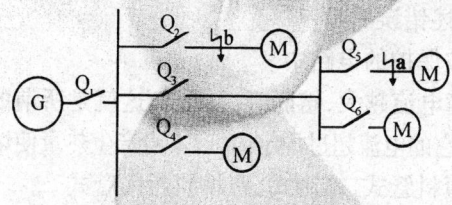

A.速动性 B.灵敏性
C.可靠性 D.选择性

13.在船舶电站中,一旦出现逆功并超过延时时限,则_____。
   A.立即把有故障发电机从电网切除 B.电网立即跳闸
   C.自动起动备用机组 D.分级卸载

14.当用电设备的绝缘老化时,电网可能发生_____现象。
   A.短路 B.失压

C.过载 D.逆功率

15.热继电器为三相异步电动机提供保护动作的特点是_____。
A.过载延时动作 B.过载瞬时动作
C.短路延时动作 D.短路瞬时动作

16.船舶电气中一般情况下都选用三相结构的热继电器,但如_____情况时可使用两相结构热继电器。
A.电网电压不平衡
B.工作条件恶劣,很少有人看管的电动机
C.机舱简单电动机的过载保护
D.与大容量电动机并联的小容量电动机(公用同一组熔断器或供电变压器)

17.下列哪项情况下,不宜使用热继电器作过载保护?
A.允许长期过载工作的电动机 B.起动时间较长的电动机
C.起动次数频繁的电动机 D.电网电压不平衡

18.船上常用的熔断器分类错误的是_____。
A.无填料管式 B.玻璃管式
C.有填料封闭管式 D.螺旋式

19.有关螺旋式熔断器,下列叙述正确的是_____。
A.采用热惯性较大的铅、锡等材料制成熔体
B.采用截面积很小的良导体(铜、银等)制成熔体
C.采用热惯性较小的锌、铝等材料制成熔体
D.螺旋式熔断器多为速熔熔断器

20.船用熔断器是由_____组成的。
A.熔断管、熔断体
B.熔断体、填料
C.熔断管、熔断体、填料
D.熔断管、熔断体、填料、金属导电部件

21.关于船用熔断器,下列叙述错误的是_____。
A.船用熔断器是串接在被保护的电路中
B.通过船用熔断器的故障电流越大,熔断时间越长,这就是所谓的"反时限保护特性"
C.船用熔断器是一种通过它的电流超过规定值,以本身产生热量使熔体熔化而分断电路的电器
D.船用常用熔断器有无填料管式、螺旋式、有填料封闭管式

22.关于船用熔断器熔体额定电流选择,下列叙述错误的是_____。
A.对于平稳负载,熔断器熔体额定电流可选择等于或稍大于负载的额定工作电流
B.对于单台电动机负载,熔断器熔体额定电流可选择等于3倍电动机额定电流值
C.对于单台电动机中频繁启动负载,熔断器熔体额定电流可选择:电动机起动电流/(1.6~2)
D.对于单台电动机负载,熔断器熔体额定电流可选择:等于电动机起动电流/2.5

23.熔断器一般用于电动机的_____保护。
A.短路 B.过载

C.缺相 D.失压

24.如果线路上熔断器烧毁需更换,首先切断电源,查明原因,然后换上_____。
 A.粗一点的保险丝 B.铜丝
 C.细一点的保险丝 D.同样规格的保险丝

25.熔断器熔丝因线路过载熔断造成的现象描述正确的是_____。
 A.熔管或熔座有少量熏灼痕迹
 B.熔断器熔丝熔断,发现熔丝中间少了一段,烧断两头处烧成球形
 C.无填料管式熔断器熔管的管壁,不仅有大量熏烟痕迹,而且常常有大量的金属颗粒附着
 D.熔管或熔座无任何烟熏痕迹,仅发现熔丝中间烧断

26.熔断器熔丝误断的原因叙述错误的是_____。
 A.熔体使用时间过久而自然断开
 B.对于环境温度异常升高造成熔丝误断
 C.由于更换熔丝时受到外力的拉伸或装配时绷得太紧而受伤
 D.更换熔丝时,采用了额定电流值相同,但采用了不同材质的熔体

27.船用熔断器更换注意事项,下列叙述错误的是_____。
 A.熔断器的额定电压要适应被保护线路电压等级
 B.熔断器的额定电流要大于或等于熔体电流
 C.船用熔断器更换时,只要熔体电流额定值相同即可,熔体材质可不同
 D.线路中有各级熔断器,熔断器的电流要相应配套,越靠近电源熔体电流越大,保证各级熔断器的选择性

28.船用熔断器更换时,下列叙述错误的是_____。
 A.船用熔断器更换时,如果是短路引起的,可发现熔管或熔座有严重的熏烟痕迹并有大量的金属颗粒附着
 B.对于短路引起的熔体烧断,一定要先查出原因才能更换熔体
 C.对于因环境温度高会引起熔断器误断,可以选用加大额定电流的熔体来替代
 D.船用熔断器更换后,一定要保证接触紧密,不能松动

29.应急同步发电机不需设置的保护是_____保护。
 A.过载 B.短路
 C.逆功率 D.欠压

30.同步发电机的欠压保护是通过_____来实现的。
 A.负序继电器 B.接触器
 C.自动空气开关的失压脱扣器 D.自动空气开关的过流脱扣器

31.同步发电机的外部短路保护通常是通过_____来实现。
 A.熔断器 B.电流继电器
 C.热继电器 D.自动空气断路器的过电流脱扣器

32.同步发电机的欠压保护主要是实现对_____的保护。
 A.发电机主开关 B.主配电板
 C.发电机和运行的电动机 D.所有负载

33. 根据中国船级社《钢质海船入级规范》规定，_____保护不是500 V以下同步发电机所要求设置的继电保护。
   A.过载　　　　　　　　　　　　B.欠压
   C.逆功率　　　　　　　　　　　D.内部短路和过电压

34. 船舶发电机逆功率状态运行是指这台_____。
   A.发电机向负载供电　　　　　　B.发电机向电网提供无功功率
   C.发电机向电网提供有功功率　　D.发电机从电网吸收有功功率

35. 交流同步发电机的逆功率保护装置设定延时的原因是_____。
   A.考虑到均压线在均衡无功功率时机组间会出现短时的环流
   B.考虑到并车等情况下会出现允许范围内的短时逆功
   C.没有它，无法完成并车
   D.等待主开关跳闸

36. 逆功率继电器是保护_____设备的装置。
   A.电动机　　　　　　　　　　　B.负载
   C.发电机组　　　　　　　　　　D.接岸电

37. 单台发电机组在网运行中，不可能发生_____现象。
   A.过电流保护　　　　　　　　　B.欠压保护
   C.短路保护　　　　　　　　　　D.逆功率保护

38. 船舶电力系统继电保护中，_____是瞬时动作的。
   A.自动分级卸载　　　　　　　　B.过载保护
   C.欠压保护　　　　　　　　　　D.特大短路电流保护

39. 发电机并联运行时，若出现逆功率，逆功的原动机转速将_____。
   A.波动　　　　　　　　　　　　B.不变
   C.升高　　　　　　　　　　　　D.降低

40. 若并联运行的发电机中某柴油机燃油供油系统故障停止供油，可能引起该机_____保护。
   A.超速　　　　　　　　　　　　B.过载
   C.短路　　　　　　　　　　　　D.逆功率

41. 两台发电机并联运行，若某台发电机燃油供油系统故障停止供油，可能引起另一台发电机_____保护。
   A.过电压　　　　　　　　　　　B.过载
   C.超速　　　　　　　　　　　　D.逆功率

42. 如果船舶发电机产生逆功率故障，下列说法不正确的是_____。
   A.易损坏原动机
   B.可能造成正在并联运行的另一台发电机过载
   C.可能造成正在并联运行的另一台发电机也逆功
   D.可能造成全船供电中断

43. 应急发电机不太可能发生的故障是_____。
   A.外部短路　　　　　　　　　　B.过载

C.失(欠)压 D.逆功率

44.发电机过载致主开关跳闸,一般是发生在_____。
   A.发电机逆功率保护 B.发电机单机运行在较大负荷下
   C.发动机滑油压力过低保护断油时 D.外部出现短路故障时

45.同步发电机单机运行中跳闸,不可能是由_____引起的。
   A.短路 B.过载
   C.逆功率 D.失压

46.对于具有自动电站管理系统的电站,发生了发电机外部短路保护,判断的依据是观察到_____。
   A.自动电站能够起动备用机组,同时控制主开关合闸
   B.自动电站能够起动备用机组,但是主开关未合闸
   C.自动电站除报警外,没有起动备用机组等动作
   D.自动电站没有任何动作

47.发电机转速为额定值,不能建立电压,经充磁后也不能建立电压,原因可能是_____。
   A.充磁回路断线
   B.自励回路处于饱和状态
   C.励磁控制回路的电压或电流互感器损坏故障
   D.发动机冷却水温度还未到规定值

48.发电机双机并联运行中,当负载增加时,两台发电机功率表(有功)指示基本相同而功率因数表($\cos\varphi$表)指示相差较大时,其原因可能是_____。
   A.发动机调速器回路故障 B.发电机励磁调压电路故障
   C.电网调频调整回路故障 D.两台无刷发电机的均压线断线

49._____不属于主配电板的组成部分。
   A.汇流排 B.应急配电屏
   C.并车屏 D.主发电机的负载屏

50.用于控制、调节、监视和保护发电机组的是_____。
   A.动力负载屏 B.照明负载屏
   C.发电机控制屏 D.汇流排

51._____的屏内装有用于控制、调节、监视和保护发电机组的电压互感器及电流互感器。
   A.动力负载屏 B.照明负载屏
   C.并车屏 D.发电机控制屏

52.船舶主配电板通常不装_____。
   A.逆序继电器 B.功率表
   C.同步表 D.调压装置

53.主配电板发电机控制屏上的电压表与电流表分别测量_____。
   A.发电机相电压、相电流 B.发电机线电压、线电流
   C.起货机线电压、线电流 D.岸电的线电压、线电流

54.船舶电站中原动机调速马达操作开关(或手柄)应装在_____。

A.发电机控制屏   B.负载屏
C.分配电板   D.汇流排

55.同步表、同步指示灯是装在主配电板的_____上。
A.负载屏   B.应急发电机控制屏
C.充放电板   D.并车屏

56.绝缘指示灯是装在主配电板的_____上。
A.并车屏   B.负载屏
C.应急发电机控制屏   D.主发电机控制屏

57.船舶交流电站的主发电机控制屏上除装有电流表、电压表外，一般还装有_____。
A.频率表、功率表、功率因数表   B.频率表、功率表、兆欧表
C.功率表、频率表、转速表   D.频率表、兆欧表、转速表

58.在并车屏上装有_____。
A.同步表、整步指示灯、功率因数表
B.整步指示灯、功率因数表及其转换开关
C.功率因数表、频率表及其转换开关
D.同步表、整步指示灯、频率表及其转换开关

59.发电机控制屏上不装_____。
A.频率表   B.电压互感器
C.绝缘指示灯   D.电压调节装置

60.对于主配电板中的负载屏，说法错误的是_____。
A.负载屏用来分配电能并对各馈电线路进行控制、监视和保护
B.通过馈电开关将电能供给各用电设备和分电箱
C.负载屏上装有逆功率继电器、仪用互感器
D.负载屏上装的自动开关大多为装置式自动空气开关

61.对于主配电板中的负载屏，说法正确的是_____。
A.负载屏是用来控制、调整、监视和保护发电机组的
B.负载屏是用来分配电能、并对各馈电线路进行控制、监视和保护的
C.负载屏上装有同步表及整步指示灯，以进行发电机并车操作
D.负载屏上装有频率表、发电机调速开关、合闸和脱扣按钮

62.在主配电板中的负载屏上不装_____。
A.绝缘电阻表和绝缘指示灯
B.同步表和整步指示灯
C.与岸电箱相连的岸电开关
D.主配电板和应急配电板之间的联络开关

63.主配电板发电机屏上的电流表是测量_____。
A.发电机的有功电流   B.发电机的无功电流
C.发电机的线电流   D.发电机的冲击电流

64.主配电板发电机屏上的功率表(kW表)是测量_____。

A.发电机的有功功率　　　　　　　B.发电机的无功功率
C.发电机的视在功率　　　　　　　D.发电机组的总功率

65.两台发电机并联运行,若发电机屏上的功率表(kW表)指示相等,则表示_____。
A.两台发电机的有功功率相等　　　B.两台发电机的无功功率相等
C.两台发电机的视在功率相等　　　D.两台发电机的功率因数相等

66.发电机的逆功率继电器、电压互感器及电流互感器一般装在主配电板的_____。
A.控制屏　　　　　　　　　　　　B.负载屏
C.并车屏　　　　　　　　　　　　D.汇流排

67.船舶仪用电压互感器将大电压按比例变换成_____。
A.小电压,使测量仪表消耗的功率大幅增加
B.小电压,使测量仪表消耗的功率大幅减少
C.小电流,使测量仪表消耗的功率大幅增加
D.小电流,使测量仪表消耗的功率大幅减少

68.电压互感器使用注意事项:_____。
A.副边不允许短路,副边要接地,铁芯要接地
B.副边不允许开路,副边要接地,铁芯要接地
C.副边不允许开路,原边要接地,铁芯要接地
D.副边不允许开路,副边要可靠接地,铁芯不允许接地

69.关于电压互感器的说法错误的是_____。
A.电压互感器的二次电压的高低与一次电压没有关系
B.电压互感器运行中二次侧不准短路
C.电压互感器的铁芯及二次绕组的一端必须可靠地接地
D.使用电压互感器可以扩大测量仪表的测量范围

70.下列不属于电压互感器使用时注意事项的是_____。
A.接入电路之前,应校验电压互感器的极性
B.在电源检修期间,应将一次侧的刀闸和一、二次侧的熔断器都断开
C.运行中的电压互感器在二次侧不得断路
D.应根据用电设备的需要,选择电压互感器型号、容量、变比、额定电压和准确度等参数

71.关于电流互感器的副边绕组不准开路的原因,以下说法最为恰当的是_____。
A.副边绕组开路产生高电压
B.铁芯发热严重
C.测不出电流大小
D.副边绕组开路产生高电压,同时铁芯发热严重

72.关于电流互感器的使用,说法错误的_____。
A.电流互感器的铁芯及二次绕组一端必须可靠接地
B.电流互感器的变流比是电流互感器的二次额定电流和一次额定电流之比
C.运行中的电流互感器副边不得开路
D.运行中的电流互感器副边不得短路

73. 为保证互感器的安全使用,要求互感器_____。

    A.只金属外壳接地即可

    B.只副绕组接地即可

    C.只铁芯接地即可

    D.必须铁芯、副绕组、金属外壳都接地

74. 电流互感器使用注意事项_____。

    A.副边不允许短路,副边要接地,铁芯要接地

    B.副边不允许开路,副边要接地,铁芯要接地

    C.副边不允许短路,原边要接地,铁芯要接地

    D.副边不允许短路,副边要可靠接地,铁芯不允许接地

75. 在使用互感器时,电流互感器副边不允许_____,电压互感器副边不允许_____。

    A.开路;短路   B.开路;开路

    C.短路;开路   D.短路;短路

76. 电压互感器实质上是一_____变压器。

    A.空载运行的降压   B.空载运行的升压

    C.负载运行的降压   D.负载运行的升压

77. 辅锅炉自动点火控制系统在自动点火时已点燃,但很快又发出点火失败信号,可能原因是_____。

    A.点火变压器故障   B.点火电极结炭严重

    C.火焰探测器故障   D.进油电磁阀未打开

78. 锅炉自动控制系统正常运行过程中,出现中途熄火,可能的原因是_____。

    A.锅炉满水   B.回油电磁阀断电

    C.火焰监视器故障   D.点火变压器突然故障

79. 辅锅炉自动点火控制系统在自动点火时已点燃,但很快又发出点火失败信号,不可能是_____。

    A.火焰监测器故障   B.点火电极结炭严重

    C.时序控制器故障   D.火焰监测器前面的隔热玻璃脏污

80. 使用万用表通电测量时,如果是带电操作,要特别注意的是_____。

    A.不能使用万用表的电阻挡而应使用交流电压挡

    B.万用表的电压量程放在最高挡

    C.黑表笔一定要接在电源公共端上

    D.黑表笔一定要接在外壳接地上

81. 如图所示,电动机的控制线路,采用断电检查法进行故障检查时,首先断开电源,确保被测电路断电后方可进行测量。将电源开关 QS 断开,把万用表打到欧姆挡($R \times 10$),调好零位,按图进行测量。把万用表的一根表笔放在端子 2 上,用另一根表笔碰端子 3,若表针为几百欧姆,则说明_____。

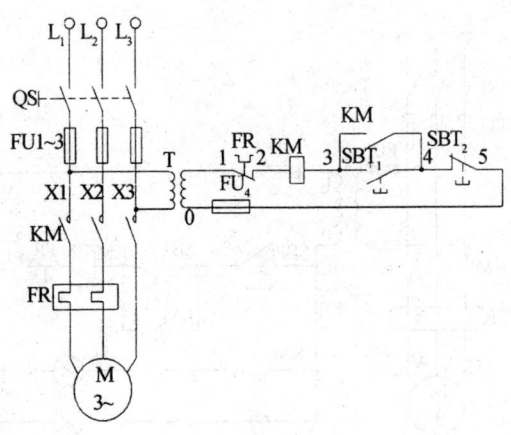

A.FR 常闭触头是正常的
B.接触器 KM 的常开触头是正常的
C.FU 熔断器是正常的
D.接触器 KM 的线圈是正常的

82.船用电气控制箱的故障的常见的控制系统故障有很多,如图所示,起动按钮 SBT 电机起动运行正常,但是指示灯 G_L 不亮。故障原因是_____。

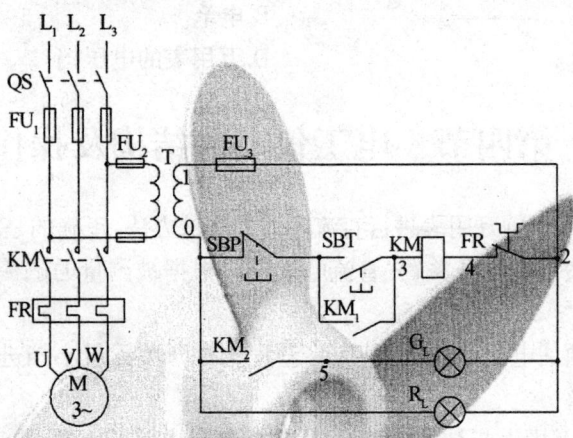

A.接触器 KM 线圈断线故障
B.保护熔断器 FU_3 熔断
C.并联在按钮 SBT 两端的自锁触头 KM_1 失去作用
D.串联在指示灯 G_L 的常开触头 KM_2 失去作用

83.船用电气控制箱的故障的常见的控制系统故障有很多,下图中,电机运行正常,但启动前后指示灯 R_L 不亮故障的原因是_____。

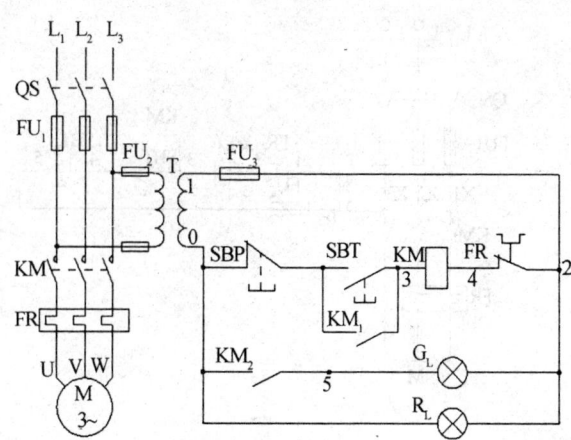

A.指示灯 R_L 故障

B.R_L 回路的 KM_1 触头失去作用

C.并联在按钮 SBT 两端的自锁触头 KM_1 失去作用

D.保护熔断器 FU_3 已熔毁

84.带电检查断路故障可用_____。

　A.钳形表　　　　　　　　　　　　　B.电笔

　C.万用表的电阻挡　　　　　　　　　D.万用表的电压挡

第四节　电工仪表的结构及操作

1.关于使用模拟式(指针式)万用表进行直流电流的测试方法,正确的是_____。

　A.测量时先将万用表的选择开关置"直流电流挡",根据被测量的电流预估值选择合适量程后与被测电路并联

　B.若不能较精确的预估电流值的范围,应将量程选择开关置最小挡进行测量后再根据测量的数据进行量程调整

　C.连接被测电路时,万用表与被测电路并联,红表笔接电路的正端,黑表笔接电路的负端

　D.在进行测试操作时,先断开电源,待表笔接好以后,再接通电源,读出测量值,测量完后,电路要还原

2.用电流表测量电路某支路所在点的电流时,_____。

　A.两支测量棒直接并接在这个点上

　B.一支表棒接测量点,一支接公共点

　C.先把该点断开,然后把两个断头分别接电流表的两支测试棒

　D.先把该点断开,然后把一个断头接电流表的测试棒,另一个断头与另一个表棒一起接公共点

3.为了减小误差,电压表的内阻与待测电阻相比_____。

　A.小得多　　　　　　　　　　　　　B.略小

　C.略大　　　　　　　　　　　　　　D.趋近于无穷大

4.在不断开交流电路连接的情况下可以直接用来测量电流的仪表是_____。

    A.钳形电流表　　　　　　　　　　B.普通电流表
    C.万用表　　　　　　　　　　　　D.功率表
5.钳形电流表的工作原理和_____一样。
    A.兆欧表　　　　　　　　　　　　B.功率表
    C.电压表　　　　　　　　　　　　D.电流互感器
6.穿过钳形电流表的导线相当于电流互感器的_____。
    A.初级线圈　　　　　　　　　　　B.次级线圈
    C.铁芯　　　　　　　　　　　　　D.初级线圈+铁芯
7.使用兆欧表测量前应先将兆欧表进行_____试验,检查兆欧表是否良好。
    A.开路　　　　　　　　　　　　　B.短路
    C.开路与短路　　　　　　　　　　D.开路或短路
8.测试仪表接入被测电路后,在接通电源之前,除认真检查接线保证无误外,还必须_____。
    A.接通电源　　　　　　　　　　　B.先选用小量程
    C.等待十分钟　　　　　　　　　　D.调零
9.MF-47型模拟式万用表,可以测量最高电压为2 500 V,最大直流电流为5 A。它的面板上有四个插孔,分别标有"+"、"com""2 500 V""5A",如图所示。测量电阻、小于500 mA的电流和低于1 000 V的电压时,红表笔插_____黑表笔插_____。

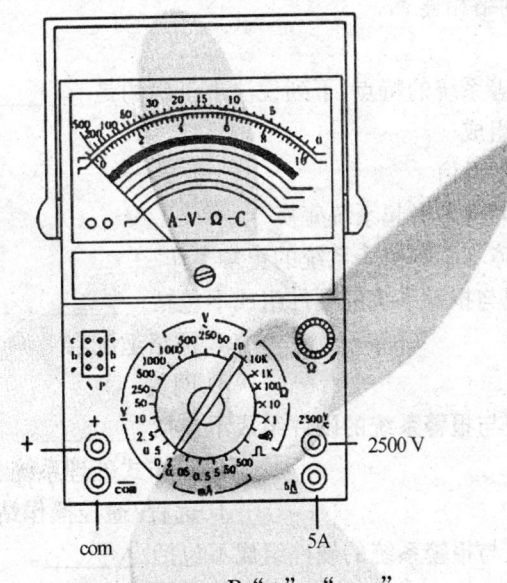

    A."com";"+"　　　　　　　　　　B."+";"com"
    C."5A";"com"　　　　　　　　　　D."2500 V";"com"
10.用数字万用表测量电阻时,将量程开关拨至Ω的合适量程,_____。
    A.红表笔插入V/Ω孔,黑表笔插入com孔
    B.黑表笔插入V/Ω孔,红表笔插入com孔
    C.红表笔插入mA孔,黑表笔插入com孔
    D.黑笔插入mA孔,红表笔插入com孔

第五节 电气设备功能、性能测试及配置

1. 网络型监视与报警系统的特点是_____。
   A.采用单微机进行集中监视
   B.采用多微机进行集中监视
   C.采用单微机进行分布式监视
   D.采用多微机进行分布式监视

2. 网络型监视与报警系统通常采用的网络形式为_____。
   A.局域网
   B.现场总线
   C.485 总线
   D.局域网与现场总线相结合

3. 网络型监视与报警系统的特点是_____。
   A.系统由多台计算机组成,它们之间采用网络通信
   B.系统由多台计算机组成,它们之间采用串行通信
   C.系统由多台计算机组成,它们之间采用并行通信
   D.系统由一台上位机和多台下位机组成

4. DATACHIEF C20 监视与报警系统中,关于分布式处理单元 DPU 的说法,错误的是_____。
   A.DPU 直接和上层网络相连
   B.DPU 直接和现场传感器和执行结构相连
   C.DPU 直接和 CAN 网络相连
   D.DPU 具备通信功能

5. 关于网络型监视与报警系统的特点,下列说法不正确的是_____。
   A.系统由多台计算机组成
   B.计算机之间采用网络通信
   C.单台计算机出现故障容易引起系统瘫痪
   D.单台计算机出现故障不影响整个系统的正常工作

6. DATACHIEF C20 监视与报警系统的硬件组成不包括_____。
   A.CAN 总线节点
   B.网络适配器
   C.安全保护系统
   D.网关

7. DATACHIEF C20 监视与报警系统的硬件组成不包括_____。
   A.车钟记录仪
   B.分布式处理系统
   C.延伸报警装置
   D.远程/遥控操作站

8. DATACHIEF C20 监视与报警系统的硬件组成不包括_____。
   A.网络适配器
   B.现场操作站
   C.主机数字调速器
   D.值班呼叫系统

9. DATACHIEF C20 监视与报警系统中,设置在驾驶台、舱室及公共场所的延伸报警装置是通过_____与远程操作站相连的。
   A.以太网
   B.RS485 总线
   C.RS232
   D.CAN 总线

10. DATACHIEF C20 监视与报警系统的硬件组成包括 CAN 总线节点、网关、延伸报警装置、485

通信接口、值班呼叫系统、分布式处理系统和_____。
A.安全保护系统　　　　　　　　　　B.视频监视系统
C.网络适配器　　　　　　　　　　　D.主机数字调速器

11.一个完善的监测与报警系统由_____三大部分组成。
A.传感器、监视屏和延伸报警箱
B.传感器、远程控制站和延伸报警箱
C.传感器、现场操作站和延伸报警箱
D.传感器、移动操作站和延伸报警箱

12.机舱中监视与报警系统所具备的功能包括_____。
A.参数报警上限值的自动调整
B.参数报警下限值的自动调整
C.故障自动消除
D.运行参数越限报警

13.DATACHIEF C20 监视与报警系统中,关于网关的说法正确的是_____。
A.网关是 DC C20 监控系统中用来连接 DPU 和 CAN 网络的设备
B.网关是 DC C20 监控系统中用来连接局域网和远程操作站的设备
C.网关是 DC C20 监控系统中用来连接 CAN 网络和局域网的设备
D.网关是 DC C20 监控系统中用于实现 CAN 网络冗余的设备

14.在_____的情况下机舱集中监视与报警系统会发出失职报警。
A.未能及时在集控室消声　　　　　　B.未能及时排除故障
C.未能及时在延伸报警箱应答　　　　D.未能及时在驾驶台消声

15.在报警装置中,设置延时环节的目的在于_____。
A.防止误报警　　　　　　　　　　　B.增强抗干扰能力
C.实现封锁报警　　　　　　　　　　D.实现失职报警

16.在故障报警装置中,延时环节可以实现_____。
A.报警时红灯先闪亮,蜂鸣器后响
B.延时接通报警线路,防止误报警
C.延时断开报警线路,保持报警状态
D.按确认按钮后,延时消声

17.在故障报警系统中,3 min 延迟报警是一种_____报警。
A.设备故障　　　　　　　　　　　　B.系统故障
C.值班　　　　　　　　　　　　　　D.失职

18.在如图所示的报警控制单元中,在_____的情况下,按确认按钮后,报警灯常亮且消声。

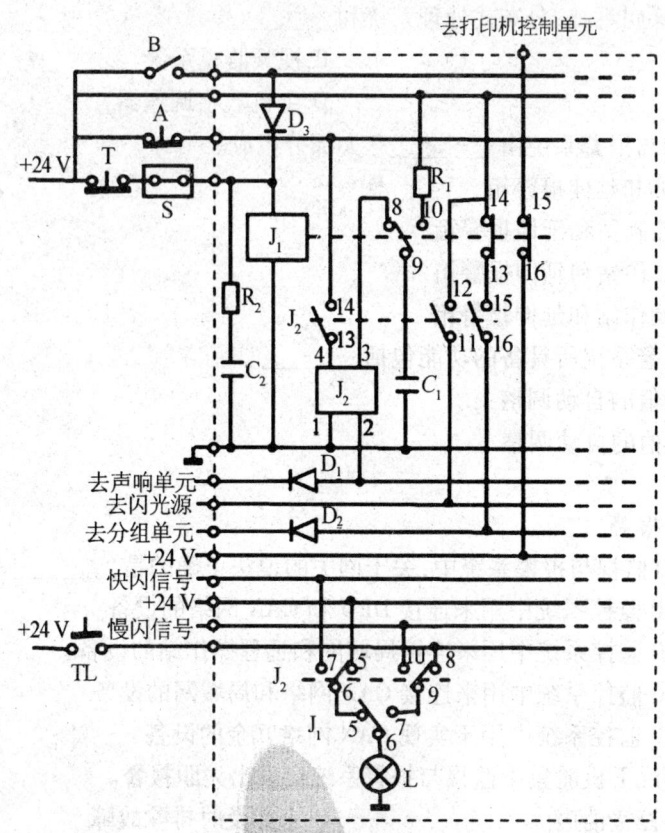

继电器式监视与报警控制单元

A.通常故障报警　　　　　　　　B.短时故障报警
C.闭锁报警　　　　　　　　　　D.值班报警

19.在开关量报警系统中,当被监视的参数在报警值附近波动时,为了避免频繁报警,常采取_____方法。

A.增加延时时间　　　　　　　　B.减小延时时间
C.增大监测传感器的回差　　　　D.减小监测传感器的回差

20.DATACHIEF C20 监视与报警系统中,关于分布式处理单元 DPU 的功能,说法错误的是_____。

A.DPU 具有完备的通信功能

B.DPU 具有参数存储功能

C.远程操作站出现故障时 DPU 将无法进行工作

D.DPU 具有独立的参数监视,报警控制的功能

21.DATACHIEF C20 监视与报警系统中的所有 CAN 总线节点模块都_____。

A.具有对机舱设备的监视和报警功能

B.具有对 CAN 网络的监视和故障处理功能

C.具有对局域网的监视和故障处理功能

D.具有对远程/遥控操作站的监视和故障处理功能

22.DATACHIEF C20 监视与报警系统中,关于远程操作站 ROS 的功能的说法,错误的是_____。
   A.与 CAN 网络中的数据采集或者控制设备进行双向数据通信
   B.对报警信息进行监控和报警信息的确认功能
   C.在 CAN 网络和以太网之间起网关的作用
   D.直接和 DPU 相连并对其进行控制

23.DC C20 监测与报警系统的图形显示界面具有可交互的性质,即在图形界面上可以对实际设备进行_____。
   A.操作和控制   B.参数修改
   C.平移和旋转   D.位置交换

24.DATACHIEF C20 系统中 DPU 功能强大,但是不包括_____。
   A.数据存储功能   B.远程下载配置功能
   C.自检功能   D.自带备用电池功能

25.轮机员每隔 24 小时自动将机舱内需要记录的全部参数打印制表,这是属于_____。
   A.定时制表打印记录   B.召唤打印记录
   C.故障打印记录   D.数字报警打印记录

26.在故障报警装置中,为防止某些压力系统由于压力的波动而使报警开关抖动产生误报警,应采用_____。
   A.短延时报警   B.长延时报警
   C.增大压力开关动作的回差   D.增大报警的极限压力值

27.根据船舶的运行状态,在某些情况下,为了禁止某些参数报警,常设有_____。
   A.报警延时功能   B.报警闭锁功能
   C.报警延伸功能   D.值班报警功能

28.DC C20/K-Chief 500 监视与报警系统的 DPU 模块的状态指示灯"Run"处在_____态,表示 DPU 模块工作正常。
   A.绿色   B.红色
   C.黄色   D.灭

29.在 DC C20/K-Chief 500 监视与报警系统中,若故障诊断结果显示只是 DPU 模块中个别通道出现故障,应首先考虑的处理方法是_____。
   A.检修损坏的通道   B.更换 DPU 模块
   C.启用同一模块的空闲通道   D.更换损坏的通道

30.在 DC C20/K-Chief 500 监视与报警系统中,当远程操作站 ROS 显示某个分布式处理单元通信错误,但此时系统各部分均工作正常,通常首先考虑的处理办法是_____。
   A.更换相关模块
   B.系统暂停工作,检查故障
   C.关闭电源,然后重新起动单元
   D.在故障未查清前,停止系统工作

31.在报警系统中,通常故障或长时故障是指的_____报警。

A.开关量故障 B.模拟量故障
C.报警后能自行消失 D.报警后不能自行消失

32.如图所示的报警设定值是_____。

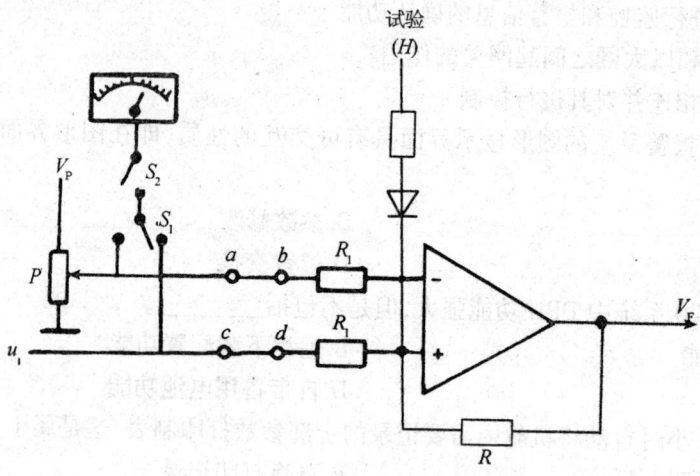

A.上限报警 B.延迟报警
C.平均值报警 D.下限报警

33.如图所示的报警设定值,H 是_____。

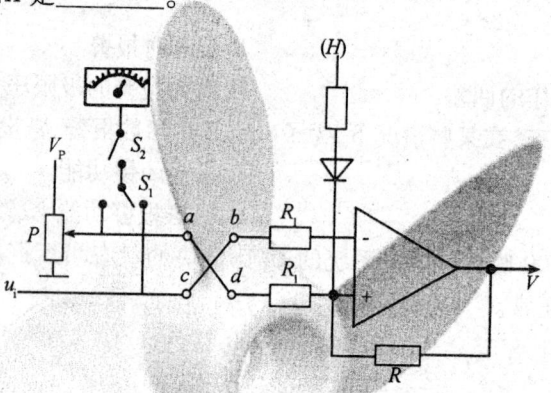

A.下限报警 B.延迟报警
C.上限报警 D.试验功能

34.K-Chief 500 监视与报警系统的特点是_____。
A.只具有监视与报警功能
B.不仅具有监视与报警功能,还有对设备的自动控制功能
C.不仅具有监视与报警功能,还有对设备的故障自动修复功能
D.不仅具有监视与报警功能,还有对设备的自动控制和故障自动修复功能

35.在 DGU8800e 数字调速单元的模拟实验区,设置了模拟输入信号,共有_____。
①模拟车令 CMD;②模拟转速 RPM;③模拟螺距 PITCH;④模拟扫气压力 SCAV;⑤校验 CAL
A.①②③④ B.②③④
C.①②③④⑤ D.①③⑤

36. 在DGU8800e数字调速单元的模拟实验区,执行机构有三个实验按钮,其中可以直接控制电机调节油门的是_____。
   A.SET	B.FUEL
   C.AUTO	D.CAL

37. 在DGU8800e数字调速单元的模拟实验区,执行机构有三个实验按钮,其中可以进行自动校验的是_____。
   A.SET	B.FUEL
   C.CAL	D.AUTO

38. 下列各项中_____不是反馈控制系统必不可少的基本单元。
   A.调节单元	B.执行机构
   C.测量单元	D.扰动

39. 自动控制系统主要由_____四个环节组成。
   ①测量单元;②显示单元;③调节单元;④执行机构;⑤被控对象
   A.①②③④	B.②③④⑤
   C.①②③⑤	D.①③④⑤

40. 船舶冷库控制系统中,其控制对象是_____。
   A.制冷压缩机	B.热力膨胀阀
   C.冷库温度	D.温度控制器

41. 图中 T_{802} 是_____,其作用是把冷却水温转换成_____。

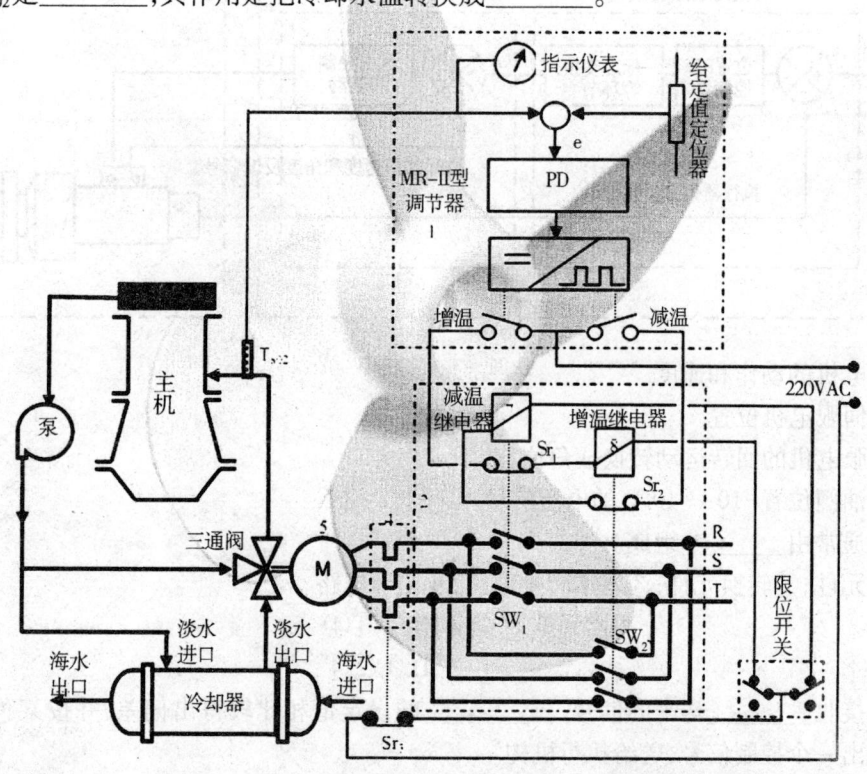

用MR-II型调节器组成的气缸冷却水温度自动控制系统

A.调节单元;电流信号 B.测量单元;电压信号
C.调节单元;电压信号 D.测量单元;交流信号

42.燃油供油单元 FCM 脱气模块的功能是当混油筒中气体达到一定量时,_____开关动作,控制系统控制脱气阀打开,使油路中气体返回_____。
A.压力;日用柜 B.浮子;沉淀柜
C.压力;沉淀柜 D.浮子;日用柜

43.EPC-50 分油机自动控制系统组成中不包括_____。
A.EPC-50 控制箱 B.电机启动箱
C.工作水阀组 D.重油日用柜

44.阀门液压集中控制系统组成部分一般不包括_____。
A.液压泵站 B.电液驱动头
C.电磁换向阀 D.阀位指示器

45.气动调节阀配用阀门定位器后可以使阀门_____。
A.更平稳 B.动作减缓
C.动作与输入信号成比例 D.可靠性提高

46.电动执行机构的组成原理如图所示,伺服驱动器控制_____。

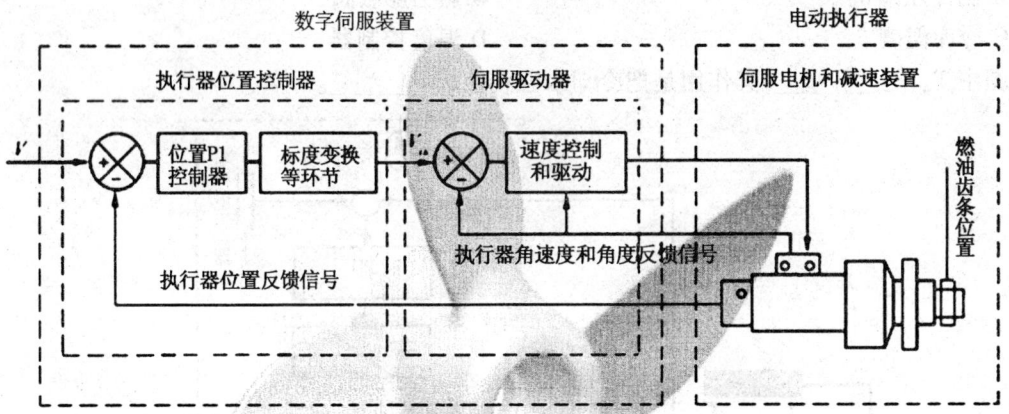

A.伺服电机的动作和速度
B.控制伺服电机位置
C.将伺服电机的回转运动转换成角位移
D.输出油门位置-10~+10 V 的电压信号

47.传感器通常由_____组成。
①敏感元件;②转换元件;③基本转换电路;④调节电路
A.①②③ B.②③④
C.①③④ D.①②④

48.控制器接收_____送来的信号,与_____的设定值相比较得出偏差,并按某种调节作用规律输出一个控制信号,送给执行机构。
A.测量变送器;被控变量 B.控制对象;测量变送器

C.测量变送器;控制对象　　　　　　　D.控制对象;被控变量

49.将被测差压转换成电信号的设备是_____。
　A.平衡电容　　　　　　　　　　　B.脉冲管路
　C.差压变送器　　　　　　　　　　D.压力表

50.阀门定位器检测阀位信号的方法不包括_____。
　A.机械连杆方式　　　　　　　　　B.霍尔效应
　C.电磁感应方法　　　　　　　　　D.电容-电流转换

51.在反馈控制系统中,最重要的组成单元是_____。
　A.控制对象　　　　　　　　　　　B.测量单元
　C.调节器　　　　　　　　　　　　D.执行机构

52.在自动控制系统中,控制阀是_____。
　A.控制对象　　　　　　　　　　　B.测量单元
　C.调节器　　　　　　　　　　　　D.执行机构

53.伺服驱动器又称为"伺服控制器""伺服放大器",是用来控制_____的一种控制器。
　A.普通交流电机　　　　　　　　　B.伺服电机
　C.普通直流电机　　　　　　　　　D.自整角机

54.继电器在电路中起着_____等作用。
　①自动调节②接通主电路③安全保护④转换电路
　A.①②③　　　　　　　　　　　　B.①②④
　C.①③④　　　　　　　　　　　　D.②③④

55.压力继电器效验实验如图所示,要调整其上限值,需要_____。

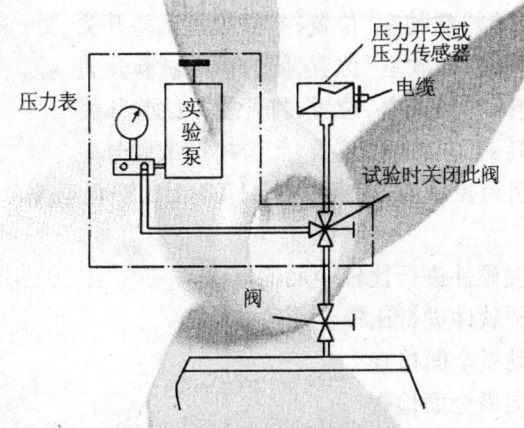

　A.从0开始升压到上限值时,调整复位弹簧使其触头复位
　B.从0开始升压到上限值时,调整幅差弹簧使其触头动作
　C.确定下限值后,压力升高到上限值,调整复位弹簧使其触头复位
　D.确定下限值后,压力升高到上限值,调整幅差弹簧使其触头动作

56._____是实验室对温度传感器进行检测的一种常用方法。
　A.实效测试法　　　　　　　　　　B.直接测试法
　C.间接测试法　　　　　　　　　　D.可变电阻或电位器的取代测试法

57. 电路板和元器件的功能测试是通过检测器件的_____,判断器件能否完成规定功能的过程,属于_____。
   A.安装与焊接;定性测试
   B.安装与焊接;定量测试
   C.输入输出关系;定性测试
   D.输入输出关系;定量测试

58. 在FCM燃油控制系统中,几乎所有的报警都可以在_____运行中测试。
   A.Manual
   B.Stop
   C.EPC
   D.Remote

59. EPC-50分油机自动控制系统进行报警功能测试时,如果测试分离盘速度传感器错误报警,则试验方法为_____。
   A.增加限制Fa10
   B.减少限制Fa10
   C.断开传感器启动分离设备
   D.短接传感器启动分离设备

60. _____是将机械技术、电工电子技术、微电子技术、信息技术、传感器技术、接口技术、信号变换技术等多种技术进行有机的结合,并综合应用到实际中去的综合技术。
   A.机电一体化技术
   B.机液一体化技术
   C.电液一体化技术
   D.机械电气化

61. 构成机电一体化系统的五大组成要素其内部及相互之间都必须遵循接口耦合、运动传递、信息控制与能量转换四大原则。_____时就必须具有保证信息的逻辑控制功能,使信息按规定的模式进行交换与传递。
   A.接口耦合
   B.运动传递
   C.信息控制
   D.能量转换

62. 在AUTOCHIEF-Ⅳ型主机遥控系统中,当主机运行时进行模拟试验,在模拟试验前必须_____。
   A.把操纵部位转换阀转到"驾驶室"位置,打开模拟试验开关
   B.把操纵部位转换阀转到"驾驶室"位置,闭合模拟试验开关
   C.把操纵部位转换阀转到"集控室"位置,打开模拟试验开关
   D.把操纵部位转换阀转到"集控室"位置,闭合模拟试验开关

63. AUTOCHIEF-Ⅳ型主机遥控系统,在集控室AUTOCHIEF-Ⅳ遥控单元的面板上可进行模拟试验的目的是_____。
   A.对主机遥控系统有关硬件进行比较全面的自检
   B.对主机遥控系统有关软件进行比较全面的自检
   C.对主机能否正常起动做全面检查
   D.对主机能否正常换向做全面检查

64. 主机遥控系统模拟实验装置的主要作用,不包括_____。
   A.显示遥控系统的工况
   B.检查遥控系统的各种参数
   C.检查遥控系统的各种功能
   D.诊断和排除主机故障

65. DC C20中,除了对机舱设备的状态及参数进行监视与报警外,还可实现对设备的控制,其中对泵的控制有_____。
   ①泵组顺序启动;②主备用切换;③失电自动起动;④启动禁止;⑤报警功能
   A.①②
   B.①②③④⑤

334

C.②③④⑤ D.①②③

66. DC C20中,除了对机舱设备的状态及参数进行监视与报警外,还可实现对设备的控制,其中对空压机的控制有_____。
①空压机的自动启停;②遥控手动启停;③失电重启;④自动放残
A.①② B.①②③④
C.①②③ D.②③④

67. 应急照明应_____进行一次效能试验,逐路检查灯具及应急照明接触器的工作情况,如有故障应予排除;另外应_____测量一次绝缘电阻。
A.每航次;每半年 B.每月一次;每半年
C.每航次;每一年 D.每月一次;每一年

68. 船舶主配电板是由_____组成的。
A.发电机控制屏、并车屏、负载屏和汇流排
B.发电机控制屏、应急配电屏、调压屏、负载屏
C.应急配电屏、发电机控制屏、应急配电屏、负载屏
D.岸电箱、照明配电板、应急配电屏、负载屏

69. 通过船舶蒸汽锅炉的安全阀的调压弹簧,可以调整安全阀的开启压力,开启压力的大小为_____。
A.大于实际工作压力的5%,但不超过锅炉的设计压力
B.大于实际工作压力的8%,但不超过锅炉的设计压力
C.大于实际工作压力的5%,可超过锅炉的设计压力的5%
D.大于实际工作压力的8%,可超过锅炉的设计压力的5%

70. 船用锅炉常用高低火燃烧来控制锅炉的蒸汽压力,其主要目的是_____。
A.保证最佳的燃烧风油比 B.提高锅炉的经济性
C.保证压力恒定 D.避免锅炉频繁起停

71. 空气反冲式自清洗滤器在压差大于0.09 MPa后自动开始冲洗,此后_____才停止冲洗。

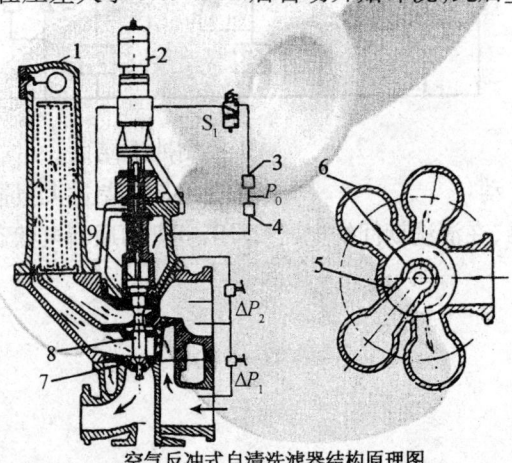

空气反冲式自清洗滤器结构原理图

S_1—清洗电磁阀;ΔP_1—进出口压差开关;ΔP_2—压力开关;P_0—气源
1—滤筒;2—电动机;3,4—空气减压阀;5—旋转本体;6—滤筒;7—排污阀;8—控制阀;9—控制活塞

A.各滤筒轮番冲洗一遍
B.轮番冲洗各滤筒至压差小于 0.09 MPa
C.轮番冲洗各滤筒至压差小于 0.03 MPa
D.反复冲洗各滤筒至按停止冲洗按钮

72.自清洗式滤器是根据_____决定自动清洗工作的。
A.滤器进出口之间的压差　　　　B.油压大小
C.滤器的使用时间　　　　　　　D.油的清洁程度

73.空气反冲式自清洗滤器在进行冲洗时,其冲洗方向是_____。
A.与工作时滑油的流动方向相同　B.与工作时滑油的流动方向相反
C.滤筒轴向　　　　　　　　　　D.滤筒径向

74.空气反冲式自清洗滤器,滤筒在清洗过程中电源突然断电,重新通电后,系统会_____。
A.保持断电前状态,连续计时　　B.保持断电前状态,但重新计时
C.马达转动,清洗下一个滤筒　　D.马达不转,停止清洗

75.空气反冲洗自清洗滤器控制回路中,压力开关 ΔP_2 的作用是_____。

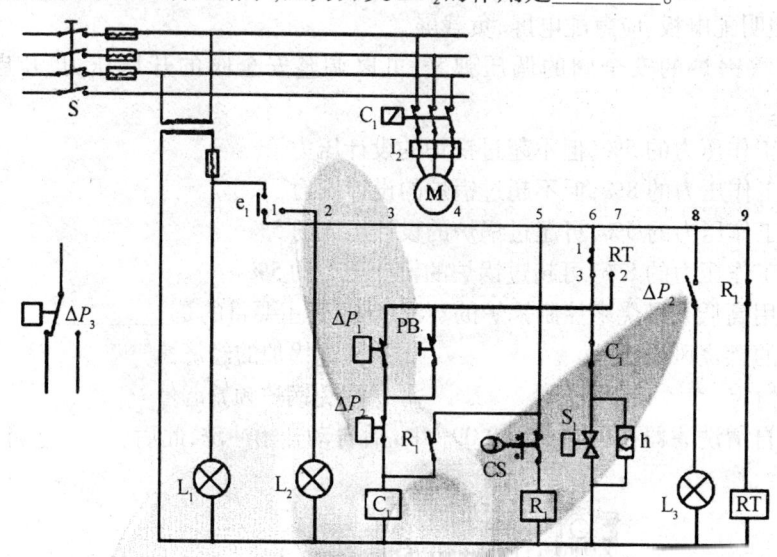

A.控制冲洗开始时间　　　　　　B.控制冲洗结束
C.冲洗期间不许电机转动　　　　D.进出口压差过大报警

76.空气反冲式自清洗滤器,在清洗期间继电器 C_1、R_1、RT 的通断电状态分别为_____。

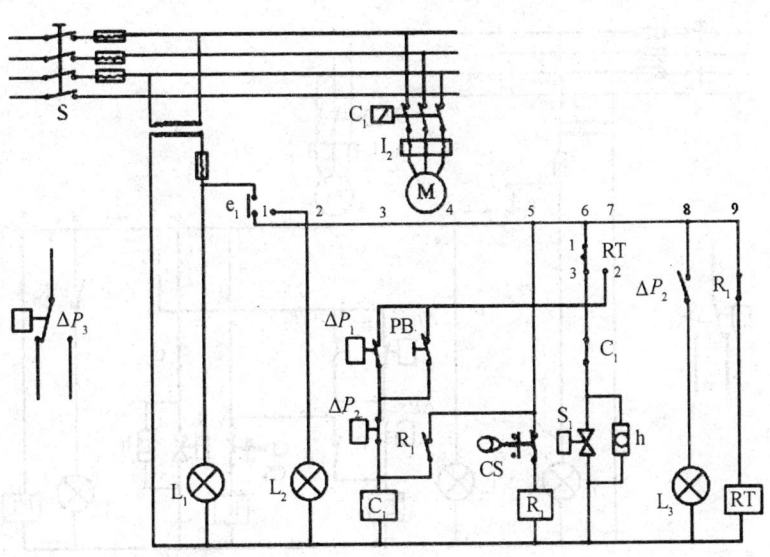

A. C_1、R_1、RT 都通电 B. C_1、R_1、RT 都断电
C. C_1、R_1 断电，RT 通电 D. C_1 断电，R_1、RT 通电

77. 空气反冲式自清洗滤器，对滤筒是否进行清洗是取决于_____，每个滤筒的清洗时间是取决于_____。

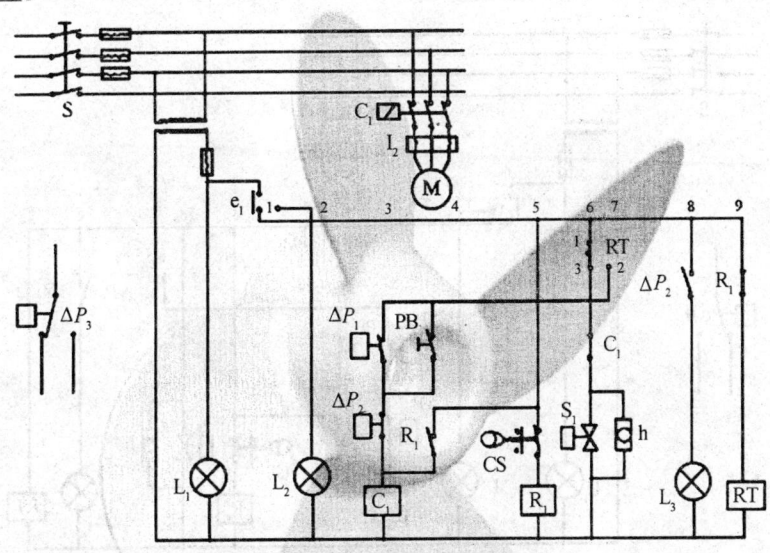

A. R_1 的通电，RT 的断电延时动作时间
B. 滤器进出口滑油压力差，RT 的断电延时动作时间
C. 滤器进出口滑油压力差，RT 的通电延时动作时间
D. 控制活塞上下腔室的压力差，RT 的通电延时动作时间

78. 在空气反冲式自清洗滤器的自动控制系统中，时间继电器 RT 通电延时期间凸轮开关 CS、电机及冲洗电磁阀 S_1 的状态分别为_____。

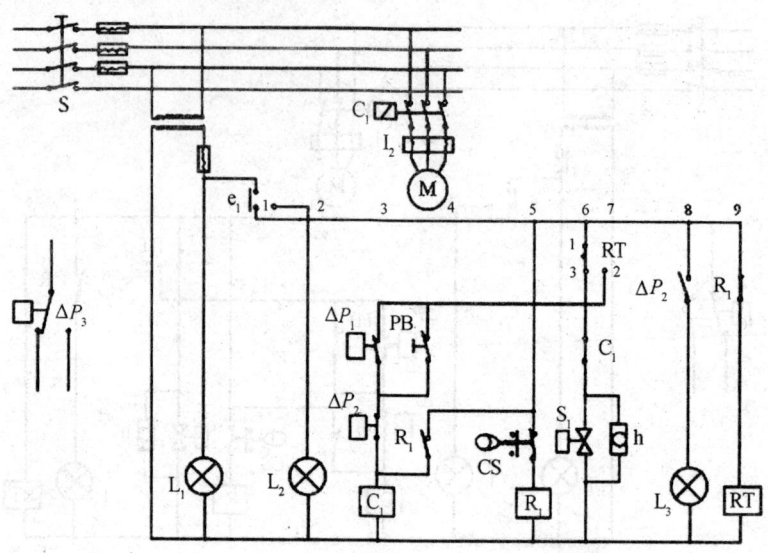

A. 断开、停转、通电 B. 闭合、停转、通电
C. 断开、转动、断电 D. 闭合、转动、断电

79. 在空气反冲式自清洗滤器的自动控制系统中，时间继电器 RT 在断电期间内，凸轮开关 CS、控制活塞及继电器 C_1 的状态分别为_____。

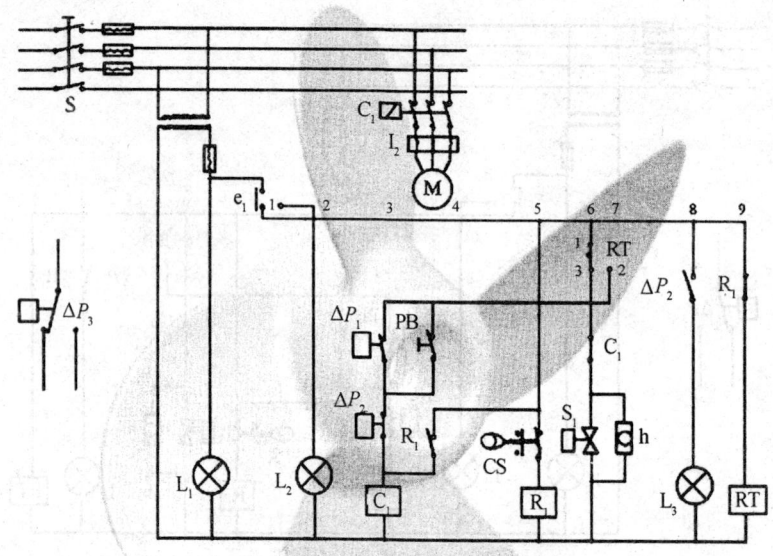

A. 断开、抬起、断电 B. 闭合、压下、通电
C. 断开、压下、通电 D. 闭合、抬起、断电

80. 空气反冲式自清洗滤器的控制系统在刚通电时，将会出现_____。

A. 等到 ΔP_1 超过设定值时立即进行冲洗

B. 马达转至下一滤筒冲洗

C. 立即进行一次冲洗

D. 等延时时间到再冲洗

81. 在空气反冲式自清洗滤器的自动控制系统中,系统工作一段时间后,当清洗电磁阀因故障不能动作时_____。

   A. ΔP 增高,进行冲洗　　　　　　　B. ΔP 降低,不能冲洗

   C. ΔP 增高,不能冲洗　　　　　　　D. ΔP 降低,进行冲洗

82. 在自清洗滤器控制系统中,按一下手动冲洗按钮,可冲洗滤筒的个数是_____。

   A. 2 个　　　　　　　　　　　　　　　B. 1 个

   C. 3 个　　　　　　　　　　　　　　　D. 4 个

83. 自清洗滤器控制电路如下图所示,若发生清洗电磁阀线圈断路,当进出口油压差 ΔP_1 达到 0.09 MPa 时,则出现_____。

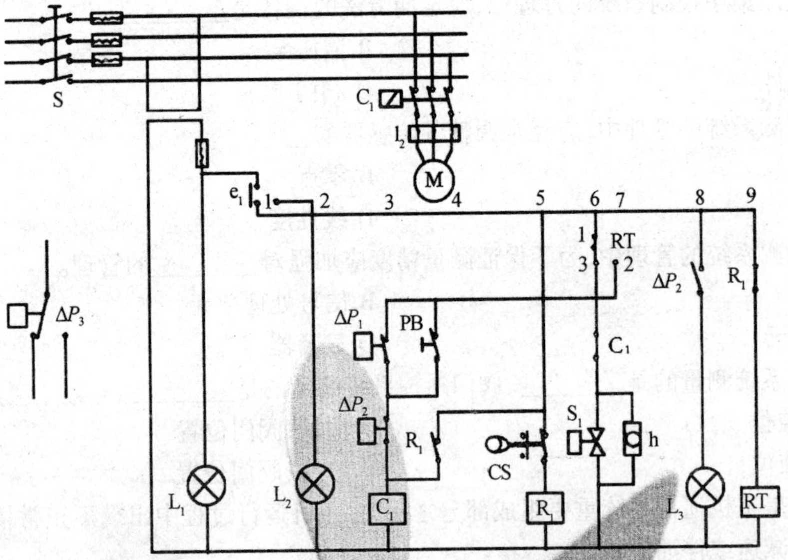

   A. 驱动电机能转动,能进行冲洗

   B. 驱动电机能转动,不能进行冲洗

   C. 驱动电机不能转动,能进行冲洗

   D. 驱动电机不能转动,不能进行冲洗

84. 在阀门液压集中控制系统中,操作人员通过控制_____,进而改变进入液压执行机构液压油_____,达到控制阀门开闭的目的。

   A. 电磁换向阀;流动的方向　　　　　　B. 电磁换向阀;流量

   C. 单向阀;压力　　　　　　　　　　　D. 单向阀;流动的方向

85. 阀门电液分散控制系统的基本工作原理是:上层控制设备发出控制指令,控制电液驱动头中的_____,进而改变液压油流进液压执行机构的_____,达到阀门开闭的目的。

   A. 液压泵;流向　　　　　　　　　　　B. 电机或者电磁阀;流向

   C. 电机或者电磁阀;压力　　　　　　　D. 压力开关;流量

86. 阀门遥控系统,有两种类型_____。

   A. 阀门液压集中控制系统和阀门电液分散控制系统

   B. 阀门液压分散控制系统和阀门电液集中控制系统

C.阀门液压集中控制系统和阀门电液集中控制系统

D.阀门液压分散控制系统和阀门电液分散控制系统

87.在液舱遥测系统中,信号处理单元的组成不包括_____。

A.不间断电源　　　　　　　　　B.接口板

C.控制器　　　　　　　　　　　D.压力/温度传感器

88.在液舱遥测系统中,现在大部分船舶压载舱液位的测量都选择在压载舱底部安装一个_____。

A.液位传感器　　　　　　　　　B.温度传感器

C.压力传感器　　　　　　　　　D.雷达测量器

89.在阀门液压集中控制系统的管理中,应定期清洗的设备是_____。

A.滤器　　　　　　　　　　　　B.液压泵

C.液压元件　　　　　　　　　　D.阀门

90.在液舱遥测系统的管理中,应经常调整各传感器的_____。

A.量程　　　　　　　　　　　　B.零点

C.灵敏度　　　　　　　　　　　D.线性度

91.在液舱遥测系统的管理中,为了保证测量精度应加强对_____的管理。

A.传感器　　　　　　　　　　　B.信号处理单元

C.操作单元　　　　　　　　　　D.显示器

92.液舱遥测系统测量的是_____,阀门遥控系统测量的是_____。

A.液位;液位　　　　　　　　　 B.重量;阀门位置

C.重量;液位　　　　　　　　　 D.液位;阀门位置

93._____是主机遥控系统重要组成部分之一,在主机运行过程中出现不正常情况时自动控制主机减油减速或停油停机。

A.安全保护系统　　　　　　　　B.车钟系统

C.调速系统　　　　　　　　　　D.逻辑控制系统

94.主机安全保护装置的作用是:当主机重要参数越限时,_____。

A.能使主机自动减速或自动停车

B.能使主机自动进行程序负荷

C.能使主机自动进行转速—负荷控制

D.能使主机自动进行转速限制

95.在蒸汽锅炉的水位控制系统中,为了防止锅炉干烧,及时报警,设置了_____。

A.上限水位报警　　　　　　　　B.下限水位报警

C.危险水位报警　　　　　　　　D.蒸汽压力保护

96.在蒸汽锅炉的燃烧控制系统中,为了防止锅炉非正常熄火,及时报警,设置了_____。

A.蒸汽压力保护　　　　　　　　B.过载保护

C.危险水位报警　　　　　　　　D.熄火保护

97.主机遥控系统的安全保护功能是_____。

A.限制主机的工作模式　　　　　B.对主机进行应急停车或自动降速

C.限制主机的转速　　　　　　　　D.限制主机的供油量

98. AC-4 主机遥控系统的主机安保 SSU8810 通过_____控制主机停车。
   A.数字调速器 DGS8800　　　　　B.主机遥控系统本身停车电磁阀
   C.紧急停车电磁阀　　　　　　　D.手动操纵油门

99. AC C20 型主机遥控系统,当引发自动降速的故障现象消失时,自动降速应该是_____。
   A.停车复位　　　　　　　　　　B.自动复位
   C.按消音按钮进行复位　　　　　D.按报警确认按钮进行复位

100. 通常主机安保系统可以根据故障对主机的危害程度不同,分成可取消和不可取消两类,_____通常是不可取消的。
   A.主机滑油低压　　　　　　　　B.主机排气温度过高
   C.转速传感器故障　　　　　　　D.增压器滑油油柜的液位过低

101. 主机安保系统可以根据故障对主机的危害程度不同,分成故障停车和故障减速两类,通常_____是不可以通过对应的取消按钮来暂时取消该保护。
   A.主机排气温度过高　　　　　　B.主机缸套水温过高
   C.曲柄箱油雾浓度高　　　　　　D.主机超速

102. 当两台及以上发电机组并联运行,_____时,船舶自动电站系统不会发出解列信号。
   A.电网负荷降到很低　　　　　　B.运行机组之一冷却水出口温度高
   C.运行机组之一滑油压力低　　　D.备用发电机组手动起动

103. 同步发电机单机运行中跳闸,可能是由发电机的原动机_____引起的。
   A.排温高　　　　　　　　　　　B.冷却水温高
   C.逆功率　　　　　　　　　　　D.转向错误

104. 发电柴油机出现_____时,柴油机安全系统不会发出停车指令。
   A.滑油压力低　　　　　　　　　B.超速
   C.高温冷却水高温　　　　　　　D.排烟温度过高

105. 发电柴油机出现_____时,柴油机安全系统发出停车指令。
   ①滑油压力低;②超速;③高温冷却水高温;④低温冷却水高温;⑤排烟温度过高
   A.①②③　　　　　　　　　　　B.②③④
   C.①②⑤　　　　　　　　　　　D.②③⑤

106. 对船舶蒸汽锅炉的水位安全保护中,以下叙述正确的是_____。
   A.当水位下降到低水位时,保护装置应切断锅炉的燃烧,并发出报警
   B.当水位下降到低水位时,保护装置应切断锅炉的燃烧,但不发出报警
   C.危险水位报警和保护装置一般独立于水位自动控制系统
   D.危险水位报警和保护装置一般不独立于水位自动控制系统

107. 对船舶蒸汽锅炉的熄火保护中,以下叙述正确的是_____。
   A.熄火保护仅在中途非正常熄火时起作用,在点火过程中则不起作用
   B.熄火保护装置主要由火焰探测器及其控制电路组成
   C.熄火保护装置的试验不可以在正常燃烧过程中人为断开火焰探测器的接线
   D.熄火保护装置是独立于锅炉点火时序控制系统以外的一部分

108. 在净油单元控制系统中,分油机最常见的跑油故障原因不可能的是_____。
    A. 补偿水供应系统中的滤网被堵塞
    B. 水分传感器测量误差偏大,造成控制系统频繁进行排渣动作
    C. 置换水阀 SV10 出现故障
    D. 开启水阀 SV15 出现泄漏情况

109. 下列哪种情况下,分油机应按一定的模式自动停止,同时发出相应的警报?
    A. 转速超过 1000 r/min
    B. 转速高于设定的分油机最低转速
    C. 分油机起动时在 1 min 内,转速达不到设定的转速范围
    D. 转速低于设定的分油机最低转速

110. 大舱火灾报警系统如图所示,可采用_____来模拟火灾。

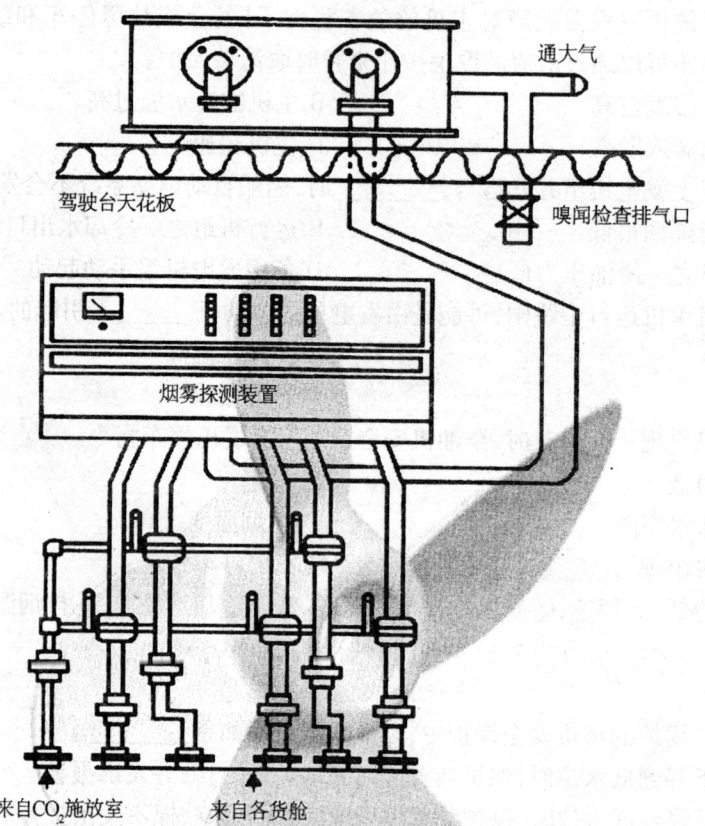

    A. 手动挡住光电池   B. 手动按下报警继电器
    C. 驾驶室吸口切换阀处接入烟雾   D. 抽风机停止

111. 抽烟式自动火灾报警系统是船舶常用的大舱火灾报警系统,使用中应避免_____。
    A. 经常清洁光路   B. 根据需要适当间断使用
    C. 模拟烟雾测试   D. 风机被防雨布包裹

112. 若将火灾报警器终端电阻接到探测器的前面(靠近火警中央单元),_____。
    A. 报警器报警

B.不能对整个分路进行断线或缺探测器检测
C.完全可以
D.探测器整定值发生变化

113.在对常规失火报警系统进行检查时,发现存在系统故障报警,则不可能的原因是_____。
A.线路终端电阻开路　　　　　　　　B.回路中某探头脱落
C.其中一个探头短路　　　　　　　　D.回路中有开路现象

114.火灾探测器出现漏报的原因不包括_____。
A.探测器本身及线路有故障　　　　　B.探测器的灵敏度太高
C.探测器没有探测到足够多的烟雾　　D.探测器离顶棚过近

115.造成火灾探测器误报的结构方面原因,主要与探测器的_____有关。
A.灵敏度　　　　　　　　　　　　　B.线性度
C.透光度　　　　　　　　　　　　　D.零点和量程

116.图为发电柴油机内部燃油系统,其中燃油泄漏油箱收集来自_____的泄漏油,一旦泄漏量大于正常值,将发出燃油泄漏报警。可通过_____测试燃油泄漏报警是否正常。

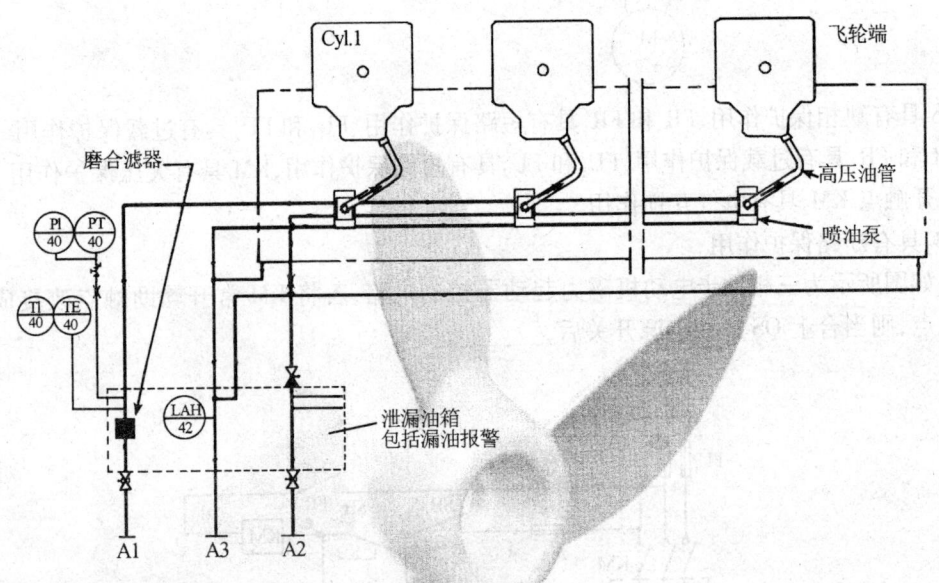

A.高压油管;抬起泄漏油箱中的浮子
B.喷油泵;取出泄漏油箱中的浮子
C.高压油管;断开泄漏油箱中的浮子开关
D.燃油滤器;抬起泄漏油箱中的浮子

117.在集控室的操纵台上,一般都设有试灯和功能测试按钮,按试灯按钮,所有指示灯_____,按功能测试按钮,所有监测点进入_____状态。
A.都灭;报警　　　　　　　　　　　B.都亮;闭锁
C.都灭;闭锁　　　　　　　　　　　D.都亮;报警

118.柴油机润滑油系统的低压报警压力开关,可通过_____试验。
①打开试验旋塞,泄放压力;②打开试验旋塞,加大压力;③调低压力开关警报设定值;④调

高压力开关警报设定值
A.①③ B.①④
C.②③ D.②④

第六节 电路图

1. 如图所示,电路中元件对应的功能,正确的是_____。

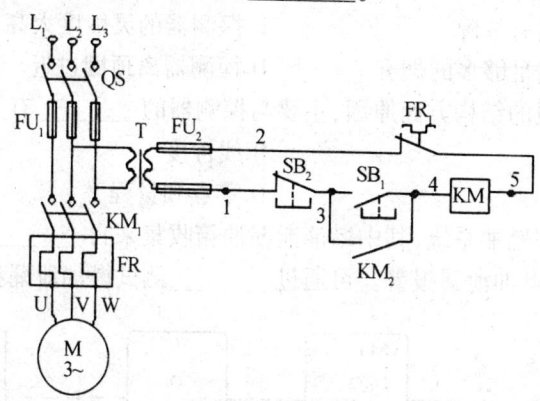

A.QS 具有缺相保护作用、FR 和 FR_1 具有短路保护作用、FU_1 和 FU_2 具有过载保护作用
B.FR 和 FR_1 具有过载保护作用、FU_1 和 FU_2 具有短路保护作用、KM 具有欠压保护作用
C.常开触点 KM_2 具有电气互锁作用
D.SB_2 具有断路保护作用

2. 电路如图所示为三相异步电动机磁力起动器控制电路,若将 KM 常开辅助触点改接成常闭辅助触点,则当合上 QS 三相电源开关后,_____。

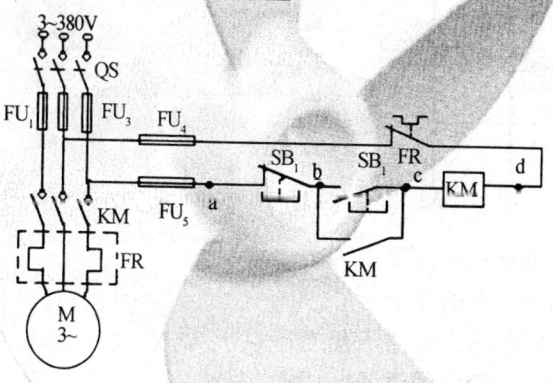

A.电动机立即起动运转
B.热继电器动作,电机停转
C.FU_1 – FU_3 熔丝烧断
D.接触器 KM 衔铁反复接通、断开,可能使接触器损坏

3. 图示为两台电动机起停控制线路,该线路可实现_____。

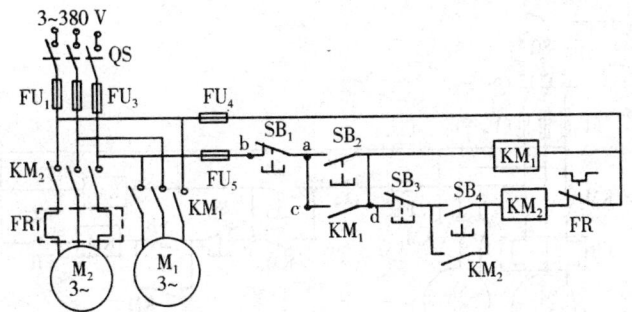

A.顺序起动,只有 M_1 起动后, M_2 才能起动 B.顺序起动,只有 M_2 起动后, M_1 才能起动

C.顺序停止,只有 M_1 停止后, M_2 才能停止 D.顺序停止,只有 M_2 停止后, M_1 才能停止

4.如图所示的两台电动机的起停控制线路,如果接线时将 KM_1 常开辅助触头换成 KM_1 常闭辅助触头,合上 QS 后,则会出现_____。

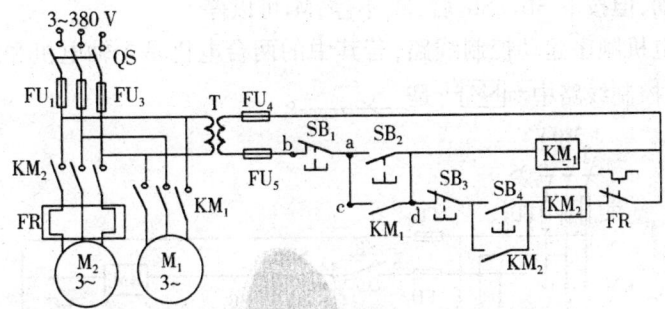

A.顺序起动,只有 M_1 起动后, M_2 方能起动

B.M_1 起动后, M_2 只能点动

C.KM_1 接触器衔铁反复吸合、释放, M_1 不能转动,因而不能实现顺序起动

D.M_1 立即起动, M_2 也可以起动

5.如图所示的两台电动机的起、停控制线路,若将 FR 常闭触点改为与 KM_1 线圈支路串联,则会出现_____。

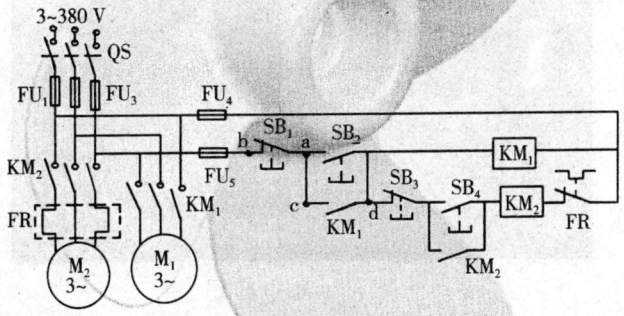

A.电动机 M_1 不能正常起动

B.M_1 能正常起动,若 M_2 过载,会导致 M_1、M_2 均停车

C.电动机 M_2 不能正常起动

D.若 M_2 过载只会导致 M_2 停车

6.如图所示的两台电动机起停控制线路,若将与 KM_1 常开辅助触点相连的 a 点改接至 b 点,合

QS后,则会出现_____。

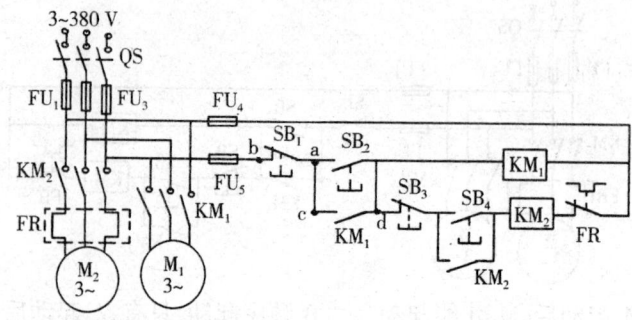

A.能实现 M_1 先、M_2 后的顺序起动要求

B.M_1 立即起动

C.能实现顺序起动,但按下 SB_1、SB_3 后,M_2 不能停,M_1 能停

D.能实现顺序起动,但按下 SB_1、SB_3 后,M_1 不停,M_2 可以停

7.如图所示的两台电机顺序起动控制线路,若其中的两台电机是主轴电机和给主轴提供润滑油的滑油泵电机,在控制线路中 KM 是_____。

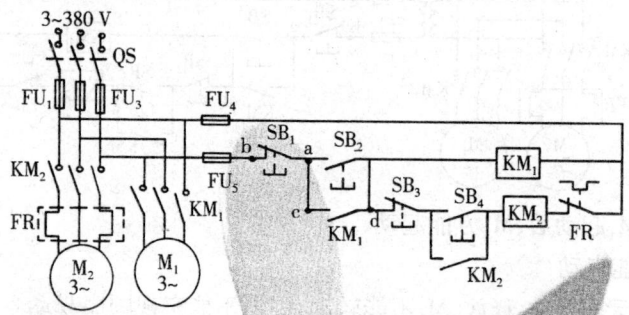

A.主轴电机的接触器线圈　　　　　　B.主轴电机接触器的衔铁

C.滑油泵电机的接触器线圈　　　　　D.滑油泵电机接触器的衔铁

8.如图所示的电子元器件是_____。

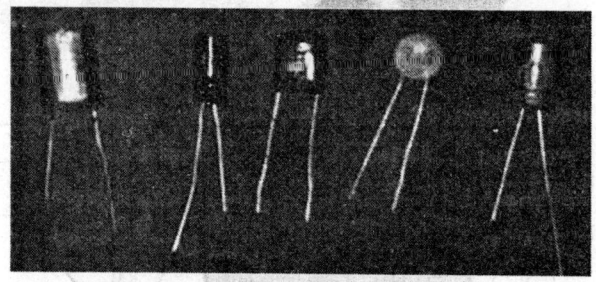

A.电阻器　　　　　　　　　　　　　B.电容器

C.电感器　　　　　　　　　　　　　D.桥式整流器

9.如图所示的电子元器件是_____。

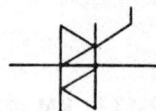

A.二极管 B.三极管
C.双向晶闸管 D.桥式整流器

10.如图所示的电子元器件是_____。

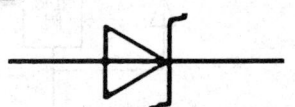

A.稳压二极管 B.三极管
C.双向晶闸管 D.桥式整流器

11.表示电感器件的符号是_____。

A.  B.

C.  D.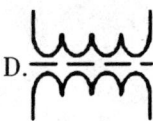

12.符号 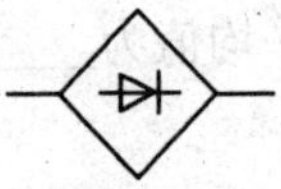 —◇▷— 表示的是_____。

A.二极管 B.整流管
C.整流桥 D.放大器

13.集成电路常用的检测方法有三种,其中,用已知完好的同型号、同规格集成电路来代换被测集成电路,从而可以判断出该集成电路是否损坏的方法是_____。

A.在线测量法 B.代换法
C.非在线测量法 D.拆卸法

14.图示电路表示的是_____。

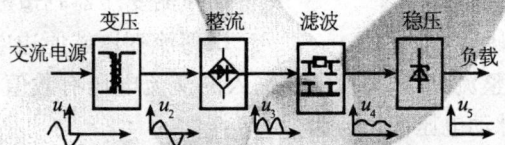

A.线性直流电压源电路 B.线性直流电流源电路
C.开关稳压源电路 D.开关稳流源电路

15.除最常用的基本电源电路,下图是_____电路。

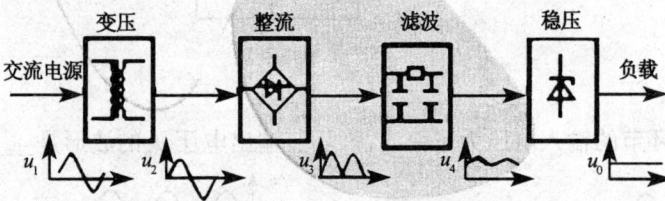

A.驱动电路 B.电源电路
C.运放电路 D.微机处理电路

16.除最常用的基本电源电路,下图是_____电路。

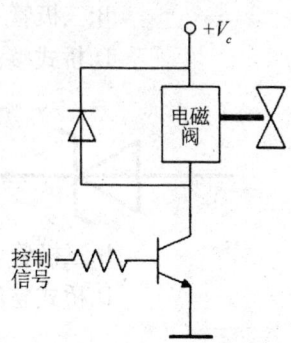

A.驱动电路 B.电源电路

C.运放电路 D.微机处理电路

17.整流电路的目的是_____。

A.直流电变交流电 B.电压放大

C.交流电变直流电 D.功率放大

18.单相半波整流电路的输入交流电压有效值为100 V,则输出的脉动电压平均值为_____;二极管承受的最高反向电压为_____。

A.45 V;100 V B.90 V;100 V

C.90 V;141 V D.45 V;141 V

19.如图,单相半波整流电路中,为使电路可靠工作,整流二极管D的反向耐压值必须大于_____。

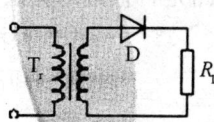

A.负载电压平均值 B.整流变压器副边电压最大值

C.整流变压器副边电压有效值 D.整流变压器原边电压最大值

20.如图所示的单相桥式整流电路,整流电路输入的交流电压有效值为20 V;如桥中有一只二极管虚焊,则负载上的脉动电压平均值为_____。

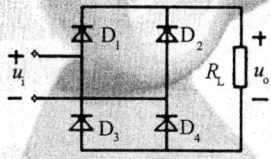

A.20 V B.18 V

C.0 V D.9 V

21.单相桥式整流环节的输入电压为正弦波,该环节输出电压u_o的波形是_____。

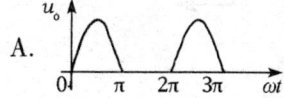
A.

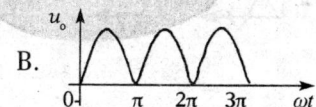
B.

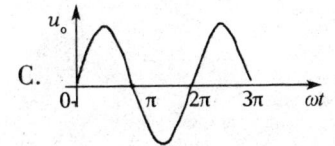

C.

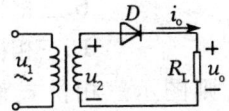

D.

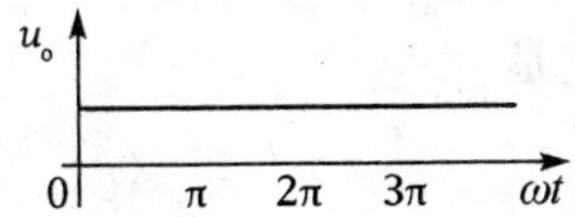

22.在单相半波整流电路中,输出直流电压平均值 $U_o=$ _____;二极管承受的最高反向电压 $U_{DRM}=$ _____。(设 U 为整流电路输入的交流电压的有效值)

A.$0.45U$;$\sqrt{3}U$ B.$0.9U$;$\sqrt{3}U$

C.$0.45U$;$\sqrt{2}U$ D.$0.9U$;$\sqrt{2}U$

23.如图所示电路,它是_____整流电路。

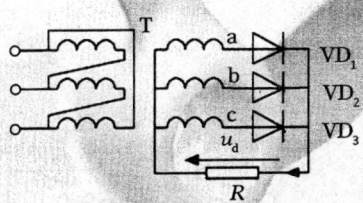

A.单相半波不可控 B.单相半波可控

C.单相全波可控 D.单相全波不可控

24.单相半波整流电路中的输出直流电压平均值 $U_o=$ _____。(设 U 为整流电路输入的交流电压的有效值)

A.$1.4U$ B.$1.2U$

C.$0.45U$ D.$0.9U$

25.单相全波整流电路中的输出直流电压平均值 $U_o=$ _____。(设 U 为整流电路输入的交流电压的有效值)

A.$1.4U$ B.$1.2U$

C.$0.45U$ D.$0.9U$

26.如图所示电路,它是_____。

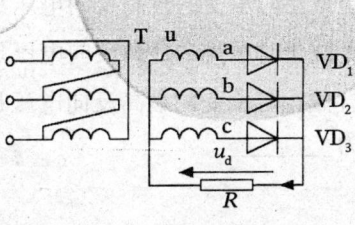

A.三相半波整流电路 B.单相半波可控整流电路

C.三相全波可控整流电路 D.单相全波不可控整流电路

27.如图所示为三相半波整流电路,其中 U 为变压器副边相电压的有效值,二极管截止时承受的最高反向电压是_____。

A.$1.41U$ B.$2.83U$

C.$2.45U$ D.U

28. 如图所示电路,它是_____。

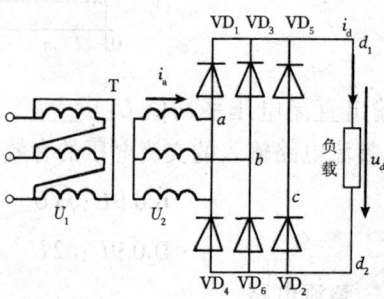

A.三相半波不可控整流电路 B.三相半波可控整流电路
C.三相全波可控整流电路 D.三相桥式整流电路

29. 三相变压器二次侧相电压为 U_2,则图示三相桥式整流电路的输出直流电压平均值 U_d 为_____,二极管承受的最高电压为_____。

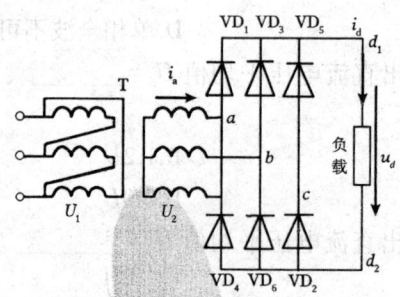

A.$1.17U_2$,$2.34 U_2$
B.$1.414U_2$,$2.828 U_2$
C.$2.34U_2$,$2.45 U_2$
D.$2.45U_2$,$3.74 U_2$

30. 如图所示三相整流电路,称为_____。

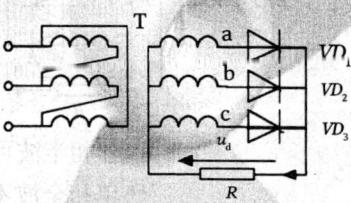

A.三相半波整流电路,二极管截止时承受的最高反向电压是 $\sqrt{2}U_2$
B.三相半波整流电路,二极管截止时承受的最高反向电压是 $\sqrt{2}U_2$
C.三相桥式整流电路,二极管截止时承受的最高反向电压是 $\sqrt{2}U_2$
D.三相桥式整流电路,二极管截止时承受的最高反向电压是 $\sqrt{6}U_2$

31. 如图所示三相整流电路,称为_____。

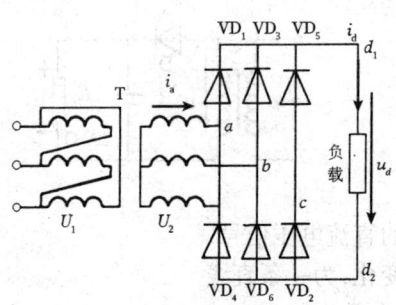

A.三相半波整流电路,二极管截止时承受的最高反向电压是相电压的最高值
B.三相半波整流电路,二极管截止时承受的最高反向电压是线电压的最高值
C.三相桥式整流电路,二极管截止时承受的最高反向电压是相电压的最高值
D.三相桥式整流电路,二极管截止时承受的最高反向电压是线电压的最高值

32.如图所示三相整流电路,每个周期中每个二极管导通_____,上部3个二极管和下部3个二极管是_____。

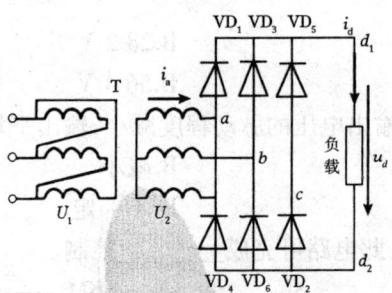

A.60°;轮流交替导通　　　　　　　　B.60°;先后导通正负半周
C.120°;轮流交替导通　　　　　　　 D.120°;先后导通正负半周

33.在滤波电路中,电容器与负载_____联,电感与负载_____联。
A.串;并　　　　　　　　　　　　　　B.并;串
C.并;并　　　　　　　　　　　　　　D.串;串

34.单相半波或全波整流电路经电容滤波后的输出电压随着负载电阻增大,其脉动程度_____。
A.不确定　　　　　　　　　　　　　　B.变大
C.变小　　　　　　　　　　　　　　　D.不变

35.整流电路输入交流电压有效值为U,有电容滤波的半波整流电路较没有滤波环节的整流电路相比,负载的平均电压U_o的特点是_____,当负载开路(即$R_L=\infty$)时,输出电压U_o为_____。
A.增大;U　　　　　　　　　　　　　B.增大;$\sqrt{2}U$
C.减小;U　　　　　　　　　　　　　D.减小;$2\sqrt{2}U$

36.已知有电容滤波器的半波整流电路输入交流电压的有效值为U,其输出电压平均值U_o的变化范围是_____,二极管承受的最高反向电压U_{DRM}为_____。
A.$0.45U\sim1.2U$;$\sqrt{2}U$　　　　　B.$0.45U\sim1.4U$;$2\sqrt{2}U$
C.$0.9U\sim1.4U$;$\sqrt{2}U$　　　　　 D.$0.9U\sim1.2U$;$2\sqrt{2}U$

37.电路如图所示,关于输出电压u_o的说法,正确的是_____。

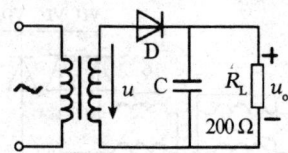

A. u_o 波形为交流电压信号

B. u_o 波形为含有小幅脉动的直流电压信号

C. u_o 波形不随时间变化而变化,为一条直线

D. u_o 的平均值与负载 R_L 大小无关

38. 具有电容滤波器的单相半波整流电路,若变压器副边有效值 $U=20$ V,当负载开路时,输出平均电压 U_o 约为_____。

A. 9 V　　　　　　　　　　　　B. 28.2 V

C. 8 V　　　　　　　　　　　　D. 20 V

39. 具有电容滤波器的单相半波整流电路,若变压器副边电压有效值 $U=20$ V,则二极管承受的最高反向电压为_____。

A. 20 V　　　　　　　　　　　　B. 28.2 V

C. 40 V　　　　　　　　　　　　D. 56.4 V

40. 带电容滤波器的整流电路输出电压的脉动程度减小,输出平均电压_____。

A. 增高　　　　　　　　　　　　B. 减小

C. 不变　　　　　　　　　　　　D. 不一定

41. 图为电动机控制线路局部,此电路可完成_____控制。

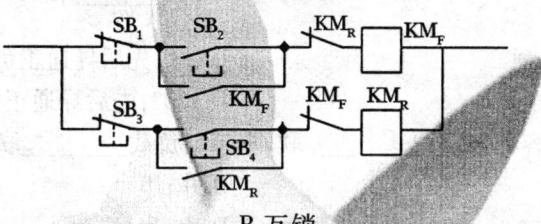

A. 多地点　　　　　　　　　　　B. 互锁

C. 点动　　　　　　　　　　　　D. 闭锁

42. 如图所示的电动机正、反转控制电路,当电动机已在正转,若此时按下反转起动按钮 SB_R,则电机会_____。

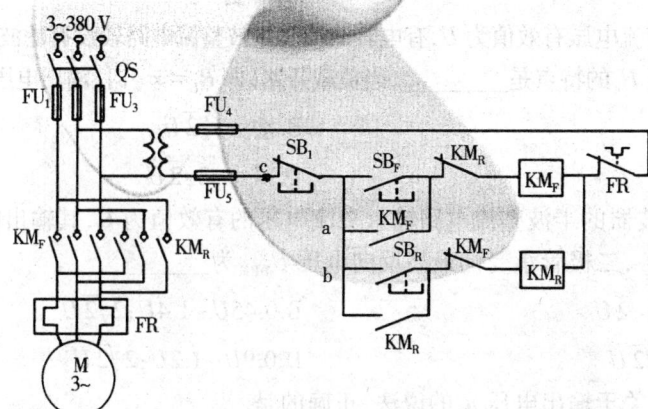

A.仍然正转 B.立即反转
C.停转 D.FU_1、FU_3烧断

43.如图所示,KM_R和KM_F两个常闭辅助触头,在电路中起_____作用。

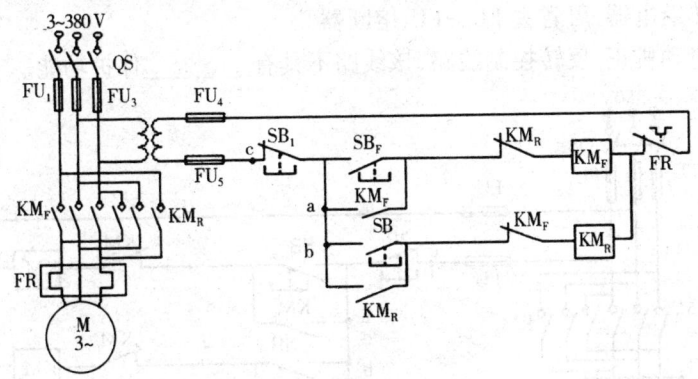

A.自锁 B.互锁
C.闭锁 D.停机

44.如图所示的电动机正反转控制电路,若将反转接触器KM_R与正转接触器KM_F常闭辅助触点位置互换,其他不变;则会出现_____。

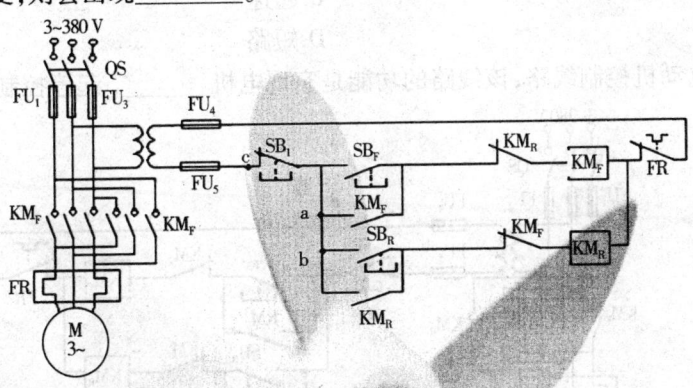

A.按下SB_F或SB_R电机均能正常起动,运转
B.按下SB_F后,KM_F接触器衔铁不吸合
C.按下SB_F后,KM_F接触器衔铁吸合、又立即释放,电机不能转动
D.按下SB_R后,KM_R接触器衔铁不吸合

45.如图所示的电动机正、反转控制线路,关于此线路说法正确的是_____。

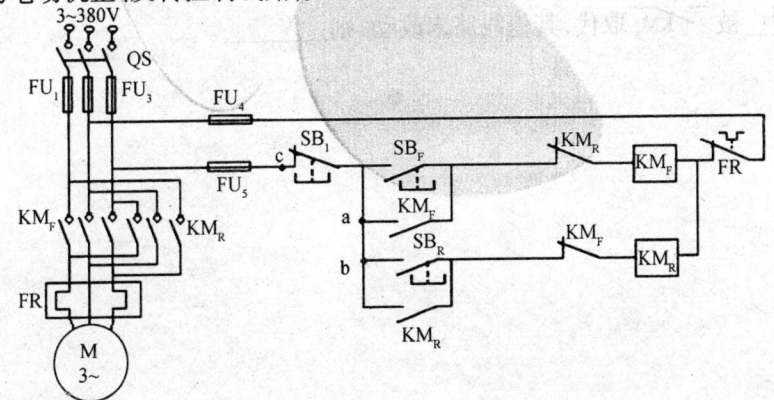

A.交流接触器 KM_F 和 KM_R 线圈的额定电压为 380 V
B.电动机转动后,要想改变其转动方向,只需按下 SB_R 或 SB_F 即可
C.热继电器用了一个发热元件
D.因为有了热继电器,可省去 FU_1-FU_3 熔断器

46.如图所示的电动机正、反转控制线路,该线路不具有_____保护功能。

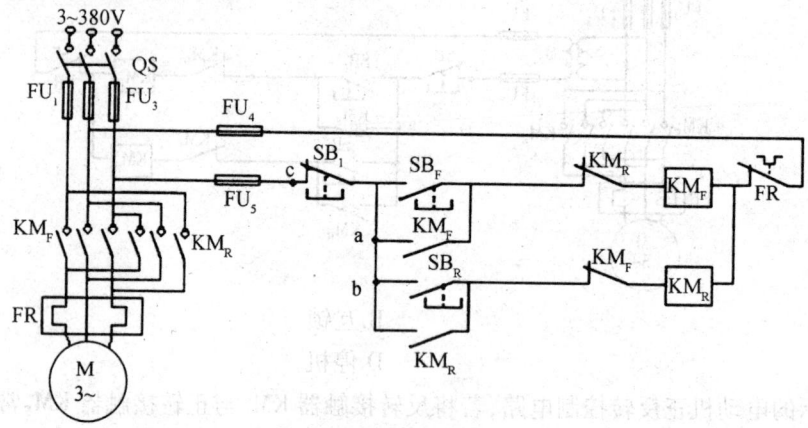

A.失(欠)压 B.超速
C.过载 D.短路

47.如图所示的电动机控制线路,该线路的功能是实现电机_____起停控制。

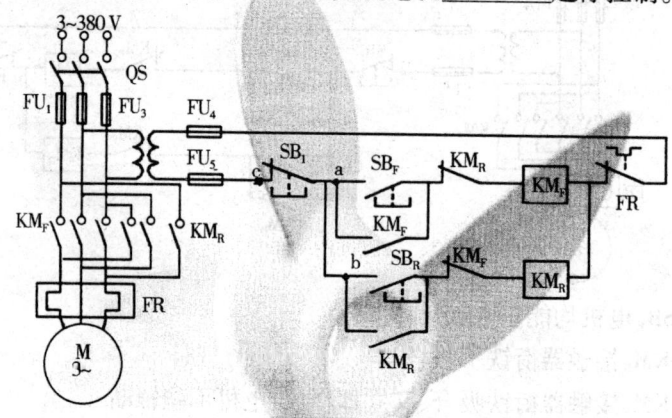

A.多地点 B.具有能耗制动
C.单方向转动 D.正、反转

48.如图若 KM_R 被 KM_R 取代,其他线路未改动,则_____。

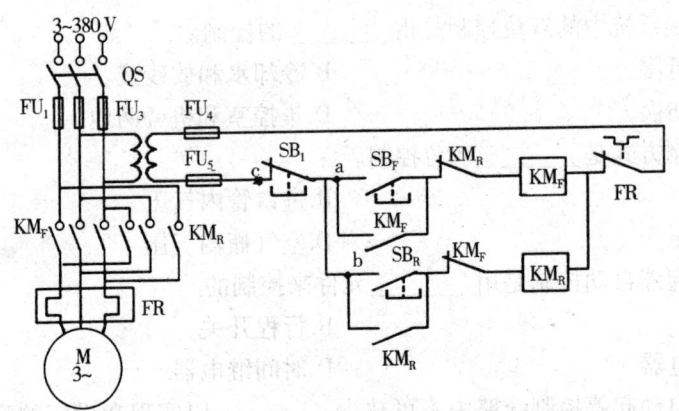

A.线路功能不变 B.正向可以起动;反向不能起动
C.正向不能起动;反向不能停机 D.只能反转

49.如图为电动机的正反转控制线路图,该线路中不含有_____控制环节。

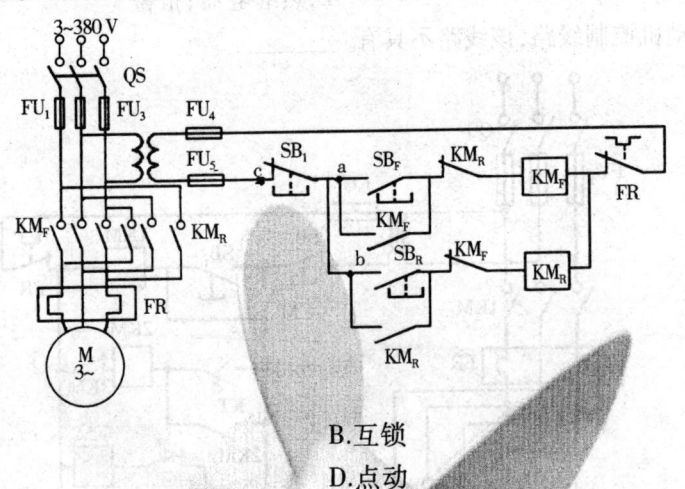

A.自锁 B.互锁
C.自锁和互锁 D.点动

50.如图所示,在三相异步电动机的控制电路中,当 FU_1 与 FU_2 互换,将导致_____。

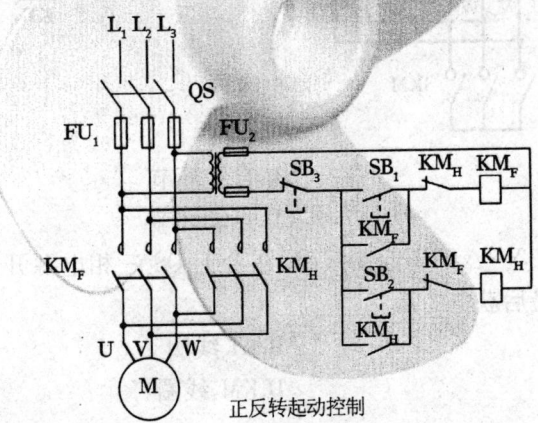

正反转起动控制

A.主电路没有短路保护 B.控制电路没有短路保护
C.变压器没有短路保护 D.电动机不能承受额定负荷

51. 空压机自动控制系统中的双位控制是指_____的控制。
    A.气压高限和低限　　　　　　　　B.冷却水和放残液
    C.手动和自动切换　　　　　　　　D.集控室和机旁两地

52. 空压机自动控制方式是_____双位控制。
    A.冷却水温度　　　　　　　　　　B.进口管内气压
    C.出口管内气压　　　　　　　　　D.空气瓶内气压

53. 空气压缩机的起停自动控制是用_____元件来控制的。
    A.热继电器　　　　　　　　　　　B.行程开关
    C.双位压力继电器　　　　　　　　D.时间继电器

54. 空气压缩机的自动起停控制线路中不可缺少_____,以实现在设定的高压时停止,而在设定的低压时_____。
    A.压力继电器;停止　　　　　　　B.压力继电器;起动
    C.热继电器;起动　　　　　　　　D.热继电器;报警

55. 如图所示的电动机控制线路,该线路不具有_____。

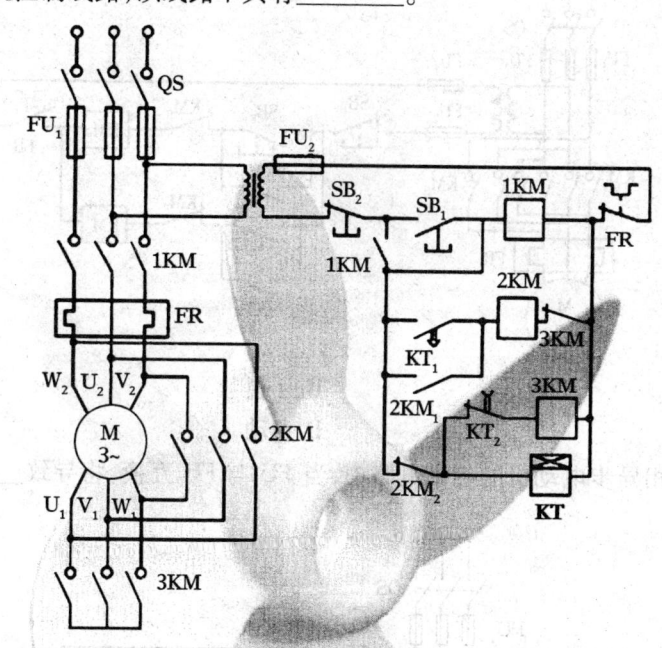

    A.失压保护　　　　　　　　　　　B.自锁环节
    C.互锁环节　　　　　　　　　　　D.点动环节

56. 如图所示的异步电动机 Y-△降压起动线路,在合上 QS 三相电源开关后,按下 SB₂后,线圈 KM_1、KT、KM_2、KM_3 中最后获电的是_____。
    A.KM_1 线圈　　　　　　　　　　B.KT 线圈
    C.KM_2 线圈　　　　　　　　　　D.KM_3 线圈

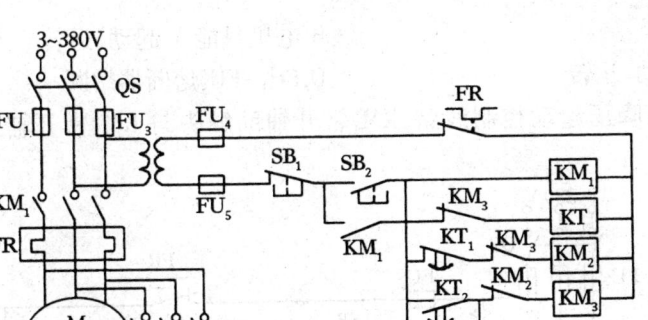

57. 如图所示的 Y-△降压起动电路,当电动机正常运转后,KM_1、KT、KM_2、KM_3 四个线圈中有电的是_____。

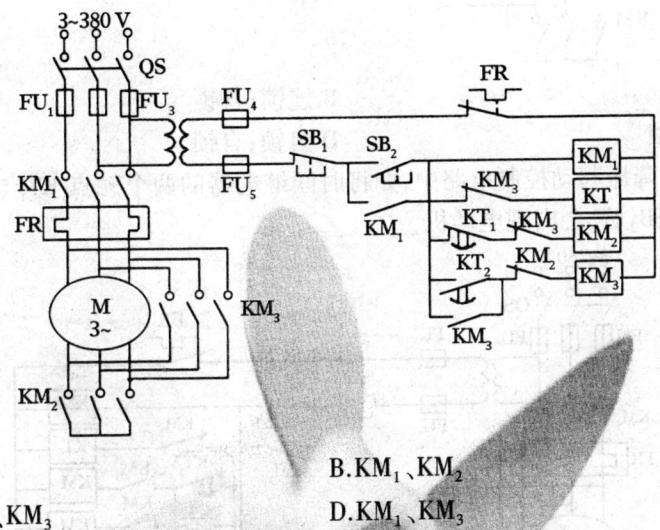

A. KM_1、KT、KM_2
B. KM_1、KM_2
C. KM_1、KT、KM_2、KM_3
D. KM_1、KM_3

58. 如图所示的 Y-△降压起动控制电路,若因电路接线原因致使主触头 KM_1、KM_2、KM_3 同时闭合,则会出现_____。

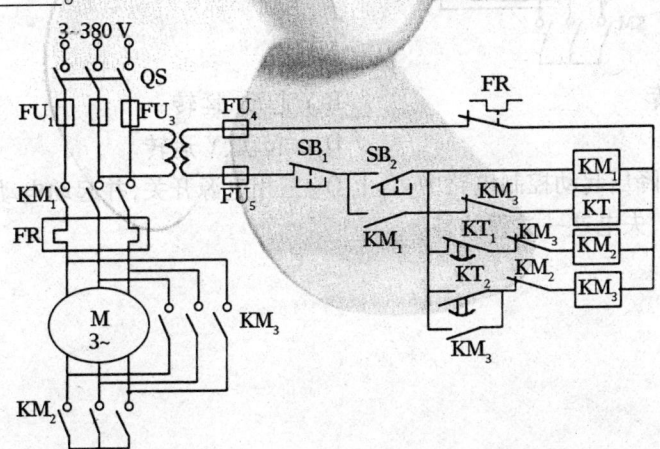

A.电机能 Y 起动　　　　　　　　　　B.电机只能 Y 起动、运转
C.电机只能△起动、运转　　　　　　D.FU_1-FU_3 熔断器熔断

59.如图所示的 Y-△降压起动控制线路,KM_1 常开辅助触头与 KM_3 常开辅助触头的作用分别是_____。

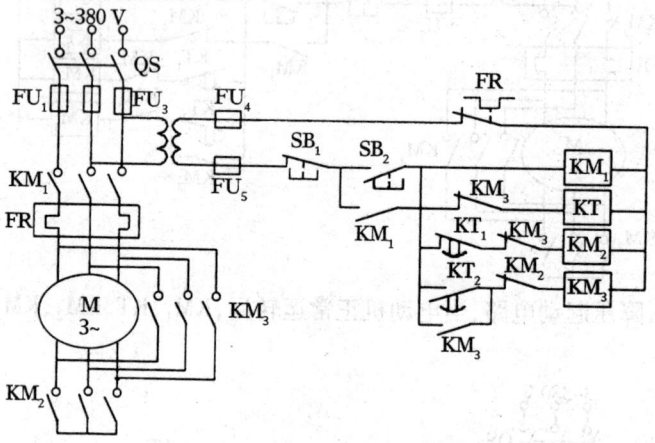

A.自锁;连锁　　　　　　　　　　　B.连锁;自锁
C.自锁、连锁;自锁　　　　　　　　D.自锁;自锁

60.如图所示的 Y-△降压起动控制电路中,如将时间继电器的两个触点 KT_1 与 KT_2 位置互换,合上 QS,则在按下 SB_2 后,会出现电动机_____。

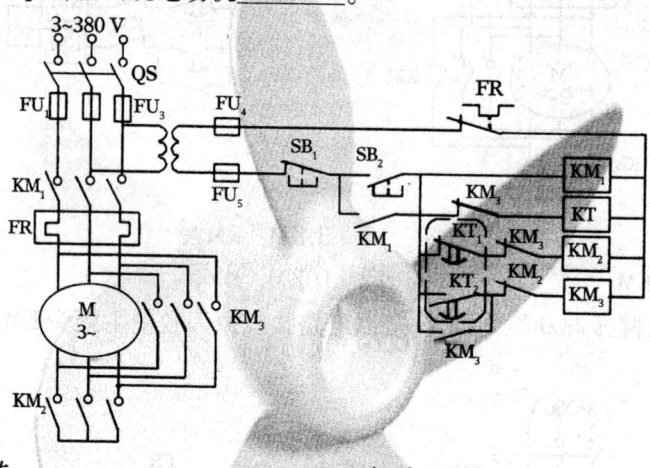

A.Y 起动后△运转　　　　　　　　　B.Y 起动、运转
C.△起动并运转　　　　　　　　　　D.△起动、Y 运转

61.如图所示的 Y-△降压起动控制电路中,合上 QS 三相电源开关,并起动电动机后,图中四个线圈,最先完成有电、失电这一过程的是_____。

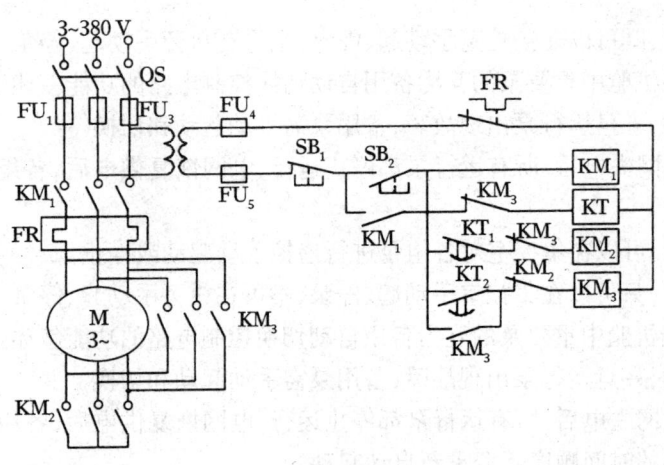

A. KM_1 B. KT
C. KM_2 D. KM_3

62. 如图所示,该线路可实现电动机的_____起停控制。

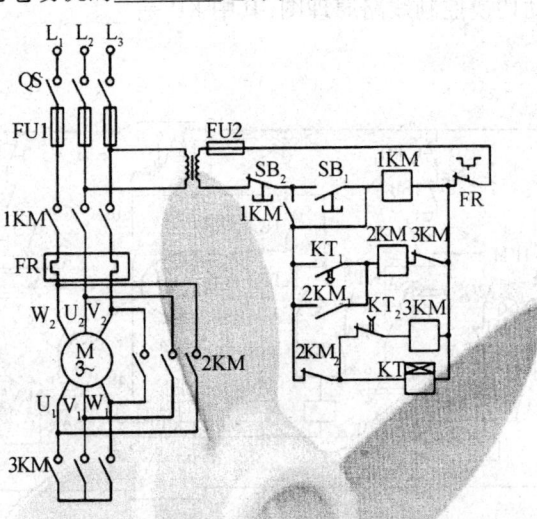

A. 自耦变压器降压 B. Y-△降压
C. 正、反转 D. 多地点

63. 为主机服务的燃油泵、滑油泵等主要电动辅机,为了控制方便和工作可靠,均设置两套机组,当一套运行时,另一套处于"备用"状态,一旦运行机组故障,另一套会自动起动投入运行,这种控制方式称为_____控制。

A. 连锁 B. 自动切换
C. 互锁 D. 自锁

64. 关于自动化船舶机舱中重要泵的互为备用自动切换控制电路的功能叙述错误的是_____。
A. 在遥控方式时,不允许在集控室对各组泵进行遥控手动起动或停止
B. 因某种原因失电后,所有运行泵都停止运行,电网恢复供电后,各组原来运行的重要泵按事先设定好的时间顺序逐台重新自动起动
C. 在自动运行方式,当运行泵发生故障时,备用泵能够自动进行切换

D.在遥控方式时,既可以在集控室手动起、停泵,也可在机旁手动起、停泵

65.关于自动化船舶机舱中重要泵的互为备用自动切换控制电路的功能叙述正确的是_____。
A.在自动方式时,一旦运行泵出现故障,备用泵需手动起动和切换
B.因某种原因电网失电后,所有运行泵都停止运行,电网恢复供电后,各组原来运行的泵立即同时自动起动
C.在遥控方式时,可以在集控室对各组泵进行遥控手动起动或停止
D.在遥控方式时,只可以在集控室手动起、停泵,不可在机旁手动起、停泵

66.关于自动化船舶机舱中重要泵的互为备用自动切换控制电路的功能叙述正确的是_____。
A.在自动方式时,一旦运行泵出现故障,备用泵需手动起动和切换
B.因某种原因电网失电后,所有运行泵都停止运行,电网恢复供电后,各组原来运行的重要泵按事先设定好的时间顺序逐台重新自动起动
C.在遥控方式时,不允许在集控室对各组泵进行遥控手动起动或停止
D.在遥控方式时,只可以在集控室手动起、停泵,不可在机旁手动起、停泵

67.图示为某船泵的自动切换控制线路原理图,其中KP是_____。

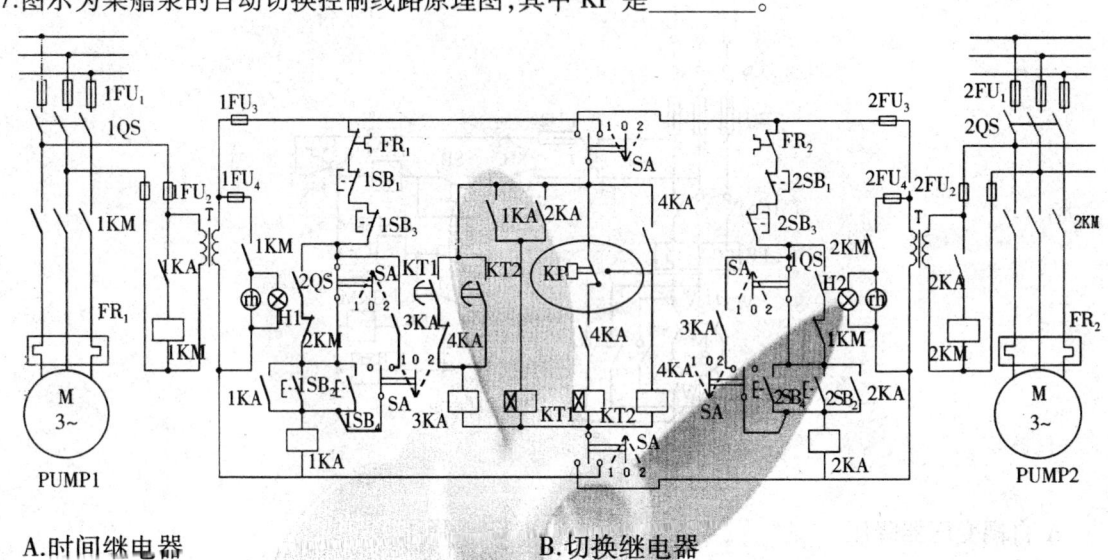

A.时间继电器 B.切换继电器
C.压力继电器 D.保护继电器

68._____是用规定的图形和文字符号表示的电气控制系统电路图。
A.电气控制原理图 B.电气元件布置图
C.电气安装接线图 D.电气设备完工图

69.在绘制电气控制原理图时,主电路中通过的电流较大,用_____画在原理图的_____。
A.粗线条;左边 B.粗线条;右边
C.细线条;左边 D.细线条;右边

70.电气控制原理图中主电路标号由_____和_____组成。
A.文字符号;字母 B.汉字;字母
C.汉字;数字 D.文字符号;数字

71.通常电气控制原理图根据电路通过的电流大小可分为_____和_____。

A. 主电路;照明电路 B. 主电路;指示电路
C. 主电路;控制电路 D. 照明电路;指示电路

第一节 电工安全知识

1.D	2.D	3.A	4.B	5.D	6.C	7.A	8.D	9.B	10.C
11.B	12.D	13.C	14.D	15.A	16.A	17.A	18.A	19.B	20.C
21.C	22.C	23.B	24.C	25.D	26.D	27.B	28.A	29.D	30.A
31.C	32.A	33.D	34.C	35.A	36.C	37.B	38.C	39.A	40.A
41.B	42.C	43.B	44.B	45.B					

第二节 维护保养与修理

1.D	2.C	3.A	4.B	5.A	6.A	7.D	8.B	9.A	10.A
11.A	12.C	13.C	14.D	15.D	16.A	17.A	18.C	19.A	20.C
21.C	22.C	23.A	24.D	25.A	26.D	27.D	28.B	29.C	30.D
31.A	32.A	33.D	34.B	35.A	36.B	37.D	38.C	39.B	40.A
41.C	42.D	43.C	44.C	45.D	46.B	47.D	48.B	49.B	50.A
51.B	52.D	53.D	54.D	55.C	56.A	57.A	58.D	59.B	60.C
61.B	62.D	63.C	64.C	65.C	66.D	67.A	68.A	69.A	70.A
71.B	72.A	73.C	74.D	75.B	76.A	77.A	78.D	79.D	80.A
81.C	82.C	83.B	84.B	85.C	86.C	87.B	88.C	89.B	90.B
91.B	92.B	93.B	94.C	95.A	96.B	97.C	98.D	99.B	100.B
101.B	102.A	103.D	104.C	105.D	106.B	107.C	108.A	109.A	110.B
111.C	112.D	113.A	114.A	115.B	116.C	117.C	118.C	119.B	120.B
121.D	122.C	123.C	124.A	125.B	126.A	127.C	128.A	129.C	130.C
131.C	132.C	133.C	134.D	135.C	136.C	137.C	138.D		

第三节 电气设备的保护与故障诊断

1.D	2.C	3.B	4.C	5.D	6.B	7.C	8.D	9.C	10.C
11.A	12.D	13.A	14.A	15.A	16.C	17.C	18.B	19.A	20.D
21.B	22.C	23.A	24.D	25.D	26.C	27.C	28.C	29.C	30.C
31.D	32.C	33.D	34.D	35.B	36.C	37.D	38.C	39.C	40.D
41.B	42.C	43.D	44.B	45.C	46.C	47.A	48.B	49.B	50.C

51.D	52.A	53.B	54.A	55.D	56.B	57.A	58.D	59.C	60.C
61.B	62.B	63.C	64.A	65.A	66.A	67.B	68.A	69.A	70.C
71.D	72.D	73.D	74.B	75.A	76.A	77.C	78.C	79.B	80.A
81.D	82.D	83.A	84.D						

第四节　电工仪表的结构及操作

1.D	2.C	3.D	4.A	5.D	6.A	7.C	8.D	9.B	10.A

第五节　电气设备功能、性能测试及配置

1.D	2.D	3.A	4.A	5.C	6.C	7.A	8.C	9.D	10.C
11.A	12.D	13.C	14.A	15.A	16.B	17.D	18.A	19.C	20.C
21.B	22.D	23.A	24.D	25.A	26.A	27.B	28.A	29.C	30.C
31.D	32.A	33.D	34.B	35.C	36.B	37.D	38.D	39.D	40.A
41.B	42.D	43.D	44.B	45.C	46.A	47.A	48.A	49.C	50.D
51.C	52.D	53.B	54.C	55.D	56.A	57.C	58.C	59.C	60.A
61.A	62.D	63.A	64.D	65.B	66.B	67.C	68.A	69.A	70.D
71.C	72.A	73.C	74.B	75.C	76.C	77.C	78.B	79.B	80.C
81.C	82.B	83.B	84.A	85.B	86.A	87.B	88.C	89.A	90.B
91.A	92.D	93.A	94.A	95.C	96.D	97.B	98.C	99.B	100.A
101.D	102.D	103.B	104.D	105.A	106.C	107.B	108.C	109.D	110.C
111.D	112.B	113.C	114.B	115.A	116.A	117.D	118.B		

第六节　电路图

1.B	2.D	3.A	4.C	5.B	6.D	7.C	8.B	9.C	10.A
11.B	12.C	13.B	14.A	15.B	16.A	17.C	18.D	19.B	20.D
21.B	22.C	23.A	24.C	25.D	26.A	27.C	28.D	29.C	30.B
31.D	32.C	33.B	34.C	35.B	36.B	37.B	38.B	39.D	40.A
41.B	42.A	43.B	44.C	45.A	46.B	47.D	48.D	49.D	50.D
51.A	52.D	53.C	54.D	55.D	56.D	57.D	58.D	59.C	60.C
61.C	62.B	63.B	64.A	65.C	66.B	67.C	68.A	69.A	70.D
71.C									

第一节 电工安全知识

1. D。目前大多数船舶采用三相绝缘系统,每一相都有电压,接触到任意一相都可能导致触电。

2. D。弧光触电是指人靠近高压线(高压带电体),高压可击穿带电导体与人体之间的空气,造成弧光放电而产生的触电伤害。弧光触电可将人体烧伤,严重时可致死亡。

5. D。间接触电是指电气设备发生故障后,人体触及该意外带电部分所发生的电击,如大风或船损导致电线接触本不带电的物体上、电动机等用电设备的绝缘损坏而引起外壳带电等情况下导致的触电。间接触电也有两种方式:跨步电压触电和接触电压触电。

7. A。双线触点是指人体同时与两相电接触的触电,这种方式人体承受的是线电压,且有电流通过心脏,无论是在船上还是在陆地上,都是最危险的触电方式。

36. C。电流互感器就是利用变压器的变流原理,将大电流变成小电流,供测量之用,互感比即为电流比。

37. B。电流互感器的原边绕组是串接于被测电路中的,因此其原边绕组中电流的大小取决于被测电流的大小,而不受副边电流大小的影响。正常工作时,由于副边所接电流表(或功率表的电流线圈)的阻抗很小,副边绕组中有一定的电流流过,从而产生磁势,使原、副边绕组产生的磁势基本抵消,铁芯中磁通很小。但是一旦将副边绕组开路,则此时原边被测的大电流即成为互感器的空载励磁电流,其产生的磁势将使铁芯中磁通剧增,这将使副绕组中产生极高的感应电势,可能击穿绝缘并危及人员及设备的安全,同时也会因铁芯中铁损的剧增而使铁芯迅速发热,致使互感器烧毁。因此,电流互感器在使用时切不可将副边绕组开路,而副边绕组中也绝不允许接熔断器,电流互感器的副边及外壳必须接地;在带电情况下拆装副边所接的仪表时,必须先将副边绕组短路。

39. A。电压互感器就是利用变压器的变压原理,将高电压变成低电压,供测量之用,互感比即为电压比。电压互感器使用时将匝数较多的原边绕组(也称高压绕组)并联接于被测电网,而匝数较少的副边绕组接电压表或其他仪表(如功率表)的电压线圈。电压表及其他仪表电压线圈的阻抗值相当高,因此电压互感器使用时相当于一台空载运行时的变压器,而他也是按这一特点设计制造的,所以电压互感器在使用时副边不能短路。

41. B。电压互感器就是利用变压器的变压原理,将高电压变成低电压,供测量之用,互感比即为电压比。

第二节 维护保养与修理

1. D。自励恒压装置调节发电机组并车运行中出现无功分配,当无功功率不均的情况时,一般应先确保单机运行的各台发电机的调压特性为一致。

15.D。自动空气断路器不能闭合的原因有:失压脱扣器无电压或线圈损坏、储能弹簧变形、反作用弹簧力过大和机构不能复位再扣。

18.C。一旦电机出现振动过大、发热、电流过大、甚至短路等情况,应立即对电机进行大修。而电机运行时间到规定时间时,也应进行定期维修。在检查、清洗、修理电动机内部或更换润滑油、拆换轴承时,都需要对电动机进行解体与装配。解体任何一种电动机之前必须了解被解体电动机的运行原理、性能和结构情况。对于重要的或结构复杂的电动机,应熟悉其结构,尽可能多地了解其安装、接线、机械等特性和技术资料。根据实际情况拟定解体方案。

22.C。一般 3 000 r/min 的电动机加轴承室空间的 1/2 左右,1500 r/min 的电机加 2/3。另外在油盖槽中也应加上适当的润滑脂。

31.A。烘干的方法很多,常用的有:红外线灯泡、白炽灯烘干法、烘箱烘干法、主机或锅炉废热风烘干法和电流烘干法。LED 灯的温度低,不适用于烘干。

35.A。电动机运行时轴承过热的主要原因有:①润滑脂过多或过少;②油质不好含有杂质;③轴承与轴颈或端盖配合不当(过松或过紧);④轴承内孔偏心,与轴相擦;⑤电动机端盖或轴承盖未装平;⑥电动机与负载间联轴器未校正,或皮带过紧;⑦轴承间隙过大或过小;⑧电动机轴弯曲。

51.B。在原理图中所有的触点均表示"正常状态",所谓正常状态是指各种电器在没有通电和没有外力作用时的状态。如对于接触器、电磁式继电器等是指其线圈未加电压,而对于按钮、行程开关等是指其未被压合。

70.A。平时不载流的工作接地线截面积应为载流导线截面积的一半,但不应小于 1.5 mm^2,其性能与载流导线相同。

79.D。由于不接地方式的中性点对地绝缘,较安全、可靠,当电力系统发生单相接地故障时,不会影响三相电压各相之间的对称关系,一线接地也不形成短路,可以继续带接地故障运行 2 h,供电连续性好。

80.A。在三相三线制的船舶电网中,电气线路中一点接地时,电气设备尚可正常运行,若再有另一点接地,就形成多点接地、间接短路故障。

84.B。当电网工作正常时,三个绝缘指示灯星形连接,各灯泡两端均为相电压,因而亮度相同。

88.C。电力系统一相接地故障:表现为某相绝缘指示灯熄灭,另二相绝缘指示灯异常明亮。

97.C。对于新建造的船舶,各船级社规定:用于电力、电热和照明的绝缘配电系统,不论是一次还是二次配电网络,均应设有连续监测装置,用以监测相对于船体的绝缘电阻,且在绝缘电阻异常低时发出声、光信号。

108.A。船舶高压的电力系统中的三相接地开关配有接地指示信号,与主开关互锁。

109.A。电力系统中性点的接地方式是一项综合性技术问题,必须考虑以下几个方面的因素:电力系统供电的安全性、连续性和可靠性;过电压保护和绝缘技术措施的配合;继电保护构成和断路器跳闸方式;配电网和线路的结构;人身和设备的安全等。

115.B。消弧线圈接地方式是利用电抗器的感性电流补偿电网的容性电流,可使接地电流大为减小。

第三节 电气设备的保护与故障诊断

1.D。根据船舶电网的故障及不正常运行情况,船舶电网的保护主要内容为过载和短路保护。另外,也包括单相接地、绝缘降低、相序接错等。

67.B。船舶仪用电压互感器将大电压按比例变换成小电压,使测量仪表消耗的功率大幅减少。

77.C。辅锅炉在自动点火时已点燃,说明不是点火变压器、点火电极和进油电磁阀的故障。

第五节 电气设备功能、性能测试及配置

13.C。一个网络型监控系统,在不同网络类型及不同网段之间需要有一个专门设施来转换网络之间不同的通信协议或在不同数据格式之间进行数据翻译,这一设施称为网关。

15.A。延时环节用于对报警信号产生适当的延时,实现延时报警功能,以避免误报警。

17.D。有些监视报警系统还设有失职报警功能,在发出延伸报警的同时启动失职报警计时器,若值班轮机员在 3 min 内到达集控室进行报警确认,则计时器复位,否则计时满后将发出失职报警。

26.A。在运行期间,某些监测开关的状态会由于环境干扰的原因而发生瞬间变化,例如船舶在激烈振动时,某些压力系统的压力波动容易使报警开关发生抖动。为避免误报警,可采用延时 0.5 s 的短延时。

27.B。闭锁报警就是根据动力设备不同的工作状态,封锁一些不必要的监视点报警。例如,船舶在停港期间,由于主机处于停车状态,主机的冷却系统、燃油系统、滑油系统等均停止工作,与这些系统相关的参数都会出现异常。因此,有必要对与这些系统有关的监视点进行报警闭锁。

38.D。一个反馈控制系统组成必须有四个最基本的环节,即控制对象、测量单元、调节单元和执行机构。

65.B。DC C20 中,除了对机舱设备的状态及参数进行监视与报警外,还可实现对设备的控制,其中对泵的控制功能包括:(1)泵组顺序起动。与某一管系操作相关的两个或几个泵可以按照事先规定的顺序自动起动。(2)主备用切换。当主用泵的出口压力低于设定值时,备用泵自动起动。(3)失电自动起动。某些重要泵能够在全船失电后恢复供电时进行泵组自动起动,起动顺序由泵的控制逻辑决定。(4)起动禁止。有两种情况需要进行起动禁止:一是在泵的出口压力建立期间,二是当主机或发电原动机停机等外部逻辑条件满足时。(5)报警功能。

66.B。空压机的自动控制功能包括空压机的自动起停、遥控手动起停、失电重启和自动放残等。

67.B。对应急照明,则每月进行一次效能试验,每半年测量一次绝缘电阻。

104.D。因为柴油机本身的故障(一般有:起动失败、滑油压力低、冷却水高温、排烟温度高、超速等)而导致停机时,应发出"阻塞"信号,使该机的自动起动控制程序阻塞,并发出声光报警。待轮机员排除了故障,手动"解除阻塞"后,才能恢复自动功能。

107.B。熄火保护的目的是在锅炉非正常熄火时,能及时切断锅炉的燃油系统,并发出声、光

报警。熄火保护装置是锅炉点火时序控制系统的一部分,主要由火焰探测器及其控制电路组成。它不仅在中途非正常熄火时起作用,而且在点火过程中还用于判断点火成功是否成功。熄火保护装置的试验可以在正常燃烧过程中人为断开火焰探测器的接线,以试验其熄火停炉功能。

108.C。分油机最常见的跑油故障原因及处理如下:①补偿水供应系统中的滤网被堵塞,处理措施是清洁该滤网;②补偿水系统中没有水,检查补偿水系统并确保任何供应阀均处于开启状态;③供应阀与分离设备之间的软管安装不正确;④水分传感器测量误差偏大,造成控制系统频繁进行排渣动作;⑤滑动圈中的堵头有缺陷,造成密封不严,应更换堵头;⑥开启水管的供应阀 SV15 出现泄漏情况或相应的控制回路故障,造成排渣口打开,应及时校正该泄漏情况或检查该阀的控制线路。

112.B。若将火灾报警器终端电阻接到探测器的前面(靠近火警中央单元),不能对整个分路进行断线或缺探测器检测。

114.B。火灾探测器故障主要有漏报或误报两种情况:漏报指的是火灾已发展到应当报警的规模但却没有报警;误报指的是没有发生火灾却发出了报警信号,显然探测器的灵敏度太高不会引起漏报。

115.A。造成探测器误报有结构方面的原因,也有使用方面的原因。结构方面主要与探测器的灵敏度有关,探测器的灵敏度过低会造成报警延迟,但太高了又容易发生误报,应当选择合适的报警范围。

116.A。柴油机内部燃油系统,其中燃油泄漏油箱收集来自高压油管、喷油泵接头的泄漏油,一旦泄漏量大于正常值,将发出燃油泄漏报警。可通过抬起泄漏油箱中的浮子测试燃油泄漏报警是否正常。

第六节　电路图

2.D。若将 KM 常开辅助触点改接成常闭辅助触点,则当合上 QS 三相电源开关后接触器 KM 线圈会立即通电,KM 的衔铁动作,导致常闭辅助触头 KM 断开,因 SB_2 是常开按钮,KM 线圈断电;KM 线圈失电以后,常闭辅助触头又闭合,如此接触器 KM 衔铁反复接通、断开,可能使接触器损坏。其由于接触器的主触头比辅助触头动作慢因主电路一直没有接通,不会导致选项 B、C 情况出现,电动机不会起动。

3.A。图示为两台电动机起停控制线路,该线路中 KM_1 常开辅助触头和 KM_2 线圈串联,只有 M_1 起动后,M_2 才能起动,即可实现顺序起动。

51.A。空压机自动控制系统中的双位控制是指气压高限和低限的控制。

52.D。空压机自动控制方式是空气瓶内气压双位控制。

71.C。电气控制原理图根据电路通过的电流大小可分为主电路和控制电路。